21世纪高等院校会计学专业精品系列（案例）教材

法务会计

FAWU KUAIJI

（第四版）

理论·实务·案例·习题

张苏彤　编著

首都经济贸易大学出版社
Capital University of Economics and Business Press
·北京·

图书在版编目（CIP）数据

法务会计 / 张苏彤编著. -- 4 版. -- 北京 : 首都经济贸易大学出版社, 2024. 9. -- ISBN 978-7-5638-3735-9

Ⅰ. D918.95

中国国家版本馆 CIP 数据核字第 2024PL3200 号

法务会计(第四版)
张苏彤　编著

责任编辑	王　猛
封面设计	小　尘
出版发行	首都经济贸易大学出版社
地　　址	北京市朝阳区红庙（邮编 100026）
电　　话	(010)65976483　65065761　65071505(传真)
网　　址	http://www.sjmcb.com
E－mail	publish@cueb.edu.cn
经　　销	全国新华书店
照　　排	北京砚祥志远激光照排技术有限公司
印　　刷	唐山玺诚印务有限公司
成品尺寸	185 毫米×235 毫米　1/16
字　　数	559 千字
印　　张	27.75
版　　次	2019 年 5 月第 1 版　**2024 年 9 月第 4 版** 2024 年 9 月总第 8 次印刷
书　　号	ISBN 978-7-5638-3735-9
定　　价	58.00 元

丛书总序

新世纪的会计教学面临着新的挑战，特别是我国加入 WTO(世界贸易组织)以后，情况更加严峻。我国普通高校本科会计学专业肩负着为各条战线输送会计专业人才的重要任务，在新的形势下，只有不断地进行教学改革，用最新的专业知识武装学生，努力从各个方面提高教学水平，才能培养出符合时代需要的会计人才。在教学改革中，教学内容的改革是关键，而教学内容的改革又主要体现在教材的改革和建设上。我国目前各高等院校会计学专业所使用的教材，尽管存在着版本众多、内容和结构有所差别、各校可选择的空间较大等特点，但仍有继续进一步改革之必要。这是因为：第一，目前各校所使用的教材，大都编写于 20 世纪末期，而这几年会计所处的环境发生了很大变化，新的会计理念和新的会计处理方法不断出现，再加上电子计算机、网络技术和电子商务的不断发展，原有的会计教材内容需要不断更新。第二，随着会计理论与会计实践的发展，人们对会计的认识也在不断深化，对于原有教材的某些内容也需要在新的认识基础上重新解读，使学生能够在更宽广的视野和更高的层次上掌握会计这门专业知识。第三，原有各种版本的会计专业教材虽然在内容上略有不同，但总体而言却是小异大同，各种版本存在着雷同化倾向。其实，具有创新性、突破性、与我国实际情况结合紧密的可选的素材很多，但从目前看来版本不同的教材却难以起到相互补充的作用。第四，现有教材在体系结构上大多采取教材、案例、习题相分离的编排形式，而且有的教材根本没有案例，这给教学工作带来诸多不便，需要加以改进。

基于上述情况，由首都经济贸易大学出版社牵头，我们共同组织策划、出版了这套定名为《21 世纪高等院校会计学专业精品系列(案例)教材》的丛书，邀请在相关领域的教学、科研方面有突出成果的国内知名高等院校和研究机构的学者、教授参与编写。这套丛书基本上涵盖了大学本科会计学专业的核心课程。我们在策划这套教材时，从新世纪面临剧烈竞争的客观环境出发，本着“不断改革、与时俱进”的精神，经过深入研究、多方研讨，确立了这套教材的总体设计方案。其基本思路是：在充分继承我国原有教材良好的编写风格（包括内容、结构、体例以及行文）的基础上，尽可能吸收近年来国内外会计研究的新成果和实践中的新创造，力争处理好会计国际化与国家化的关系，努力编写出一套既体现国际会计通行惯例又符合中国国情的理论性、操作性并重的新教材。在内容编写上，我们要求作者应根据各门课程发展的新动向，尽可能吸取最新研究和实践成果，努力扩大信息量，强化可读性，使教材内容具有较强的科学性、先进性和适用性。在案例的选材上，作者力争采用第一线的调查材料，追踪实践中出现的新问题，使案例真正成为联系理论与实践的纽带。在结构安排上，本书各章均采取了内容提示、专业知识论述、案例展示和思考题、习题并列的方式，以方便教、学双方的使用。据我们了解，目前国内所使用的会计本科专业教材将专业知识讲述和案例展示结合在一起进行编排的情况尚不多见，这种安排可以说是本套教材的一大特点。

本套丛书的编写，我们邀请了中国人民大学、复旦大学、厦门大学、南京大学、中南财经政法大学、上海财经大学、东北财经大学、西南财经大学、天津财经学院、首都经济贸易大学、国家会计学院等著名院校以及财政部财政科学研究所的学者、教授参与，对他们的热情支持表示深切的谢意。首都经济贸易大学出版社为我们编写这套丛书提供了良好的条件，我代表全体作者向他们表示衷心的感谢！

2002 年 8 月 8 日
于中国人民大学

第四版前言

法务会计是特定主体运用会计知识、法学知识、审计技术与调查技术，针对经济纠纷中的法律问题，收集有关的会计证据，提出自己的专家性意见作为司法会计鉴定意见或者在法庭上作证的一门将会计学、审计学、法学、证据学、侦察学和犯罪学等学科的有关内容融为一体的边缘科学。

法务会计的最早出现可以追溯到20世纪的40年代。那时，美国的会计师最早开始通过财务调查协助警察办案，在法庭上提供诉讼支持。20世纪90年代，许多会计师事务所开始提供法务会计的专门化服务。人们逐步开始认同法务会计师在会计职业界具有相对专业化的独立地位。法务会计师通过提供他们特有的专业服务，在解决经济纠纷、完善公司内部控制制度、参与民事与刑事诉讼案件的审理等方面发挥了重要的作用，赢得了良好的声誉。法务会计师被预测为21世纪二十大热门职业之首。进入21世纪以来，美国安然、世通等公司财务丑闻的爆发与安达信的破产，将美国的会计师推到了极为尴尬的境地。在美国上市公司的审计师们经受有史以来最为严重的公众信任危机的同时，法务会计师则迎来了难得的发展机遇。

20世纪末，法务会计在我国悄然兴起。近年来，随着依法治国基本方略的全面推进和反腐败斗争的深入开展，以及涉及财务问题的商业欺诈、金融欺诈、贪污腐败、会计造假、职务犯罪、洗钱等经济犯罪活动的大量出现，我国对法务会计理论与实务研究、法务会计教育和法务会计服务的需求越来越强烈，社会急需既有深厚的法学理论与实践知识又懂财务会计审计，并能查账的复合型人才。为满足我国对法务会计人才的需要，相当多的高等院校，如中国政法大学、江西财经大学、南京审计大学、沈阳建筑大学等高校已经招收法务会计方向的本科生及研究生，或开设法务会计的课程。关于法务会计的学术研究在我国也得到了长足发展，自从 2006 年组织召开首届法务会计学术研讨会以来，迄今为止已经成功组织召开了 14 届法务会计学术研讨会以及首届法务会计国际研讨会，推动了我国法务会计学术研究的持续健康发展。国家自然科学基金和社会科学基金早在 2002 年就开始资助法务会计的研究项目了，近年来，发表在各类刊物上有关法务会计的研究论文越来越多，由法务会计研究会学术委员会主编的学术刊物《法务会计研究》已经正式出版两期，论文的质量与水平越来越高。

笔者于 2007 年编写出版了我国第一部法务会计教材——《法务会计高级教程》，这本教材在培养我国法务会计专业人才方面发挥了重要作用，受到了许多读者的欢迎。但是，随着法务会计学科的新发展，教材中一些内容和提法需要更新。

本书基于《法务会计高级教程》，对体系安排作了大幅度的调整，删除了部分章节，充实和强化了一些体现法务会计学科最新发展成果以及实务技能训练和案例研究的内容，使得教材更加简洁、实用。第四版修订在前三版的基础上，更新了有关的数据资料，更正了疏漏差错，力求给读者奉献一本更加完善的法务会计教材。

本书可以作为高等学校会计专业、审计专业、法学专业和经济犯罪侦查专业的本科生及研究生学习法务会计的教科书，也可以作为法务会计专业人员的参考书。

2024 年 4 月 20 日
于云南普洱

目　录

第三章　舞弊概述

第四章　舞弊风险管理

第一章

法务会计的基本理论

本章要点

本章以作者近年来研究法务会计理论的成果为核心，结合梳理与归纳国内外同行的研究新成果，试图就法务会计的基本理论问题给出一个完整的框架结构。

本章对法务会计的定义和特点、法务会计研究的主要领域、法务会计的目标、法务会计的基本假设、法务会计的对象与要素、法务会计的原则、法务会计的职能以及法务会计的需求与供给等理论问题做深入探讨，以期对构建我国法务会计理论体系有所裨益。

第一节 法务会计的概念

法务会计标准的英文译法应该是 Forensic Accounting。

Forensic 一词按照 Webster 词典的解释有两层含义:一是指与运用科学知识或方法解决法律问题有关;二是指用于、适用于法庭诉讼活动。据此,字面上的"Forensic Accounting"就是指与法庭有关或用于法庭的会计。鉴于此,我们可以初步定义法务会计:法务会计是一门涉及将会计资料用于法庭作证或辩论,以解决有关法律问题的科学。

对于法务会计的定义,各国学者在不同的文献与著作中有诸多不同的表述。以下是对这些表述的引述:

美国会计学家杰克·贝洛戈纳(G. Jack Bologna)与洛贝特·林德奎斯特(Robert J. Lindquist)对法务会计是这样解释的:"法务会计运用相关的会计知识,对财务事项中有关法律问题的关系进行解释与处理,并向法庭提供相关的证据,不管这些法庭是刑事方面的,还是民事方面的"。

美国会计学家乔治·曼尼(George A. Manning)在他的著作《财务调查与法务会计》中对法务会计是这样定义的:"法务会计是针对经济犯罪行为,以收集财务数据证据,并以法庭能接受的形式提交或陈述的一门科学"。

美国法务会计专家威廉姆·霍普伍德(William S. Hopwood)是这样定义法务会计的:"法务会计是指按照与法庭要求相一致的方式,运用调查和分析技术解决财务问题的专门会计。法务会计不局限于最终导致法律诉讼的财务调查。然而,如果调查和分析确实以法律诉讼为目的,那么它们必须符合有管辖权法庭的要求"①。

美国著名法务会计学者莱瑞·克瑞姆博雷(Larry Crmbley)在其著作《法务与调查会计》中对法务会计这样定义:"法务会计是指运用会计学的专门技术与方法,对过去的财务数据或会计事项活动进行确认、记录、加工、提取、分类、报告和检查,以解决现时的或预期的法律问题,或是通过对过去财务数据的分析来预测未来的财务数据以解决有关的法律问题"。

① WILLIAM S HOPWOOD, JAY J LEINER, GEORGE R YOUNG: Forensic accounting[M]. New York: The McGraw Hill, 2008.

上海复旦大学李若山教授对法务会计有自己的看法。他认为:“法务会计是特定主体运用会计知识、财务知识、审计技术与调查技术,针对经济纠纷中的法律问题,提出自己的专家性意见作为司法鉴定或者在法庭上作证的一门新兴行业。它是会计的一门新的分支。提供上述服务的主体就是法务会计人员”①。

西南财经大学黎仁华教授认为:“法务会计是指接受委托或授权的法务会计师,依据会计、审计基本理论和法学原理作为理论基础,以法律法规及其财经制度作为行为标准,对经济业务运行过程中涉及的会计纠纷、诉讼程序的会计证据和会计事件的司法鉴定,实施专业判断、诉讼证据支持和专业鉴定,并发表专家性意见的一种会计专业行为。”②

综合以上观点与作者近年来对法务会计的研究体会,本教材给出如下有关法务会计的定义:

法务会计是特定主体综合运用会计学、审计学、诉讼法学、证据法学和侦查学等学科的相关知识与技术,以舞弊与经济犯罪活动所引起的资金非正常流动为研究对象,旨在通过对会计相关资料的调查获取有关的证据,并将其以法庭能接受的形式提交给法庭并接受诉讼参与人的质证,以解决有关的法律问题的一门边缘学科。法务会计也会涉及非诉讼领域,主要针对组织内部的舞弊与不当行为进行调查取证。法务会计通常包括五个方面的内容:舞弊调查、诉讼支持、损失计量、专家证人和舞弊风险管理。其中,舞弊调查、损失计量和舞弊风险管理属法务会计的非诉讼领域。

第二节　法务会计的特点

根据上述法务会计的定义,作者认为法务会计具有以下六个方面的特征:

第一,法务会计是多属性边缘学科。所谓边缘学科,主要是指“两个或两个以上的学科相互交叉、渗透而在边缘地带形成的学科”③。法务会计是一门横跨多种学科的边缘学科,涉及会计学、审计学、法学、证据学、侦察学和犯罪学等学科领域,需要综合运用这些学科的理论与知识、观念与意识、技术与手段来解决有关的会计法律问题。

① 李若山. 法务会计——21世纪会计的新领域[J]. 太原:会计之友,2000(1):10-11.

② 黎仁华. 法务会计概论[M]. 北京:中国财政经济出版社,2005:30-31.

③ 刘仲林. 跨学科学导论[M]. 杭州:浙江教育出版社,1990:70.

第二,法务会计的目的是通过调查获取有关会计证据资料,并以法庭能接受的形式给予陈述或解释,以解决有关的法律问题。法务会计的核心内容是研究如何为解决有关法律问题提供有用的会计证据。

第三,法务会计的对象是舞弊与经济犯罪活动所引起的资金非正常流动及其结果。舞弊和经济犯罪分子实施经济犯罪与舞弊的目的是“想方设法将钱装进自己的口袋”。舞弊和经济犯罪活动只要涉及“钱”,一般都会在相应的会计资料中留下痕迹。法务会计的主要任务就是查找并分析那些存在于会计资料中的能够证实经济犯罪等活动已经发生的证据。

第四,法务会计的手段具有多元性和灵活性。法务会计综合运用财务分析的方法、审计的技术与方法、证据调查的方法和侦查学的方法,而且在针对不同类型的具体业务时,其方法也比较灵活,没有固定遵循的模式。

第五,法务会计的主体具有独立性与专业性,一般是具有舞弊检查执业资格的资深会计师与审计师。由于法务会计主要从事的是舞弊调查、诉讼支持和专家证人等业务活动,而这些业务活动又具有很强的专业性,这就决定了其从业人员必须具有一定的执业资质。在美国,法务会计执业的主体主要是注册舞弊审核师(CFE)和注册法证师(CFF)。在欧美其他国家,法务会计的业务大都是由资深的注册会计师承担。与一般注册会计师不同的是,从事法务会计业务的注册会计师通常都经过专门法务会计组织或协会培训与资格认证。在我国,法务会计的业务目前主要由具有司法会计鉴定资质的注册会计师承担。

第六,法务会计是涉及诉讼领域的特殊会计,是会计学科的新领域。法务会计之所以能够称为会计,一方面是因为法务会计也同样是一个信息系统,这样的信息系统是为法官、检察官、律师以及其他相关人士提供相应会计证据信息的信息系统;另一方面,法务会计的主要任务是运用会计审计的技术方法在会计资料中查找相关证据。但是,法务会计与诸如财务会计、管理会计和成本会计等传统的会计门类有显著不同,它不是服务于某一特定单位的以向内部或向外部信息使用者报告财务信息的微观会计,而是涉及诉讼领域的特殊会计。法务会计通常会涉及舞弊的调查与审计、诉讼支持、损失计量和专家证人等方面的内容,与一般意义上的会计的最大区别就在于法务会计主要是为法庭服务,要解决有关的法律问题。

第三节 法务会计的产生与发展

一、法务会计在美国的产生与发展

法务会计的出现最早可以追溯到20世纪40年代的美国。在第二次世界大战期间,美国联邦调查局(FBI)在1940年12月到1941年6月期间曾雇用了500多名会计师作为特工人员,检查与监控了大约总额为5.38亿美元的财务交易。这应该是会计师从事的最早的法务会计业务。

美国人摩瑞斯·佩罗倍特(Maurice E. Peloubet)1946年第一次在媒体上使用了"Forensic Accounting(法务会计)"一词。佩罗倍特是纽约柏格森·佩罗倍特会计师事务所的合伙人之一,他在1944—1947年期间发表了23篇文章。在1946年3月的一篇题为《法务会计:在当今经济中的地位》(Forensic Accounting: Its Place in Today's Economy)的文章中他提道:在第二次世界大战期间,公共会计师与行业会计师就已经在从事法务会计的服务了。这是有记载的第一次在文献中出现"法务会计"一词。

伴随着美国经济在战后的起飞与经济法治的不断完善,在舞弊与反舞弊的斗争中,法务会计日益受到重视并得到发展。特别是近30多年来,法务会计在美国得到了长足的发展。

1982年美国学者弗兰克斯·戴克曼(Francis C. Dykeman)发表了第一篇有关法务会计的论文《法务会计:作为专家证人的会计师》。

1986年美国注册会计师协会(AICPA)发布了实务指南第7号,列出了会计师诉讼服务的六个方面:损害计量、反垄断分析、会计调查、评估、法证咨询和财务分析。

1988年美国注册舞弊审核师协会(ACFE)成立。

1992年美国注册法务会计师理事会成立(ACFEI)。

2000年6月第一份法务会计的专业期刊《法务会计杂志》(Journal of Forensic Acounting)创刊。

在20世纪的80年代与90年代,尤其是90年代后期的美国,越来越多的法务会计师以专家证人的身份出庭作证,越来越多的法务会计师受聘于政府机关、警察局、大的公众公司和小的私人公司等机构进行舞弊调查,越来越多的会计师事务所拓展服务范围,对外提供了调查与法务会计服务。此时,人们开始逐步认同法务会计师在会计职业界中具有相对专业化的独立地位。法务会计师通过提供他们特有的专业服务,在解决经济纠纷、完善公司内部控制制度、参与民事与刑事诉讼案件的审理等方面发挥了越来越重要的作用,赢得了人们的广泛赞誉。在新世纪到来之际,法务会计师被预测为21世纪二十大热门职业之首①。进入21世纪以来,随着经济犯罪与白领犯罪的加剧,特别是2001年美国安然、世通等大公司财务舞弊丑闻的出现,引发了人们对法务会计的特别关注,法务会计迎来了新的发展机遇。

人们一般将会计师戏称为“看门狗”,而将法务会计师称为嗅觉敏锐的“警犬”或目光敏锐的“猎鹰”。人们经常说,一般的会计师只知道就数字论数字,而法务会计师则能够发现隐藏在数字后面的秘密。鉴于此,人们普遍认为法务会计师的工作更具吸引力,较少有程式化与固定化的工作程序的限制。许多注册会计师热衷于通过培训转行成为法务会计师。随着法务会计服务市场的日益火爆,法务会计的教育与培训以及法务会计的学术研究也呈现良好的发展势头。

二、法务会计在中国的产生与发展

(一)法务会计的前身为司法会计

在法务会计进入我国以前,司法会计早就存在于我国的司法体系之中。司法会计(Judicial Accounting)是源于大陆法系国家的称谓,是法务会计在我国的前身。

司法会计被人们认为是“司法机关在涉及企事业单位会计业务案件的侦查、审理中,为了查明案情,对案件所涉及的会计资料及相关财产物资进行检查,或对案件所涉及的会计问题进行鉴定的法律诉讼活动”②。

我国的司法会计最早可以追溯到20世纪50年代。1949年中华人民共和国成立后,公有制经济制度建立,财务会计的应用逐渐得到普及。但随着经济的发展,经济犯罪也日益增多,司法机关在查处经济犯罪案件中开始进行会计检查和会计鉴定,特别是在办理贪污案件时,为了确认被告人是否贪污公款,往往由会计人员查账,并就被告人是否贪污公款及贪污数额进行鉴定。从严格意义上讲,这些活动还不能视为司法会计活动,司法机关中也没有专门的司法会计人员,司法会计的业务活动只是会计师的附加活动。

从20世纪50年代末期至80年代末期的30余年间,由于受各方面的影响,司法会计工作在我国基本上处于停滞不前的状态。

---

① 《美国新闻与世界报道》杂志1996年的跟踪调查结果表明,在21世纪美国的二十大热门职业中,法务会计排在首位。参见《参考消息》报,1996年11月15日。

② 戈迪．司法会计[J]．现代会计,1998(5).

改革开放后,随着我国《刑法》《刑事诉讼法》的颁布实施,我国的司法会计才进入了真正的发展阶段。特别是20世纪80年代中期,为了适应反腐败斗争的需要,最高人民检察院技术部门在对国外司法会计的有关情况进行调研后建议,检察机关有必要建立司法会计专业技术门类,配备司法会计技术人员,开展为检察机关查办贪污贿赂、偷漏税等犯罪案件服务的司法会计工作。为此,最高人民检察院从1987年开始了对全国检察机关司法会计人员的系统培训工作,并开始在检察机关设置司法会计专业技术门类。30多年来,我国的司法会计工作从无到有,从局部地区、部分省份发展到遍及全国,司法会计专业技术队伍日益壮大,司法会计技术在诉讼活动中的地位和作用日益突出,司法会计学术研究与相关的教育培训事业也得到了较大的发展。

到20世纪末,我国公安、法院等部门为适应侦查和审判工作的需要,开始设立司法会计专业技术门类,配备司法会计鉴定人员,开展司法会计鉴定工作,由此引发了在我国司法鉴定领域里的自侦自鉴、自检自鉴和自审自鉴的问题。由于这些问题影响司法公正而受到人们的广泛质疑与诟病。

就司法会计学术研究而言,在20世纪80年代以前我国基本没有人专门从事司法会计的理论研究,只有极少数的会计人员和高校的教学人员对司法会计实践和司法会计教学进行了一些经验总结。1981年,司法部在制定高等法学院校法学专业的教学计划时,将司法会计学列入了教学计划,作为法学专业学生的选修课。为适应教学的需要,当时的西南政法学院和华东政法学院的部分教师开始了司法会计学的研究,开设了司法会计学课程,并编印了司法会计内部教材。

我国真正意义上的司法会计理论研究始于20世纪80年代中期。1985年检察机关的司法会计专业技术门类设置后,检察机关的一些司法会计工作者,结合司法会计实践开始了司法会计理论研究,并逐渐成为我国司法会计理论研究的主力军。1987年、1992年,最高人民检察院分别在大连、南宁组织召开了全国检察机关司法会计工作和理论研讨会。这两次会议不仅总结了检察机关开展司法会计工作取得的成果,交流了工作经验,还对司法会计领域内的一些基本理论问题进行了广泛深入的研讨。这两次会议极大地推动了检察机关乃至全国的司法会计理论研究工作的开展。

在司法会计理论研究的历程中,先后出现了以下三种有代表性的观点:

1.“一元论”。“一元论”的司法会计观是我国最初进行司法会计理论研究的大多数专家学者和司法会计工作者的主流观点。这种观点认为,司法会计就是司法会计鉴定,司法会计鉴定就是对案件中需要解决的会计问题进行鉴别与判定的诉讼活动。“一元论”司法会计观的贡献在于将司法会计界定为一种“诉讼活动”。这一基本理论范畴的界定不仅为“一元论”司法会计学科体系的构建确立了思想基础,而且为后来的司法会计理论发展奠定了基石。“一元论”司法会计观的局限性在于它将司法会计仅仅界定为司法会计鉴定，缺乏对司法会计理论全面系统的研究，且对实践中司法会计的具体做法未能从法律和科学角度进行考察，造成了其理论观点的偏颇。这不仅束缚了其自身理论观点的发展，也阻碍了司法会计实践活动的进一步开展。

2. “二元论”。“二元论”的司法会计观认为，司法会计由司法检查与司法会计鉴定两个既有区别又有联系的活动范畴组成。“司法检查是指对涉案的会计资料进行专门检查的司法活动；司法会计鉴定是指在诉讼活动中为了查明案情，指派或聘请具有司法会计专门知识的人，对案件中需要解决的财务与会计问题进行鉴别与判定的一项司法会计活动”。作者认为，“二元论”拓展了司法会计的外延，发展了我国司法会计理论，为侦、鉴分离的诉讼原则在司法会计活动中的运用提供了理论依据，为司法会计实务在我国检察系统内的发展提供了理论指导。“二元论”司法会计观的局限性在于仅仅站在检察机关的视角看待司法会计的问题，将司法会计的职能限定在司法检查与司法会计鉴定两个相对狭窄的领域内，未能全面涵盖司法会计应具有的全部内涵。此外，“二元论”的司法会计观封闭，未能与国际上现代法务会计新观念接轨，视野不够开阔，不利于司法会计的国内外学术交流与国际化的发展。

3. “三元论”。“三元论”的司法会计观是将司法会计分为司法会计审查、司法会计检查和司法会计鉴定三个独立的组成部分，并认为：司法会计审查是指由司法会计人员对经济案件所涉及的会计资料和相关资料及其生成环境、内控制度是否与案件有关以及是否符合立案条件或起诉条件等进行审查并提出审查意见的诉讼活动。就三者之间的关系而言，“三元论”认为，应该以司法会计检查和审查为主，以司法会计鉴定为辅，“对已有的会计资料以及相关的证据要通过司法会计审查判断其证明力。对尚未收集齐全的会计资料及相关证据需要通过司法会计检查进行收集。只有对司法会计审查和检查无法查明和收集的会计事实，才需要通过司法会计鉴定进行固定运用”。作者认为，“三元论”较“二元论”略有进步，但是仍然没有跳出以检察院的视角看问题的固有思路，而且司法会计审查与司法会计检查的界限模糊，在司法实践中很难将两者作出严格区分。

（二）法务会计在我国的发展

法务会计大约是在20世纪90年代末从美国引进我国的，其显著标志为天津财经大学会计学院盖地教授在《财会通讯》1999年第5期发表的我国第一篇有关法务会计的论文《适应21世纪的会计人才——法务会计》。继盖地教授之后，上海复旦大学李若山教授和他的学生们先后发表了《论国际法务会计的需求与供给——兼论法务会计与新会计法的关系》（见《法学研究》2000年第11期）和《从安然事件看美国法务会计的诉讼支持》(见《会计研究》2003 年第 1 期),由此拉开了以大批财经类高校学者加入为特征的法务会计理论研究热潮的序幕,这与之前的仅限于司法系统的司法会计理论研究的冷清局面形成了鲜明的对比。

法务会计在我国的出现,与我国司法鉴定管理体制的改革和“专家辅助人”制度的实施不无关系。

2005 年 2 月 28 日,第十届全国人民代表大会常务委员会第十四次会议通过了《全国人民代表大会常务委员会关于司法鉴定管理问题的决定》(以下简称《2. 28 决定》),自 2005 年 10 月 1 日起施行。在《2. 28 决定》生效之前,公、检、法、司四部门分别设立自己的鉴定机构并由设立鉴定机构的机关对其进行管理。此外,《2. 28 决定》较之以前旧的司法鉴定管理制度的突出特色是明确了鉴定人和鉴定机构的法律责任,明确监督、处罚鉴定人和鉴定机构的主体。

《2. 28 决定》的出台标志着我国司法鉴定机构和对鉴定人的管理及机构设置由分散走向统一,司法会计鉴定业务由原先的司法机关内部设立的司法会计鉴定机构包揽的局面转向主要由社会中介机构承揽,从制度上铲除了自侦自鉴、自诉自鉴、自审自鉴和多头鉴定的弊端。此项制度变革是我国诉讼制度改革、借鉴学习英美法系的有益经验与做法、职权主义与当事人主义相互融合、寻求诉讼程序中惩罚犯罪与保障当事人诉讼权利和维护司法公正的必然结果。尽管改革以后我国司法鉴定体制依然带有浓厚的大陆法系的烙印,但是这样的改革改变了多年来沿袭的多头管理体制,解决了困扰人们多年的多头鉴定、重复鉴定和虚假鉴定等问题,进一步解放了人们的思想,使更多的人开始有机会深入思考我国诉讼制度改革的深层次问题,为法务会计在我国的发展提供了必要的基础。

在传统的司法鉴定体制下,司法会计鉴定活动一般都由司法机关启动,诉讼当事人双方均无权启动司法鉴定。司法机关指定的司法会计鉴定机构依据其提供的资料出具“司法会计鉴定意见”,其意见具有法定证据的资格,对案件的审理往往具有一锤定音的作用,由此形成了我国的司法会计与英美国家的法务会计的重大区别。在英美法系国家,当某一诉讼案涉及复杂的会计专业问题时,当事人双方都可以聘请法务会计师以专家证人的身份出庭进行作证,控辩双方的专家证人在法庭上进行辩论,最终由法官居中裁定。

我国上述司法鉴定体制自 2002 年由于“专家辅助人”制度的建立而发生了改变。

从法务会计的学术研究情况来看,自 1999 年首篇法务会计论文发表以来,我国兴起了法务会计研究的热潮。为了了解法务会计学术研究的情况,在中国期刊网上以“法务会计”为关键词进行检索,截至 2023 年年底,中国期刊网检索到以“法务会计”为题的相关研究论文 1 297 篇。图 1-1 给出了 1999—2023 年有关法务会计论文的发表情况。

年份	论文篇数
1999	3
2000	7
2001	14
2002	13
2003	26
2004	38
2005	55
2006	69
2007	82
2008	79
2009	76
2010	70
2011	42
2012	49
2013	53
2014	35
2015	32
2016	34
2017	30
2018	26
2019	45
2020	24
2021	16
2022	8
2023	13
合计	939

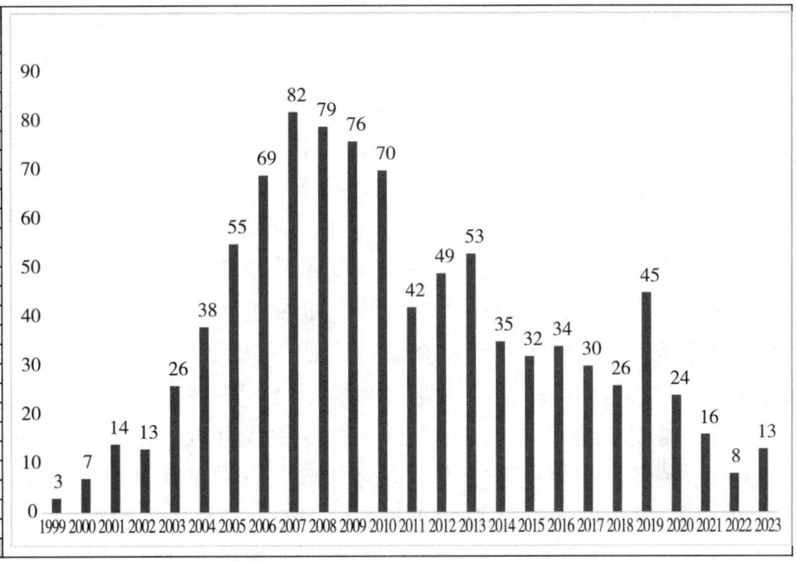

图 1-1　1999—2023 年以“法务会计”为题的论文发表篇数

由图 1-1 可以看出，我国自 2005 年起对法务会计的研究逐渐进入热潮，至今持续热度不减。

截至 2023 年 12 月底，共有 75 篇与法务会计相关的硕士、博士论文发表，其中博士论文 4 篇(见图 1-2)。

年份	论文篇数
2003	1
2004	1
2005	6
2006	5
2007	10
2008	4
2009	4
2010	7
2011	3
2012	3
2013	4
2014	3
2015	4
2016	2
2017	2
2018	2
2019	3
2020	4
2021	3
2022	2
2023	2
合计	75

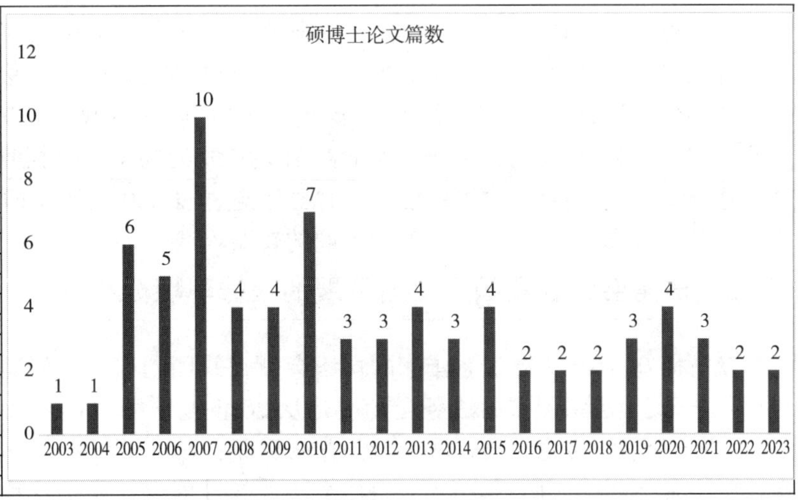

图 1-2　2002—2023 年与法务会计相关的硕士、博士论文发表篇数

自2006年在北京人民大会堂举办了首届法务会计的全国学术研讨会之后，我国每年举办一次全国性的法务会计研讨会，截至2023年已经成功地举办了14届法务会计研讨会。2010年，在一些学者和实务工作者的倡导之下，成立了“中国法务(司法)会计研究会筹备委员会”。目前，该筹委会正积极创造条件酝酿正式设立我国的法务会计学术研究团体。

就法务会计实务而言，目前我国的法务会计相关实务主要由注册会计师承担。我国注册会计师开展的法务会计业务主要是从事司法会计鉴定业务。

我国的法务会计教育始于2001年，最早进行系统法务会计教育的学校是河北职业技术学院，该校于2001年9月在会计专业下开设了法务会计专业方向。随后，浙江财经学院、云南财贸学院、渤海大学、南京审计学院、西南财经大学、北京城市学院、中国政法大学等高校相继开办了法务会计本科专业或开设了法务会计课程；2004年中国政法大学开始在经济法专业下招收法务会计研究方向的硕士研究生；此外，复旦大学、南开大学于2005年开始招收“舞弊审计与法务会计”方向的MPAcc(会计硕士专业学位)。

2000年，在中国政法大学民商经济法学院院长王卫国教授的积极倡导与主持下，中国政法大学启动了法务会计项目，2003年7月出版了由王卫国教授主编的《法务会计基础教程——法律从业人员应该了解的会计学知识》。2004年，中国政法大学组建了法务会计研究团队，并开始陆续在《会计研究》《审计研究》《中国审计》《中国注册会计师》等国内外一些重要刊物上发表有关法务会计的研究论文。2006年，中国政法大学承担了北京市哲学社会科学课题：法务会计的诉讼支持的研究；2007年，中国政法大学出版了《法务会计高级教程》，该教程是我国第一部专门用于面向法学专业本科生和研究生法务会计教育的教材；2008年，中国政法大学承担了司法部国家法治与法学理论研究项目课题：司法会计鉴定制度研究。自2004年起，中国政法大学开始面向在校法学本科生与研究生开设“法务会计”课程。2023年，中国政法大学已成功获得审计专业硕士(法务会计专业方向)的办学资格，开始正式面向全社会招收法务会计方向的审计专业硕士。截至目前，中国政法大学已经有超过2 000名硕士研究生和近万名本科生学习了法务会计相关课程，受到学生们的普遍欢迎。

三、法务会计在我国产生与发展的法律环境分析

众所周知，源于大陆法系国家的司法会计在我国的出现与发展始于20世纪50年代，而源于英美法系国家的法务会计则是从20世纪末开始进入我国并得到较快的发展，形成了目前法务会计与司法会计并存的局面，这也使得各方面对法务会计的质疑与争议的声音不断。人们不禁要问：为什么法务会计能够在中国这块土地上出现？法务会计为什么会有如此强大的生命力，饱受争议却能得到较快的发展？

我们认为，源于英美法系国家的法务会计之所以能够进入我国并得到发展，主要是以下四个方面的法律环境因素促成的：

（一）我国传统的司法会计不能适应市场经济的新环境

长期以来，源于计划经济时代的司法会计一直封闭在司法机关相对狭小的空间内，其主要功能是接受司法机关的委托出具司法会计鉴定意见。改革开放以及随之而来的会计理论与实务的变革对司法会计的影响很小。在传统的司法鉴定管理体制下，从属于各级司法机关的司法会计鉴定机关和司法会计鉴定人员与市场隔绝，形成了自侦自鉴、自诉自鉴和自审自鉴的局面。但是，面对 21 世纪初我国上市公司层出不穷的财务造假案，人们看到的是传统的司法会计的功能缺失与不作为。琼民源、蓝田股份、银广夏、东方锅炉、红光实业、大庆联谊、天津磁卡和西安达尔曼等一系列的上市公司财务舞弊案件接连爆发，面对诸多的上市公司财务造假案，人们几乎看不到传统的司法会计有大的作为。典型案例是我国的司法会计在类似大庆联谊案所涉及的上市公司虚假陈述对投资者造成损失的计量上无所作为，致使多起证券市场虚假陈述所引发的民事侵权难以获得赔偿。

法务会计具有舞弊调查、诉讼支持、损失计量、专家证人与舞弊风险管理五大基本功能，能够满足市场经济环境中发生的诸多涉及复杂会计问题的诉讼案件与非诉讼事项对会计提出的需求。法务会计服务主要由社会中介机构提供，除了当事双方都可以聘请法务会计人员以专家辅助人的身份介入诉讼活动以外，法务会计还大量介入非诉讼活动，比如，公司董事会可以聘请法务会计人员参与公司内部的舞弊调查，对公司内部控制制度进行评价等。法务会计的这些特征是我国传统的司法会计所不具备的。

（二）我国诉讼制度的变革为法务会计提供了适宜的外部环境

法务会计之所以能够在我国得到认同与发展，与我国诉讼制度自 20 世纪末从传统的职权主义开始向职权主义与当事人主义相互融合的转变密不可分。当事人主义是英美法系国家赖以解决纠纷的诉讼原则，在这种模式下，诉讼请求的确定、诉讼资料、证据的收集和证明主要由当事人负责，注重发挥原、被告以及控、辩双方的诉讼主体作用，让他们在诉讼中积极主动地提供证据、调查证据并相互对抗争辩，法官作为严格的中立者居中裁判，就事实作出法律上的判断。职权主义是大陆法系国家的诉讼原则，这种诉讼模式注重充分发挥侦查、检察和审判机关在诉讼中的职能作用。在法庭审判中，法官不是消极的仲裁者，而是指挥者，法官要讯问被告人、询问证人和调查核实证据。

改革开放以来，我国的诉讼立法取得了有目共睹的成就，我国诉讼制度的改革明显呈现出两方面的趋势：一是职权主义与当事人主义相互融合；二是追求在最大程度上实现惩罚犯罪与保障人权的统一。

1991年我国颁布《中华人民共和国民事诉讼法》(以下简称《民诉法》),标志着我国在计划经济体制下形成的法院包揽诉讼的职权主义诉讼制度开始向尊重当事人权利的诉讼制度转变。1991年新颁布的《民诉法》与1982年颁布的《民诉法(试行)》相比较,在起诉、上诉及再审等方面均注意了当事人的处分权,扩大了当事人的诉讼权利;将原先《民诉法(试行)》第五十六条规定的人民法院全面负责收集和调查证据,修改为人民法院在法庭上主要负责审查审核证据,因而强化了当事人的举证责任(《民诉法》第六十四条)。从法院包揽诉讼到扩大当事人的处分权,以当事人举证为主,法院只审查核实证据。这些都是我国在诉讼制度改革过程中借鉴英美法系国家的有益经验与做法的结果。

2012年《中华人民共和国刑事诉讼法》(以下简称《刑诉法》)修正案也在较大程度上体现了职权主义与当事人主义相融合的特点。这次修正案草案共99条,涉及完善证据制度、强制措施、辩护制度、侦查措施、审判程序、执行规定和特别程序七个方面,堪称"大修"。这次《刑诉法》修改的最为重要的亮点是在公民权利保护上,充分体现了英美法系国家一贯倡导的尊重和保障人权的原则。这一亮点在草案中主要体现在律师制度、证据制度和严禁刑讯逼供机制的构建等方面。

事实上,我国的《刑诉法》在1996年修改后所体现的无罪推定精神、疑罪从无原则,以及2012年《刑诉法》修法后所体现的"非法证据排除规则"和"不得强迫自证其罪"等原则均来自英美法系国家当事人主义的诉讼原则与证据规则。在当时学习和借鉴英美法系国家诉讼制度的大背景下,源于英美法系国家的法务会计制度进入我国就是顺理成章的事情了。

(三)我国司法鉴定管理体制的改革为法务会计在中国发展提供了适宜的环境

我国的司法鉴定管理体制改革始于2005年2月28日第十届全国人民代表大会常务委员会第十四次会议通过的《2.28决定》。《2.28决定》最引人瞩目之处在于第七条明文规定了人民法院和司法行政部门不得设立鉴定机构。侦查机关根据侦查工作的需要虽然设立了鉴定机构,但不得面向社会接受委托从事司法鉴定业务。

《2.28决定》的出台标志着我国司法会计鉴定业务长期由"公、检、法、司"主导的终结,从制度上避免了自侦自鉴、自诉自鉴和自审自鉴的弊端,为我国注册会计师参与诉讼活动创造了必要的条件。此举是我国诉讼制度改革,借鉴学习英美法系国家的有益经验与做法,职权主义与当事人主义相互融合,寻求诉讼程序中惩罚犯罪与保障当事人诉讼权利、维护司法公正的必然结果。

改革之后,我国司法鉴定体制尽管依然带有浓厚的大陆法系的烙印,但是这样的改革改变了多年来沿袭的多头管理体制,解决了困扰人们多年的问题,进一步解放了思想,更多的人开始有机会深入思考我国诉讼制度改革的深层次问题,为法务会计在我国的发展提供了必要的条件。

(四)“专家辅助人”制度的建立,助推了法务会计在我国的发展

我国“专家辅助人”制度的建立是以2002年最高人民法院发布两个关于诉讼证据的若干规定的实施为标志的。

2002年4月1日起实施的《最高人民法院关于民事诉讼证据的若干规定》第六十一条规定:当事人可以向人民法院申请由一至二名具有专门知识的人员出庭就案件的专门性问题进行说明。人民法院准许其申请的,有关费用由提出申请的当事人负担。审判人员和当事人可以对出庭的具有专门知识的人员进行询问。经人民法院准许,可以由当事人各自申请的具有专门知识的人员就案件中的问题进行对质。具有专门知识的人员可以对鉴定人进行询问。

2002年10月1日实施的《最高人民法院关于行政诉讼证据若干问题的规定》第四十八条规定:对被诉具体行政行为涉及的专门性问题,当事人可以向法庭申请由专业人员出庭进行说明,法庭也可以通知专业人员出庭说明。必要时,法庭可以组织专业人员进行对质。当事人对出庭的专业人员是否具备相应专业知识、学历、资历等专业资格等有异议的,可进行询问,由法庭决定其是否可以作为专业人员出庭。专业人员可以对鉴定人进行询问。

在2002年最高人民法院的“两个规定”颁布实施之后,“专家辅助人”制度开始逐渐被引入我国传统的司法鉴定制度之中,形成了以司法鉴定制度为主、辅之以“专家辅助人”制度的混合模式。在此模式下,当事人双方可以根据需要自行聘请专家辅助人出庭就诉讼案涉及的专门性问题作出说明,法庭也可以根据需要指派或聘请司法鉴定人员出庭,就会计专业问题给予说明。

尽管我国的“专家辅助人”制度与英美法系国家的专家证人制度相比还不是很规范,在我国司法实践中发挥的作用还不大,但是我国的“专家辅助人”制度已经具有了英美法系国家的“专家证人制度”的雏形,是我国借鉴英美法系国家诉讼制度的最直接的例证。“专家辅助人”制度在我国的建立,助推了法务会计在我国的发展,为法务会计及其法务会计专家证人制度在我国的进一步发展奠定了制度基础。

由上述分析可见,法务会计能够进入我国并引起人们的研究热情且在我国得到很快的发展绝不是偶然的:一方面是由于传统司法会计的功能缺失,无法满足市场经济与法治经济的需要所致;另一方面是近年来我国诉讼制度改革充分借鉴学习英美法系国

家诉讼制度的有益经验与先进理念,职权主义与当事人主义诉讼原则相互融合与相互借鉴的必然结果。

四、对进一步完善我国法务会计法律环境的思考与建议

由上述分析可见,我国的法律传统所形成的法律环境决定了立法的选择,也间接影响了从业人员在诉讼活动中的角色以及相关制度的法律定位。这些可谓法律环境“自我生成”的结果。尽管这样的生成过程有一定的定式,但是,依然是可以依靠我们的主观调整来加以改变与弱化的。这就是法律环境中的“自我生成”与“主观调整”相互作用的显现。这种作用的最终结果是为了达到这一目的:不论哪一种立法的选择,只要是符合人们的伦理需要,贴近一国的现实,都是可以尝试的,也是最优的。这也是我们判断规则是否有效、合理的方法。

从我国的实际来看,法务会计已经有了较大的需求空间。虽然目前还没有形成真正的法务会计师职业队伍,但是我国的注册会计师现在已经大量做着法务会计的业务,比如司法会计鉴定、舞弊调查、财产追踪和损失计量等。所以,我们已经有了法律环境自我生成的方向,现在急需做的就是完善我国现有的法律制度,为该方向的主观调整提供引导。为此,笔者建议通过以下方面的调整为法务会计营造进一步发展与完善的法律环境:

(一)修订《注册会计师法》,允许并明确规范注册会计师参与诉讼活动

随着我国市场经济的不断发展,涉及复杂会计与财务问题的经济纠纷与经济犯罪的案件会大量出现。这些专业性强的会计与财务问题往往会超出侦查、检察、审判人员以及律师的专业知识领域,这就要求注册会计师能够在法律允许的框架内参与到诉讼案中,在案件的侦查、起诉、审判、辩护和上诉的各个环节给予法律人员以专业性的支持与协助。我国注册会计师所能够从事的业务范围是由《注册会计师法》作出规范的。我国现行的《注册会计师法》规定,注册会计师只能提供审计业务,具体包括审查企业会计报表,出具审计报告;验证企业资本,出具验资报告;办理企业合并、分立、清算事宜中的审计业务,出具有关的报告;法律、行政法规规定的其他审计业务。《注册会计师法》没有对注册会计师参与诉讼活动予以明确规定。事实上,西方的会计师事务所开展法务会计业务、注册会计师参与诉讼活动早已成为惯例。鉴于此,本书建议,我国的《注册会计师法》应该允许注册会计师在六个方面参与诉讼活动:①评估诉讼风险、制定诉讼决策;②咨询谈判;③审查、鉴定和收集会计证据;④认定会计与审计准则遵守情况;⑤损失计量;⑥出具专家意见或司法会计鉴定报告并出庭作证。此外,《注册会计师法》还应就注册会计师参与诉讼活动时的权利与义务、注册会计师与司法会计鉴定

人的分工与职责划分以及出庭作证的程序等问题作出规定。

（二）基于资深注册会计师团队创设我国的法务会计职业队伍

考虑到我国的实际情况，中国注册会计师协会可着手设立法务会计师专业资格认证，在从业 10 年以上的资深注册会计师中，通过专业培训与考核选聘注册法务会计师，并授予其中国注册法务会计师（CPA-CFA）资格。司法机关和诉讼当事人在需要法务会计专家证人出庭时，应该优先从拥有中国注册法务会计师资格的注册会计师中选聘。

（三）着手制定我国的《法务会计准则》

鉴于我国目前还没有对从事法务会计业务的会计人员的执业活动作出规范，有必要由中国注册会计师协会和司法部相关部门组织有关力量制定一套法务会计准则，对法务会计人员的执业资格、执业行为加以规范和约束，这套准则有基本准则、具体准则与实务公告、执业规范指南三个层次，具体有八项内容：①法务会计基本准则；②法务会计司法鉴定业务准则；③法务会计调查取证准则；④法务会计专家证人资格认定与审核准则；⑤法务会计专家证人出庭作证程序准则；⑥法务会计损失计量准则；⑦法务会计专家报告准则；⑧法务会计专家职业道德规范准则。

（四）完善现行的专家辅助人制度，并逐步过渡到专家证人制度

就我国现行司法会计鉴定模式而言，自 2002 年最高人民法院关于民事和行政诉讼证据的“两个规定”颁布实施之后，源于英美法系国家的法务会计专家证人制度逐渐被引入到我国传统的司法会计鉴定之中，形成了以司法会计鉴定为主、辅之以会计专家辅助人制度的混合模式。但是这一模式在司法实践中存在不少问题，亟须通过改革使其完善。

改革的可行路径之一是在现有的“司法会计鉴定人+专家辅助人”制度混合模式的基础上，借鉴英美法系国家的专家证人制度，结合我国的实际情况，有条件地引入法务会计专家证人作为补充。在符合法定条件的情况下，允许当事人选聘法务会计专家证人以实现诉讼的公平和效率，使我国的司法会计鉴定模式逐步过渡到具有中国特色的法务会计专家证人制度上来，使之更好地适应市场经济环境中审判模式变化的新趋势。

在过渡期间，法律应对司法会计鉴定人的性质和法律地位作出明确的规定。在当事人自行委托会计专业人士就复杂会计专业问题在法庭上予以阐释说明时，出庭的会计专业人员的身份地位应该定位于会计专家证人，其作出的鉴定结论应视为专家证言；而法院依职权指派会计专业人员就会计专业问题出具鉴定报告时，会计专业人员应该

定位于法律规定的司法鉴定人。会计专家证人为当事人服务，而司法会计鉴定人为法庭或为法官服务。

第四节　法务会计的学科定位

一、法务会计学的学科定位

法务会计学是会计学科中的一门融会计学、审计学、诉讼法学、证据学和侦查学等学科为一体的边缘学科，是会计学的一个新的领域与分支。在法务会计的业务实践活动中，经常会涉及会计学、审计学、诉讼法学、证据学、调查学、侦查学、犯罪学、犯罪心理学、计算机科学和逻辑学等学科的知识与技能。法务会计目前还不是一个成熟的学科，尚有许多理论与实践问题亟待解决。

二、法务会计与相关学科的关系

（一）法务会计与会计学的关系

法务会计与会计学的联系最为紧密。法务会计是会计学新的分支，法务会计所有的工作几乎全部建立在对会计信息形成过程的理解与对会计资料的调查与分析的基础上。经济犯罪与舞弊的证据是隐藏在会计资料当中的，法务会计调查人员必须通晓会计信息的来龙去脉以及常见的舞弊手法，才有可能在会计资料中发现舞弊的证据。当然，法务会计与一般的财务会计还是存在比较大的差别的。这些差别主要体现在以下五个方面：

1. 目的不同。财务会计主要目的是向有关方面提供能够反映企业财务状况、经营成果与现金流量的信息，以便于各有关方面分析财务状况，并作出相应的决策；法务会计的主要目的在于在会计资料中收集有关的会计证据，向有关方面提供诉讼支持，解决相关的法律问题。

2. 方法与程序不同。会计学有一套包括会计确认、计量与报告等在内的完整的、自成一体的方法和会计账务处理程序；就法务会计而言，由于解决个案相关的法律问题千差万别，法务会计所采用的方法并不系统、统一，亦无固定可以遵循的范式与套路。

3. 服务对象不同。财务会计的服务对象是投资者、债权人、政府有关机构和部门以及企业管理层等依赖会计信息进行相关决策的人士;法务会计的服务对象主要是检察官、法官、律师、诉讼当事人和其他与经济犯罪调查及舞弊调查有关的人士。

4. 结果呈报不同。财务会计的最终产品是一整套格式与内容高度统一的财务报告;法务会计的结果呈报一般是一份专家意见书,该意见书的内容随涉及案情的不同而有所不同,格式也没有统一的范式要求。

5. 控制依据不同。对财务会计的核算与监督的过程进行控制的依据是包括会计法、会计准则和会计制度在内的一整套会计法规;法务会计控制的依据是包括实体法与程序法在内的相关法律法规。

(二)法务会计与审计学的关系

法务会计同审计学的联系是极为紧密的。审计是一种鉴证和评价活动,是对特定主体的财务会计资料和经济活动进行的客观评价。审计学具有技术性、方法性强的特点,在审计实践中要大量运用统计分析技术与数值分析技术、抽样技术、内部控制测定技术以及对销售与收款、存货与付款、投资与筹资和现金与银行存款等项目的审计方法。

在我国,审计是指由独立的专门机构和人员接受委托或根据授权对国家行政、事业单位和企业单位及其他经济组织的会计报表和其他资料及其所反映的经济活动进行审查并发表意见。按照审计主体的不同,我国的审计可分为国家审计、内部审计和民间审计(亦称注册会计师审计、独立审计或社会审计)。按照我国审计法规的规定,审计人员在审计过程中如果发现经济犯罪或重大财务舞弊的线索与证据,有义务移交给有关司法部门。法务会计在进行欺诈舞弊的调查取证过程中会大量借鉴与运用审计的技术与方法。

法务会计与审计学的区别主要体现在以下四个方面:

1. 目的不同。注册会计师从事民间审计的目的就是对被审计单位的财务报表进行审计,对财务报表的真实性与公允性发表自己的审计意见。比如,我国的《独立审计准则》就将审计活动的总目标确定为"对被审计单位会计报表的合法性、公允性及会计处理方法的一贯性发表审计意见"。其中,公允性是指被审计单位会计报表在所有重大方面是否公允地反映了被审计单位的财务状况、经营成果和资金变动情况。政府审计的目的在于监督政府及其部门的财政收支以及公共资金的收支运用情况。内部审计的目的主要是监督本部门、本单位的财务收支与经营管理活动。上述三种类型的审计的目的一般都不是为解决法律问题,不与诉讼活动发生联系,除非在审计过程中发现重大犯罪活动要移送司法部门。与审计学相比,法务会计的主要目的是通过对相关资料的审核、分析,寻找经济犯罪与舞弊的证据,作为确定刑事责任与民事责任的依据,以解决相关的法律问题。

2. 范围不同。审计的范围多局限于被审计单位的会计报表及其相关的会计资料，即使对被审计对象的其他相关活动会有所涉及，也仅仅限于与会计报表有关的和影响审计师作出专业判断的方面。而法务会计的调查范围远不限于会计报表及相关资料，它会涉及被调查单位经济活动的所有方面。

3. 方法不同。审计一般多采用检查、监督、观察、查询及函证、计算和分析性复核等传统审计方法来获取审计证据。而法务会计所采用的方法是多方面的，法务会计在其调查过程中，要综合运用会计学、审计学、证据学、侦查学和调查学等学科的相关技术方法。

4. 结果呈报不同。审计的结果是形成审计报告，一般对外报送的审计报告的格式、内容是统一的，标准审计报告的措辞也是统一的。而法务会计的结果呈报是专家意见书，其格式与内容没有统一的要求。

（三）法务会计与舞弊审计的关系

舞弊审计是指审计人员对被审计单位的内部人员及有关人员为牟取自身利益或为使本组织获得不正当经济利益，而采用违法手段使组织经济利益受损的不正当行为，使用检查、查询等审计程序进行取证并向委托者或者授权者出具审计报告的一种监督活动。

舞弊审计可以分为两类：舞弊关注审计和舞弊专项审计。

舞弊关注审计是指当注册会计师发现被审计单位存在能够导致其财务报告出现重大错报的舞弊行为时，所实施的以揭露对财务报告的公允性与合法性存在直接影响的舞弊行为目的的延伸审计。舞弊关注审计的重点是被审计单位的内部控制制度以及可能会对报表产生直接重大影响的舞弊问题。

舞弊专项审计是指审计人员（多指舞弊审核师或法务会计师）接受委托对被审计单位的舞弊风险进行评估（包括对内部控制制度的评估）、识别舞弊的迹象、对业已发生的舞弊行为进行调查确认并出具专项审计报告的特殊审计。舞弊专项审计的主体是舞弊审核师或法务会计师；审计的目标是确认舞弊事实和舞弊主体；审计的范围更为广泛，一般会追溯到被审计单位之外；审计的方法灵活多变，往往需要多种方法综合运用；审计的依据没有可以遵循的准则，主要依靠审计人员的职业判断与经验积累；审计的报告一般是采用非标准的详式审计报告。

舞弊审计，特别是舞弊专项审计与法务会计的联系极为紧密。从学科内容上讲，舞弊审计是法务会计的重要组成部分。国内外几乎所有的法务会计著作无一不将舞弊审计作为其论及的主要内容便是最好的例证。

但法务会计与舞弊关注审计之间还是存在一定程度的差别的其主要表现在以下四个方面：

1. 主体不同。舞弊关注审计的主体一般情况下是注册会计师，而法务会计的主体是法务会计师或舞弊审核师。

2. 业务性质不同。舞弊关注审计属于审计业务，而法务会计业务（包括法务会计师参与的舞弊专项审计）属于咨询业务，而非审计业务。

3. 依据的规范不同。舞弊关注审计的依据是审计准则，主要凭审计人员的职业判断与经验积累，而法务会计师除了需遵循会计审计准则以外，还需要遵守《刑事诉讼法》《民事诉讼法》以及相应的证据规则。

4. 目标不同。舞弊关注审计的目标是识别和发现舞弊，减少舞弊造成的损失，完善被审计单位的内部控制制度，而法务会计的目标是提供诉讼支持与专家证人服务，为指控舞弊者寻找相关证据，解决相关的法律问题。

对于舞弊关注审计与法务会计的关系可以用"巡警"与"侦探"的关系加以类比，这有助于我们理解两者的区别。审计师的任务是发现财务报表中的重大虚假陈述，而法务会计师的职责是对可疑的舞弊行为进行以指控为目的的深入调查。

众所周知，巡警的职责是在所负责的社区进行例行巡视，以检查和观测各种不当行为的苗头，包括从轻微的违法行为到发生严重犯罪的迹象。巡警一般会依照经验安排巡逻的路线与频率，如果巡逻时发现特殊情况则会加以调整。这样的调整是必要的，因为巡警不论其主观意愿如何，都不可能同时巡视社区的每一个角落。同样，舞弊关注审计也是通过抽样的办法获得对财务报表发表独立审计意见的证据，并且在抽样结果的基础上决定是否需要进一步检验，是否需要改变审计的技术与方法。这些决定在很大程度上建立在对重大错报的风险评估上。审计师同样希望能够检查公司的每一笔交易，但是鉴于审计的成本和时间资源的限制，审计师不可能百分之百地检查公司的每一笔交易。这样审计师就必须权衡审计风险与审计期望，以决定进一步检验的范围。

侦探与巡警的区别在于侦探不需要巡逻，他们只需在犯罪已经发生或出现犯罪重大嫌疑时开始工作。一旦侦探开始介入案件调查，他就需要深入调查案件的每一个细节，获取相关的证据并为最后移交司法部门做好准备。这种情形与法务会计师受聘进入被检查单位进行舞弊检查极为类似。审计师或内部审计人员发现严重舞弊迹象或犯罪嫌疑时，他们会聘请法务会计师介入进行更为专业的调查。此时的法务会计师的职责就是全面收集相关证据，特别是相关的会计证据，并按照证据规则的要求对证据进行固定与保全，进行必要的专业鉴定，在必要的时候出庭作证。

当然，我们现在面临的挑战是如何在适当的时机将法务会计师的深入调查整合到审计过程之中，以满足监管者、投资人、债权人和社会公众的要求，提高对注册会计师审计结论的可信度与信心。

(四)法务会计与司法会计的关系

司法会计也称司法鉴定会计,是指诉讼机关为了查明案情,依法指派或聘请具有司法会计专门知识的人员,依据司法会计技术标准,通过检验财务会计资料,对案件中的会计专门性问题进行技术鉴定的一项诉讼活动,是诉讼机关经常采取的调查措施之一。

对于法务会计与司法会计之间的关系,目前学界的看法分歧较大。其中主要有三种观点:第一种观点认为法务会计与司法会计是两门不同的学科,司法会计在执行人的立场、行为目的、作用时间和作用的结果等方面与法务会计存在着差别;第二种观点认为法务会计包含司法会计,司法会计只是法务会计包括的诸多内容之一;第三种观点认为司法会计与法务会计是等同的,只是名称有所不同。

本书认为,司法会计是法务会计诉讼支持的一项具体业务,是法务会计的一个重要组成部分。司法会计是法务会计在我国的前身,在法务会计进入我国以前,司法会计鉴定就存在于我国的诉讼活动之中,司法会计是法务会计在我国得以形成与发展的重要基础。法务会计涉及的范围要大于司法会计,法务会计包括舞弊调查、诉讼支持、损失计量、专家证人与舞弊风险管理,司法会计只属于法务会计诉讼支持的一部分业务内容。

目前,法务会计与司法会计的称谓在我国同时存在。多数在司法系统工作的实务界人士和部分从事司法会计教学与科研工作的学者按照历史的习惯一直在沿用“司法会计”的称谓,而接触过西方会计的财经类院校的学者和受四大会计师事务所影响的部分注册会计师则使用了由 Forensic Accounting 翻译而来的“法务会计”的称谓。

法务会计与司法会计的称谓在我国同时存在的现象不是偶然的。司法会计对应的英文是 Judicial Accounting,该词是大陆法系国家对法务会计的称谓。法务会计对应的英文是 Forensic Accounting,是英美法系国家的称谓。我国是传统意义上的大陆成文法系国家,司法会计从典型成文法国家传入我国并得到发展是顺理成章的事情。源于英美法系国家的法务会计是在 20 世纪末、21 世纪初进入我国的。法务会计进入我国并得到初步发展是我国近年来进行的诉讼制度改革,学习和借鉴英美法系国家诉讼制度的有益经验与先进理念,职权主义与当事人主义诉讼原则相互融合、相互借鉴的必然结果。

目前“法务会计”与“司法会计”的称谓在我国同时存在,引起了一定程度的混淆。我们建议,在一些正式场合暂时可采取“法务(司法)会计”的方式进行表述,随着法务会计在我国的全面发展与深入人心,“法务会计”的称谓将会逐渐替代“司法会计”。

(五)法务会计与证据学的关系

证据学是研究如何收集、审查、鉴别、判断、综合和运用诉讼证据的学科,它主要研究包括书证、物证、证人证言、当事人陈述、勘验笔录和视听资料等在内的各种证据类型的收集、固定与保全以及各类证据的查证、质证与认证过程。法务会计大量借鉴与运用了证据学的研究成果,侧重研究会计证据的收集、审查、鉴别与判断,并研究如何将会计证据以法庭能够接受或非专业人士能够理解的形式进行提交或解释,使之运用于经济犯罪和经济纠纷案件以及反舞弊的诉讼活动中,以解决有关的法律问题。

(六)法务会计与侦查学的关系

侦查学是专门研究如何查明案情、收集证据、查缉犯人的方法、措施以及技术手段的一门应用型法律科学。其主要任务是搜集证据、查明案情、揭露犯罪、证实犯罪、破案追赃、预防和控制犯罪。法务会计主要借鉴和运用侦查学的一些侦查技术、措施与方法,如文书检验、笔迹鉴定、痕迹鉴定、侦查实验和询问等技术手段。

法务会计与侦查学的共同点在于目的和技术方法相似,两者都是利用科学的手段收集证据、查明案件真相。不同点在于,法务会计只能在法律许可的范围内采取适当的调查技术与方法,不能采取追击堵截、通缉通报、监视控制和搜查扣押等只有公安司法机关才有权采取的侦查手段。

(七)法务会计与犯罪学、犯罪心理学的关系

犯罪学研究的主要内容是犯罪起因、犯罪表现和犯罪防治,并通过对犯罪现象的研究找出犯罪的原因,从而为预防、打击犯罪提供科学依据。从逻辑上看,犯罪起因即为什么犯罪;犯罪表现即犯什么罪;犯罪防治即采取何种措施防止犯罪。

犯罪心理学作为犯罪学的一个子学科,主要研究犯罪的动机及对罪犯的教育改造等问题。

法务会计借鉴犯罪学与犯罪心理学的研究成果,主要研究舞弊的动机、舞弊的表现以及如何预防、发现和调查舞弊。比如,法务会计研究舞弊的三要素:压力、机会和自我合理化,研究舞弊者的心理动机,如老实吃亏心理、攀比嫉妒心理、补偿回报心理、从众同流心理、浓缩人生心理、法不治众心理、偏激浮躁和仇恨报复心理等。这不但有助于发现舞弊和其他违法行为的迹象,也为设置积极的事前防范措施和完善内部控制制度提供了更多的思路。

(八)法务会计与程序法的关系

程序法的研究对象是程序法律规范,而程序法律规范的核心是由证据的收集、判断和实体规则的运用等部分组成。从程序法上看,法务会计是实现诉讼的特殊手段与方式。法务会计必须遵守程序法律规范的规定,符合程序法上的法律形式要求,才能使作出的法务会计结论具有法律效力,从而成为认定案件事实的证据。具体而言,法务会计在收集、整理、提供以及解释或展示有关证据时,必须遵守程序法的证据规则;法务会计师在协助律师参与诉讼活动,履行其诉讼支持与专家证人的职责时,必须了解诉讼制度与诉讼审判的程序,否则极易使本来很有成效的工作成果因程序违法而无法被采用。

(九)法务会计与实体法的关系

实体法是具体规定法律主体权利、义务的法律规范,包括刑法、民商法、经济法和行政法等部门法。这些实体法都包含有反映经济权利与义务的法律规范,这些规范往往涉及会计的专门性问题,需要法务会计进行审查与鉴定,以确定经济权利与义务的关系。实体法也是法务会计的重要依据与标准,法务会计进行业务活动、履行职责时,必须依据实体法的规定,才能对有关事项的特征、过程、手段、数额和时间等作出判断,才能把那些不符合实体法规定的事实作为证据进行收集与提供,用以证明违背法律规定的事实是否存在以及存在的方式和存在的状态,确定经济犯罪和纠纷的数额。因此,实体法是法务会计研究的依据和标准,法务会计则是证明实体法有关经济权利和义务的手段之一。

第五节　法务会计研究的主要领域

就法务会计的内容而言,国外的学者普遍认为法务会计涉及的内容广泛,但是其核心内容包括两个方面:一是调查会计;二是诉讼支持。

调查会计经常与经济犯罪事件相联系,主要是指通过对会计报表以及各类与会计有关的证据的调查与分析,获取犯罪的证据,并将有关证据以法庭能够接受的形式予以提交或陈述。最为普遍的调查会计任务是对白领犯罪的调查、财务报表舞弊的调查,也包括对证券舞弊、保险舞弊的调查和婚姻资产追踪等。

诉讼支持是指对正在进行的或悬而未决的法律案件中具有会计性质的问题提供帮助，主要用于经济损失的量化方面，最为传统的法律支持指的是计算违约所引起的经济损失。

法务会计研究的内容应该取决于各国的经济、法律环境以及会计、审计和经济法学等学科的发展情况。考虑到我国在转型时期经济犯罪以及舞弊的特点，作者认为，我国的法务会计研究应该主要围绕着财务舞弊、公司舞弊、白领犯罪、证券期货舞弊、保险舞弊、破产舞弊、洗钱犯罪以及计算机与网络犯罪等舞弊活动与经济犯罪活动的调查取证以及相关的诉讼支持展开，对涉案的会计事项进行调查分析，作出科学的鉴定结论，为司法诉讼、审判认定被告的犯罪事实，以及定罪和量刑提供科学证据。作者认为，法务会计应该包括五个方面的主要内容：法证调查会计、损失计量会计、诉讼支持、专家证人制度和舞弊风险管理。

一、法证调查会计

法证调查会计是指通过对各类会计资料以及各类与财务数据有关的证据的调查与分析获取犯罪的证据，并将有关证据以法庭能够接受的形式予以提交或陈述。调查会计与经济纠纷、舞弊和经济犯罪有关。最为普遍的调查会计任务包括财务报表舞弊的调查、保险舞弊的调查、电子商务以及计算机与网络舞弊的调查、洗钱与金融犯罪的调查、内部雇员舞弊与贪污腐败的调查、藏匿资产追踪、婚姻财产纠纷调查、税务舞弊的调查、知识产权保护、破产舞弊的调查、个人与公司背景调查和招投标舞弊调查等。

二、损失计量会计

损失计量，也有称之为损失量化或损失计算的，是指运用适当的数学模型对自然灾害、人为事故、违约以及各类损害赔偿案带来的经济损失和损害进行货币计量的过程。这需要确定损失范围、损失的项目内容及影响因素、计算的方法与手段等。损失计量是一个专业性极强的问题，涉及各种技术方法，如价差法、折扣法、系统风险法、均价法、净值法、机会亏损替代法和机会赢利替代法等。这些技术方法的运用要大量涉及会计信息资料和会计、财务方面的专业技能。法务会计人员在损失计量方面具有得天独厚的优势，可以协助解决各类经济赔偿与损失量化的难题。损失计量的具体内容包括损失与损害量化、个人伤害损失计算、收入损失估算、自然灾害损失估算、环境污染损失计算、事故损失计算、股票及有价证券损失计算和保险索赔损失计量等。

三、诉讼支持

诉讼支持也有人称之为诉讼援助，是指在涉及会计专业知识的诉讼过程中提供法务会计服务，在诉辩、发现、审判、判决和上诉各个环节为法律工作者提供会计和财务技术上的支持。具体工作包括：诉讼前的诉讼风险评估以及胜诉后获得经济赔偿的预测、参与诉讼策略的制定、商业书证的收集、协助律师组织、鉴别和解释有关的会计信息与会计证据以及对对方当事人的专家报告和分析意见进行反驳等。法务会计的诉讼支持在我国的具体实践是法务会计专业人员为诉讼案提供司法会计鉴定服务。

四、专家证人制度

专家证人制度是指由一方当事人委托的具有相应专业知识和实践经验的专家就某些专门性问题在法庭上运用专业知识发表意见并作出推论或结论的一项诉讼活动。随着现代经济活动的日益复杂，涉及会计专门性问题的纠纷以及需要运用会计与财务手段的案件判断与纠纷解决日益增加，如财务舞弊、贪污腐败、职务犯罪、白领犯罪、医疗事故、交通事故和保险索赔等。法官只不过是从事纠纷解决的法律专业人员，不可能也没有必要拥有专业性极强的会计背景。设立法务会计专家证人制度，能够扩大法官的感知能力，帮助法院查明有关事项的因果关系，进行事实认定。自 2012 年以后，我国的三大诉讼法都建立起了“有专门知识的人”的出庭制度，法律规定“有专门知识的人”可以就诉讼活动中的司法鉴定意见提出自己的质证意见。该制度类似西方国家的专门证人制度，但是还不是典型意义上的专家证人制度。

五、舞弊风险管理

舞弊风险是指一个人或多个行为人实施能够对他人或组织带来损失的舞弊的可能性。舞弊风险管理主要研究舞弊的相关理论、舞弊的识别与侦测、舞弊风险的评估、舞弊的防范对策、反舞弊政策的制定和舞弊风险防控制度的设计与安排。其主要目的是预防舞弊、发现舞弊和应对舞弊，降低舞弊风险以及减少舞弊带来的损失。

舞弊是威胁组织实现其目标的一种主要风险，不仅威胁到组织的财务状况，更关系到企业的形象和声誉。舞弊风险管理是企业风险管理的一个极为重要的方面。

第六节　法务会计的目标

西方的财务会计概念结构是以目标作为研究的起点，用于指导所有其他项目的研究，并作为整个理论体系的基石。这种理论构建思路在法务会计当中仍然适用。法务会计目标在其概念框架结构中的重要性是首当其冲的，因为法务会计是一个内容综合性、领域立体性和手段多元性的学科，目标不明确是不可能构建科学、完备、可行的概念框架结构的。我们可以将法务会计的总目标概括为：为相关人士或组织提供、陈述与解释会计证据信息，满足诉讼活动的需要，解决相关法律问题。在此，我们将对法务会计目标的研究分解为三个方面的内容：第一，谁需要法务会计提供的证据信息？第二，他们需要什么样的证据信息？第三，法务会计如何提供这样的证据信息？

从法务会计的社会需求情况来看，需要法务会计提供证据信息的组织和个人至少包括政府有关部门（包括市场监督部门、税务部门、监管部门、审计部门、纪检监察机关等）、公安机关（警方）、检察机关、法院、律师事务所及律师、公司管理层或董事会或审计委员会、金融机构以及需要解决有关法律问题的社会公众。这些证据信息需求者对法务会计提供的证据信息的需求是不同的。

政府有关部门需要法务会计提供能够证明有关组织或个人违纪、违规和违法的证据信息。

警方需要法务会计师参与有关经济犯罪案件的调查取证并对相关的会计资料进行解读与分析，取得能够证实犯罪的证据。

纪监部门和检察机关在对贪污贿赂犯罪、国家工作人员的渎职犯罪等经济案件进行立案侦查和对犯罪嫌疑人提起公诉的过程中，需要法务会计配合收集有关会计证据，并对这些证据进行司法会计鉴定。

法院在审理有关涉及财务与会计专业问题的复杂经济案件时会要求法务会计人员以“鉴定人”和“专家证人”（我国法律目前规定为“专家辅助人”）的身份出庭，对有关的会计证据进行司法鉴定、陈述与质证。

律师在诉讼代理或者辩护业务中，需要法务会计师提供专业性的诉讼协助与支持。

公司的管理与监管部门需要法务会计师介入公司内部舞弊的调查取证，以弥补内部审计的不足。

银行等金融机构需要法务会计师在涉及洗钱、保险舞弊等金融犯罪的调查方面提供专业的证据支持。

由于各方面对法务会计证据信息的多种多样的需求,法务会计不能像财务会计那样以一套标准的财务报告来满足各方面的需要,法务会计需要的是以格式与内容都迥然不同于财务报告的专家报告书来满足不同证据信息需求者的需求。

第七节　法务会计的基本假设

法务会计的基本假设是指法务会计领域中无须证明的前提条件,或是对法务会计领域中某些尚未确知、目前还无法正面加以论证的事物,根据已知的客观情况所作出的合乎事理的逻辑推断或假设。而我们之所以称为假设,是因为这些前提条件对法务会计的运行与发展至关重要。如果没有这些前提条件,法务会计的理论就会失去存在的基础,也就不能有效地开展法务会计的业务活动。法务会计的基本假设应该包括以下四个方面的内容:

一、犯罪留痕假设

按照刑事侦查原理,任何犯罪都必然留下痕迹。经济犯罪与其他刑事犯罪在客观表象上存在很大不同,经济犯罪大多没有公开、可见的犯罪现场。但是我们有充分的理由推论:任何经济犯罪与舞弊行为必然会在有关的会计资料中留下犯罪痕迹,犯罪痕迹中蕴含着大量的犯罪信息,只要法务会计人员恰当地运用有关的技术与方法,就可以从财务会计资料中发现有关的犯罪线索和犯罪事实,并可以通过取得记录着犯罪行为的会计证据来证实和揭露经济犯罪与舞弊行为。

二、征兆表现假设

舞弊虽然是隐蔽实施的,但是事物之间总是普遍联系着的,任何舞弊行为终究会通过其他途径以关联形式显现出来,舞弊的这种表现形式就是舞弊的征兆。任何舞弊行为,不论其掩饰得多么巧妙,隐藏得多么深,总会在一定的时间和地点以征兆的形式表现出来。比如,企业突然间大规模转移资产往往是逃避债务的征兆表现,大量更换关键岗位人员往往是管理层舞弊的征兆表现,公司毛利率在某个年份显著增加是虚构收入的征兆表现等。这一假设是法务调查会计通过对舞弊预警信号的分析研究得以早期发现舞弊活动的理论基础。

三、"2∶4∶4"假设

舞弊者总是会隐蔽地实施舞弊行为,因此大多数的舞弊都不为公众所知,也没有人能够说出舞弊的准确范围。但是,学者们通过对已发现舞弊的研究,认为舞弊按照被发现的程度可以分为三种类型:第一类是已经发现并向公众披露的舞弊;第二类是已经被发现但还未公开披露的舞弊;第三类是还没有被发现的舞弊。其中,第一类舞弊大约占舞弊总数的20%,第二类和第三类舞弊各约占舞弊总数的40%。这也就是说,已经发现并为公众所知的舞弊活动仅仅是冰山的一角,还有更多的、隐藏得更深的舞弊还不为人所知。我们可以推测:第一类舞弊之所以被发现往往是由于舞弊者笨拙、贪心与不小心以及反舞弊力量的强大;第二类的舞弊之所以不被公开披露是因为受害人顾虑自己的形象受损;第三类的舞弊之所以没有被发现,是由于其策划者更加狡猾、更加小心,他们可以周密地策划舞弊过程的每一个细节,使人们难以发现。由此可以认为,第三类舞弊行为与第一类舞弊行为在性质上应该有所不同,它要比第一类舞弊更为隐蔽,策划得更为周密,手段更为谨慎,对第一类舞弊研究的经验是不能推广到第三类舞弊行为的。由此可以进一步推论:我们身边存在着大量舞弊活动,这些舞弊活动目前还不为人所知,反舞弊的斗争任重而道远。

四、内部控制制度有限作用假设

内部控制制度是指在一个单位的部门,为了保护经济资源的安全完整,预防、发现与纠正舞弊,协调经济行为,控制经济活动,利用单位内部分工而产生的相互制约、相互联系的关系,形成一系列具有控制职能的方法、措施和程序。一个单位内部控制制度的优劣通常以内部控制制度的健全性与有效性作出判断,但是再好的内部控制制度的作用也是有限的。由于舞弊活动的隐秘性和舞弊者的狡诈性,要想在一个单位内部完全杜绝舞弊活动的发生是不可能的,不论这个单位的内部控制制度是多么的健全与有效。这样的假设之所以成立基于内部控制制度有着以下六个方面固有的局限性:

第一,内部控制制度的设计和运行受制于成本与效益原则。

第二,内部控制制度一般只针对常规业务活动而设计。

第三,即使是设计完善的内部控制制度,也可能因执行人员的粗心大意、精力分散、判断失误以及对指令的误解而失效。

第四,内部控制制度可能因有关人员相互勾结、内外串通而失效。

第五,内部控制制度可能因执行人员滥用职权或屈从于外部压力而失效。

第六,内部控制制度可能因经营环境、业务性质的改变而削弱或失效。

第八节　法务会计的对象与要素

一、法务会计的对象

在现有的文献中,鲜有对法务会计对象的明确表述。法务会计对象是法务会计行为或法务会计业务活动作用的客体。

作者认为,法务会计的对象可以分别从动态与静态两个角度来看。

从动态的角度来看,法务会计的对象是指舞弊与经济犯罪活动所引起的资金非正常流动。舞弊的经济犯罪活动都会引起资金的非正常流动,这种资金的流向最终会指向舞弊者的个人账户。所以,追踪资金的动态流向是法务会计调查取证的"杀手锏"。

从静态的角度来看,法务会计的对象是指以会计资料为载体的财务数据集,具体表现为会计凭证、会计账簿、会计报表以及其他相关资料所记载的静态的与历史的财务数据集。静态的财务数据集在反映过去的经济业务与财务事项的信息数据的同时,也将一切业已发生的舞弊活动所引起的资金流向的结果固化在其中了,这就为法务会计师查找犯罪证据提供了可能。

法务会计的中心任务就是研究分析这样的资金流或数据集,监控舞弊的发生与发展,及早发现舞弊的征兆,减少舞弊带来的损失。对那些已经发生的舞弊,法务会计要综合运用各种手段,取得能够证明舞弊与经济犯罪的有利证据,尽可能多地挽回损失与影响。

二、法务会计的要素

法务会计的要素是法务会计对象的具体化,是法务会计对象的构成"积木"。我们认为法务会计的要素可以界定为五项:数据库、财务数据、财务比率、舞弊征兆、财务数值异常表现。

(一)数据库

数据库是人们为解决特定的任务,以一定的组织方式存储在一起的相关数据的集合,是按照数据结构组织、存储和管理的数据仓库。在经济管理的日常工作中,人们常常需要把某些相关的数据放进这样的"仓库",并根据管理的需要进行相应的处理。数据库可以是有形的,也可以是无形的,可以是建立在纸介质之上的,也可以是建立在

“云端”之上的大数据。在信息技术高度发展的今天,政府机构、财务咨询服务机构、研究机构、金融机构和一些大型公司往往都建立有各种类型的数据库,它仍是法务会计人员调查舞弊活动的重要数据信息来源。

(二)财务数据

所谓数据就是描述事物的符号,在人们的日常生活中,数据无所不在,数字、文字、图表、图像和声音等都是数据。财务数据是指在企业会计信息系统中形成的描述经济交易与事项的数值符号,它主要以价值量为表现形式,也会以其他实物量加以表现。财务数据形成于会计信息加工处理的全过程,是会计信息的构成要素。财务数据是法务会计应对频率最高的对象,是法务会计诉讼支持活动中应用最广泛的证据之一。

(三)财务比率

财务比率是利用财务报表上相互关联的两个或多个项目,分别将其置于分子与分母之上组成比率,以说明这些项目之间的相互关系。财务报表中有大量的财务数据,可以根据需要计算出许多有意义的财务比率,这些财务比率涉及公司经营的各个方面。透过对财务比率的分析与比较,法务会计人员可以发现业已发生的财务舞弊活动。财务比率分析方法是法务会计人员发现舞弊的有力工具。

(四)舞弊征兆

舞弊征兆,在西方国家也被称为“红旗”(Red Flag),是指表明舞弊可能已经发生或存在的征兆。舞弊的预警信号在经济生活中大量存在。比如,某人的生活方式在短期内发生巨大改变;某重要文件丢失;会计文件出现改动的痕迹,总账出现不平衡;某员工行动可疑;会计数字之间的关系失去意义;出现无法解释的存货短缺或调整;有匿名的举报电话打入等等。这些情况的出现都可以引起人们的怀疑,它们都可以称为“舞弊征兆”。法务会计人员在业务活动中,需要大量研究舞弊的预警信号,提高对财务舞弊的预警识别能力。

(五)财务数值异常表现

按照财务学的观点,企业的各项财务数据之间一般都会存在逻辑上的联系与惯常的均衡关系。如果存在财务舞弊,就会打破财务数值之间的联系与均衡关系,使财务数值出现异常表现。比如,销售毛利率在某个年份异常升高、应收账款增长远超出销售收入的增长,以及公司主营业务收入的大幅增长没有引起销售费用和销售税金的上升等。财务数据之间存在的逻辑联系与惯常的均衡关系为法务会计人员发现与调查财务舞弊提供了可能。财务数值的异常表现是法务会计人员需要认真研究的对象之一。

第九节　法务会计的原则

法务会计不是一般意义上的会计，也不是一般意义的法学学科，会计与法律的一般性原则并不一定适用法务会计，法务会计应该有其特定的原则。因此本书认为，法务会计工作应该遵循以下七项原则：

一、客观性原则

客观性原则是对法务会计的工作质量的要求，要求法务会计的所有工作都要做到忠实地反映实际情况，不得掺杂任何虚假的和主观的判断，不得因任何利益相关者的影响而有所偏向，也不能为追求特定的政治与经济目的使法务会计的工作丧失客观公正，更不能用预先设定的结果去迎合特定的政治与经济目的。法务会计的工作往往会涉及非常重要的"人"的问题，罪与非罪，重罪与轻罪，计量的损失多与少，索赔的金额大与小等，都与法务会计师的工作质量密切相关，有时甚至是"人命关天"，可以决定一个企业或人的盛与衰、生与死，所以，讲求客观性原则对法务会计而言至关重要。这一原则可以用三个因素具体衡量，即真实性、可核性和中立性。

二、合法性原则

合法性原则是指法务会计的工作要以法律规范为方向和指引，同时程序上也要符合法律规定，即包括实体合法和程序合法两方面。法务会计的目标之一就是对特定法律问题当中涉及的会计审计等问题进行分析和判断，法务会计的工作内容应以法律规范为依据与标准。而法务会计工作中程序上的合法性也是如此，因为法律程序和会计、审计程序的要求不同，在会计核算和审计过程当中，基本程序是遵循会计准则和审计准则进行的，而法律中证据的收集要依照法定程序。如果缺乏相关法律知识，极易使本来有很强证明力的证据因非法收集而无法被采用，进而对当事人带来不利的后果。如以证人证言和当事人陈述作为刑事案件的犯罪证据，应当由法定的刑事司法人员按照刑事诉讼法规定的程序和方法进行询问、讯问并记录。包括审计人员在内的一般人员的询问笔录只能作为线索，要具有法律效力必须重新依法取证。

三、独立性原则

法务会计人员的工作会涉及众多人的利益，在经手舞弊调查与诉讼工作中，难免要受到来自各方面的干扰。这就要求法务会计人员要以超然独立的态度处理工作中的各种问题，不受任何个人与利益集团的干扰，完全以自己的职业判断独立地得出结论。独立性的原则是法务会计在会计、法律服务市场得以立足生存的基石，是法务会计人员的生命线。坚持独立性原则，一是要保证法务会计服务提供机构的独立性，不依附于任何其他组织和机构；二是要保证法务会计人员业务活动的独立性，包括调查方案的制订、调查活动的实施、调查报告的出具和出庭作证等活动必须独立进行，司法机关和法务会计机构负责人不得暗示或非法干预；三是各法务会计机构之间是平等的、独立的，相互间无隶属关系，其调查的结论不受相互制约和影响，无服从与被服从的关系。

需要指出的是，法务会计业务活动坚持独立性原则与依法接受法律监督两者并不矛盾，而是相互制约、相互促进，其共同目的在于确保法务会计业务活动及其结果的客观性和公正性。

四、怀疑的原则

怀疑的原则是指法务会计人员在经手任何舞弊犯罪调查中都要持有高度的“职业怀疑精神”。法务会计人员在接手每个项目时都要保持怀疑的态度，不能推测涉及项目的任何人都是诚实可信的，要假设所有与所调查案件有关的人都有犯罪的动机与可能，并以此作为处理相关事务的原则。可以说，怀疑的原则允许法务会计人员对案件涉及的当事人进行“有罪假定”。之所以这样假定，是因为舞弊活动在当今社会中“无处不有处处有、无时不有时时有”。我们必须认识到这样一个客观事实：任何一个单位，无论其内部控制制度多么严格，总是无法完全避免舞弊的发生。

五、敏感的原则

敏感的原则是指法务会计师要对各类舞弊活动保持敏锐的感觉。据有关资料报道，有7%的舞弊活动都是偶然被发现的①。这就要求法务会计人员在介入案件的调查时，要时刻保持“警犬”一般的敏锐嗅觉，要善于在不经意之间发现舞弊犯罪的线索与征兆，在茫茫的数字与文字的海洋中捕捉到犯罪活动的蛛丝马迹，顺藤摸瓜获取有力证据。对法务会计人员而言，讲求敏感性原则特别强调对以下五组异常保持

① 参见美国注册舞弊审核师协会2018年发布的Report to the Nation 2018 Global Study on Occupational Fraud and Abuse。

敏感：

- 太高或太低
- 太经常或太稀少
- 太多或太少
- 太大或太小
- 太富有或太贫穷

六、换位思考的原则

换位思考的原则是指法务会计人员在调查案件的过程中要学会站在舞弊者的角度思考问题，以舞弊者的思维方式查找被调查单位的内部控制与管理制度的漏洞。舞弊是一种高智商犯罪，在法务会计人员与舞弊者的周旋中，既要有“魔高一尺，道高一丈”的调查技术与本领，又需要善于分析舞弊分子的内心活动，与之斗智斗勇。法务会计人员要常常给自己提出这样的问题：如果我是舞弊者，我会以怎样的手段与方法实施舞弊行为？

七、预防的原则

预防舞弊的发生是减少舞弊损失的最具成本效益的方法。因为一旦舞弊发生，舞弊者要遭受损失、蒙受羞辱，且必须接受指控并承担法律后果，退赔非法所得；受害组织也要遭受损失，不但资产被侵吞，还要花费相关的费用和时间应对法律程序，负面影响相当大。按照预防原则的要求，所有的组织机构都应设置积极的舞弊预防措施，包括建立完善的热线举报网络，建立健全完善的内部审计制度，设立定期的舞弊专项审计制度，创造诚实、开放、互助的企业文化环境，加大对舞弊者的处罚预期等，以有效降低舞弊发生的概率，减少舞弊带来的损失。

第十节　法务会计的职能

法务会计的职能是指法务会计本身所固有的功能。目前，由于法务会计在多数国家尚处于发展之中，故试图以演绎的方法对其职能进行分析推理，其逻辑前提尚不充分。目前我们仅能从美国、英国、加拿大等国家的法务会计实务分析入手，对法务会计职能进行概括分析。通过分析我们发现，法务会计的职能应该包括预防、发现、取证、损失计量和诉讼支持五个方面。这五种职能分别发挥着预防舞弊的发生、发现舞弊的征兆、获取舞弊的证据、计量损失损害和支持诉讼活动的作用。

一、预防的职能

预防舞弊是减少舞弊损失的最具成本效益的方法。这里的预防指的是实施积极的控制制度,主要目的是预防和震慑舞弊,做到防患于未然。许多研究都表明,几乎所有的组织都不可避免地存在这种或那种类型的舞弊活动,但是,采取积极的预防措施,能有效地减少舞弊带来的损失与不良影响。各类组织需要仔细检查与评估舞弊的风险,采取积极的措施,创造与维持一种诚实、开放、互助的企业文化环境,以达到预防舞弊的目的;也可以通过建立完善的内部控制制度、建立雇员监督举报热线、实行积极的舞弊审计和形成对舞弊活动严厉惩罚的预期等措施减少舞弊的风险,以达到预防舞弊的目的。

二、发现的职能

法务会计发现的职能是指及时发现舞弊征兆或"预警信号",以尽可能地在舞弊活动发生的早期发现舞弊活动,降低舞弊损失。同传统审计调查多用的反应性(Reactive)调查手段不同,法务会计多采用积极的调查手段,在不排斥公检法机关和审计机关发现、被害人举报等方式的同时,主要凭借调查者的经验和职业敏感指引调查方向。任何舞弊活动的发生都会有一定的征兆,比如,某人的生活方式在短期内发生巨大改变;某项重要文件突然丢失;会计文件出现改动的痕迹;财务数字之间的关系失去意义;销售净额增加伴随着应收账款大幅度增加、销售净额大幅度增加伴随着销售成本下降或小幅度增加;销售收入增加伴随着存货下降;有匿名的举报电话打入……这些情况的出现都可以称为"舞弊的征兆"。但是这些征兆的出现只能说明有可能存在舞弊活动,并不能确信舞弊活动一定存在。而法务会计的发现职能就是归纳研究这些舞弊的征兆,帮助人们识别舞弊的征兆,并对这些征兆进行进一步的追踪,直到查明它们的背后是否存在舞弊的活动。

三、取证的职能

法务会计获取证据的职能是指在确信舞弊活动已经发生的情况下,运用法务会计特有的技术与方法收集相应的证据,并依照证据规则对证据进行固定与保全,以法庭能够接受的形式在法庭上进行陈述与解释。法务会计取证过程也是法务会计收集证据、证明舞弊事实的过程。在对这些证据进行收集、保全、查证与质证的过程中,运用会计学、审计学、调查学、侦查学以及计算机取证等学科的专业知识与技能自然必不可少。

四、损失计量的职能

损失计量的职能是指运用会计学的价值计量理论与方法,通过建立适当的数学模型对自然灾害、人为事故、违约以及各类损害赔偿案带来的经济损失和损害进行货币计量。损失计量是最能体现法务会计特点的职能之一。在法律与会计规范所涉及的经济关系越来越复杂的情况下,计量损失问题逐步成为专业性极强的棘手问题,其中涉及大量的、专门的技术方法。这些技术方法的运用要大量涉及会计信息资料的分析和数理统计与建模等方面的专业技能。法务会计人员凭借自己的专业优势,在损失计量方面具有得天独厚的优势,可以协助检察官、法官、律师等法律工作者解决各类经济赔偿与损失量化的难题。

五、诉讼支持的职能

诉讼支持主要是指与诉讼程序相关,在涉及会计专业知识的诉讼过程中提供的法务会计的专业服务①。但作者认为,诉讼支持还可以从广义上理解,即在庭外程序中对争议给予解决,因为专家证人并不是只存在于诉讼程序当中,而是在庭外程序中也能发挥积极作用。诉讼支持的具体内容主要体现在三个方面:①参与诉讼策略的制定。法务会计人员可以协助律师,从会计角度分析当事人在利用会计信息过程中所存在的自身弱点、评估有利事实,在会计范畴制定出最有效的诉讼策略,争取胜诉机会。在法院开始审理案件之后,帮助客户进行初期的评估,以确定该诉讼案是否应该继续进行。②提供专家证人报告。法务会计人员拥有丰富的会计与法律知识,他们提供的专家证人报告可以经受住对方严格的交叉询问。③出庭或在庭外向法官、检察官、律师以及其他相关人士等解释相关的会计证据以及相关的专业知识,为客户的胜诉以及争端的解决提供有力的保障。

总之,法务会计的上述五项职能特征既相互作用,又相互联系,成为法务会计工作进程中前后相继的交互进程。这些职能的具体履行充分体现和实现了法务会计的目标,是法务会计极具专业化的体现。

---

① 冯萌,李若山,蒋卫平,等. 从安然事件看美国法务会计的诉讼支持[J]. 会计研究,2003(1).

第十一节　法务会计的需求与供给

一、法务会计的社会需求

与其他行业的服务一样，法务会计的产生与发展是建立在市场经济对其职能需求的基础上的。随着市场经济与法治经济的发展，社会对法务会计的需求得到充分的发展。考察社会对法务会计的需求，主要产生于以下四个方面：

（一）政府各有关部门

政府为了维护经济秩序，改善经济环境，增强社会公众的信心，必然对财务造假、贪污腐败和职务犯罪等重大经济丑闻与舞弊案进行调查，调查的最重要的线索就在于企业的会计资料。而能够对这些会计资料进行独立、直接、有效和专业的分析判断与追索的无疑是法务会计专业人士。多年来，美国政府部门屡次聘请法务会计专业人员参与重大财务舞弊案的调查就是例证。

（二）警方

企业一旦发现舞弊问题，董事会或者审计委员会通常会将案件报告给警方。但对于警方来说，一方面，由于缺乏足够的警力，无法对案件进行详细充分的调查；另一方面，自身对经济、管理、企业的经营运作缺乏足够的认知，对案件的初步调查可能无法起到预期的作用。于是，他们经常会将企业所发现的小型舞弊案调查交给熟悉企业运作的法务会计师来处理。法务会计作为专业人士介入案件的调查会减少嫌疑人的抵抗，促进与证人之间的配合，获得事半功倍的效果。

（三）律师

警方对与舞弊相关的丑闻进行初步调查之后，将案件诉诸法庭。律师对法律极为精通，但法律和会计还是存在着很大的距离，律师对企业的运作可能会有一定程度的了解，但律师不可能了解企业的具体运作过程，不可能深入理解公认的会计准则，对企业舞弊的手段、方式也不够熟悉。而法务会计师在这一方面有着得天独厚的优势。

（四）其他方面

一般情况下，个人往往会遇到各种经济问题和法律问题，现代社会中的经济和法律关系密不可分。而法务会计人员在舞弊案调查中显示出来的才能也引起了法律界的重视。离婚案件中财产的隐匿问题是一个比较典型的例子。在舞弊案件中，法务会计人员除了要研究会计账簿，明确问题的所在，也要追回资金，最大限度地减少损失。这都构成了对法务会计的需求。

二、法务会计的社会供给

法务会计的需求确定以后，必定会有这样的一种社会团体力量来满足社会的需求，即由某一专业团体提供这一服务。由于这一业务的特殊性以及注册会计师所特有的专业胜任能力，社会经济的发展将这一责任交给了新兴的职业团体——注册舞弊审核师。除了实务界中的会计师事务所及有关人员全力发展这一业务以外，还有其他部门和机构提供一些理论研究和社会调查，他们为会计师事务所发展这项业务打下了基础。例如，美国注册舞弊审核师协会侧重于反舞弊专业人员的培训和舞弊调查技术的发展，而美国注册会计师协会则更侧重于注册会计师专业素质的培训和相关准则的制定。这些工作的推进无疑增强了法务会计的供给，从而较好地满足了市场对法务会计的需求，进一步促进了法务会计的快速发展。法务会计得以快速发展的具体原因主要有以下三个方面：

（一）会计师事务所的存在为法务会计服务的供给提供了基础

毫无疑问，随着社会对舞弊事件的关注，会计师事务所对法务会计也日益重视，积极发展自身的法务会计部门，业务由原来的财务报告审计发展到对公司内部舞弊案的调查以及提供法务会计的专业咨询，直至到法庭上以专家证人身份作证。

以四大会计师事务所为例，各大公司都在大力发展法务会计业务，以跟上社会对法务会计服务的需求。近年来，毕马威会计师事务所将法务人员增加了两倍。德勤会计师事务所在美国的各大城市和世界上多数国家设立了法务会计办公室，并且雇用了美国联邦调查局的前任首席财务官支持华盛顿地区的法务会计实务。安永会计师事务所的法务人员近年来增加了近 90%，仍然宣称没有足够数量的调查人员，并将继续增加舞弊调查人员。普华永道会计师事务所近年来增加了 20%的法务会计人员。

除此之外，还有一些小型的会计师事务所也在积极开拓法务会计业务。在美国，许多小型的会计师事务所也提供法务会计服务，由于其规模小，处事灵活，因此业务量较大。很多小型会计师事务所还聘用原来“四大”的退休合伙人，以增强这方面的力量。因此，小型会计师事务所在法务会计服务市场上占有较大的份额。

（二）美国注册舞弊审核师协会促进了法务会计的供给

1988 年，美国成立了以注册会计师为骨干的注册舞弊审核师协会（Association of Certified Fraud Examiners，ACFE），专门调查舞弊事件，培养专职的舞弊调查人员，积极发展和其他组织机构之间的合作关系。截至 2024 年 6 月末，该协会在全球已经有超过 9 万名会员，在 180 多个国家和地区建立了 220 多个分支机构。这一协会也是迄今为止全球最大的专门对舞弊行为予以查核的专业性协会组织。

注册舞弊审核师协会极为重视对注册会计师以及法务会计领域实务人员提供培训机会和各种舞弊调查的技巧、技能的训练。该协会向世界各地的会员以及非会员提供有关舞弊的各种资料和培训服务，主要由注册舞弊审核师进行授课以及提供培训书籍资料与信息沟通。许多会计师除了加入美国注册会计师协会以外，还乐于加入注册舞弊审核师协会，以使自身能够跟上社会发展的步伐，随时掌握法务会计中的最新技术和信息。

（三）美国注册会计师协会对法务会计发展的推动

作为法务会计业务重要内容的舞弊审计和诉讼支持一直都是注册会计师的业务范围，而执行这两项业务的主要成员是注册会计师。毫无疑问，作为注册会计师的全国性组织，美国注册会计师协会在注册会计师执行的法务会计业务中起到了极为重要的作用。美国注册会计师协会成立的目的是要加强全国注册会计师的团结，促进他们之间的相互联系，提高执业会计师的业务水平和职业道德。

法务会计涉及的管理咨询准则、审计准则和道德守则是由美国注册会计师协会规定的，其对注册会计师的法律责任进行界定，对法务会计人员执行业务的技术与道德规范提出了标准。美国注册会计师协会组织注册会计师资格考试，对注册会计师进行后续教育培训，大大提高了注册会计师队伍的人员素质。可以说，法务会计发展的每一步都离不开美国注册会计师协会的影响。

2008 年，美国注册会计师协会在资深注册会计师中推出了注册财务鉴识资格（CFF）[①]的认证，以此进一步助推法务会计在美国发展。

---

① CFF（注册财务鉴识资格，Certified in Financial Forensics）是 AICPA 于 2008 年 5 月设立的一项专业资格认证，主要针对法务会计领域。CFF 认证的目的是将专门的法务会计专业知识与 CPA（注册会计师）的核心知识与技能结合起来，进一步巩固 CPA 在快速增长的服务领域中的地位。CFF 认证的内容包括破产与无力偿债、计算机鉴识、经济损害、家庭法、舞弊调查、诉讼支持、利益相关方纠纷和估值等多个领域。要获得 CFF 资格，申请人必须是 AICPA 的会员、拥有至少 5 年的会计从业经验，并满足相关的业务经验和职业继续教育的最低要求。CFF 认证是财务鉴识方面快速增长的专门领域之一，对于会计和金融专业人士来说具有很高的价值。持有 CFF 认证的专业人士在执行诉讼和调查支持服务方面会受到高度尊重，如检查舞弊行为或作为专家证人。

第十二节　从事法务会计专业的人员所需具备的素质

影响法务会计供给的因素无疑非常多,要真正满足社会需求,还是要依靠一大批合格的法务会计人员。那么,什么样的法务会计人员才算合格呢？我们认为,应该主要从知识与技术和职业道德两方面予以判断。

一、法务会计人员应具备的知识与技术要求

(一)会计和审计知识

会计是一门国际商业通用语言。精通会计语言是法务会计人员必备知识之一。法务会计人员要了解会计信息在企业内部是如何形成的,了解会计报表是如何编制的,了解哪些会计账户容易被用来造假,知道舞弊活动会在会计资料中留下什么痕迹,掌握如何通过对会计资料的分析找到舞弊的证据。

审计是指由专职机构和人员,依法对被审单位的财政、财务收支及其有关经济活动的真实性、合法性和效益性进行审查,评价经济责任,用以维护财经法纪,改善经济管理,提高经济效益,促进加强宏观调控的独立性经济监督活动。它是一门技术与技巧性很强的科学,包括重要性水平的确定、审计风险评估、审计抽样、内控测评、分析性复核和查错纠弊的技巧等。审计技术方法是法务会计的重要基础。

(二)识别舞弊的知识

除了会计和审计的职业培训外,法务会计技术的重要部分就是辨别不同舞弊交易的类型及其特征。这就要求会计师识别与确认舞弊征兆。法务会计必须能够在错综复杂的数字海洋里确认会计资料中的舞弊征兆,并对调查的关键环节进行适当的定义。通常,在向法庭提供帮助时,问题往往集中在调查方面,这是非常关键的环节。

(三)法律知识、证据规则、犯罪学与侦查学知识

法务会计必须了解刑法和民法方面的基本知识,因为这些法律对法务会计所涉及的案件具有直接的影响。特别是法务会计必须理解刑法以及其他一些法律规定,以确认可能的问题。同时也有必要理解证据规则,以保证所有的报告都能提交到法庭并被

采信。

对法务会计来说,对证据规则的理解至关重要,主要包括:证据是什么?如何获得证据?如何固定证据?如何将证据以法庭能够接受的形式呈上法庭?

法务会计要掌握犯罪学的知识,要了解经济犯罪的动机,了解如何预防犯罪,如何控制与矫正经济犯罪。法务会计也要掌握侦查学的知识,掌握在经济犯罪现场的勘查、询问与面谈的技巧,掌握各类经济犯罪的特点以及调查取证的措施与要点。

(四)调查的精神状态以及职业批判的怀疑精神

法务会计必须具有调查者的眼光,侦探的嗅觉以及审计师的细心和坚韧。这些品质可以定义为调查的精神状态。这种精神状态要求法务会计人员了解实质重于形式的原则——即确定和分析数据并与当事人进行面谈,以确定在实际交易中发生的相关事项,而不仅仅将目光集中在表面现象上。

调查的精神状态有时可以定义为"嗅觉测试"——对相关的交易和事项进行评价的能力,以确定合理性和精确程度。换言之,在所知的事实中,某一行为是否合理并具有逻辑性?在现实的环境中,这一行为以及行为方式是否值得称道,或者是否有其他疑点值得进一步的调查?

调查的精神状态必须符合职业批判的怀疑精神。这就要求法务会计人员要时时保持"怀疑一切"的态度,不能假定涉案的所有人都是"诚实可靠的"。要持"有罪假定"的心态看待被调查的任何人。

(五)对人的心理和动机的理解力

法务会计的另一项技能就是对人的理解。根据舞弊理论,舞弊的产生,其关键还是人的因素,法务会计人员应学习如何理解舞弊者的个人动机和品质。这种理解力应该成为法务会计人员的基本技能。因此,法务会计不仅仅是简单的会计检查,还应重视对人的心理因素分析。根据舞弊理论,个人需求的膨胀往往是舞弊发生的起因。法务会计人员必须懂得个人需求的存在,如一个雇员是否需要更高的收入以维持自身奢侈的生活,或者销售经理必须保持良好的销售记录以保证能够继续被聘用。这种需求为舞弊提供了动机,一旦动机产生,环境又提供了一定的机会,那么就可能出现舞弊。

(六)沟通技巧

法务会计最重要的工具是面谈程序,其目的是以一个简单而且精确的方式获得非文件证据。证据的可验证性非常重要,这样解释就可以无偏差地进行评价。法务会计人员必须知道如何缓解个人的紧张情绪,因为情绪紧张往往导致不精确的解释。

法务会计必须能够控制或者指导面谈过程，并从中得到进一步的信息，从具有敌意或者站在对立面的人那里获得有用的资料。

法务会计作为在法庭上事实的陈述人，必须有能力对事实进行清晰的表达，这不仅包括采用会计报表以及图示等，还要对相关会计证据进行无偏差的描述。法务会计人员必须能够针对工作的性质和程度以及财务报表等向其他人进行描述，以在法庭上和其他任何情况下得到各方理解。

法务会计在法庭上作为专家证人进行陈述时，必须对程序、分析以及报告进行解释，使事实以及专家意见最大限度地得到法庭的理解和认同。对现有证据的认识和对事件可能性的不同解释应尽可能地完整，以保证其报告不在交互检查时受到怀疑，价值被贬低。

（七）对计算机和信息技术的理解

昔日的手工记账今天早已经被计算机信息技术所代替。在舞弊调查中，调查技术必须和犯罪技术同步发展。计算机技术不仅向罪犯提供了舞弊的新方式，也为法务会计提供了对舞弊进行调查的新方式。

近年来，随着会计电算化、网络化与审计信息化建设的深入发展，在法务调查会计领域中，借助于计算机与专业软件查找舞弊的线索与证据已成为主流的反舞弊技术手段。除了一些专业的调查软件以外，利用一些通用的数据处理软件，如 Excel，Active Data for Excel 等，也能够比较有效地对财务数据进行数值分析，进而可以低成本而高效地发现财务舞弊问题。这就要求法务会计人员既掌握法务会计的理论与实务，也要对计算机和信息技术有很好的理解，掌握常用的舞弊审计软件、通用分析软件的使用方法与技能。

二、法务会计人员应具备的职业道德品质

法务会计人员的职业道德是非常重要的。与注册会计师一样，法务会计人员的技术在某些环境中受到一定的限制，如成本-效益原则就要求法务会计人员必须在一定时间内完成客户委托的业务。法务会计人员因技术限制无法得出精确结论时，良好的职业道德会使社会理解法务会计确实已经尽职了，只是客观原因使其无法避免一些差错。而如果没有良好的职业道德为基础，毫无疑问，所有不正确的结论都会被社会理解为法务会计人员的主观错误所致。在这种情况下，如何保持公正、公平的职业形象就成为至关重要的问题。法务会计人员的职业道德，目前基本上秉承了注册会计师的传统，包括如下七个方面的内容：

（一）职业胜任能力

法务会计师的职业胜任能力与职业准则、技术、审计事项相关的知识以及在执业时综合运用各种知识进行职业判断相关。在法务会计中，有必要了解讯问程序和与纠纷有关的特定标的。例如，法务会计人员必须了解证据规则，并区分事实证人、专家证人的不同。

（二）合理职业谨慎

职业谨慎与法务会计师工作完成的质量相关。法务会计人员必须保持与工作相应的职业谨慎态度，包括将合理的时间和精力用于寻找不同的文件和相关数据。如果没有足够的时间和精力研究数据，那么就应拒绝受理这项业务。

（三）计划和监督

作证程序和盘查程序需要掌握大量的事实，而这就要求法务会计人员在案件发展时保持足够的参与程度。通常，要求作证的专家进入业务的计划和监督程序，并且采取平行的管理模式。

（四）足够的相关数据

在法务会计的调查工作中，在某一问题上，有可能数据之间不关联或者根本无数据。因此，有必要进行假设，并且采取对客户有利的假设。这时，法务会计人员必须保持公正和客观的立场，利用足够的相关数据作出职业判断，不能在客户面前丧失公正、客观的形象。

（五）守则

除了一般准则以外，必须考虑其他守则，如独立、客观和公正，这些守则之间有着密切的联系。如果独立指的是独立于所有的关系方，那么只适用于鉴证服务；而要求法务会计人员不卷入利益冲突的公正和客观守则同样适用于所有的业务领域。

守则要求必须保持实质上的独立，如果在形式上存在任何不独立的地方，那就有必要解释这一关系，并取得关联方同意方可执行业务。在法务会计业务中，主要是要求必须取得客户的同意，而非反对方的同意。但是，专家作证服务并不代表无原则地赞成客户的立场。

独立性和客观性是法务会计人员道德培训的重要内容。法务会计并非客户行为无原则的赞成者，当客户的观点不客观、不正确时，法务会计人员应该勇于指出并坚决纠正，不能一味迁就客户。

（六）会计原则

法务会计必须遵守会计原则。但是遵守会计原则并非法务会计业务的焦点所在，问题的关键一般在于经济问题。换句话说，在法务会计业务中涉及的财务报表存在问题需要一定的调整以反映相关因素时，只要注册会计师不声明这类财务报表违反一般公认会计原则，就并不违反这一原则。

对方律师可能会质疑法务会计人员提交的文件是否符合一般公认会计原则。如果回答“不”，则会遭到质疑，并暗示这一文件存在错误和偏差。这时，法务会计人员必须了解与一般公认会计原则有偏差的地方，并且说明自己认为采用的会计原则更为适合这一情况。如果法务会计人员认为根据职业判断或者实质重于形式的原则，所采用的会计原则更为适合目前的现实，那么就不能视为违反会计原则。

（七）客户信息保密

如果直接聘用或者通过律师聘用法务会计人员的客户和法务会计人员以前不存在业务关系，而且法务会计人员也从未卷入纠纷中去，所有相关信息都是在业务过程中获得的，那么就不存在什么影响。但是，如果法务会计人员以前曾向客户提供服务并且获得有关纠纷的信息，那么就会对法务会计人员承接业务产生影响。因为这样可能从第三方取得机密信息。在这种情况下，法务会计人员必须仔细评价所获信息是否需要保密，拥有这类信息是否可能导致丧失这项业务。

调查人员不能忽视的另一个问题就是所收集的信息是否涉及道德和法律。因此，必须注意的是，在收集信息时，个人应该能够代表自身，并且收集信息的程序也不存在误用。最重要的是，个人的合法权益未受到侵犯。

本章思考题

1. 如何理解作为形容词的英文 Forensic？我国将 Forensic Accounting 分别译为“法证会计”（香港特别行政区）、“鉴识会计”（台湾地区）和“法务会计”“司法会计”（内地），对此你怎么看？

2. 如何理解法务会计的对象是“舞弊与经济犯罪活动所引起的资金非正常流动及其结果”？会计的对象是什么？如何理解会计与法务会计的对象的差别？

3. 有人说“经济越发展，会计越重要；经济越发展，经济犯罪越猖獗，法务会计越重要”。对此说法，你怎么看？

4. 如何理解法务会计的“四大基本假设”？这些假设对于法务会计这门学科的意义何在？

5. 如何理解法务会计与司法会计的联系与区别？两者最根本的差异是什么？

6. 利用互联网调查“四大”国际会计师事务所开展法务会计业务的基本情况，我们从中能够得到什么启示？

7. 利用互联网调查国内（内资）排名前 30 位的会计师事务所（以中国注册会计师协会当年的统计为准）开展法务会计业务的情况，与“四大”国际会计师事务所相比，国内会计师事务所在开展法务会计业务方面有哪些特点、存在哪些差距？就我国会计师事务所开展法务会计业务提出你的建议。

第二章

会计报表的阅读与分析：基于法务会计的视角

本章要点

能够阅读企业的会计报表并能对会计报表进行简单的分析是合格法律工作者应具备的基本技能。作为一名法务会计人员，除了需要掌握会计报表分析的一般方法以外，还需要掌握透过对会计报表的分析发现财务舞弊线索的特殊技能。

本章在对会计、会计报表和会计报表分析进行概述的基础上，重点阐述对资产负债表、利润表、所有者权益变动表和现金流量表的阅读与分析的方法，特别介绍在会计报表中查找财务舞弊线索的特殊的财务比率。

第一节　会计与会计报表概述

一、会计的概念

简单地讲,会计就是记账、算账、报账与用账。其中,记账是指运用借贷复式记账的方法记录经济业务的过程;算账是指进行成本的核算;报账是指编制与报送会计报表;用账是指对会计信息的分析与加工利用。

如果要为会计作出严格的定义,我们可以这样定义:会计是一个以提供财务信息为主的信息系统。在这样的信息系统中,我们需要输入的是会计人员和以原始凭证为载体的经济业务数据。在会计系统内部,会计人员运用会计学知识,在会计规范的指导与约束下,使用各种记录与计算工具,对经济业务数据按照一定的规范和程序进行会计的确认、计量、记录与报告,最终形成以会计报表为载体的会计信息输出,以满足信息使用者的经济决策与控制监督经济活动的需要。这便构成了会计信息系统。

会计信息系统可以用图 2-1 简单地加以描述。

图 2-1　会计信息系统

二、会计报表的概念

(一)会计报表的定义

会计报表是根据日常会计核算资料定期编制的,综合反映企业某一特定日期的财务状况和某一会计期间的经营成果、现金流量信息的总结性书面文件。它是企业财务报告的主要部分,是企业向外传递会计信息的主要手段。我国现行制度规定,企业向外提供的会计报表包括资产负债表、利润表、股东权益变动表、现金流量表和有关附表。

(二)会计报表的作用

会计报表主要的作用是提供与决策相关的信息,而会计报表是企业对外提供会计信息的主要载体,它既可以满足企业内部管理者的需要,又可以满足企业外部与企业利益相关的各个方面对会计信息的需求。

1. 会计报表提供的经济信息是企业加强和改善经营管理的重要依据。会计报表信息有助于帮助企业领导和管理人员分析、检查企业的经营活动是否符合制度规定;考察企业资金、成本、效益等计划指标的完成程度;分析、评价经营管理中的成绩和不足,采取措施,提高经济效益;运用财务会计报告的资料和其他资料进行分析,为编制下期经营计划提供依据。

2. 会计报表提供的信息是企业外部的投资者、债权人等作出有关决策的依据。对企业外部的投资人、债权人和其他利害相关人来说,企业的投资者作为企业风险资本的提供者,是企业外部最主要的会计信息使用者。会计报表信息将作为投资者判断投资风险和投资报酬,确定投资方向,考量经营管理者受托责任履职情况,决定企业的人事安排与待遇等方面的重要依据之一。

3. 会计报表提供的信息是国家经济管理部门进行宏观调控和管理的依据。对财税部门而言,通过会计报表可以了解企业资金筹集和运用是否合理,检查企业税收、利润目标的完成情况,以及有无违反税法和财经纪律的现象,以更好地发挥财政、税收的监督职能;对于银行等金融机构,可以通过会计报表考查企业流动资金的使用情况,分析企业银行借款的物资保证程度,研究企业资金的正常需要量,了解银行借款的归还以及信贷纪律的执行情况,充分发挥银行经济监督和经济杠杆的作用;对于政府审计部门而言,借助于会计报表可以了解企业财务状况和经营情况及财经政策、法令和纪律执行情况,从而为进行财务审计和经济效益审计提供必要的资料。

4. 会计报表是重要的会计证据。通过对会计报表的分析,可以发现隐藏在会计数据背后的舞弊与经济犯罪线索与证据,为有效打击经济犯罪与财务舞弊提供有力的支持。

(三)会计报表的分类

会计报表种类的划分方法很多,比较常用的分类方法有以下六种:

1. 会计报表按其反映的对象,可以分为动态会计报表和静态会计报表。动态会计报表是反映一定时期内经营成果和现金流量的会计报表,比如,利润表反映了企业一定时期内所实现的经营成果，现金流量表反映了企业一定时期内现金的流入、现金的流出及净增加数，因此利润表和现金流量表属于动态会计报表；静态会计报表是指反映企业在一定日期资产和权益总额的会计报表，比如，资产负债表反映了企业某一时点上的资产、负债和所有者权益的情况，因此资产负债表属于静态会计报表。

2. 会计报表按其服务的对象，可以分为对内报表和对外报表。对内报表是指为企业内部经营管理服务而编制的不对外公开的会计报表，它不要求统一格式，没有统一指标体系，如成本报表就属于对内报表；对外报表是指企业为满足国家宏观经济管理部门、投资者、债权人及其他有关会计信息使用者对会计信息的需求而编制的对外提供服务的会计报表，它要求有统一的报表格式、指标体系和编制时间等，资产负债表、利润表和现金流量表等均属于对外报表。

3. 会计报表按其编报的时间，可以分为月度报表、季度报表、半年度报表和年度报表。月度报表简称为月报，每月编报一次，包括资产负债表和利润表；季度报表简称为季报，每季编报一次，包括资产负债表和利润表；半年度报表简称为半年报，每年6月30日编报一次，包括资产负债表和利润表，但与月报和季报在部分指标上有一定的差异；年度报表简称为年报，每年编报一次，包括资产负债表、利润表、现金流量表和所有者权益变动表，它要求完整、全面地反映企业的财务状况、经营成果和现金流量情况。

4. 会计报表按其编制的单位，可以分为单位报表和汇总报表。单位报表是指企业在自身会计核算的基础上，对账簿记录进行加工而编制的会计报表，以反映企业本身的财务状况、经营成果和现金流量情况；汇总报表是指由总公司或主管部门(系统)，根据所属单位报送的会计报表，连同本单位会计报表汇总编制的综合性会计报表，以反映总公司或本部门(系统)的财务状况、经营成果和现金流量情况。

5. 会计报表按其编制的范围，可以分为个别会计报表和合并会计报表。个别会计报表是指仅仅反映一个会计主体的财务状况、经营成果和现金流量情况的报表；合并会计报表是将多个具有控股关系的会计主体的财务状况、经营成果和现金流量情况合并编制的会计报表，该报表由具有控股地位的母公司进行编制，合并会计报表可以综合地反映整个公司集团的财务状况、经营成果和现金流量信息。

6. 会计报表按其反映的经济内容，可以分为资产负债表、利润表(损益表)和现金流量表及其附表和附注。此种分类方法最为常见。

本章对会计报表阐述的内容都将围绕此类分类方法展开，这里就不赘述了。

第二节　会计报表分析概述

一、会计报表分析的概念

会计报表分析是指在会计报表以及相关资料的基础上,通过一定的方法和手段,对会计报表提供的数据资料进行深入和系统的分析研究,找出各项会计信息之间的内在联系,并对各信息之间的联系进行分析、评价,从而将报表数据转换为信息使用者需要的、具有更大使用价值的经济信息。

二、会计报表分析的意义

评价企业的财务状况、经营成果与现金流量,揭示企业财务活动中存在的矛盾与问题,为改善经营管理提供方向与线索。

预测企业未来的报酬与风险,为投资人、债权人和经营者的决策提供帮助。

检查企业的预算完成情况,考察经营管理人员的业绩,为完善合理的激励机制提供帮助。

以会计报表数据之间出现的不正常的数量关系为线索,发现与获取欺诈舞弊的会计相关证据,为反舞弊与打击经济犯罪提供有力的诉讼支持。

三、会计报表分析的方法

会计报表分析的方法主要有两类:比较分析法与比率分析法。

(一)比较分析法

比较分析法是将有关会计报表的指标进行比较分析,以发现问题、找出差距,并揭示其发展变化的趋势。

比较分析法有多种形式,可以是绝对数的比较,也可以是相对数的比较;可以是单项指标的比较,也可以是全部会计报表的比较。我们通常是采取比较会计报表的方式,将连续多年的会计报表,如最近二年、三年、五年甚至十年的会计报表的相关数据并列在一起加以比较。

比较分析法的基本形式有两种:横向分析与纵向分析。

1. 横向分析。横向分析也称为变动百分比分析或环比分析。这种分析方法是将不同时期的会计报表中的相同项目进行比较，计算分析其增减金额和变动百分比或环比动态比率。

表 2-1 列示了某企业营业收入与净利润两个指标 2022 年相对于 2021 年以及 2021 年相对于 2020 年的变动情况。

表 2-1　变动百分比分析表

项目	2022 年	2021 年	2020 年	变动百分比(%)	
				2022 年	2021 年
营业收入(元)	1 500 000	1 200 000	900 000	25.00	33.33
净利润(元)	163 000	105 000	92 000	55.24	14.13

$$\text{变动百分比(环比动态比率)} = \frac{\text{本期数} - \text{上期数}}{\text{上期数}} \times 100\%$$

由表 2-1 可见，该企业的营业收入与净利润在 2020—2022 年期间是逐年增长的。就营业收入而言，2022 年较 2021 年增长 25%；2021 年较 2020 年增长 33.33%。就净利润而言，2022 年较 2021 年增长 55.24%；2021 年较 2020 年增长 14.13%。

另外一种横向分析方法是定基趋势分析法。该方法是用某一时期的数值作为固定的基期指标数值，将其他的各期数值与其对比进行分析。其计算公式为：

$$\text{定基趋势百分比(定基动态比率)} = \frac{\text{本期数}}{\text{固定基期数}} \times 100\%$$

在表 2-2 中，我们可以选择 2020 年的数据为基年，令其为 100%，计算其他年份相对 2016 年的变化趋势百分比。

表 2-2　定基趋势百分比分析表

项目	2022 年	2021 年	2020 年	定基趋势百分比(%)		
				2022 年	2021 年	2020 年
营业收入(元)	1 500 000	1 200 000	900 000	166.67	133.33	100.00
净利润(元)	163 000	105 000	92 000	177.17	114.13	100.00

由表 2-2 可见，就营业收入而言，2022 年的营业收入是 2021 年营业收入的

166.67%;2021 年的营业收入是 2020 年营业收入的 133.33%。就净利润而言,2022 年是 2021 年的 177.17%;2021 年是 2020 年的 114.13%。

2. 纵向分析。纵向分析(结构百分比分析法)是在同一会计报表内部各个项目之间进行比较,即将会计报表上的某一关键总体项目的金额确定为 100%,而将其他各组成项目的金额与之进行比较,以显示各组成项目在总体中所占比重及其构成。

例如,表 2-3 列出某公司 2022 年年末的资产负债表。我们将资产总额确定为基数,用该基数除以表中的其他组成项目,得出结构百分比。运用结构百分比可以分析各个项目在总资产中的比重情况。

表 2-3　结构百分比资产负债表　　金额单位:千元

资产	2022-12-31	结构百分比(%)	负债及所有者权益	2022-12-31	结构百分比(%)
流动资产			流动负债		
现金	1 816	4.68	短期借款	1 265	3.26
应收账款	10 438	26.92	应付账款	3 788	9.77
存货	6 151	15.86	应付工资	6 234	16.08
预付账款	3 526	9.09	流动负债合计	11 287	29.11
流动资产合计	21 931	56.56	长期借款	9 456	24.39
固定资产	6 847	17.66	负债合计	20 743	53.50
无形资产	997	2.57	股本	15 000	38.68
其他资产	9 000	23.21	留存利润	3 032	7.82
资产总额	38 775	100.00	负债及所有者权益	38 775	100.00

(二)比率分析法

比率分析法是将具有关联关系的不同会计报表项目组成财务比率,用来反映有关项目之间的关系,据以评价企业的财务状况与经营成果。比率分析法是分析和评价企业财务状况与经营成果以及通过财务数据分析发现经济犯罪与财务舞弊迹象的最为重要的方法。

例如,我们常用流动比率衡量企业短期偿债能力。流动比率是流动资产与流动负债的比。其计算公式为:

$$流动比率=\frac{流动资产}{流动负债}$$

表 2-4 列出某公司 2022 年年末和 2021 年年末流动资产与流动负债以及计算出的流动比率的数值。

表 2-4　流动比率计算表

项目＼年份	2022 年年末	2021 年年末
流动资产	640 000 元	720 000 元
流动负债	230 000 元	482 000 元
流动比率	2.78	1.49

流动比率反映了企业的短期偿债能力。如果该比率显著下降则可能是公司资产被侵占的信号。

第三节　资产负债表的阅读与分析

一、资产负债表及其作用

（一）资产负债表的定义

资产负债表总括地反映企业在某一特定时点（如年末、季末、月末）财务状况的会计报表（亦称财务状况表），它是根据会计恒等式“资产＝负债＋所有者权益”，依照一定的分类标准和一定的次序，将企业在一定日期的资产、负债及所有者权益项目予以适当排列编制而成的会计报表。

（二）资产负债表的作用

资产负债表是企业对外提供的主要会计报表之一。它可以综合反映企业所拥有的资产及其分布与结构，以及资金来源的构成。通过资产负债表可以了解、评价和预测企业的财务实力、长短期偿债能力和支付能力，了解企业资本构成的变化情况和财务状况的发展趋势,为管理部门作出合理的经营决策提供依据。

1. 反映企业在某一特定日期所拥有或控制的全部经济资源(资产总额)及其分布情况。这些情况可以使报表阅读者一目了然地了解企业在某一特定日期所拥有的资产总额及其结构情况。

2. 反映企业的权益结构情况。所谓权益结构是指在企业的权益总额中负债和业主权益的相对比例。资产负债表把企业的全部经营资金划分为所有者权益(业主权益)和负债(债权人的权益)两大类。同时,又把各种不同性质的负债分为流动负债和长期负债;把业主权益分为股本、其他投入资本和留存收益等(在我国,业主权益分为股本、资本公积金、盈余公积金和未分配利润)。这样,企业的资金来源及其构成情况都可以在资产负债表中得到充分的反映。

3. 反映企业的变现能力和财务实力。变现能力是指企业把资产转换成现金的能力。由于资产负债表上资产项目是按其流动性的大小顺序排列的,通过资产的构成项目及其相对比例,企业的变现能力就能得到反映。此外,通过现金等价物等与负债之间的对比关系可评估企业偿还债务(流动负债和长期负债)的能力。

财务实力是指企业筹集资金和使用资金的能力。企业的财务实力主要是由资产结构和其权益结构(或称资本结构)决定的。由于不同的资金来源具有不同的特征,保持合理的资产和资本结构能使企业以较低的成本获得资金,又可保持改变现金流量的金额和时间分布以应付突发事件和有利机会的能力,即增强企业的"财务弹性"或"财务适应性"。

4. 透过资产负债表及其项目的变化趋势分析可以发现涉及资产与负债项目的财务舞弊的线索。一般的财务舞弊者都会试图使资产负债表上的资产项目虚增,负债项目虚减,以达到粉饰财务状况的目的。对资产负债表相关项目的分析可以发现这类财务状况。

二、资产负债表的格式

从格式上讲,资产负债表有两种基本格式:账户式(也称"平衡式")和报告式(也称"竖式")。

(一)账户式资产负债表

账户式资产负债表又称平衡式,它是将资产项目列在报表左方,将负债和所有者权益项目列在报表右方,从而使报表左右方取得平衡的一种格式。表 2-5 给出账户式资产负债表的示意格式。账户式资产负债表的优点是便于比较与阅读。

表 2-5　账户式资产负债表

资产负债表（账户式）

年　　月　　日　　　　　　单位：元

资　产	期末余额	期初余额	负债及所有者权益	期末余额	期初余额
流动资产			流动负债		
……			……		
			长期负债		
……			……		
			负债合计		
流动资产合计			实收资本		
非流动资产			资本公积		
……			盈余公积		
			未分配利润		
非流动资产合计			所有者权益合计		
资产总计	AAA	BBB	负债与所有者权益总计	AAA	BBB

（二）报告式资产负债表

报告式资产负债表的结构与账户式资产负债表完全一致，唯一的差别是将“资产”项目置于“负债及所有者权益”项目之上。这样安排的好处是便于排版，也便于在表中增加“列”，方便对报表进行进一步的加工利用。表 2-6 给出报告式资产负债表的示意格式。

表 2-6　报告式资产负债表

资产负债表（报告式）

年　　月　　日　　　　　　单位：元

资　产	行　次	期末余额	期初余额
流动资产			
……			
流动资产合计			
非流动资产			
……			
非流动资产合计			
资产总计：		AAA	BBB

续表

负债及所有者权益	行　次	期末余额	期初余额
流动负债 …… 长期负债 ……			
负债合计 实收资本 资本公积 盈余公积 未分配利润 所有者权益合计			
负债与所有者权益总计		AAA	BBB

此外,资产负债表通常还包括表首和补充资料部分。

表首部分包括编制单位的名称、报表的名称以及报表编制的确切日期。

补充资料部分列示的项目主要是在报表主体部分不便反映而企业所有者、管理部门和债权人等又需要了解的资料,以反映企业资产和权益的全貌。

按照我国《企业会计准则》的规定,目前我国企业资产负债表的标准格式如表 2-7 所示。

表 2-7　我国标准的资产负债表

会企 01 表

编制单位　　　　　　　　　　年　月　日　　　　　　　　　　单位:元

资　产	行　次	期末余额	年初余额	负债和所有者权益（或股东权益）	行　次	期末余额	年初余额
流动资产	1			流动负债			
货币资金	2			短期借款			
以公允价值计量且其变动计入当期损益的金融资产	3			以公允价值计量且其变动计入当期损益的金融负债			
应收票据	4			应付票据			
应收账款	5			应付账款			

续表

资 产	行 次	期末余额	年初余额	负债和所有者权益（或股东权益）	行 次	期末余额	年初余额
预付账款	6			预收账款			
应收利息	7			应付职工薪酬			
应收股利	8			应交税费			
其他应收款	9			应付利息			
存货	10			应付股利			
一年内非到期的流动资产	11			其他应付款			
其他流动资产	12			一年内到期的非流动负债			
流动资产合计	13			其他流动负债			
非流动资产	14			流动负债合计			
可供出售金融资产	15			非流动负债			
持有至到期投资	16			长期借款			
长期应收款	17			应付债券			
长期股权投资	18			长期应付款			
投资性房地产	19			专项应付款			
固定资产	20			预计负债			
在建工程	21			递延所得税负债			
工程物资	22			其他非流动负债			
固定资产清理	23			非流动负债合计			
生产性生物资产	24			负债合计			
油气资产	25			所有者权益（或股东权益）			
无形资产	26			实收资本（或股本）			
开发支出	27			资本公积			
商誉	28			减：库存股			

续表

资　产	行　次	期末余额	年初余额	负债和所有者权益（或股东权益）	行　次	期末余额	年初余额
长期待摊费用	29			盈余公积			
递延所得税资产	30			未分配利润			
其他非流动资产	31			所有者权益（或股东权益）合计			
非流动资产合计	32						
资产总计	33			负债和所有者权益（或股东权益）总计			

三、资产负债表主要项目的解读

（一）流动资产

流动资产是指在1年以内或在超过1年的一个营业周期内变现或被耗用的资产。流动资产主要包括下列项目：

1. 货币资金。货币资金反映企业库存现金、银行结算户存款、外埠存款、银行汇票存款、银行本票存款、信用卡存款、信用证保证金存款等的合计数。该项目反映了企业占用获利能力较差的现金资产的规模。

从法务会计的视角来看，货币资金是最容易被侵吞的资产。对货币资金项目的分析要重点考虑以下三个方面的情况：

（1）要警惕现金资产被挪用。挪用现金的手法主要有：利用借款；白条抵库；延迟入账；循环入账。

（2）要警惕现金被贪污。贪污现金的手法主要有：截留现金收入；要求出票方虚开发票，多计费用；虚构凭证内容或利用假发票；公款私存，贪污利息；虚报坏账，贪污货款等。

（3）对于银行存款，要考虑是否存在不当使用支票、出借账户和设立“小金库”。不当使用支票的主要表现有：私自签发现金支票，不留存根、不记账；有意签发空头支票；出借转账支票或将空白支票作抵押进行交易。出借账户的主要表现是：利用本单位的账户为他人套取现金；擅自出借资金，利息收入不入账等。

2. 以公允价值计量且其变动计入当期损益的金融资产。该项目就是指交易性金融资产，反映企业为交易目的所持有的债券投资、股票投资和基金投资等交易性金融资产的公允价值。

3. 应收票据。应收票据反映企业收到的未到期收款也未向银行贴现的应收票据，包括商业承兑汇票和银行承兑汇票。已向银行贴现和已背书转让的应收票据不包括在本项目内，其中已贴现的商业承兑汇票是在会计报表附注中单独披露。该项目反映了企业的债权情况与规模。

4. 应收账款。应收账款反映企业因销售商品、产品和提供劳务等应向购买单位收取的各种款项。该项目属于企业的债权资产。

从法务会计的视角来看，应收账款也是舞弊者常常利用的项目。对该项目的分析应该从以下四个方面进行：

（1）要考察应收账款是否存在膨胀或居高不下的情况，如果存在这种情况，则有可能存在虚增利润的可能。

（2）要注意分析应收账款的债务人是否有公司的大股东，如果公司大股东占款较多，则要警惕公司成为大股东的"提款机"。

（3）要注意考察应收账款的质量。对应收账款需进行账龄分析，分析公司坏账准备政策是否得当；需要对债务人的结构进行分析，考察债务人的区域构成、所有制构成，考察债务人是否是关联方，债务人的经营是否稳定等。

（4）要考察应收账款和应收票据有无真实的交易背景，检查是否存在利用虚无的应收账款虚构销售收入；检查是否存在利用应收账款放贷，将利息转入"小金库"；检查是否利用没有真实交易的应收账款向银行贴现。

5. 预付账款。预付账款反映企业预付给供应单位的款项。预付账款是企业按购货合同的规定，预先支付给供货单位的货款，它是企业在购货环节中产生的，具有一定的流动性。

预付账款是企业的一项流动资产，目前利用预付账款舞弊的现象日渐增加，因此，对预付账款舞弊进行调查分析有着重要意义。利用预付账款舞弊通常有以下表现：

（1）利用"预付账款"舞弊，与供应商合谋侵吞预付货款。有的单位的相关人员故意和供货商勾结起来，利用签订不谨慎的订购合同或者签订不合理、不合法的合同，造成支付预付账款后不能按期收到货物或不能收到货物，使预付账款消失，造成坏账，给企业带来经济损失。

（2）利用"预付账款"移花接木 。"预付账款"的核算范围有明确规定，它只能反映按购货合同规定，在取得合同规定的货物之前预先支付给供货方的定金或部分货款。不属于"预付账款"的经济事项不应在其中核算。有的单位将购置机器设备、厂房的预付款或预付在建工程款等应该列入"工程物资"或"在建工程"的款项故意列入"预付账款”；有的单位将应该列入“应收账款”账户的销售材料货款列入了“预付账款”账户；有的单位将应该列入“其他应收款”债权账户中的存出保证金列入了“预付账款”账户；有的单位将应该列入“主营业务收入”账户的销售商品收入款列入了“预付账款”账户；有的单位将应该列入“其他业务收入”账户的副营业务收入款列入了“预付账款”账户；有的单位将应该列入“营业外收入”账户的收入款列入了“预付账款”账户。这些不按规定范围核算的现象造成了账户对应关系混乱，致使会计指标反映的经济内容不真实、不合法、不合理，以此达到截留收入、推迟纳税或偷税的目的。

(3)利用“预付账款”往来搭桥。按照规定，企业的预付款业务必须以有效合法的供应合同为基础，而有的单位的预付款业务根本无对应的合同，而是利用预付款这一“中转站”往来搭桥，为他人进行非法结算，将所得回扣或佣金据为己有或者利用该项业务转移资金予以贪污，隐匿收入，挪用或私设“小金库”。如甲单位与乙单位本无任何业务往来，但甲单位的负责人与乙单位的财务主管有亲戚关系，于是，甲单位以收取一定“使用费”为条件，在审计人员的函证中证明本单位收到乙单位的预付款，对审计人员的工作制造了很大的障碍，使甲单位和乙单位的会计核算失去了真实性。

(4)利用“预付账款”瞒天过海。有的单位利用“预付账款”账户发挥“回收站”的作用。具体做法是将已经销售的商品不确认为主营业务收入，而是暂时存放在“预付账款”账户中作为预付款，日后再做相反的会计分录，视同退款。这样可以达到偷逃收入、偷逃税金和隐匿收入的目的。

(5)利用“预付账款”张冠李戴。有的单位职工借支而预付的材料款应该列入“预付账款”，却故意列入“其他应收款”科目。企业采购部门人员借支采购材料等货物时需要先付款，财务部门却只持有采购人员的借条，发票和供货企业的收据在当月收不到，会计人员在做账时往往故意用“其他应收款”核算预付材料款。在一般情况下，与主营业务无关的业务都可以用“其他应收款”核算，而“预付账款”一般核算与主营业务有关的项目，如采购材料等。所以，职工借支预付的材料款应列入“预付账款”而不是“其他应收款”科目。有的房地产开发单位将应该列入“预付账款”账户的预付工程款列入了“在建工程”账户，在房地产开发企业日常核算中，其预付工程款应该使用“预付账款”科目进行核算，而不是计入“在建工程”。

(6)利用“预付账款”长期挂账。有的单位按购货合同预付货款后，由于对方(供货单位)不开发票或可能倒闭或撤销或未倒闭但时间达两年以上不可能开发票，其财务人员故意不对这笔经济业务进行账务处理，致使预付账款长期挂账，影响当期损益。在这种情况下正确的处理方法是：如有确凿证据表明其不符合预付账款性质，或者因供货单位破产、撤销等原因已无望再收到所购货物的，应将原计入预付账款的金额转入其他应收款，并计提相应的坏账准备。“预付账款”长期挂账会影响损益和税收。

6. 应收利息。应收利息反映企业因债权投资而应收取的利息。

7. 应收股利。应收股利反映企业因股权投资而应收取的现金股利，企业应收其他单位的利润也包括在本项目内。

8. 其他应收款。其他应收款反映企业对其他单位和个人的应收和暂付的款项。

由于“其他应收款”核算内容相当繁杂，该科目很容易成为某些单位或个人舞弊的工具。“其他应收款”也常常被当作调节利润的“蓄水池”，比如，有的公司会将一笔款项打给某关联方公司，并挂在“其他应收款”项下，随后再让关联方公司将款作为货款打回公司以确认收入。显然，透过该项目的债务人可以发现未披露的关联方交易，也可以发现公司有关人员挪用公款、公款私用的线索。

9. 存货。存货反映企业期末在库、在途和在加工中的各项存货的可变现净值，包括各种材料、商品、在产品、半成品、包装物、低值易耗品、分期收款发出商品、委托代销商品和受托代销商品等。存货一般在流动资产中占有较大份额，是影响企业流动资产周转的最为主要的项目。

存货也是舞弊者经常光顾的项目。存货舞弊的常见手段包括以下八种：

(1)虚增虚减存货数量。如将合格产品报废以虚减存货，无依据预估入账以虚增存货，将存货转列往来以虚减存货，通过往来虚增销售、虚转成本以虚减存货，以非法购买的发票虚增存货，聘请中介评估虚增虚减存货等。

(2)不按配比原则归集和分配成本费用。如将应列入销售费用、管理费用的开支列入制造费用以加大存货的价值，将应列入制造费用的开支列入销售费用、管理费用以虚减存货的价值，多转或少转已消耗的原材料或库存商品价值以调节存货的价值，多摊或少摊制造费用以调节存货的价值等。

(3)非法销售。这主要是指高管人员或经管人员利用职务之便，将本单位的商品或材料私自销售，然后采取弄虚作假的办法，冲销商品或材料记录，将销售所得款项私设“小金库”或据为己有(贪污)。如某公司将自产的某类日用消费品以馈赠(招待)客户的名义由办公室主任办理手续，以招待费的名义直接在公司管理费用中列支，再从仓库将商品发给关系密切的经销商直接收回现金，私设了数千万元的“小金库”。再如，仓库保管人员将库存商品私下销售，将销售款据为己有，然后采取故意将不同型号的产品串号、故意多计或少计产品数量弄乱仓库账以掩盖账实不符，或者勾结财务人员采取调账的手法将账做平。

(4)通过操纵存货盘点掩盖存货舞弊。如果存货存在舞弊，在大多数情况下，其账面数与实存数是不一致的，为了应付审计或检查，企业往往通过操纵存货盘点来掩盖账实不符，如临时向同行借入商品以虚增存货价值，转移商品以虚减存货价值，伪造提货单以掩盖已被盗卖的商品，以货到票未到的商品抵作被挪用的商品等。

(5)通过存货的取得环节进行舞弊。一是虚构存货存在。通过编造各种虚假资料,如没有原始凭证支持的记账凭证、夸大存货盘点表上存货数量、伪造装运和验收报告以及虚假的订购单,从而虚增存货的价值。二是违规分摊,成本不实。在核算购入材料的采购成本时,能够直接计入各种材料的采购成本不直接计入,或将应按一定比例分摊计入各种材料的采购成本不按规定进行合理的分摊。

(6)通过存货的发出环节进行舞弊。一是材料假出库,虚列成本费用。一些企业为了逃避所得税,采用办理假出库手续、虚列材料费用的方法,人为提高产品的生产成本,进而增加产品销售成本,相应地虚减利润总额。二是随意变更存货的计价方法。

(7)利用存货盘点进行舞弊。一是操纵存货盘点。通过对存货的重复盘点,虚假列示存货存在,提供虚假出入库数据等办法进行舞弊。二是不报毁损,虚盈实亏。个别企业为了掩盖其不景气的经营状况,搞虚盈实亏,对年终财产清查中已经查明的毁损材料不列表呈报。三是材料盘盈、盘亏,不做转账处理。对实地盘点过程中发现的盘盈、盘亏,不进行正确的会计处理,人为调节利润。经济效益较好的企业,为了压低利润,采取只列报和处理材料盘亏,对材料盘盈隐匿不报和不作转账处理;效益不好的企业,为了争取多实现一部分利润,采取只对材料盘盈作转账处理,而对材料盘亏留待下年度处理的做法;还有的企业随意转账,将盘盈材料计入营业外收入或其他业务收入,或将盘盈、盘亏与物资储备中发生的非常损失或溢出金额相互冲销,不转出其相应的"进项税额",以增加增值税的抵扣数。

(8)利用存货的特殊业务进行舞弊。企业通过债务重组、非货币性交易、关联方交易、滥用会计政策及会计估计变更、虚假的时间性差异和虚假的披露等手段操纵利润。

(二)非流动资产

非流动资产是指除流动资产以外的其余资产。主要包括下列项目:

1. 可供出售金融资产。可供出售金融资产反映企业购入的持股比例很低,如5%以下,且在活跃市场上有公允价值的股票、基金等金融资产。这类资产的特点是企业持有意图不明确,企业持有它既不像交易性金融资产随时准备被处置,也不像持有至到期投资一样长期持有,也就是既不准备炒几天就卖,也不想长期投资的资产。

2. 持有至到期投资。持有至到期投资反映企业持有的到期日固定、回收金额固定或可确定,且企业有明确意图和能力持有至到期的非衍生金融资产①。

① 衍生金融资产也称金融衍生工具。金融资产的衍生工具是金融创新的产物,也就是通过创造金融工具帮助金融机构管理者更好地进行风险控制,这种工具就称其为金融衍生工具。目前最主要的金融衍生工具有远期合同、金融期货、期权和互换等。非衍生金融资产也就是指除了衍生金融资产以外的其他金融资产,包括货币、债券和可转换债券等。

3. 长期应收款。长期应收款反映企业融资租赁产生的应收款项和采用递延方式分期收款、实质上具有融资性质的销售商品和提供劳务等经营活动产生的应收款项。

4. 长期股权投资。长期股权投资反映企业持有的不准备在 1 年内(含 1 年)变现的各种股权性质的投资。

5. 投资性房地产。投资性房地产反映企业为赚取租金或资本增值,或两者兼有而持有的房地产。

6. 固定资产。固定资产反映企业保有的使用期限超过一年的房屋、建筑物、机器、机械、运输工具以及其他与生产经营有关的设备、器具和工具等的折余价值。

7. 在建工程。在建工程反映企业期末各项未完工程的实际支出,包括交付安装的设备价值,未完建筑安装工程已经耗用的材料、工资和费用支出、预付出包工程的价款以及已经建筑安装完毕但尚未交付使用的工程等的可收回金额。该项目反映了企业固定资产新建、改扩建、更新改造和大修理等情况及规模。

8. 工程物资。工程物资反映企业各项工程尚未使用的工程物资的实际成本。

9. 固定资产清理。固定资产清理反映企业因出售、毁损和报废等原因转入清理但尚未清理完毕的固定资产的账面价值,以及固定资产清理过程中发生的清理费用和变价收入等各项金额的差额。

10. 生产性生物资产。生产性生物资产反映将来能生产产品的生物资产。比如,养牛场里的母牛或乳品厂的奶牛;养猪场饲养的母猪是消耗性资产,若饲养母猪是为了繁殖小猪,则该母猪为生产性生物资产。再如,种菜是为了出售的,是消耗性资产,但种菜是为了培育出种子将来播种,则该菜即为生产性生物资产。

11. 油气资产。油气资产反映石油天然气开采企业持有的矿区权益和油气井及相关设施。

12. 无形资产。无形资产反映企业持有的无形资产,包括专利权、非专利技术、商标权、著作权和土地使用权等。

13. 开发支出。开发支出反映企业进行研究与开发无形资产过程中发生的可予以资本化的各项支出。

14. 商誉。商誉反映企业在合并过程中出现的被收购的价值大于账面净资产的差额。

15. 长期待摊费用。长期待摊费用反映摊销期限大于一年的待摊费用,如固定资产改良支出、固定资产大修理支出以及摊销期限在一年以上的其他待摊费用等。

(三)流动负债

流动负债是指将在 1 年之内以及在超过 1 年的一个营业周期以内要偿还的债务,

主要包括下列项目：

1. 短期借款。短期借款反映企业向金融机构借入的尚未归还的1年期以下（含1年）的借款。

2. 以公允价值计量且其变动计入当期损益的金融负债。该项目可以进一步分为交易性金融负债和直接指定为以公允价值计量且其变动计入当期损益的金融负债。交易性金融负债反映企业采用短期获利模式进行融资所形成的负债。

3. 应付票据。应付票据反映企业为了抵付货款等而开出与承兑的尚未到期付款的票据，包括银行承兑汇票和商业承兑汇票。

4. 应付账款。应付账款反映企业购买原材料、商品和接受劳务供应等而应付给供应单位的款项。

5. 预收账款。预收账款反映企业预收购买单位的账款。

6. 应付职工薪酬。应付职工薪酬反映企业根据有关规定应付给职工的各种薪酬，包括工资、职工福利、社会保险费、住房公积金、工会经费、职工教育经费和解除职工劳动关系补偿等。

7. 应交税费。应交税费反映企业期末未交、多交或未抵扣的各种税金。

8. 应付利息。应付利息反映企业尚未支付的利息费用。

9. 应付股利。应付股利反映企业尚未支付的现金股利。

10. 其他应付款。其他应付款反映企业所有应付与暂收其他单位和个人的款项。

（四）非流动负债

非流动负债是指除了流动负债以外的负债，即偿还期在超过1年或超过1年的一个营业周期以上的债务，主要包括下列项目：

1. 长期借款。长期借款反映企业借入尚未归还的1年期以上（不含1年）的借款本息。

2. 应付债券。应付债券反映企业发行的尚未偿还的各种长期债券的本息。

3. 长期应付款。长期应付款反映企业除长期借款和应付债券以外的其他各种长期应付款。

4. 其他长期负债。其他长期负债反映企业除以上长期负债项目以外的其他长期负债。

（五）所有者权益

所有者权益是指企业投资人对企业净资产的所有权，也就是投资人对企业资产减去负债后剩余部分资产的要求权。所有者权益主要由两部分组成：一是投资人对企业实际投入的资本；二是企业在经营过程中形成的盈余积累。在资产负债表中的所有者权益主要包括下列项目：

1. 实收资本(或股本)。实收资本反映企业各投资者实际投入的资本(或股本)总额。

2. 资本公积。资本公积反映企业资本公积的期末余额。资本公积实际上是企业的准资本,它来源于接受捐赠、资本溢价、财产重估增值和资本折算差额。

3. 盈余公积。盈余公积反映企业盈余公积的期末余额。盈余公积是企业从净利润中提取的具有特定用途的积累资金。

4. 未分配利润。未分配利润反映企业留待以后年份分配的利润。

四、资产负债表的分析

我们以 YGX 股份有限公司 2022 年 12 月 31 日的资产负债表为例说明如何进行资产负债表的分析。表 2-8 为 YGX 公司 2022 年年末的资产负债表。

表 2-8　YGX 公司资产负债表

单位:元

项　目	行　次	2022-12-31	2021-12-31
流动资产	1		
货币资金	2	555 000 221.32	327 648 756.79
交易性金融资产	3	—	—
应收票据	4	—	—
应收账款	5	544 194 917.50	265 189 464.75
预付账款	6	198 004 949.85	154 659 032.35
应收利息	7	—	—
应收股利	8	—	—
其他应收款	9	352 201 065.29	191 233 934.44
存货	10	394 825 601.77	359 396 431.31
待摊费用	11	1 537 929.40	1 764 866.54
一年内到期的非流动资产	12	—	—
其他流动资产	13	—	2 600 000.00
流动资产合计	14	2 045 764 685.13	1 302 492 486.18
非流动资产	15	—	—

续表

项　目	行 次	2022-12-31	2021-12-31
可供出售金融资产	16	—	—
持有至到期投资	17	—	—
投资性房地产	18	—	—
长期股权投资	19	130 758 262.07	138 555 687.74
长期应收款	20	—	—
固定资产	21	500 174 543.31	469 555 463.21
在建工程	22	394 543 259.64	222 981 717.73
工程物资	23	181 448.68	247 985.41
固定资产清理	24	—	—
无形资产	25	39 078 169.96	28 128 862.22
长期待摊费用	26	629 246 79	893 964.73
递延所得税资产	27	—	—
其他非流动资产	28	40 165 725.34	28 972 339.49
非流动资产合计	29	105 530 655.79	889 336 020.53
资产总计	30	3 151 295 340.92	2 191 828 506.71
流动负债	31		
短期借款	32	931 888 925.12	346 272 931.23
交易性金融负债	33	—	—
应付票据	34	9 784 000.00	1 020 000.00
应付账款	35	89 985 858.06	38 446 443.35
预收账款	36	67 411 847.41	28 590 069.16
应付职工薪酬	37	4 943 141.73	4 664 434.31
应交税费	38	33 429.721.19	30 275 480.21
应付利息	39	—	—
应付股利	40	151 578 414.00	—

续表

项　目	行　次	2022-12-31	2021-12-31
其他应付款	41	83 459 756.77	45 875 875.84
预提费用	42	12 618 304.72	4 861 091.40
一年内到期的非流动负债	43	75 330 333.00	74 814 882.50
其他流动负债	44	675 464.24	—
流动负债合计	45	1 461 105 766.24	574 821 208.00
非流动负债	46		
长期借款	47	247 572 686.00	403 975 686.00
应付债券	48	91 315 439.34	116 941 080.67
长期应付款	49	—	—
递延所得税负债	50	—	—
其他非流动负债	51	—	—
非流动负债合计	52	338 888 125.34	520 916 766.67
负债合计	53	1 799 993 891.58	1 095 737 974.67
所有者权益	54		
实收资本	55	505 261 380.00	252 630 690.00
资本公积	56	214 698 592.63	467 329 282.63
盈余公积	57	302 257 899.48	229 585 380.03
未分配利润	58	329 083 910.23	146 545 179.38
所有者权益合计	59	1 351 301 782.34	1 096 090 532.04
负债和所有者权益总计	60	3 151 295 340.92	2 191 828 506.71

(一)对资产负债表的总体分析

拿到资产负债表以后,我们应该首先对它进行总体分析。从表 2-9 我们可以看出:YGX 公司的资产总额 2022 年年末较 2021 年年末增加了 9.59 亿元,变动百分比(增长率)为 43.77%;负债总额增加了 7.04 亿元,增长率为 64.27%;所有者权益总额增长 2.55 亿元,增长率为 23.28%。那么是什么原因造成上述资产、负债和所有者权益三个要素的变化?

表 2-9 对 YGX 公司资产负债表的总体分析

金额单位:元

项 目	2022-12-31	2021-12-31	变动差异	变动百分比(%)
资产总额	3 151 295 340.92	2 191 828 506.71	959 466 834.21	43.77
负债总额	1 799 993 891.58	1 095 737 974.67	704 255 916.91	64.27
所有者权益总额	1 351 301 782.34	1 096 090 532.04	255 211 250.30	23.28

(二)对资产负债表的横向分析

横向分析也称变动百分比分析,它是将连续多期的资产负债表放在一起进行横向比较分析研究,对表中的每一个项目都计算其变动差异以及变动百分比,以查明是哪些项目发生了变化,是什么原因造成的这种变化。通过横向分析也可以发现哪些项目出现了异常变化,这些异常变化又可能隐含着什么样的财务舞弊。

在进行资产负债表的横向分析时,需要编制变动百分比比较资产负债表。我们以 YGX 公司的资产负债表为例,说明如何编制变动百分比比较资产负债表。

表 2-10 为前述 YGX 公司变动百分比比较资产负债表。表中变动差额与变动百分比的计算公式为:

$$\text{变动差额}=\text{年末数}-\text{年初数}$$

$$\text{变动百分比}=\frac{\text{变动差额}}{\text{年初数}}\times 100\%=\frac{\text{年末数}-\text{年初数}}{\text{年初数}}\times 100\%$$

表 2-10 YGX 公司变动百分比比较资产负债表

单位:元

项 目	行 次	2022-12-31	2021-12-31	变动差额	变动百分比(%)
流动资产	1				
货币资金	2	555 000 221.32	327 648 756.79	227 351 464.53	69.39
交易性金融资产	3	—	—	—	—
应收票据	4	—	—	—	—
应收账款	5	544 194 917.50	265 189 464.75	279 005 452.75	105.21

续表

项 目	行 次	2022-12-31	2021-12-31	变动差额	变动百分比（%）
预付账款	6	198 004 949.85	154 659 032.35	43 345 917.50	28.03
应收利息	7	—	—	—	—
应收股利	8	—	—	—	—
其他应收款	9	352 201 065.29	191 233 934.44	160 967 130.85	84.17
存货	10	394 825 601.77	359 396 431.31	35 429 170.46	9.86
待摊费用	11	1 537 929.40	1 764 866.54	-226 937.14	-12.86
一年内到期的非流动资产	12	—	—	—	—
其他流动资产	13	—	2 600 000.00	-2 600 000.00	-100.00
流动资产合计	14	2 045 764 685.13	1 302 492 486.18	743 272 198.95	57.07
非流动资产	15				
可供出售金融资产	16	—	—	—	—
持有至到期投资	17	—	—	—	—
投资性房地产	18	—	—	—	—
长期股权投资	19	130 758 262.07	138 555 687.74	7 797 425.67	-5.63
长期应收款	20	—	—	—	—
固定资产	21	500 174 543.31	469 555 463.21	30 619 080.10	6.52
在建工程	22	394 543 259.64	222 981 717.73	171 561 541.91	76.94
工程物资	23	181 448.68	247 985.41	66 536.73	26.83
固定资产清理	24	—	—	—	—
无形资产	25	39 078 169.96	28 128 862.22	10 949 307.74	38.93
长期待摊费用	26	629 246.79	893 964.73	-264 717.94	-29.61
其他非流动资产	27	40 165 725.34	28 972 339.49	11 193 385.85	38.63
非流动资产合计	28	1 105 530 655.79	889 336 020.53	216 194 635.26	24.31
资产总计	29	3 151 295 340.92	2 191 828 506.71	959 466 834.21	43.77
流动负债	30				
短期借款	31	931 888 925.12	346 272 931.23	585 615 993.89	169.12
交易性金融负债	32	—	—	—	—
应付票据	33	9 784 000.00	1 020 000.00	8 764 000.00	859.22
应付账款	34	89 985 858.06	38 446 443.35	51 539 414.71	134.06
预收账款	35	67 411 847.41	28 590 069.16	38 821 778.25	135.79

续表

项　目	行　次	2022-12-31	2021-12-31	变动差额	变动百分比（%）
应付职工薪酬	36	4 943 141.73	4 664 434.31	278 707.42	5.98
应交税费	37	33 429 721.19	30 275 480.21	3 154 240.98	10.42
应付利息	38	—	—	—	—
应付股利	39	151 578 414.00	—	151 578 414.00	—
其他应付款	40	83 459 756.77	45 875 875.84	37 583 880.93	81.93
预提费用	41	12 618 304.72	4 861 091.40	7 757 213.32	159.58
一年内到期的非流动负债	42	75 330 333.00	74 814 882.50	515 450.50	0.69
其他流动负债	43	675 464.24	—	675 464.24	—
流动负债合计	44	1 461 105 766.24	574 821 208.00	886 284 558.24	154.18
非流动负债	45				
长期借款	46	247 572 686.00	403 975 686.00	-156 403 000.00	-38.72
应付债券	47	91 315 439.34	116 941 080.67	25 625 641.33	21.91
长期应付款	48	—	—	—	—
递延所得税负债	49	—	—	—	—
其他非流动负债	50	—	—	—	—
非流动负债合计	51	338 888 125.34	520 916 766.67	182 028 641.33	34.94
负债合计	52	1 799 993 891.58	1 095 737 974.67	704 255 916.91	64.27
所有者权益	53				
实收资本	54	505 261 380.00	252 630 690.00	252 630 690.00	100.00
资本公积	55	214 698 592.63	467 329 282.63	252 630 690.00	54.06
盈余公积	56	302 257 899.48	229 585 380.03	72 672 519.45	31.65
未分配利润	57	329 083 910.23	146 545 179.38	182 538 730.85	124.56
所有者权益合计	58	1 351 301 782.34	1 096 090 532.04	255 211 250.30	23.28
负债和所有者权益总计	59	3 151 295 340.92	2 191 828 506.71	959 466 834.21	43.77

由表 2-10 可以看出 YGX 公司变动百分比比较资产负债表的情况。

1. YGX 公司资产总额增加 9.59 亿元，增长率为 43.77%。其中，流动资产增加 7.43 亿元，增长率为 57.07%；非流动资产增加 2.16 亿元，增长率为 24.31%。显然，YGX 公司资产总额增加主要是由于流动资产增加所致。我们需要警惕该公司是否存在虚增资产的舞弊。

2. 在 YGX 公司流动资产中，显著增加的项目有“应收账款”“货币资金”“其他应收款”“预付账款”“存货”，对这些项目需要逐项仔细检查。

YGX 公司应收账款期末余额达到 5.44 亿元，较年初增加 2.79 亿元，增长率为 105.21%。我们应对应收账款进行账龄分析，检查是否存在长期挂账、购销双方彼此渔利的情况；应该检查该应收账款是否有真实交易的背景，警惕利用虚无的销售虚构收入和利润；也应考察 YGX 公司是否存在利用应收账款进行放贷，将相关的利息收入存入“小金库”的情况。

YGX 公司“货币资金”期末余额为 5.55 亿元，增长率达到 69.39%。我们要考察该公司货币资金的规模是否过大，因为过高的货币资金规模会影响企业的资产获利能力，同时也将加大货币资金被侵吞与挪用的风险。

YGX 公司“其他应收款”期末余额为 3.52 亿元，较期初增加 1.61 亿元，增长率达到 84.17%。过多的“其他应收款”往往意味着有其他企业或个人占用公司的资金。我们要检查相关的债务人，防止公司的资金被非法挪用与侵占；另外，“其他应收款”往往被舞弊者视为利润的“蓄水池”，要警惕企业利用关联方关系，先将资金通过挂在“其他应收款”的方式打到对方企业，然后再作为“货款”打回企业以确认收入。

YGX 公司“预付账款”增加 0.43 亿元，增长率为 28.03%。我们有必要怀疑公司是否存在利用“预付账款”挂账，降低购货成本以虚增利润或者通过“预付账款”挂账向对方企业进行放贷以赚取账外利息收入中饱私囊的情况。

YGX 公司“存货”本期增加 0.35 亿元，增长率为 9.86%。一方面我们需要考察存货增加是否与销售收入增加协调，如果销售收入的增长速度远高于存货的增长速度，我们就有理由怀疑存在虚构收入的问题；另一方面我们要警惕出现高估存货以粉饰财务状况以及采购人员超量采购存货以获取更多“回扣”的情况出现。

3. 在 YGX 公司非流动资产中，明显增加的项目是“在建工程”。该项目年末数较年初数增加 1.71 亿元，增长率为 76.94%。对此，我们需要关注该公司是否将那些本不属于基建、技改和大修理项目的支出挤入“在建工程”，使“在建工程”成为利润舞弊的保护伞；我们也需要检查该公司是否存在故意混淆资本性支出与收益性支出，将本该计入当期费用的工程借款利息支出计入“在建工程”的情况。

4. 就 YGX 公司流动负债而言，明显变化的项目有“短期借款”“应付账款”“预收账款”。“短期借款”项目增加 5.86 亿元，增长率为 169.12%。联系到该公司“货币资金”期末有大额结余的情况，我们需要质疑该公司为什么要高额向金融机构举债借款，其中极有可能存在舞弊。“应付账款”的增加应该与公司的购货规模相协调，我们需提防该公司虚列“应付账款”或“应付账款”长期挂账以达到调节成本费用的目的。另外我们也需了解该公司是否存在故意加大“应付账款”，套出现金中饱私囊的现象。“预收账款”过多过快的增长意味着有可能存在利用该项目虚增销售收入，也要关注是否存在“预收账款”长期挂账不转作销售处理，以达到偷逃税金的目的。

5. YGX 公司的非流动负债总额发生较大幅度的下降，其中“长期借款”和“应付债券”项目均有较大幅度下降。对此我们需检查公司是否存在虚减负债、故意混淆利息费用资本化处理与费用化处理界线的舞弊问题。

（三）对资产负债表的纵向分析

纵向分析也称结构百分比分析或共同比分析。这种方法是将会计报表的各个项目的数据与某一个关键的基本数据进行对比，得出各个项目数据占这个关键基本数据的百分比，以此编制成共同比比较会计报表，并进行纵向的比较分析。

编制共同比比较资产负债表的具体做法是将资产总额或负债与所有者权益总额设定为基数，将资产负债表中其余各个项目的数据分别除以这个基数，取得各个部分占总体大份额的百分比。其计算公式为：

$$资产负债表结构百分比=\frac{部分}{总体}\times 100\%$$

$$=\frac{资产负债表项目}{资产总额}\times 100\%$$

表 2-11 为 YGX 公司结构百分比比较资产负债表。

表 2-11　YGX 公司结构百分比比较资产负债表

单位：元

项　目	行　次	2022-12-31		2021-12-31	
		金　额	结构百分比（%）	金　额	结构百分比（%）
流动资产	1				
货币资金	2	555 000 221.32	17.61	327 648 756.79	14.95
交易性金融资产	3	—	0.00	—	0.00
应收票据	4	—	0.00	—	0.00
应收账款	5	544 194 917.50	17.27	265 189 464.75	12.10
预付账款	6	198 004 949.85	6.28	154 659 032.35	7.06
应收利息	7	—	0.00	—	0.00
应收股利	8	—	0.00	—	0.00
其他应收款	9	352 201 065.29	11.18	191 233 934.44	8.72

续表

项　目	行　次	2022-12-31		2021-12-31	
		金　额	结构百分比(%)	金　额	结构百分比(%)
存货	10	394 825 601.77	12.53	359 396 431.31	16.40
待摊费用	11	1 537 929.40	0.05	1 764 866.54	0.08
一年内到期的非流动资产	12	—	0.00	—	0.00
其他流动资产	13	—	0.00	2 600 000.00	0.12
流动资产合计	14	2 045 764 685.13	64.92	1 302 492 486.18	59.42
非流动资产	15				
可供出售金融资产	16	—	0.00	—	0.00
持有至到期投资	17	—	0.00	—	0.00
投资性房地产	18	—	0.00	—	0.00
长期股权投资	19	130 758 262.07	4.15	138 555 687.74	6.32
长期应收款	20	—	0.00	—	0.00
固定资产	21	500 174 543.31	15.87	469 555 463.21	21.42
在建工程	22	394 543 259.64	12.52	222 981 717.73	10.17
工程物资	23	181 448.68	0.01	247 985.41	0.01
固定资产清理	24	—	0.00	—	0.00
无形资产	25	39 078 169.96	1.24	28 128 862.22	1.28
长期待摊费用	26	629 246.79	0.02	893 964.73	0.04
其他非流动资产	27	40 165 725.34	1.27	28 972 339.49	1.32
非流动资产合计	28	1 105 530 655.79	35.08	889 336 020.53	40.58
资产总计	29	3 151 295 340.92	100.00	2 191 828 506.71	100.00
流动负债	30				
短期借款	31	931 888 925.12	29.57	346 272 931.23	15.80
交易性金融负债	32	—	0.00	—	0.00
应付票据	33	9 784 000.00	0.31	1 020 000.00	0.05
应付账款	34	89 985 858.06	2.86	38 446 443.35	1.75

续表

项　目	行 次	2022-12-31		2021-12-31	
		金　额	结构百分比(%)	金　额	结构百分比(%)
预收账款	35	67 411 847. 41	2. 14	28 590 069. 16	1. 30
应付职工薪酬	36	4 943 141. 73	0. 16	4 664 434. 31	0. 21
应交税费	37	33 429 721. 19	1. 06	30 275 480. 21	1. 38
应付利息	38	—	0. 00	—	0. 00
应付股利	39	151 578 414. 00	4. 81	—	0. 00
其他应付款	40	83 459 756. 77	2. 65	45 875 875. 84	2. 09
预提费用	41	12 618 304. 72	0. 40	4 861 091. 40	0. 22
一年内到期的非流动负债	42	75 330 333. 00	2. 39	74 814 882. 50	3. 41
其他流动负债	43	675 464. 24	0. 02	—	0. 00
流动负债合计	44	1 461 105 766. 24	46. 37	574 821 208. 00	26. 23
非流动负债	45				
长期借款	46	247 572 686. 00	7. 86	403 975 686. 00	18. 43
应付债券	47	91 315 439. 34	2. 90	116 941 080. 67	5. 34
长期应付款	48	—	0. 00	—	0. 00
递延所得税负债	49	—	0. 00	—	0. 00
其他非流动负债	50	—	0. 00	—	0. 00
非流动负债合计	51	338 888 125. 34	10. 75	520 916 766. 67	23. 77
负债合计	52	1 799 993 891. 58	57. 12	1 095 737 974. 67	49. 99
所有者权益	53				
实收资本	54	505 261 380. 00	16. 03	252 630 690. 00	11. 53
资本公积	55	214 698 592. 63	6. 81	467 329 282. 63	21. 32
盈余公积	56	302 257 899. 48	9. 59	229 585 380. 03	10. 47
未分配利润	57	329 083 910. 23	10. 44	146 545 179. 38	6. 69
所有者权益合计	58	1 351 301 782. 34	42. 88	1 096 090 532. 04	50. 01
负债和所有者权益总计	59	3 151 295 340. 92	100. 00	2 191 828 506. 71	100. 00

由表 2-11 我们可以看出 YGX 公司结构百分比比较资产负债的情况。

1. YGX 公司 2022 年年末的流动资产占总资产的比重较年初有小幅上升。其中“货币资金”“应收账款”“其他应收款”的占比较年初有明显的增加。由此提示我们需要查证该公司是否存在虚增流动资产以粉饰短期偿债能力的舞弊。

2. YGX 公司 2022 年年末的流动负债的占比为 46. 37%,较年初的 26. 23%有明显提高。其中“短期借款”“应付票据”“应付账款”“预收账款”的占比较年初均有不同程度的提高。结合对资产负债表的横向分析,需要考察上述项目是否存在非正常借款、非正常挂账以调节成本费用或非法套现以及虚增销售收入等类型的舞弊。

3. YGX 公司的非流动负债占比明显下降,从年初的 23. 77%下降到年末的 10. 75%。我们需警惕存在虚减负债、粉饰资本结构的舞弊现象。

第四节 利润表的阅读与分析

一、利润表及其作用

(一)利润表的定义

利润表也称为损益表或收益表,是反映企业在一定期间经营成果的会计报表。利润表是将“收入-费用=利润”的公式用表格形式表现出来的报表。由于利润表反映的是企业某一期间的情况,所以利润表是动态报表,它动态地反映一定时期内企业收入的取得、成本费用的发生以及利润的实现情况。

(二)利润表的作用

利润表主要提供有关企业经营成果方面的信息。通过利润表,我们可以了解以下方面的信息:

1. 利润表可以反映企业一定会计期间收入的实现情况。即实现的营业收入有多少,实现的其他业务收入有多少,实现的投资收益有多少,实现的营业外收入有多少等情况。

2. 利润表可以反映企业一定会计期间的费用耗费情况。即耗费的营业成本有多少,主营业务税金有多少,销售费用、管理费用和财务费用各有多少,营业外支出有多少等情况。

3. 利润表可以反映企业生产经营活动的成果。即净利润的实现情况,据以判断资本保值、增值情况。

4. 利润表可以反映企业资金周转情况以及企业的盈利能力和水平,便于会计报表使用者判断企业未来的发展趋势并做出经济决策。

5. 通过对利润表出现异常项目的分析,可以发现涉及收入、费用与利润的财务舞弊线索,为反舞弊诉讼活动提供相关证据。

二、利润表的格式与主要项目

(一)利润表的格式

从格式上看,利润表一般包括表头、正表和补充资料三部分。

1. 表头包括报表名称、编制单位、编制时间和计量单位等。

2. 正表部分按反映利润形成的过程不同有两种格式:一种是单步式;另一种是多步式。单步式利润表是将当期所有收入列在一起,将所有的费用列在一起,两者相减得出净损益。多步式利润表则是通过对当期的收入、收益和支出项目按性质加以归类,按利润形成的主要环节列示一些中间性利润指标,如营业利润、利润总额,分步计算当期净损益。我国企业利润表采用的是多步式利润表结构。

3. 利润表补充资料部分主要是反映利润表中一些重要的,而且企业事先难以预测、控制,同时又是报表使用者极为关注的项目。作为利润表补充资料项目,其提供的内容主要有四个方面:①出售、处置部门或被投资单位所得收益;②自然灾害发生的损失;③会计政策变更与会计估计变更;④债务重组损失。

我国《企业会计准则》规定的利润表标准格式如表 2-12 所示。

表 2-12 利润表标准格式

会企 02 表

编制单位: 年 月 单位:元

项 目	行 次	本年金额	上年金额
一、营业收入	1		
减:营业成本	2		
税金及附加	3		
销售费用	4		

续表

项　目	行　次	本年金额	上年金额
管理费用	5		
财务费用	6		
资产减值损失	7		
加：公允价值变动净收益(损失以"-"号填列)	8		
投资收益(损失以"-"号填列)	9		
其中：对联营企业和合营企业的投资收益	10		
二、营业利润(亏损以"-"号填列)	11		
加：营业外收入	12		
减：营业外支出	13		
其中：非流动资产处置损失	14		
三、利润总额(亏损以"-"号填列)	15		
减：所得税	16		
四、净利润(亏损以"-"号填列)	17		
五、每股收益	18		
(一)基本每股收益	19		
(二) 稀释每股收益	20		

(二)利润表主要项目的解读

1. 营业收入。这一项目反映企业营业收入和其他业务收入的合计额。每一个企业都有自己的营业收入。比如，制造业企业的营业收入应该是企业销售产品的销售收入；商业企业的营业收入应该是商品销售收入；服务行业的营业收入是企业的服务收入等，这些收入统称为"营业收入"。其他业务收入主要是指企业除营业收入以外的营业收入，如销售材料的收入等。

2. 营业成本。这一项目反映企业营业成本与其他业务成本的合计额。对于工业企业而言，营业成本是产品的生产成本，而流通企业的营业成本则是企业的商品销售成本。

3. 税金及附加。这一项目反映企业在销售产品或提供劳务过程中发生的消费税、营业税、城市维护建设税、资源税、土地增值税和教育费附加。以工商企业为例,企业交纳了增值税,还必须按照交纳增值税的一定比例计算这一时期应该交纳的城市维护建设税和教育费附加等。我国有一项基本的规定,按交纳流转税的7%计算应交城市维护建设税,按交纳流转税的3%计算应交教育费附加。

4. 销售费用。这一项目反映企业在销售商品和材料、提供劳务的过程中发生的各种费用,包括保险费、包装费、展览费和广告费、商品维修费、预计产品质量保证损失、运输费、装卸费等以及为销售本企业商品而专设的销售机构(含销售网点、售后服务网点等)的职工薪酬、业务费和折旧费等经营费用。

5. 管理费用。这一项目反映企业为组织和管理企业生产经营所发生的管理费用,包括企业在筹建期间内发生的开办费、董事会和行政管理部门在企业经营管理中发生的或者应由企业统一负担的公司经费(包括行政管理部门职工工资及福利费、物料消耗、低值易耗品摊销、办公费和差旅费等)、工会经费、董事会费(包括董事会成员津贴、会议费和差旅费等)、聘请中介机构费、咨询费(含顾问费)、诉讼费、业务招待费、房产税、车船使用税、土地使用税、印花税、技术转让费、矿产资源补偿费、研究费用和排污费等。

6. 财务费用。这一项目反映企业在生产经营过程中为筹集资金而发生的各项费用,包括企业生产经营期间发生的利息支出(减利息收入)、汇兑净损失、金融机构手续费,以及筹资过程中发生的其他财务费用如债券印刷费和国外借款担保费等。但在企业筹建期间发生的利息支出应计入开办费;与购建固定资产或者无形资产有关的,在资产尚未交付使用或者虽已交付使用但尚未办理竣工决算之前的利息支出,计入购建资产的价值;清算期间发生的利息支出,计入清算损益。

7. 资产减值损失。这一项目反映企业因资产的账面价值高于其可收回金额而造成的损失。我国会计准则规定,资产减值范围主要包括固定资产、无形资产以及除特别规定以外的其他资产减值的处理。

8. 公允价值变动净收益。这一项目是指资产或负债因公允价值变动所形成的净收益。这里的公允价值是指在公平交易中,熟悉情况的交易双方自愿进行资产交换或者债务清偿时达成的双方均能认可和接受的金额。

9. 投资收益。这一项目反映企业在一定会计期间对外投资所取得的回报,包括对外投资所分得的股利和收到的债券利息,以及投资到期收回或到期前转让债权所得款项高于账面价值的差额等。

10. 营业外收入。这一项目反映与企业经营活动没有直接关系的业务而产生的收入。营业外收入来自企业偶然的交易和事项,并不是来自企业日常经营活动所获取的收入。例如,一个正常经营的工商企业处理设备,卖掉设备的收入对于企业而言不是经营性的收入,只是偶然所得。

11. 营业外支出。这一项目反映与企业经营活动没有直接关系的业务而产生的支出,如罚没支出、处置固定资产净损失和捐赠支出等。

12. 所得税。这一项目反映企业实现的会计利润中属于本企业应承担的所得税费用。

13. 净利润。这一项目反映企业所实现的利润中属于本企业的部分。

14. 每股收益,又称每股税后利润、每股盈余。这一项目是指归属于普通股股东的当期税后净利润与当期流通在外普通股的加权平均数的比率。它是测定股票投资价值的重要指标之一,综合地反映公司获利能力的大小。

三、利润表的分析

我们仍然以前述 YGX 公司的利润表为例,说明如何对利润表进行分析。表 2-13 为 YGX 公司的利润表。

表 2-13　YGX 公司利润表

单位:元

项　目	行　次	2022 年	2021 年
一、营业收入	1	908 988 746. 19	383 579 946. 41
减:营业成本	2	324 769 930. 37	194 358 648. 75
税金及附加	3	5 081 091. 94	8 919 353. 32
销售费用	4	6 223 139. 34	5 868 192. 03
管理费用	5	72 975 402. 36	30 136 178. 72
财务费用	6	45 260 344. 75	18 788 147. 03
资产减值损失	7	7 094 359. 78	—
加:公允价值变动净收益	8	—	—
投资收益	9	-22 978 999. 45	-4 228 164. 97
二、营业利润	10	424 605 478. 20	121 281 261. 59
加:营业外收入	11	879 755. 35	9 296 462. 70

续表

项　目	行　次	2022 年	2021 年
减:营业外支出	12	449 098.81	713 510.79
三、利润总额	13	425 036 134.74	129 864 213.50
减:所得税	14	7 389 721.67	2 077 612.65
四、净利润	15	417 646 413.07	127 786 600.85
五、每股收益	16	—	—
(一)基本每股收益	17	0.86	0.56
(二)稀释每股收益	18	0.86	0.51

拿到利润表以后,需要先考察利润表中的几个主要项目及其变化情况。表 2-14 为 YGX 公司利润表中的四个主要指标的变化情况,可以看出该公司 2012 年的营业收入较 2011 年增加 5.25 亿元,增长率为 136.98%;营业利润、利润总额和净利润的增长率分别为 250.10%、227.29%和 226.83%。

表 2-14　YGX 公司利润表主要指标

单位:元

项　目	2022 年	2021 年	变动差额	增长率(%)
营业收入	908 988 746.19	383 579 946.41	525 408 799.78	136.98
营业利润	424 605 478.20	121 281 261.59	303 324 216.61	250.10
利润总额	425 036 134.74	129 864 213.50	295 171 921.24	227.29
净利润	417 646 413.07	127 786 600.85	289 859 812.22	226.83

(一)对利润表的横向分析

对利润表的横向分析同样是分别计算表中各个项目的变动差额与变动百分比。表 2-15 为 YGX 公司变动百分比比较利润表。由表 2-15 可见:YGX 公司的净利润增加了 2.89 亿元,增长率为 226.83%;利润总额增加了 2.95 亿元,增长率为 227.29%;营业利润增加了 3.03 亿元,增长率为 250.10%;营业收入增加了 5.25 亿元,增长率为

136.98%。该公司的收入与利润增长率过高，而且这些收入与利润的增长是在销售费用仅仅增加6.05%、税金及附加下降43.03%的情况下发生的。为此，我们有理由认为该公司存在虚增收入及利润的重大嫌疑。

表2-15 YGX公司变动百分比比较利润表

单位：元

项 目	行 次	2022年	2021年	变动差额	变动百分比(%)
一、营业收入	1	908 988 746.19	383 579 946.41	525 408 799.78	136.98
减：营业成本	2	324 769 930.37	194 358 648.75	130 411 281.62	67.10
税金及附加	3	5 081 091.94	8 919 353.32	-3 838 261.38	-43.03
销售费用	4	6 223 139.34	5 868 192.03	354 947.31	6.05
管理费用	5	72 975 402.36	30 136 178.72	42 839 223.64	142.15
财务费用	6	45 260 344.75	18 788 147.03	26 472 197.72	140.90
资产减值损失	7	7 094 359.78	—	7 094 359.78	—
加：公允价值变动净收益	8	—	—	—	—
投资收益	9	-22 978 999.45	-4 228 164.97	-18 750 834.48	443.47
二、营业利润	10	424 605 478.20	121 281 261.59	303 324 216.61	250.10
加：营业外收入	11	879 755.35	9 296 462.70	-8 416 707.35	-90.54
减：营业外支出	12	449 098.81	713 510.79	-264 411.98	-37.06
三、利润总额	13	425 036 134.74	129 864 213.50	295 171 921.24	227.29
减：所得税	14	7 389 721.67	2 077 612.65	5 312 109.02	255.68
四、净利润	15	417 646 413.07	127 786 600.85	289 859 812.22	226.83
五、每股收益	16	—	—	—	—
(一)基本每股收益	17	0.86	0.56	0.30	53.57
(二)稀释每股收益	18	0.86	0.51	0.35	68.63

(二)对利润表的纵向分析

对利润表进行纵向分析时，一般选用“营业收入”作为基数，用该基数除以利润表中的每一个项目(除“每股收益”外)，从而计算出这些项目在营业收入中所占的比重。由此而形成的新的报表称为“结构百分比比较利润表”。

表 2-16 为 YGX 公司结构百分比比较利润表。

表 2-16 YGX 公司结构百分比比较利润表

金额单位:元

项 目	行 次	2022 年	2021 年	结构百分比(%)	
				2022 年	2021 年
一、营业收入	1	908 988 746.19	383 579 946.41	100.00	100.00
减:营业成本	2	324 769 930.37	194 358 648.75	35.73	50.67
税金及附加	3	5 081 091.94	8 919 353.32	0.56	2.33
销售费用	4	6 223 139.34	5 868 192.03	0.68	1.53
管理费用	5	72975402.36	30 136 178.72	8.03	7.86
财务费用	6	45 260 344.75	18 788 147.03	4.98	4.90
资产减值损失	7	7 094 359.78	—	0.78	0.00
加:公允价值变动净收益	8	—	—	0.00	0.00
投资收益	9	-22 978 999.45	-4 228 164.97	-2.53	-1.10
二、营业利润	10	424 605 478.20	121 281 261.59	46.71	31.62
加:营业外收入	11	879 755.35	9 296 462.70	0.10	2.42
减:营业外支出	12	449 098.81	713 510.79	0.05	0.19
三、利润总额	13	425 036 134.74	129 864 213.50	46.76	33.86
减:所得税	14	7 389 721.67	2 077 612.65	0.81	0.54
四、净利润	15	417 646 413.07	127 786 600.85	45.95	33.31
五、每股收益	16	—	—	—	—
(一)基本每股收益	17	0.86	0.56	—	—
(二)稀释每股收益	18	0.86	0.51	—	—

由表 2-16 可以看出,2022 年该公司在收入大幅增加的情况下,营业成本在营业收入中所占的比例由 50.67%下降到 35.73%,下降幅度达到 29.48%;税金及附加在营业收入中所占的比例由 2.33%下降到 0.56%,下降幅度达到 75.96%;销售费用在营业收入中所占的比例由 1.53%下降到 0.68%,下降幅度达到 55.28%;管理费用在营业收入中所占的比例由 7.86%小幅上升到 8.03%。同时我们也注意到,该公司的营业利润在营业收入中所占的比例由 31.62%上升到 46.71%,上升幅度达到 47.74%;利润总额在营业收入中所占的比例由 33.86%上升到 46.76%,上升幅度达到 38.11%;净利润在营

业收入中所占的比例由 33.31%上升到 45.95%，上升幅度达到 37.92%。

由上述分析可见，YGX 公司在收入与利润大幅度提高的同时，营业成本、税金及附加和销售费用在营业收入的占比反而大幅下降，这些违反常理的数量关系同样使我们有理由怀疑该公司存在财务舞弊。

第五节 所有者权益变动表的阅读与分析

一、所有者权益变动表及其作用

所有者权益变动表又称股东权益变动表，是反映企业在某一特定日期股东权益增减变动情况的报表。所有者权益（股东权益）变动表是联系资产负债表与利润表的纽带，因此被人们称之为第四报表。

所有者权益变动表全面反映了企业的股东权益各项目在年度内的变化情况，便于会计信息使用者深入分析企业股东权益各个项目的增减变化及其原因，进而对企业的资本保值增值情况作出正确判断，是对决策有用的信息。

二、所有者权益变动表的格式与内容

所有者权益变动表包括表首、正表两部分。

表首说明报表名称、编制单位、编制日期、报表编号、货币名称和计量单位等。

正表部分是所有者权益变动表的主体，具体说明所有者权益增减变动表的各项内容，包括股本（实收资本）、资本公积、盈余公积及未分配利润等。

所有者权益变动表属于动态报表，从左到右列示了所有者权益的组成项目，自上而下反映了各项目年初至年末的增减变动过程。

从反映的时间看，所有者权益变动表同时列出了两个会计年度所有者权益各项目的变动情况，便于对前后两个会计年度的所有者权益总额和各组成项目进行动态分析。

从反映的项目看，所有者权益变动表反映的内容包括所有者权益各项目上年年初余额、上年增减变动金额、上年年末余额；本年年初余额、本年增减变动金额以及本年年末余额，其中，所有者权益各项目增减变动金额主要由净利润、能够影响所有者权益项目发生增减变动的收益和利得或损失、所有者投入或减少资本引起的所有者权益的增减变化、利润分配引起的所有者权益各项目的增减变化和所有者权益内部项目之间的相互转化等项目组成。

表 2-17 为我国现行的所有者权益变动表。

所有者权益变动表各个项目之间的关系可用下列公式表示：

本年年末余额=本年年初余额+本年增减变动金额

本年增减变动金额=净利润+直接计入所有者权益的利得和损失+所有者投入资本和减少资本+利润分配+所有者权益内部结转

表 2-17 所有者权益变动表

会企 04 表

编制单位： 编制日期 单位：元

项 目	行 次	上年金额				
		实收资本（或股本）	资本公积	盈余公积	未分配利润	所有者权益合计
一、上年年初余额	1					
二、上年增减变动金额（减少以“-”号填列）	2					
（一）净利润	3					
（二）直接计入所有者权益的利得和损失	4					
1. 可供出售金融资产公允价值变动净额	5					
2. 现金流量套期工具公允价值变动净额	6					
3. 与计入所有者权益项目相关的所得税影响	7					
4. 其他	8					
（三）所有者投入资本和减少资本	9					
1. 所有者投入资本	10					
2. 股份支付计入所有者权益的金额	11					
3. 其他	12					

续表

项　目	行　次	上年金额				
		实收资本（或股本）	资本公积	盈余公积	未分配利润	所有者权益合计
（四）利润分配	13					
1. 提取盈余公积	14					
2. 对所有者（或股东）的分配	15					
3. 其他	16					
（五）所有者权益内部结转	17					
1. 资本公积转增资本	18					
2. 盈余公积转增资本	19					
3. 盈余公积弥补亏损	20					
4. 其他	21					
三、上年年末余额	22					
四、本年年初余额	23					
五、本年增减变动金额（减少以“-”号填列）	24					
（一）净利润	25					
（二）直接计入所有者权益的利得和损失	26					
1. 可供出售金融资产公允价值变动净额	27					
2. 现金流量套期工具公允价值变动净额	28					
3. 与计入所有者权益项目相关的所得税影响	29					
4. 其他	30					
（三）所有者投入资本和减少资本	31					
1. 所有者投入资本	32					
2. 股份支付计入所有者权益的金额	33					

续表

项　目	行　次	上年金额				
		实收资本（或股本）	资本公积	盈余公积	未分配利润	所有者权益合计
3. 其他	34					
（四）利润分配	35					
1. 提取盈余公积	36					
2. 对所有者（或股东）的分配	37					
3. 其他	38					
（五）所有者权益内部结转	39					
1. 资本公积转增资本	40					
2. 盈余公积转增资本	41					
3. 盈余公积弥补亏损	42					
4. 其他	43					
六、本年年末余额	44					

三、对所有者权益变动表的阅读与分析

对所有者权益变动表的阅读，最重要的内容是看各个所有者权益项目本年的增减变动金额。

我们以 SNDQ 公司 2022 年年末的股东权益变动表为例，说明所有者权益变动表的阅读与分析，如表 2-18 所示。

表 2-18　SNDQ 公司 2022 年年末的股东权益变动表

单位：元

项　目	行　次	上年金额				
		实收资本（或股本）	资本公积	盈余公积	未分配利润	所有者权益合计
一、2021 年 1 月 1 日年初余额	1	720 752.00	936 391.00	131 018.00	712 118.00	2 500 279.00
二、2021 年增减变动金额（减少以“-”号填列）	2					—

续表

项目	行次	上年金额				
		实收资本（或股本）	资本公积	盈余公积	未分配利润	所有者权益合计
(一)净利润	3				928 520.00	928 520.00
(二)直接计入所有者权益的利得和损失	4					—
(三)所有者投入资本和减少资本	5					—
(四)利润分配	6					—
提取盈余公积	7			92 852.00	-92 852.00	—
(五)所有者权益内部结转	8					—
资本公积转增资本	9	720 752.00	-720 752.00			—
三、2021年12月31日年末余额	10	1 441 504.00	215 639.00	223 870.00	1 547 786.00	3 428 799.00
四、2022年1月1日年初余额	11	1 441 504.00	215 639.00	223 870.00	1 547 786.00	3 428 799.00
五、本年增减变动金额（减少以“-”号填列）	12					—
(一)净利润	13				1 403 999.00	1 403 999.00
(二)直接计入所有者权益的利得和损失	14					—
(三)所有者投入资本和减少资本	15					—
所有者投入资本	16	54 000.00	2 366 056.00			2 420 056.00
(四)利润分配	17					—
提取盈余公积	18			140 400.00	-140 400.00	—
对所有者或(股东)的分配	19				-437 850.00	
(五)所有者权益内部结转	20					—
1. 资本公积转增资本	21					—
2. 盈余公积转增资本	22	1 495 504.00	-1 495 504.00			—
六、2022年12月31日年末余额	23	2 991 008.00	1 086 191.00	364 270.00	2 373 535.00	7 252 854.00

（一）股本变动情况的观察

股本的增加包括资本公积转入、盈余公积转入、利润分配转入和发行新股等多种渠道。前三种渠道都会稀释股票的价格，而发行新股既能增加注册资本和股东权益，又可增加公司的现金资产，这是对公司发展最有利的增股方式。

比如，SNQD 公司 2021 年度动用资本公积 720 752 000 元转增资本，使股本在 2021 年增加 1 倍；2022 年度再动用资本公积 1 495 504 000 元转增资本，使股本再度增加 1 倍；2022 年发行新股 54 000 000 元。显然，我们观察到该公司的股本由 2022 年年初的 1 441 504 000 元增加到 2012 年年末的 2 991 008 000 元，增长了 107.49%。增长的原因是公司动用资本公积转增资本以及增发股份。

（二）资本公积变动情况的观察

这里我们主要观察资本公积增减变动的原因。以 SNDQ 公司为例：2021 年度用资本公积 720 752 000 元转增资本，使资本公积由 2021 年年初的 936 391 000 元减少到 2022 年年初的 215 639 000 元；2022 年溢价发行新股 54 000 000 股，新增资本公积 2 366 056 000 元。2022 年用资本公积 1 495 504 000 元转增资本，使资本公积减少到 2022 年年末的 1 086 191 000 元。由此，我们可以看到该公司的资本公积由 2022 年年初的 215 639 000 元增加到 2022 年年末的 1 086 191 000 元，增长了 403.71%。增长的主要原因是该公司在 2022 年溢价发行股份。

（三）盈余公积变动情况的观察

盈余公积的增减变动情况可以直接反映出企业利润积累的情况。2021 年年初 SNDQ 公司的盈余公积余额为 131 018 000 元，当年实现净利润 928 520 000 元，按照 10%计提法定盈余公积 92 852 000 元；2022 年年初的盈余公积为 223 870 000 元。2022 年实现净利润 1 403 999 000 元，按照 10%计提法定盈余公积 140 400 000 元，2022 年年末盈余公积为 364 270 000 元。

（四）利润分配变动情况的观察

利润分配实际上体现的是资金积累与消费的比例关系。如果累积有较多的未分配利润则说明该企业有较强的继续分红的能力。以 SNDQ 公司为例：2021 年年初的未分配利润为 712 118 000 元，加上当年实现利润 928 520 000 元，减去当年提取的法定盈余公积 92 852 000 元，2022 年年初的未分配利润达到 1 547 786 000 元。2022 年实现净利润 1 403 999 000 元，减去当年提取的法定盈余公积 140 400 000 元以及为股东支付的股利 437 850 000 元，2022 年年末的未分配利润达到 2 373 535 000 元。

第六节　现金流量表的阅读与分析

一、现金流量表的概念

现金流量表是指反映企业在一定期间内现金流量信息的会计报表。

这里我们需要解释“现金”与“现金流量”的概念。

（一）现金的概念

现金是指企业的库存现款以及可以随时用于支付的银行存款以及现金的等价物。

具体来说，现金包括下列项目：

1. 库存现金。它是指企业所持有的、可随时用于支付的现金。

2. 银行存款。它是指企业存放在银行或其他金融机构的随时可以用于支付的存款。由于某种原因不能随时提取（如定期存款）的存款，则不能作为现金流量表中的现金。

3. 其他货币资金。它是指企业存放在银行的有特殊用途的资金，或在途中尚未收到的资金，如外埠存款、银行汇票存款、银行本票存款、信用卡存款和在途货币资金等。

4. 现金等价物。它是指企业所持有的期限短、流动性强、易于转换为已知金额的现金和价值变动很小的投资。现金等价物的特点是流动性强，并随时可以转换为现金，通常是指企业购买的，在三个月以内到期，即可转换为现金的投资。

（二）现金流量的概念

现金流量是指一定会计期间企业现金和现金等价物的流入和流出的数量。

在现金流量表中，人们设计了三个有关现金流量的指标，对现金流量进行追踪，即现金流入量、现金流出量和现金净流量。

如果站在企业的角度看，现金从企业外部进入企业内部的量称为现金流入量；现金从企业内部支付到企业外部的量称为现金流出量；现金流入量减去现金流出量即为现金净流量，有时也称为现金净额。这里，现金净流量与现金流入量、现金流出量的关系可用下列公式表示：

现金净流量=现金流入量-现金流出量

在现金流量表中,人们将现金流量分为三类:经营活动产生的现金流量、投资活动产生的现金流量和筹资活动产生的现金流量。

经营活动是指企业投资活动和筹资活动以外的所有交易和事项,包括销售商品或提供劳务、购买商品或接受劳务、收到返还的税费、经营性租赁、支付工资、支付广告费用和交纳各项税款等。

投资活动是指企业长期资产的购建和不包括在现金等价物范围内的投资及其处置活动,包括取得和收回投资、购建和处置固定资产以及购买和处置无形资产等。

筹资活动是指使企业资本及债务规模和构成发生变化的活动,包括发行股票或接受投入资本、分派现金股利、取得和偿还银行借款以及发行和偿还公司债券等。

二、现金流量表的作用

现金流量表能够说明企业一定期间内持有现金的数量以及现金流入和流出的原因。这些信息是资产负债表和利润表所不能提供的。事实上,在企业的诸多资产中,现金应该是最为重要的资产之一。试想,如果某个企业现金短缺,资金链断裂会出现什么情况?这个企业将无力购买原材料,生产活动将要停止;企业无法支付员工的薪酬,将会遇到员工怠工与罢工的风险;企业无法支付产生经营活动中的各种费用,如水电费、房屋及设备的租赁费用、差旅费和广告费等,将使企业的生产经营活动面临困境;无法偿付到期债务以及利息费用,将会使企业在市场中的信誉受到损害,影响企业未来的筹资能力;无法按时向税务部门支付税金,将会面临来自税务部门的处罚。可见,现金资产在企业中的重要性是毋庸置疑的。而现金流量表恰恰能够告诉人们企业现金的来龙去脉以及结余的情况,弥补了资产负债表和利润表的不足,因而现金流量表的重要性非同一般。

现金流量表能够表明企业的偿债能力和支付股利的能力。通常情况下,报表阅读者比较关注企业的获利情况,并且往往以获取利润的多少作为衡量标准,企业获利多少在一定程度上表明了企业具有一定的现金支付能力。但是,企业一定期间内获得的利润并不代表企业真正具有偿债或支付能力。在某些情况下,虽然企业利润表上反映的经营业绩很可观,但财务困难,不能偿还到期债务;还有些企业虽然利润表上反映的经营成果并不可观,但却有足够的偿付能力。产生这种情况有诸多原因,包括会计核算采用的权责发生制、配比原则等所含的估计因素等。现金流量表完全以现金的收支为基础,消除了由于会计核算采用的估计等所产生的获利能力和支付能力。现金流量表能够帮助人们了解企业现金流入的构成,分析企业偿债和支付股利的能力,增强投资者的投资信心和债权人收回债权的信心。

现金流量表能够告诉人们企业未来创造现金的能力。现金流量表中反映的经营活动产生的现金流量，代表企业运用其经济资源创造现金流量的能力，便于分析企业在一定期间内产生的净利润与经营活动产生现金流量的差异；投资活动产生的现金流量，代表企业运用资金产生现金流量的能力；筹资活动产生的现金流量，代表企业筹资获得现金流量的能力。通过现金流量表及其他财务信息，可以分析企业未来获取或支付现金的能力。例如，企业通过银行借款筹得资金，从本期现金流量表中反映为现金流入，但却意味着未来偿还借款时要流出现金。又如，本期应收未收的款项，在本期现金流量表中虽然没有反映为现金的流入，但意味着未来将会有现金流入。

现金流量表能够反映企业投资和理财活动对经营成果和财务状况的影响。资产负债表能够提供企业一定日期财务状况的情况，它所提供的是静态的财务信息，并不能反映财务状况变动的原因，也不能表明这些资产、负债为企业带来多少现金，又用去多少现金；利润表虽然反映企业一定期间的经营成果，提供动态的财务信息，但利润表只能反映利润的构成，不能反映经营活动、投资和筹资活动为企业带来多少现金以及支出多少现金，而且利润表不能反映投资和筹资活动的全部事项。现金流量表提供一定时期现金流入和流出的动态财务信息，表明企业在报告期内由经营活动、投资和筹资活动获得现金的情况，企业获得的这些现金是如何运用的，说明资产、负债、净资产变动的原因，对资产负债表和利润表起到补充说明的作用。现金流量表是连接资产负债表和利润表的桥梁。

现金流量表能够提供反映企业净利润质量的信息。利润表提供的利润指标是建立在权责发生制的基础之上的，这样的指标与经营活动提供的现金之间存在着显著的差异。我们通过分析净利润与经营活动提供的现金净额的差异，就可以知道企业取得的净利润有多少是有现金做保证的，从而了解企业净利润质量的情况。

三、现金流量表的阅读

（一）现金流量表的格式与内容

我国现金流量表采用垂直报告式结构，全表主要分为表头和基本内容两部分。

1. 表头。表头主要标明报表的名称、编制单位的名称、编制年度及货币单位等。企业的制表人、会计管理和单位负责人应在报表上签名盖章。

2. 基本内容。我国现金流量表共包括五个项目。

前三项为企业的经营活动、投资活动和筹资活动产生的现金流量。在这三个项目中，分别按照各项活动引起的现金流入、流出的原因划分为若干个小项目，如“销售商品、提供劳务收到的现金”和“购买商品、接受劳务支付的现金”等,并将各个小项目的“现金流入小计”减去“现金流出小计”,即为该项活动所产生的现金流量净额。

第四项为“汇率变动对现金的影响”。该项目反映企业持有的外币现金由于汇率变动而产生的对折算为人民币金额的影响数。

第五项为“现金及现金等价物净增加额”。该项目是前四个项目数的相加之和。即:

现金及现金等价物净增加额=经营活动产生的现金流量净额+投资活动产生的现金流量净额+筹资活动产生的现金流量净额+汇率变动对现金的影响

“现金及现金等价物净增加额”应该与资产负债表中的“货币资金”以及符合现金等价物条件的部分“交易性金融资产”的年末数与年初数之差或之和核对相符。即:

现金及现金等价物净增加额=(“货币资金”年末数-“货币资金”年初数)+(“现金等价物”的年末数-“现金等价物”的年初数)

我国现行的现金流量表的格式如表2-19所示。

表2-19　现金流量表

编制单位:　　　　年度　　　　单位:元

项　目	行　次	金　额
一、经营活动产生的现金流量	1	
销售商品、提供劳务收到的现金	2	
收到的税费返还	3	
收到的其他与经营活动有关的现金	4	
现金流入小计	5	
购买商品、接受劳务支付的现金	6	
支付给职工以及为职工支付的现金	7	
支付的各项税费	8	
支付的其他与经营活动有关的现金	9	
现金流出小计	10	
经营活动产生的现金流量净额	11	

续表

项　目	行 次	金 额
二、投资活动产生的现金流量	12	
收回投资所收到的现金	13	
取得投资收益所收到的现金	14	
处置固定资产、无形资产和其他长期资产所收回的现金净额	15	
收到的其他与投资活动有关的现金	16	
现金流入小计	17	
购建固定资产、无形资产和其他长期资产所支付的现金	18	
投资所支付的现金	19	
支付的其他与投资活动有关的现金	20	
现金流出小计	21	
投资活动产生的现金流量净额	22	
三、筹资活动产生的现金流量	23	
吸收投资所收到的现金	24	
借款所收到的现金	25	
收到上级拨入的现金	26	
收到的其他与筹资活动有关的现金	27	
现金流入小计	28	
偿还债务所支付的现金	29	
分配股利、利润或偿付利息所支付的现金	30	
上缴资金支付的现金	31	
支付的其他与筹资活动有关的现金	32	
现金流出小计	33	
筹资活动产生的现金流量净额	34	
四、汇率变动对现金的影响	35	
五、现金及现金等价物净（减少）/增加额	36	
加：期初现金及现金等价物的余额	37	
期末现金及现金等价物的余额	38	

(二)现金流量表主要项目的释义

1. 经营活动产生的现金流量。经营活动是指企业投资活动和筹资活动以外的所有交易和事项。企业在进行诸如销售商品、提供劳务、经营性租赁、购买商品、接受劳务、广告宣传、推销产品和交纳税款等经营活动时,都可以带来现金流量的变化。衡量经营活动的现金流量包括三个指标,即现金流入量、现金流出量和现金流量净额。经营活动的现金流入量和现金流出量包括以下项目:

(1)销售商品、提供劳务收到的现金。本项目反映企业销售商品、提供劳务实际收到的现金,包括销售收入和应向购买者收取的增值税销项税额,具体包括本期销售商品、提供劳务收到的现金,以及前期销售商品、提供劳务本期收到的现金、本期预收的款项减去本期销售、本期退回的商品和前期销售、本期退回的商品支付的现金。这一项目是企业经营活动现金流入的最主要的渠道。

(2)收到的税费返还。本项目反映企业收到返还的各种税费,如收到的增值税、营业税、所得税、消费税、关税和教育费附加返还款等。

(3)收到的其他与经营活动有关的现金。本项目反映企业除上述各项目外,收到的其他与经营活动有关的现金,如罚款收入、流动资产损失中由个人赔偿的现金收入等。

(4)购买商品、接受劳务支付的现金。本项目反映企业购买材料、商品和接受劳务实际支付的现金,包括支付的货款以及与货款一并支付的增值税进项税额,具体包括本期购买商品、接受劳务支付的现金,以及本期支付、前期购买商品及接受劳务的未付款项和本期预付款项减去本期发生的购货退回收到的现金。

(5)支付给职工以及为职工支付的现金。本项目反映企业实际支付给职工的现金以及为职工支付的现金,包括本期实际支付给职工的工资、奖金、各种津贴和补贴等,以及为职工支付的其他费用。

(6)支付的各项税费。本项目反映企业按规定支付的各项税费,包括本期发生并支付的税费,以及本期支付以前各期发生的税费和预交的税金,如支付的教育费附加、矿产资源补偿费、印花税、房产税、土地增值税、车船使用税和预交的营业税等。

(7)支付的其他与经营活动有关的现金。本项目反映企业除上述各项目外,支付的其他与经营活动有关的现金,如罚款支出、差旅费、业务招待费和保险费支出等。

2. 投资活动产生的现金流量。投资活动是指企业长期资产的购建和不包括现金等价物范围内的投资及其处置活动。按投资的方向,可以把投资分为对内投资和对外投资。对内投资是把资金投放在企业内部,用来购置各种生产经营资产;对外投资是指企业以现金、实物或购买有价证券（如股票、债券等）的形式向其他单位投资。购买股票，不管是短期持有还是长期持有，都是对外投资。企业和其他单位联营，企业投入资金，这种投资属于对外投资，企业购买债券也属于对外投资。对外投资主要是股权投资和债权投资。

衡量投资活动的现金流量同样包括三个指标，即现金流入量、现金流出量和现金流量净额。投资活动的现金流入量和现金流出量包括以下项目：

（1）收回投资所收到的现金。本项目反映企业出售、转让或到期收回除现金等价物以外的短期投资、长期股权投资而收到的现金，以及收回长期债权投资本金而收到的现金。

（2）取得投资收益所收到的现金。本项目反映企业因股权性投资而分得的现金股利，从子公司、联营企业或合营企业分回利润而收到的现金，以及因债权性投资而取得的现金利息收入。

（3）处置固定资产、无形资产和其他长期资产所收回的现金净额。本项目反映企业出售固定资产、无形资产和其他长期资产所取得的现金，减去为处置这些资产而支付的有关费用后的净额。

（4）收到的其他与投资活动有关的现金。本项目反映企业除上述各项目外，收到的其他与投资活动有关的现金。

（5）购建固定资产、无形资产和其他长期资产所支付的现金。本项目反映企业购买、建造固定资产，取得无形资产和其他长期资产所支付的现金，包括购买机器设备所支付的现金及增值税款、建造工程支付的现金、支付在建工程人员的工资等现金支出（不包括为购建固定资产而发生的借款利息资本化部分），以及融资租入固定资产所支付的租赁费。

（6）投资所支付的现金。本项目反映企业进行权益性投资和债权性投资所支付的现金，包括企业取得的除现金等价物以外的短期股票投资、短期债券投资、长期股权投资、长期债权投资支付的现金，以及支付的佣金、手续费等附加费用。

（7）支付的其他与投资活动有关的现金。本项目反映企业除上述各项目外，支付的其他与投资活动有关的现金。

3. 筹资活动产生的现金流量。筹资活动是指企业根据生产经营、对外投资以及调整资金结构的需要，通过一定的渠道，采取适当的方式获取所需资金的一种行为。衡量筹资活动的现金流量同样包括三个指标，即现金流入量、现金流出量和现金流量净额。筹资活动的现金流入量和现金流出量包括以下项目：

（1）吸收投资所收到的现金。本项目反映企业以发行股票、债券等方式筹集资金实际收到的款项净额（发行收入减去支付的佣金等发行费用后的净额）。

(2)借款所收到的现金。本项目反映企业举借各种短期、长期借款而收到的现金。

(3)收到的其他与筹资活动有关的现金。本项目反映企业除上述各项目外,收到的其他与筹资活动有关的现金。

(4)偿还债务所支付的现金。本项目反映企业以现金偿还债务的本金,包括归还金融企业的借款本金、偿付企业到期的债券本金等。

(5)分配股利、利润或偿付利息所支付的现金。本项目反映企业实际支付的现金股利、支付给其他投资单位的利润或用现金支付的借款利息、债券利息。

(6)支付的其他与筹资活动有关的现金。本项目反映企业除上述各项目外,支付的其他与筹资活动有关的现金。

四、现金流量表的分析

为了说明现金流量表的分析方法,表 2-20 给出了某上市公司 YGX 公司 2022 年和 2021 年的比较现金流量表。

表 2-20　YGX 公司比较现金流量表

单位:元

项　目	2022 年	2021 年
一、经营活动产生的现金流量		
销售商品、提供劳务收到的现金	578 637 375. 94	388 548 557. 68
收到的税费返还	32 980. 99	33 345 325. 32
收到的其他与经营活动有关的现金	2 972 295. 22	1 348 926. 24
现金流入小计	581 642 652. 15	423 242 809. 24
购买商品、接受劳务支付的现金	383 139 255. 04	347 847 122. 01
支付给职工以及为职工支付的现金	28 737 280. 64	25 700 056. 60
支付的各项税费	8 553 650. 08	44 377 289. 64
支付的其他与经营活动有关的现金	37 108 810. 88	10 866 393. 25
现金流出小计	457 538 996. 64	428 790 861. 50
经营活动产生的现金流量净额	124 103 655. 51	-5 548 052. 26
二、投资活动产生的现金流量		
收回投资所收到的现金	10 500 000. 00	0. 00

续表

项 目	2022 年	2021 年
取得投资收益所收到的现金	225 000.00	0.00
处置固定资产、无形资产和其他长期资产所收回的现金净额	974 086.39	1 200 165.56
收到的其他与投资活动有关的现金	11 999 886.58	2 434 703.04
现金流入小计	23 698 972.97	3 634 868.60
购建固定资产、无形资产和其他长期资产所支付的现金	221 430 798.11	372 804 987.44
投资所支付的现金	37 899 918.92	3 000 000.00
支付的其他与投资活动有关的现金	20 286 608.46	0.00
现金流出小计	279 617 325.49	375 804 987.44
投资活动产生的现金流量净额	-255 918 352.52	-372 170 118.84
三、筹资活动产生的现金流量		
吸收投资所收到的现金	0.00	301 898 566.60
借款所收到的现金	785 665 553.43	647 434 538.00
收到的其他与筹资活动有关的现金	0.00	1 097 204.00
现金流入小计	785 665 553.43	950 430 308.60
偿还债务所支付的现金	369 946 146.00	236 093 005.37
分配股利、利润或偿付利息所支付的现金	70 542 545.89	56 520 265.20
支付的其他与筹资活动有关的现金	0.00	2 002 347.60
现金流出小计	440 488 691.89	294 615 618.17
筹资活动产生的现金流量净额	345 176 861.54	655 814 690.43
四、汇率变动对现金的影响	13 989 300.00	0.00
五、现金及现金等价物净增加(减少)/额	227 351 464.53	278 096 519.33
加:期初现金及现金等价物的余额	327 648 756.79	49 552 237.46
六、期末现金及现金等价物的余额	555 000 221.32	327 648 756.79

五、现金流量的结构分析

现金流量的结构分析包括流入结构、流出结构和现金流量净额的结构分析。下面以上述 YGX 公司的比较现金流量表为例加以说明。

(一)现金流入结构分析

现金流量表分析的首要任务是分析各项活动带来现金流入的主导项目。如表 2-21 所示,YGX 公司现金总流入中经营活动产生的现金流入在 2021 年和 2022 年分别占现金总流入的 30.73%和 41.81%,说明经营活动带来的现金流入并不占主导地位,而筹资活动产生的现金流入占比分别为 69.01%和 56.48%,是该公司现金流入来源的主要方面,说明公司经营活动创造的现金满足不了需要。此外,还应注意到,2022 年该公司的经营活动产生的现金流入的比重有所上升,筹资活动产生的现金流入的比重在下降。

表 2-21 YGX 公司现金流入结构分析表

金额单位:元

项 目	2022 年		2021 年	
	金额	比重(%)	金额	比重(%)
经营活动产生的现金流入	581 642 652.15	41.81	423 242 809.24	30.73
投资活动产生的现金流入	23 698 972.97	1.70	3 634 868.60	0.26
筹资活动产生的现金流入	785 665 553.43	56.48	950 430 308.60	69.01
现金总流入	1 391 007 178.55	100.00	1 377 307 986.44	100.00

我们还可以通过表 2-22 进一步分析 YGX 公司经营活动的现金流入结构。

表 2-22 YGX 公司经营活动的现金流入结构分析表

金额单位:元

项 目	2022 年		2021 年	
	金额	比重(%)	金额	比重(%)
经营活动产生的现金流入量:				
销售商品、提供劳务收到的现金	578 637 375.94	99.48	388 548 557.68	91.80
收到的税费返还	32 980.99	0.01	33 345 325.32	7.88
收到的其他与经营活动有关的现金	2 972 295.22	0.51	1 348 926.24	0.32
经营活动产生的现金流入量小计:	581 642 652.15	100.00	423 242 809.24	100.00

由表 2-22 可见,在 YGX 公司经营活动产生的现金流入中,2021 年销售商品、提供

劳务收到的现金流入占 91%以上，由此反映出该公司属于正常经营。

我们同样可以通过表 2-23 分析 YGX 公司投资活动的现金流入结构。

表 2-23　YGX 公司投资活动的现金流入结构分析表

金额单位：元

项　目	2022 年		2021 年	
	金额	比重(%)	金额	比重(%)
投资活动产生的现金流入量：				
收回投资所收到的现金	10 500 000.00	44.31	—	—
取得投资收益所收到的现金	225 000.00	0.95	—	—
处置固定资产、无形资产和其他长期资产所收回的现金净额	974 086.39	4.11	1 200 165.56	33.02
收到的其他与投资活动有关的现金	11 999 886.58	50.63	2 434 703.04	66.98
投资活动产生的现金流入量小计：	23 698 972.97	100.00	3 634 868.60	100.00

由表 2-23 可见，在 YGX 公司投资活动产生的现金流入中，收到的其他与投资活动有关的现金在 2021 年和 2022 年分别占到 66.98%和 50.63%，而取得投资收益所收到的现金仅占极小的份额，说明公司的投资效果不佳。

我们同样也可以通过表 2-24 分析 YGX 公司筹资活动的现金流入结构。

表 2-24　YGX 公司筹资活动的现金流入结构分析表

金额单位：元

项　目	2022 年		2021 年	
	金额	比重(%)	金额	比重(%)
筹资活动产生的现金流入量				
吸收投资所收到的现金	—	—	301 898 566.60	31.76
借款所收到的现金	785 665 553.43	100.00	647 434 538.00	68.12
收到的其他与筹资活动有关的现金	—	—	1 097 204.00	0.12
筹资活动产生的现金流入量小计	785 665 553.43	100.00	950 430 308.60	100.00

由表 2-24 可见，在 YGX 公司筹资活动中借款所收到的现金在 2021 年和 2022 年分别占筹资现金总流入量的 68.12%和 100.00%。显然，借款为该公司筹资的主要来源，吸收权益资本为次要来源。

(二)现金流出结构分析

同样的道理,我们可以分析 YGX 公司现金流出的结构(见表 2-25)。

表 2-25　YGX 公司现金流出结构分析表

金额单位:元

项　目	2022 年		2021 年	
	金额	比重(%)	金额	比重(%)
经营活动产生的现金流出	457 538 996. 64	30. 05	428 790 861. 50	24. 43
投资活动产生的现金流出	279 617 325. 49	18. 36	375 804 987. 44	21. 41
筹资活动产生的现金流出	785 665 553. 43	51. 59	950 430 308. 60	54. 15
现金总流出	1 522 821 875. 56	100. 00	1 755 026 157. 54	100. 00

由表 2-25 可见,在 2021 年 YGX 公司的现金总流出中,经营活动产生的现金流出占 24. 43%,筹资活动产生的现金流出占 54. 15%;在 2022 年,筹资活动产生的现金流出占到 51. 59%,而经营活动产生的现金流出占到 30. 05%。

我们同样可以进一步分析 YGX 公司经营活动现金流出的结构(见表 2-26)。

表 2-26　YGX 公司经营活动现金流出结构分析表

金额单位:元

项　目	2022 年		2021 年	
	金额	比重(%)	金额	比重(%)
经营活动产生的现金流出量				
购买商品、接受劳务支付的现金	383 139 255. 04	83. 74	347 847 122. 01	81. 12
支付给职工以及为职工支付的现金	28 737 280. 64	6. 28	25 700 056. 60	5. 99
支付的各项税费	8 553 650. 08	1. 87	44 377 289. 64	10. 35
支付的其他与经营活动有关的现金	37 108 810. 88	8. 11	10 866 393. 25	2. 53
经营活动产生的现金流出量小计	457 538 996. 64	100. 00	428 790 861. 50	100. 00

由表 2-26 可见,在经营活动产生的现金流出中,购买商品、接受劳务支付的现金占经营活动现金流出总额的 81. 12%和 83. 74%;支付给职工以及为职工支付的现金占经营活动现金流出总额的 5. 99%和 6. 28%;支付的各项税费占经营活动现金流出总额

的 10. 35%和 1. 87%。

对于投资活动产生的现金流出量,我们同样可以分析其流出结构(见表 2-27)。

表 2-27　YGX 公司投资活动现金流出结构分析表

金额单位:元

项　目	2022 年		2021 年	
	金　额	比重(%)	金　额	比重(%)
投资活动产生的现金流出量				
购建固定资产、无形资产和其他长期资产所支付的现金	369 946 146. 00	83. 99	236 093 005. 37	80. 14
投资所支付的现金	70 542 545. 89	16. 01	56 520 265. 20	19. 18
支付的其他与投资活动有关的现金	0. 00	0. 00	2 002 347. 60	0. 68
投资活动产生的现金流出量小计	440 488 691. 89	100. 00	294 615 618. 17	100. 00

由表 2-27 可见,在 2021 年 YGX 公司投资活动现金流出中,权益性投资所支付的现金占投资活动现金流出量的 19. 18%,而购建固定资产、无形资产和其他长期资产所支付的现金占 80. 14%;2022 年,YGX 公司权益性投资的现金流出只占 16. 01%,占比有所下降;该公司 2022 年投资活动的现金流出主要集中于购建固定资产、无形资产投资,这一项目占投资活动现金流出的 83. 99%。

同样,我们也可以对 YGX 公司筹资活动的现金流出量进行结构分析(见表 2-28)。

表 2-28　YGX 公司筹资活动现金流出结构分析表

金额单位:元

项　目	2022 年		2021 年	
	金　额	比重(%)	金　额	比重(%)
筹资活动产生的现金流出量				
偿还债务所支付的现金	369 946 146. 00	83. 99	236 093 005. 37	80. 14
分配股利、利润或偿付利息所支付的现金	70 542 545. 89	16. 01	56 520 265. 20	19. 18
支付的其他与筹资活动有关的现金	0. 00	0. 00	2 002 347. 60	0. 68
筹资活动产生的现金流出量小计	440 488 691. 89	100. 00	294 615 618. 17	100. 00

由表 2-28 可见,YGX 公司偿还债务所支付的现金占筹资活动产生的现金流出量的比重分别为 80. 14%和 83. 99%。

(三)现金流量净额的结构分析

我们可以将 YGX 公司现金流量表中的经营活动产生的现金流量净额、投资活动产生的现金流量净额以及筹资活动产生的现金流量净额进行结构比较分析(见表 2-29)。

表 2-29 YGX 公司现金流量净额结构分析表

金额单位:元

项目	2022 年		2021 年	
	金额	比重(%)	金额	比重(%)
经营活动产生的现金流量净额	124 103 655.51	251.20	-5 548 052.26	-2.00
投资活动产生的现金流量净额	-255 918 352.52	-267.23	-372 170 118.84	-133.83
筹资活动产生的现金流量净额	345 176 861.54	103.04	655 814 690.43	235.82
汇率变动对现金的影响	13 989 300.00	0.00	0.00	0.00
现金及现金等价物净增加(减少)额	227 351 464.53	100.00	278 096 519.33	100.00

六、现金流入流出比分析

我们可以分别计算 YGX 公司经营活动、投资活动和筹资活动产生的现金流入流出比(见表 2-30)。

表 2-30 YGX 公司现金流入流出比计算分析表

金额单位:元

项目	2022 年	2021 年
经营活动产生的现金流入量	581 642 652.15	423 242 809.24
经营活动产生的现金流出量	457 538 996.64	428 790 861.50
经营活动现金流入流出比	1.27	0.99
投资活动产生的现金流入量	23 698 972.97	3 634 868.60
投资活动产生的现金流出量	279 617 325.49	375 804 987.44
投资活动现金流入流出比	0.08	0.01
筹资活动产生的现金流入量	785 665 553.43	950 430 308.60
筹资活动产生的现金流出量	440 488 691.89	294 615 618.17
筹资活动现金流入流出比	1.78	3.23

由表 2-30 可见,2022 年 YGX 公司经营活动现金流入流出比为 1.27,表明 1 元的经营现金流出可换回 1.27 元现金流入;2021 年这一数值为 0.99。此值当然越大越好。

YGX 公司 2022 年和 2021 年投资活动现金流入流出比分别为 0.08 和 0.01。公司投资活动引起的现金流出量较大,表明公司正处于扩张时期。一般而言,处于发展时期的公司此值比较小,而衰退或缺少投资机会时此值较大。

YGX 公司 2022 年和 2021 年筹资活动现金流入流出比分别为 1.78 和 3.23,表明公司筹资活动为公司筹措了大量的现金,以满足公司投资活动和经营活动的需要。

作为会计信息的使用者,在深入掌握企业现金流的情况下,还应将现金的流入和流出结构进行历史比较或同业比较,这样可以得到更有意义的结论。

一般而言,对于一个健康的正在成长的公司来说,经营活动产生的现金流量净额应为正数,投资活动产生的现金流量净额应为负数,筹资活动产生的现金流量净额应是正负相间的。

第七节 比率分析法(一):基于对公司财务状况与经营成果分析的视角

比率分析法是利用会计报表上相互关联的两个或多个项目组成比率,以说明这些项目之间的相互关系,借以评价企业的财务状况与经营成果的一种方法。由于会计报表的各项指标分别反映了不同的经济内容,它们可以综合地反映企业的各类经济活动情况,因此将它们联系起来进行分析,能够为会计报表信息使用者提供更多有用的新信息。

在会计报表分析中运用的比率很多,有些比率是由资产负债表中的有关项目组成的,如流动比率、速动比率等;有些比率是由利润表项目组成的,如销售利润率;有的是由资产负债表与利润表项目或现金流量表中的项目共同组成的,如资产报酬率。需要注意的是,并非所有的报表项目组成的比率都是有意义的。对于会计报表分析而言,只有那些性质不同但又相互联系的项目组成的比率才能反映一定的经济意义。

财务比率按照其反映的经济内容大体上可以分为三类:反映企业偿债能力的财务比率;反映企业盈利能力的财务比率;反映企业营运能力的财务比率。

一、反映企业偿债能力的财务比率

偿债能力是企业财务能力的一个重要方面。所谓偿债能力是指企业对各种债务负担的承受能力,它表现为企业对各类到期债务偿付的及时性与有效性。到期债务如果不能及时有效地偿付,表明企业的偿债能力不足或企业的财务状况不稳定。

按照债务的偿还期的不同,偿债能力又可以分为短期偿债能力和长期偿债能力。

(一)反映企业短期偿债能力的比率

短期偿债能力是指企业偿还流动负债的能力。流动负债一般是需要动用流动资产予以偿还的。因此,企业短期偿债能力的强弱主要存在于企业流动资产与流动负债的对比关系之中,并取决于两个相互联系的基本因素:流动资产的数量与流动资产的质量。反映企业短期偿债能力的财务比率主要有流动比率、速动比率、超速动比率和现金比率。

1. 流动比率。流动比率是流动资产与流动负债的比率。其计算公式为:

$$流动比率=\frac{流动资产}{流动负债}$$

流动比率反映了每一元的流动负债有多少流动资产可以给予偿还的保障。该比率越高,则说明债权人的安全程度也越高。如果从贷款人的角度出发,较高的流动比率也可以保障债务人有足够的流动资产可以用来偿债,即使在债务人破产清算时,较高的流动比率也可以保障债权在清算时不致受到损失。因为企业一旦进入破产清算,则存货将大量被迫压价出售,并会发生大量的应收账款信用损失。但是从企业经营者的角度出发,过高的流动比率则表明企业资产利用率低下,管理松懈,资金浪费,同时表明企业过于保守,没有充分使用目前的借款能力。

一般认为,生产型企业的流动比率为 2 是比较合适的。这意味着即便企业流动资产萎缩程度达到 50%,也不致使流动负债遭到损失。同时,考虑到存货的变现能力是所有流动资产中最差的,企业的存货一般要占到流动资产的一半,剔除了存货以后的流动资产至少要与需要偿还的流动负债相当。

以本章前述 YGX 公司的会计报表资料为例,计算 YGX 公司的流动比率为:

$$流动比率_{YGX-2022年年末}=\frac{2\ 045\ 764\ 685.13}{1\ 461\ 105\ 766.24}=1.40$$

$$流动比率_{YGX-2021年年末}=\frac{1\ 302\ 492\ 486.18}{574\ 821\ 208.00}=2.27$$

YGX 公司 2022 年年末的流动比率为 1.40;2021 年年末的流动比率为 2.27,这样的流动比率说明该公司 2022 年年末的短期偿债能力较 2021 年年末有所下降, 2022 年年末该公司的短期偿债能力有所不足。

在运用流动比率分析企业短期偿债能力时，必须注意以下四个方面的问题：

(1)流动比率衡量的是以全部流动资产分析短期偿债能力，并没有揭示流动资产的构成内容，因而并不能准确揭示企业的短期偿债能力。例如，企业的流动比率比较高，但是如果流动资产中有大量的积压与滞销的存货，则其变现能力与时间都存在问题，企业的实际偿债能力有可能比较弱。

(2)根据期末会计报表计算出的流动比率不一定代表整个会计期间的偿债能力，它只代表期末的偿债能力。

(3)企业在编制会计报表时，为了达到粉饰其财务状况、获取债权人信任的目的，可以利用各种手段故意美化其流动比率。例如，企业可以在年终时安排偿还流动负债，到下年初时再商借；或在年终时故意将需要购买的固定资产推迟到下一年度年初进行，等等。

(4)不同的行业，经营性质与营业周期不同，对资产的流动性要求是不同的，对流动比率的衡量标准也是不同的。计算出的流动比率应该与同行业的平均流动比率和本企业历史的流动比率进行比较，这样才能确定这个流动比率是高还是低。但是要找出流动比率是高还是低的原因，还必须进一步分析流动资产和流动负债所包括的内容和经营上的因素。

此外，从财务舞弊调查的视角看，资产侵吞会引起这一比率下降；虚减负债、虚增收入(对应于应收账款的虚假增加)或虚增流动资产都会引起流动比率的增加。

2. 速动比率。速动比率也称酸性测试比率，是指速动资产与流动资产的比率。速动资产是指在流动资产中扣除存货以后剩余的部分。速动比率的计算公式为：

$$\text{速动比率}=\frac{\text{流动资产}-\text{存货}}{\text{流动负债}}$$

计算速动比率时要把存货从流动资产中剔除，其主要原因为：①在流动资产中存货的变现速度最慢；②由于某种原因，部分存货可能已损失报废但还未做处理；③部分存货已抵押给某债权人；④存货估价还存在着成本与合理市价相差悬殊的问题。综合上述原因，在不希望企业用变卖存货的办法还债，以及排除使人产生种种误解因素的情况下，把存货从流动资产总额中减去而计算出的速动比率，反映的短期偿债能力更加可信。

通常认为速动比率为 1 是比较合适的。低于 1 的速动比率被认为是短期偿债能力偏低，这仅是一般的看法，没有统一标准的速动比率。因为不同行业的速动比率会有很大的差别，例如，大量采用现金销售的商业企业，几乎没有应收账款，远低于 1 的速动比率则被认为是正常的。相反，一些应收账款较多的企业，其速动比率可能要大于 1。

速动比率是对流动比率的补充，从一定意义上来说，速动比率比流动比率更能说明企业的短期偿债能力。

同样以前述YGX公司的资料为例，计算YGX公司2022年年末与2021年年末的速动比率分别为：

$$\text{速动比率}_{\text{YGX-2022年年末}}=\frac{2\ 045\ 764\ 685.13-394\ 825\ 601.77}{1\ 461\ 105\ 766.24}=1.13$$

$$\text{速动比率}_{\text{YGX-2021年年末}}=\frac{1\ 302\ 492\ 486.18-359\ 396\ 431.31}{574\ 821\ 208.00}=1.64$$

显然，YGX公司在2022年年末和2021年年末的速动比率都大于1，由此说明该公司的短期偿债能力是足够的。我们注意到YGX公司2021年年末的速动比率稍高了一些。过高的速动比率说明该公司将过多的资产留滞于流动资产，这样势必会影响公司的获利能力。

同样，资产的侵吞会引起这一比率下降；虚减负债、虚增收入（对应于应收账款的虚假增加）或虚增流动资产都会引起流动比率的增加。

除了上述两个比率以外，还有以下两个比率也可以从更为稳健的角度反映企业的短期偿债能力。

3. 超速动比率。超速动比率也称保守的速动比率，该比率是用在流动资产项下偿债能力最强的四个项目，即货币资金、交易性金融资产、应收票据和应收账款的合计数与流动负债形成比值。

超速动比率的计算公式为：

$$\text{超速动比率}=\frac{\text{货币资金}+\text{交易性金融资产}+\text{应收票据}+\text{应收账款}}{\text{流动负债}}$$

超速动比率被认为是对速动比率的改进。该比率认为只有在资产负债表中流动资产项下排列最靠前的四个项目，即货币资金、交易性金融资产、应收票据和应收账款才具有可靠的偿债能力，用这四个项目的合计数与流动负债相比较可以有效地考察企业的短期偿债能力。

以前述YGX公司的资料为例，计算YGX公司2022年年末与2021年年末的超速动比率分别为：

$$\text{超速动比率}_{\text{YGX-2022年年末}}=\frac{555\ 000\ 221.32+0+0+544\ 194\ 917.50}{1\ 461\ 105\ 766.24}=0.75$$

$$\text{超速动比率}_{\text{YGX-2021年年末}}=\frac{327\ 648\ 756.79+0+0+265\ 189\ 464.75}{574\ 821\ 208.00}=1.03$$

从财务舞弊调查的视角看，虚减流动负债或虚增收入（即虚增应收账款）都可导致超速动比率的增加。

4. 现金比率。现金比率是货币资金与流动负债的比值。其计算公式为：

$$现金比率=\frac{货币资金}{流动负债}$$

现金比率直接用流动性最强的货币资金与流动负债进行比较，以考察企业的短期偿债能力。如果该比率大于1，则说明企业可以不变现其他任何资产，仅凭库存现金就足以偿付到期流动负债。

以YGX公司的会计报表资料为例，计算YGX公司的现金比率为：

$$现金比率_{YGX-2022年年末}=\frac{555\ 000\ 221.32}{1\ 461\ 105\ 766.24}=0.38$$

$$现金比率_{YGX-2021年年末}=\frac{327\ 648\ 756.79}{574\ 821\ 208.00}=0.57$$

从财务舞弊调查的视角看，现金比率的不正常增加可能存在虚减流动负债或虚增收入（即虚增应收账款）、虚增货币资金的舞弊。

（二）反映企业长期偿债能力的比率

长期偿债能力是指企业偿还长期负债的能力。企业的长期偿债能力取决于两个基本因素：一是企业资本结构的合理性与稳定性；二是企业长期盈利能力的大小。

资本结构是指企业的权益资本和债务资本两大部分的构成及比例关系。权益资本和债务资本的作用不同。权益资本是企业创立和发展最基本的因素，是企业拥有的净资产，它不需要偿还，可以在企业经营中永久使用。同时，权益资本也是股东承担民事责任的限度，如果借款不能按时归还，法院可以强制债务人出售财产偿债，因此权益资本就成为借款的基础。权益资本越多，债权人越有保障；权益资本越少，债权人蒙受损失的可能性越大。在资金市场上，能否借入资金以及借入多少资金，在很大程度上取决于企业的权益资本实力。

由于单凭自有资金很难满足企业的需要，实际中很少有企业不利用债务资本进行生产经营活动，负债经营是企业普遍存在的现象。从另一个角度看，债务资本不仅能从数量上补充企业资金的不足，而且由于企业支付给债务资本的债权人收益（如债券的利息），国家允许在所得税前扣除，这样就降低了融资资金成本。同时，由于负债的利息是固定的，不管企业是否盈利以及盈利多少，都要按约定的利率支付利息。这样，如果企业经营得好,就有可能获取财务杠杆利益。这些都会使企业维持一定的债务比例。企业的债务资本在全部资本中所占的比重越大,财务杠杆发挥的作用就越明显。一般情况下,负债筹资的资金成本较低,弹性较大,是企业灵活调动资金余缺的重要手段。但是,负债是要偿还本金和利息的,无论企业的经营业绩如何,负债都有可能为企业带来财务风险。可见,资本结构对企业长期偿债能力的影响,一方面体现为权益资本是承担长期债务的基础;另一方面体现为债务资本的存在可能带给企业财务风险,进而影响企业的偿债能力。

企业未来的盈利能力则是企业长期偿债能力的源泉。企业能否有充足的现金流入供偿债使用,在很大程度上取决于企业的获利能力。企业对一笔债务总是负有两种责任:一是偿还债务本金的责任;二是支付债务利息的责任。短期债务可以通过流动资产变现来偿付,因为大多数流动资产的取得往往以短期负债为其资金来源。而企业的长期负债大多用于长期资产投资,在企业正常生产经营条件下,长期资产投资形成企业的固定资产能力,一般来讲企业不可能靠出售资产作为偿债的资金来源,而只能依靠企业生产经营所得。另外,企业支付给长期债权人的利息支出,也要从所融通资金创造的收益中予以偿付。可见,企业的长期偿债能力是与企业的获利能力密切相关的。一个长期亏损的企业,正常生产经营活动都不能进行,保全其权益资本肯定是困难的事情,保持正常的长期偿债能力也就更无保障了。一般来说,企业的获利能力越强,长期偿债能力越强;反之,则长期偿债能力越弱。如果企业长期亏损,则必须通过变卖资产才能清偿债务,最终要影响投资者和债权人的利益。因此,企业的盈利能力是影响长期偿债能力的重要因素。

长期偿债能力是企业的债权人、投资者、经营者和与企业有关联的各方面都十分关注的重要问题。

反映长期偿债能力的比率主要有负债比率、所有者权益比率、负债对所有者权益比率和已获利息倍数等。

1. 负债比率。负债比率也称资产负债率,是指负债总额与资产总额的比。这一比率反映了负债占总资产的比重。其计算公式为:

$$负债比率=\frac{负债总额}{资产总额}\times 100\%$$

负债比率反映了在企业总资产中有多大比例是通过举债来筹资的。这个指标也被称为举债经营比率。站在不同的角度,对这一比率的分析会有不同的看法。

从债权人的角度来看,债权人最为关心的是借贷给企业的资金的安全程度,也就是能否按期收回本金和利息。如果负债比率较大,则说明股东提供的资本占资产总额的份额较小，股东权益对债权人权益的保障程度比较低，企业经营的风险主要由债权人承担，这对债权人来说是不利的。所以，债权人希望负债比率越低越好，这样企业偿债有保障，贷款不会有太大的风险。

从股东的立场来看，由于企业通过举债筹措的资金与股东自己投入的资金在经营过程中发挥的作用是相同的，因此，股东所关心的是全部资金盈利率是否超过借入款项的利率，即借入资金的代价。在企业全部资本利润率超过因借款而支付的利率时，股东得到的超额利润就会加大，说明企业利用债权人提供的资金进行经营活动的能力越强。如果相反，企业运用全部资金所得的利润率低于借款的利息率，就需要动用股东所得的利润份额用于弥补借入资金的利息差额，这样非但不会为股东带来更多的收益，反而会减少股东权益。这就是财务杠杆的作用。因此，从股东的立场上看，在全部资本利润率高于借款利息率时，希望负债比率越大越好。

从企业经营者的角度来看，如果负债比率较大（大于 50%），说明企业在举债经营；如果企业大量举债，就会被认为经营风险加大。若企业举债超出了债权人心理承受能力，他们就不愿意继续向企业借款。特别是当企业没有好的投资项目，企业经营的收益率低于借款利息率时，举债经营带来的沉重利息负担会使企业的财务进一步恶化，使企业经营举步维艰。如果负债比率过小，说明企业不敢举债经营，对前途信心不足，畏缩不前，保守经营，不善于利用借贷资金进行经营活动。所以，从企业经营者的角度来看，负债比率要适当。当企业有好的投资机会，经营利润率大于资金成本时，要大胆举债经营，利用债权人的资金获取超额收益。当企业没有好的投资机会时，对举债经营要慎重决策，以免加大财务负担，使企业陷入困境。企业在利用负债比率制定借入资本决策时，需要充分估计预期的利润与增加的风险，在二者之间权衡利弊得失，作出正确的决策。

以 YGX 公司的资料为例，计算 YGX 公司 2022 年年末与 2021 年年末的负债比率分别为：

$$负债比率_{YGX-2022年年末} = \frac{1\ 799\ 993\ 891.58}{3\ 151\ 295\ 340.92} \times 100\% = 57.12\%$$

$$负债比率_{YGX-2021年年末} = \frac{1\ 095\ 737\ 974.67}{2\ 191\ 828\ 506.71} \times 100\% = 49.99\%$$

显然，从债权人的角度来看，2021 年年末的 YGX 公司的长期偿债能力较 2022 年年末的更好一些，2021 年年末公司的总资产对负债的保障程度要较 2022 年年末高出许多。从公司权益资本与债务资本的结构上看，公司 2021 年年末的资本结构更为保守一些。

从财务舞弊调查分析的角度看,虚增资产、虚减负债都会导致资产负债率的增加。

2. 所有者权益比率。所有者权益比率是指所有者权益总额与资产总额的比率。其计算公式为:

$$所有者权益比率=\frac{所有者权益总额}{资产总额}\times 100\%$$

所有者权益比率与负债比率是相互对比的比率,它们此消彼长,两者之和为 1。所有者权益比率越高,负债比率就越低,企业的财务风险就越小。然而,对股东来说,所有者权益比率过高未必是好现象。过高的所有者权益比率说明企业未能很好地利用举债经营。实际上,如果企业的举债成本(借款利息率)低于其投资报酬率,股东就可以以较少的资金控制整个企业,从而提高其投资报酬率。但是,过多地依靠举债经营(反映为所有者权益比率过低,负债比率过高)也可能会使企业面临严重的财务风险,从而损害股东的利益。

利用 YGX 公司的资料,可以计算其所有者权益比率:

$$所有者权益比率_{YGX-2022年年末}=\frac{1\ 351\ 301\ 782.34}{3\ 151\ 295\ 340.92}=42.88\%$$

$$所有者权益比率_{YGX-2021年年末}=\frac{1\ 096\ 090\ 532.04}{2\ 191\ 828\ 506.71}=50.01\%$$

可见,YGX 公司在 2022 年年末的所有者权益比率较 2021 年年末有所下降,但是这样的变化对债权人来说是不利的。

从财务舞弊调查分析的视角看,所有者权益比率的不正常下降有可能意味着虚增资产的舞弊存在;相反,如果存在虚减负债,会导致所有者权益比率加大。

3. 负债对所有者权益比率。负债对所有者权益比率也称产权比率,是指负债总额对所有者权益总额的比率。其计算公式为:

$$负债对所有者权益比率=\frac{负债总额}{所有者权益总额}$$

这一比率反映了由债权人提供的资本与股东提供的资本的相对关系,非营利企业基本财务结构是否稳定。一般来说,这一比率小于 1,即股东投入的资本大于借入资本比较好,但是也不能一概而论。从股东的角度来看,在通货膨胀时期,多借债可以把损失与风险转嫁给债权人;在经济繁荣时期,多举债可以获得额外的利润;在经济萎缩时期,少借债可以减少利息负担和财务负担。高的负债对所有者权益比率应该是高风险、高报酬的财务结构;低的负债对所有者权益比率是低风险、低报酬的财务结构。这一比率也表明债权人投入资本受到股东权益保护的程度。

这一比率与负债比率有着共同的经济意义，两个比率可以相互补充。

根据 YGX 公司的资料，可以计算其负债对所有者权益比率：

$$负债对所有者权益比率_{YGX-2022年年末}=\frac{1\ 799\ 993\ 891.58}{1\ 351\ 301\ 782.34}=1.33$$

$$负债对所有者权益比率_{YGX-2021年年末}=\frac{1\ 095\ 737\ 974.67}{1\ 096\ 090\ 532.04}=0.99$$

显然，YGX 公司在 2022 年年末的负债对所有者权益比率大于 1，2021 年年末的负债对所有者权益比率小于 1。相比较而言，2021 年年末的财务结构要比 2022 年年末的财务结构对债权人更为有利。

从财务舞弊调查分析的角度看，该比率过大，说明存在过度借款，这些过度借入的款项有可能存在被侵吞挪用的情况。

4. 已获利息倍数。已获利息倍数是反映企业利润对利息费用的保障程度。其计算公式为：

$$已获利息倍数=\frac{利润总额+利息费用}{利息费用}$$

这一指标反映企业的利润对利息费用的保障程度，用于分析公司在一定盈利水平下支付债务利息的能力。该指标越高，说明企业偿付利息的能力越强，债权人的投资越安全可靠。国际上通常认为，该指标为 3 时较为适当，从长期来看至少应大于 1。

依据上述 YGX 公司的有关资料（2022 年 YGX 公司的利息费用为 42 889 167.25 元；2021 年的利息费用为 24 187 167.61 元），可以计算 YGX 公司的已获利息倍数：

$$已获利息倍数_{YGX-2022年年末}=\frac{425\ 036\ 134.74+42\ 889\ 167.25}{42\ 889\ 167.25}=10.91$$

$$已获利息倍数_{YGX-2021年年末}=\frac{129\ 864\ 213.50+24\ 187\ 167.61}{24\ 187\ 167.61}=6.37$$

二、反映企业盈利能力的财务比率

盈利能力是企业基本财务能力之一，是企业生存与发展的必要条件。反映企业盈利能力的比率是企业的投资人、债权人以及管理当局都十分关心的重要财务指标。这类比率主要通过将利润指标与资产负债表内的有关项目相比反映。这类比率主要有资产净利率、净资产收益率和每股净收益等八项指标。

（1）资产净利率。资产净利率也称资产报酬率，是指净利润与资产平均余额的比，反映了企业运用全部经济资源获取利润的能力，表明了企业资产利用的综合效果。其计算公式为：

$$资产净利率=\frac{净利润}{资产平均余额}\times 100\%$$

$$平均资产余额=\frac{期初总资产+期末总资产}{2}$$

这一比率表示企业每投入100元资产所带来的净利润的多少。它综合地反映了企业的经营效率与资产利用效率。该比率越高，表明资产利用效率越高，否则反之。

该比率是一个综合性指标。为了正确评价企业的经济效益与获利能力，应该用该指标与本企业的前期、计划、本行业的平均水平以及本行业的先进水平进行比较，分析形成差异的原因。

影响该指标的因素主要有产品的价格、单位成本的高低、产品的产销量以及资金占用量。

根据YGX公司的相关资料，可以做出如下计算：

$$资产净利率_{YGX-2022年年末}=\frac{417\ 646\ 413.07}{\frac{3\ 151\ 295\ 340.92+2\ 191\ 828\ 506.71}{2}}\times 100\%=15.91\%$$

在实际分析中，资产净利率有时还按下列公式计算：

$$资产净利率=\frac{净利润+所得税+利息费用}{资产平均余额}\times 100\%$$

公式中将所得税与利息费用加回净利润是为了剔除不同税率以及不同举债成本对净利润的影响，增强指标的可比性。

（2）净资产收益率。净资产收益率也称所有者权益报酬率或股东权益报酬率，是指净利润与平均股东权益的比。其计算公式为：

$$净资产收益率=\frac{净利润}{平均所有者权益}\times 100\%$$

$$平均所有者权益=\frac{期初所有者权益总额+期末所有者权益总额}{2}$$

净资产收益率表明企业投资人平均每投入100元资产所带来的净利润，是衡量企业盈利能力的重要指标。这个比率越高，说明投资带来的收益越高，权益资本的盈利能力就越强，反之亦然。

净资产收益率是从所有者角度来考察企业盈利水平高低的，与前述的资产净利率有所不同，资产净利率是从所有者和债权人两方来共同考察整个企业盈利水平的。在相同的资产净利率水平下，由于企业采用不同的资本结构形式，即不同负债与所有者权益比例，会造成不同的净资产收益率。

根据YGX公司的相关资料，可以做出如下计算：

$$净资产收益率_{YGX-2022年年末}=\frac{417\ 646\ 413.07}{\frac{1\ 351\ 301\ 782.34+1\ 096\ 090\ 532.04}{2}}\times 100\%=34.13\%$$

(3)销售净利率。销售净利率也有人称之为边际利润率，是指净利润与营业收入的比率。这一比率反映企业每1元营业收入带来的净利润的多少，表示营业收入的收益水平。其计算公式为：

$$销售净利率=\frac{净利润}{营业收入}\times 100\%$$

根据YGX公司利润表提供的资料，可以计算该公司的销售净利率：

$$销售净利率_{YGX-2022年年末}=\frac{417\ 646\ 413.07}{908\ 988\ 746.19}\times 100\%=45.95\%$$

$$销售净利率_{YGX-2021年年末}=\frac{127\ 786\ 600.85}{383\ 579\ 946.41}\times 100\%=33.31\%$$

很明显，YGX公司2022年的销售净利率较2021年有了较大幅度的提高，我们有理由怀疑该公司虚构收入及利润。

从财务舞弊调查分析的视角来看，如果存在虚假的收入，就会引起该比率的增加，这样的增加一般并不伴随着费用的相应增加。如果存在虚假的费用支出，就会引起该比率的下降；如果该比率有不正常的下降，也有可能存在存货的偷窃与侵吞，因为舞弊者往往都会通过加大销货成本的手法掩盖其行径；低报负债也可以使该比率增加，因为低估负债会导致相应的费用不被确认。

(4)毛利率。毛利率是指毛利润与营业收入的比，其中毛利润是指营业收入与营业成本之间的差额，其计算公式为：

$$毛利率=\frac{毛利润}{营业收入}\times100\%=\frac{营业收入-营业成本}{营业收入}\times100\%$$

毛利率反映企业每投入 1 元的成本所能够取得的毛利润。

由 YGX 公司会计报表提供的数据,可以计算该公司的毛利率:

$$毛利率_{YGX-2022年年末}=\frac{908\ 988\ 746.19-324\ 769\ 930.37}{908\ 988\ 746.19}\times100\%=64.27\%$$

$$毛利率_{YGX-2021年年末}=\frac{383\ 579\ 946.41-194\ 358\ 648.75}{383\ 579\ 946.41}\times100\%=49.33\%$$

显然,YGX 公司 2022 年的毛利率比 2021 年有大幅度的提高,而且 2022 年的毛利率奇高。我们有理由怀疑该公司虚构收入及利润。

从财务舞弊调查分析的视角来看,虚构的收入会引起该比率增大,因为舞弊者会忽视使销货成本也相应得到提高;通过虚增销货成本掩盖存货的偷窃与隐藏会导致该比率下降;低估负债会使该比率增加,因为销货成本没有被相应地记录;虚增存货(资产)可导致该比率增加,因为虚增的期末存货会使计入成本的销货成本降低。在对会计报表进行分析时,我们需要特别关注那些毛利率奇高的会计报表,它往往是舞弊者虚增收入而没有顾及增加相应的成本费用的结果。

(5)每股净收益。每股净收益(简称"EPS")是衡量股份公司普通股股本获利能力的一个重要指标。这一指标对普通股股东极为重要。其计算公式为:

$$每股净收益=\frac{净利润}{流通在外的普通股加权平均股数}$$

每股收益越多,说明普通股投资报酬越多,企业的获利能力越强。这一指标是影响股票市场的一个十分重要的财务信息,对投资人买入还是卖出该企业股票的决策有着重大影响。

我们已知 YGX 公司 2022 年的净利润为 417 646 413.07 元,当年年初已对外发行普通股 253 630 690 股,公司于 2 月 1 日用资本公积转增资本 253 639 690 股,由此可计算该公司的每股收益额。我们需要先计算流通在外的普通股加权平均股数:

$$253\ 630\ 690+253\ 630\ 690\times\frac{11}{12}=486\ 125\ 489(股)$$

$$每股净收益_{YGX-2022年年末}=\frac{417\ 646\ 413.07}{486\ 125\ 489}=0.86(元)$$

从财务舞弊调查分析的视角来看,虚构收入与利润会使每股净收益提高,可以达到粉饰业绩的目的。

(6)市盈率。市盈率是某种股票每股市价与每股净收益的比率。其计算公式为：

$$市盈率=\frac{每股市价}{每股净收益}$$

计算市盈率时，每股市价通常取股票的最新收盘价。就每股净收益(EPS)而言，若按已公布的上年度EPS计算，称为历史市盈率，若按市场对今年及明年EPS的预估值计算，则称为未来市盈率、预估市盈率或动态市盈率。

市盈率是反映上市公司获利能力以及估计普通股价值的最基本、最重要的指标之一。它表示股票的现行价格是每股净利润的倍数。

比如，某企业的股票现行市价是10元，每股净收益为1元，计算出的市盈率结果就是10∶1。对10∶1的概念可以这样理解：如果每股净赚1元，这种股票就可以在市场上支撑起10元的股价。所以市盈率既可以看作是倍数关系，也可以看作是1元的盈利可以支撑多少股价。

一般情况下，如果投资者对某上市公司未来的盈利能力充满信心，在股票市场上该公司的股票价格就会上涨，这时候市盈率就比较高；如果人们不看好某一上市公司，对其将来的获利能力没有信心，大家都不购买该公司的股票，其股票的价格会下降，那么市盈率就会下降。

一般而言，新兴证券市场中的上市公司普遍有较好的发展潜力，利润增长率比较高，因此，新兴证券市场的整体市盈率水平会比成熟证券市场的市盈率水平高。欧美等发达国家股市的市盈率一般保持在15~20倍，而亚洲一些发展中国家的股市正常情况下的市盈率在30倍左右。

已知YGX公司2022年12月29日的股票收盘价为37.99元，则计算该公司股票2022年年末的市盈率为：

$$市盈率_{YGX-2022年年末}=\frac{37.99}{0.86}=44.17$$

(7)每股净资产。每股净资产是指股东权益总额与流通在外的普通股加权平均股数的比率。其计算公式为：

$$每股净资产=\frac{净资产}{流通在外的加权平均普通股股数}$$

公司净资产代表公司本身拥有的财产，也是股东们在公司中的权益，因此又称为股东权益。在会计计算上,公司净资产相当于资产负债表中的总资产减去全部债务后的余额。公司净资产除以发行总股数,即得到每股净资产。每股净资产值反映了每股股票代表的公司净资产的价值,是支撑股票市场价格的重要基础。每股净资产产值越大,表明公司每股股票代表的财富越雄厚,通常创造利润的能力和抵御外来因素影响的能力越强。

在 YGX 公司的会计资料中,2022 年年末该公司的净资产为 1 351 301 782. 34 元,流通在外的加权平均普通股股数为 486 125 489 股,则该公司的每股净资产为:

$$每股净资产_{YGX-2022年年末}=\frac{1\ 351\ 301\ 782.34}{486\ 125\ 489}=2.78(元)$$

(8)市净率。市净率(P/B)是指每股股价与每股净资产的比率。市净率可用于投资分析,一般来说,市净率较低的股票投资价值较高,相反则投资价值较低,但在判断投资价值时还要考虑当时的市场环境以及公司经营情况、盈利能力等因素。市净率的计算公式为:

$$市净率=\frac{每股市价}{每股净资产}$$

在 YGX 公司的会计资料中,2022 年 12 月 29 日该公司的股票收盘价为 37. 99 元,则该公司 2022 年年末的市净率计算如下:

$$市净率_{YGX-2022年年末}=\frac{37.99}{2.78}=13.67$$

三、反映企业营运能力的财务比率

营运能力主要是指企业资金周转与资产管理方面的效率。反映企业营运能力的财务比率主要包括应收账款周转率、存货周转率、流动资产周转率、固定资产周转率以及总资产周转率。

(1)应收账款周转率。应收账款周转率是指营业收入与平均应收账款余额的比。其计算公式为:

$$应收账款周转率=\frac{营业收入}{应收账款平均余额}$$

$$应收账款平均余额=\frac{应收账款年初余额+应收账款年末余额}{2}$$

这一比率反映了应收账款周转的速度，即在 1 年内应收账款转换为现金的平均次数，说明了应收账款流动的速度。这一比率也可以转化为应收账款周转天数或平均收账期：

$$应收账款周转天数=\frac{360}{应收账款周转率}$$

应收账款周转率越高，应收账款周转天数越短，则应收账款的周转效率越高，说明公司对应收账款管理的工作越有成效。

根据 YGX 公司会计报表提供的资料，可以计算出该公司的应收账款周转率和应收账款周转天数：

$$应收账款周转率_{YGX-2022年年末}=\frac{908\ 988\ 746.19}{\frac{544\ 194\ 917.50+265\ 189\ 464.75}{2}}=2.25（次/年）$$

$$应收账款周转天数_{YGX-2022年年末}=\frac{360}{2.25}=160（天）$$

上述计算结果表明，YGX 公司应收账款在 2022 年度内周转次数为 2.25 次，相当于周转一次需要 160 天。

从财务舞弊调查分析的角度看，可以通过这一比率的计算与分析考察公司是否存在虚假的营业收入与虚假的应收账款。平均收账期加大是虚增应收账款、虚构营业收入的信号。因为，如果存在虚假的营业收入，那么，公司财务所确认的应收账款就是根本无法收回的账款，这时就会出现应收账款周转率降低的情况。

（2）存货周转率。存货周转率反映企业在某一特定期间营业成本与平均存货余额的比率。其计算公式为：

$$存货周转率=\frac{营业成本}{\frac{存货期初余额+存货期末余额}{2}}$$

存货周转率是衡量与评价企业购入存货、投入生产以及销售收回等各个环节管理状况的综合性指标。这一比率越高，通常表明企业存货管理越有效率。但是，过高的存货周转率也可能表示企业存货水平过低，会导致经常性的存货短缺或由于每次订货量过低而增加采购次数及采购成本。

存货周转率也可以转换为存货周转天数：

$$存货周转天数=\frac{360}{存货周转率}$$

依据 YGX 公司会计报表数据，可以计算该公司 2022 年的存货周转率与存货周转天数：

$$存货周转率_{YGX-2022年年末}=\frac{324\ 769\ 930.37}{\frac{359\ 396\ 431.31+394\ 825\ 601.77}{2}}=0.86（次/年）$$

$$存货周转天数_{YGX-2022年年末}=\frac{360}{0.86}=419（天）$$

显然，该公司 2022 年度的存货周转情况是比较差的，说明该公司的存货管理存在一定的问题。

从财务舞弊调查分析的角度来看，存货周转率大幅度提高未必就一定说明是存货管理效率提高的结果。在公司存货被侵吞或被盗窃的情况下，期末存货会下降，营业成本就会增加，会引起存货周转率的提高。

(3)流动资产周转率。流动资产周转率反映营业收入与流动资产平均余额的比值。其计算公式为：

$$流动资产周转率=\frac{营业收入}{\frac{流动资产期初余额+流动资产期末余额}{2}}$$

流动资产周转率反映了企业流动资产的周转速度。流动资产的周转速度快，会相对节约流动资产，等于扩大了资产投入，增强了企业盈利能力；而延缓流动资产的周转速度，就需要补充流动资产参与周转，造成资金的浪费，降低企业的盈利能力。

YGX 公司的流动资产周转率计算如下：

$$流动资产周转率_{YGX-2022年年末}=\frac{908\ 988\ 746.19}{\frac{1\ 302\ 492\ 486.18+2\ 045\ 764\ 685.13}{2}}=0.54$$

如果企业的流动资产周转率不正常地显著下降，则说明该企业有可能通过虚构期末流动资产粉饰财务状况。

(4)固定资产周转率。固定资产周转率为营业收入与固定资产（净值）平均余额的比。这一比率表示企业在一个会计年度内固定资产周转的次数，或表示每 1 元固定资产所支持的销售收入。其计算公式为：

$$固定资产周转率=\frac{营业收入}{\frac{固定资产期初余额+固定资产期末余额}{2}}$$

固定资产周转率主要用于分析对厂房、设备等固定资产的利用效率,比率越高,说明利用率越高,管理水平越好。如果固定资产周转率与同行业平均水平相比偏低,则说明企业对固定资产的利用率较低,可能会影响企业的获利能力。

根据 YGX 公司的会计资料,2022 年度该公司的固定资产周转率计算如下:

$$固定资产周转率_{YGX-2022年年末}=\frac{908\ 988\ 746.19}{\frac{469\ 555\ 463.21+500\ 174\ 543.31}{2}}=1.87$$

一般情况下,企业固定资产的使用效率不会有较大幅度的变化,如果该比率不正常地上升,则说明可能存在虚构收入的问题。

(5)总资产周转率。总资产周转率是指营业收入与平均资产总额的比。这一比率反映企业总资产的周转效率,说明了企业全部资产的利用效率。其计算公式为:

$$总资产周转率=\frac{营业收入}{\frac{资产总额期初余额+资产总额期末余额}{2}}$$

这一比率反映了企业平均每投入 1 元的资产所创造的营业收入,反映了企业对全部资产的有效利用程度。我们知道,总资产周转率受企业所在行业的特点、技术构成等多方面因素的影响,并不一定反映管理效率的高低。

根据 YGX 公司的会计资料,2022 年度该公司的总资产周转率计算如下:

$$总资产周转率_{YGX-2022年年末}=\frac{908\ 988\ 746.19}{\frac{2\ 191\ 828\ 506.71+3\ 151\ 295\ 340.92}{2}}=0.34$$

从财务舞弊调查分析的角度来看,如果总资产周转率有显著下降,有可能是企业大量地虚增资产的结果。

第八节　现金流量表的比率分析

对现金流量表的比率分析一般都会将资产负债表或利润表的相关项目与现金流量表的项目一起组合成相应的财务比率,以说明特定的问题。现金流量表的财务比率一般划分为反映偿债能力的比率、反映支付能力的比率、反映再投资能力的比率和反映收入与利润质量的比率四种类型。

一、反映企业偿债能力的比率

1. 债务保障率。这一比率反映企业用经营活动所得现金偿付企业全部债务所需的年数,主要说明企业的偿债能力。其计算公式为:

$$债务保障率=\frac{负债总额}{经营活动产生的现金流量净额}$$

该比率越低,表明企业偿还全部债务的时间越短,偿债能力越强;反之,比率越高,表明企业偿还全部债务的时间越长,偿债能力越差。

根据 YGX 公司的会计资料,同样可以计算该公司 2022 年度的债务保障率:

$$债务保障率_{YGX-2022年年末}=\frac{1\ 799\ 993\ 891.58}{124\ 103\ 655.51}=14.50$$

计算表明,如果用 2022 年度经营活动创造的现金流量净额偿还全部负债,需要 14.5 年的时间。

2. 经营活动产生的现金流量净额对总负债比率。这一比率是债务保障率的倒数,用来衡量企业用年度现金流量偿还企业总负债的能力。其计算公式为:

$$经营活动产生的现金流量净额对总负债比率=\frac{经营活动产生的现金流量净额}{负债总额}$$

该比率表示企业每承担 1 元的流动负债,有多少来自经营活动创造的现金净额作为偿还的保障。该比率越高,表明企业偿还全部债务的能力越强;反之,表明企业的偿债能力越差。

从财务舞弊调查分析的角度看,该比率如果在某个年份中显著增大,说明可能存在虚减负债或虚增现金收入的舞弊。

我们同样可以计算 YGX 公司 2022 年度经营活动产生的现金流量净额对总负债的比率：

$$经营活动产生的现金流量净额对总负债比率_{YGX-2022年年末}=\frac{124\ 103\ 655.51}{1\ 799\ 993\ 891.58}=0.07$$

计算表明，YGX 公司每承担 1 元的负债，仅有 0.07 元由经营活动创造的现金净额作为偿还的保障，其偿债能力不强。

3. 现金流量比率。这一比率是企业经营活动产生的现金流量净额与流动负债的比。该比率用以反映企业偿还即将到期的债务的能力。其计算公式为：

$$现金流量比率=\frac{经营活动产生的现金流量净额}{流动负债}$$

该比率表示企业每承担 1 元的流动负债，有多少来自经营活动创造的现金净额作为偿还的保障。现金流量比率越高，则表明企业短期偿债能力越强；比率越低，则表明企业短期偿债能力越差。这项比率最为短期债权人所关注。

从反舞弊的视角看，该比率如果在某个年份中显著增大，说明可能存在虚减流动负债或虚增现金收入的舞弊。

YGX 公司 2022 年度的现金流量比率计算如下：

$$现金流量比率_{YGX-2022年年末}=\frac{124\ 103\ 655.51}{1\ 461\ 105\ 766.24}=0.08$$

计算结果表明，YGX 公司每承担 1 元的流动负债，仅有 0.08 元由经营活动创造的现金净额作为偿还的保障，同样说明其偿债能力不强。

4. 长期负债偿还率。这一比率是指企业当年动用现金偿还长期负债本金与期末长期负债总额的比率，反映了企业运用当年现金流入偿还未到期的长期负债的能力。其计算公式为：

$$长期负债偿还率=\frac{偿还债务所支付的现金}{长期负债总额}$$

YGX 公司 2022 年和 2021 年的长期负债偿还率计算如下：

$$长期负债偿还率_{YGX-2022年年末}=\frac{369\ 946\ 146.00}{338\ 888\ 125.34}=1.09$$

$$长期负债偿还率_{YGX-2021年年末}=\frac{236\ 093\ 005.37}{520\ 916\ 766.67}=0.45$$

计算结果表明,YGX 公司 2022 年度偿还长期负债的能力较 2021 年有所增强。

二、反映企业支付能力的比率

支付能力是指企业偿还债务与支付应交款项的能力。偿还债务与支付款项都需要动用现金,故经营活动提供的现金流量净额与需要支付现金的各主要项目的比例关系就可以反映企业的现金支付能力。

1. 净现金流量适当比率。这一比率是用来衡量企业经营活动产生的现金流量是否能充分用于支付其各项资本支出、存货净投资及发放现金股利的程度。为了避免非重复性和不确定性活动对现金流量所产生的影响,通常以五年的累计数为计算单位。计算公式如下:

$$净现金流量适当比率=\frac{\sum_{T-5}^{T}经营活动产生的现金流量净额}{\sum_{T-5}^{T}(资本支出+存货增加额+现金股利)}$$

上述公式中,"资本支出"是指现金流量表中"购建固定资产、无形资产和其他长期资产所支出的现金"。"存货增加额"是指存货期末余额大于期初余额的差额,如果此年期末存货余额小于期初余数,则以零计算。"现金股利"是指现金流量表中"分配股利或利润所支付的现金"数额中所有的现金股利。

该项比率等于 1 时,表明企业来自经营活动的现金流量能够满足日常基本需要;比率小于 1 时,说明企业来自经营活动的现金流量不能满足需要,必须向外融资才能支付上述各项支出;该项比率大于 1 时,则意味着企业来自经营活动的现金流量充足,企业可考虑以此偿还债务,以减轻利息负担或以此扩大生产经营规模,增加长期投资。

2. 每股现金流量。每股现金流量测度企业流通在外每股普通股所能分摊的经营活动产生的现金流量净额。从短期观点来看,每股现金流量比每股盈余更能显示从事资本性支出及支付股利的能力。其计算公式为:

$$每股现金流量=\frac{经营活动产生的现金流量净额-优先股股利}{流通在外的普通股加权平均股数}$$

每股现金流量表示如果企业动用经营活动创造的现金流量净额发放现金股利,平均每一股可以分享多少现金股利。该比率越高,表示企业的每股普通股在一个会计年度中通过经营活动所赚得的现金流量越大,企业支付股利的能力越强;反之,则每股普通股所赚得的现金流量越小,企业支付股利的能力越弱。

如前一节由计算 YGX 公司每股收益时所知,YGX 公司 2022 年流通在外的普通股加权平均股数为 486 125 489 股,经营活动产生的现金流量净额为 124 103 655.51 元,公司未发行优先股,则该公司的每股现金流量的计算如下：

$$每股现金流量_{YGX-2022年年末}=\frac{124\ 103\ 655.51}{486\ 125\ 489}=0.26$$

计算结果表明,YGX 公司的每一普通股可以均摊 0.26 元的来自经营活动所赚取的现金。该数据要小于该公司的同期每股净收益①,说明该公司无法用来自经营活动产生的现金足额支付按照每股净收益计算的现金股利。

3. 股利支付率。这一比率是指经营活动产生的现金流量净额对现金股利的比率。该比率可以显示出企业用年度正常经营活动所产生的现金流量支付现金股利的能力。其计算公式为：

$$股利支付率=\frac{经营活动产生的现金流量净额}{现金股利}$$

该项比率越高,表明企业支付现金股利的能力越强,但这并不意味着投资者就可以获取较多的股利。股利发放与公司管理当局的股利政策以及他们对投资者的态度有关。如果公司管理当局无意发放股利,而愿意用这些现金流量进行投资,以期获得较高的投资收益,那么该比率指标的效用就不是很大。因此它对财务分析者只是起参考作用。

三、反映企业再投资能力的比率

再投资能力是指企业将当年赚取的现金流用于投资性支出项目,如固定资产、长期投资、其他资产和运营资金的能力。

1. 现金流量满足率。这一比率用来衡量企业用其经营活动产生的现金净流量满足投资活动资金需求的能力。其计算公式为：

$$现金流量满足率=\frac{经营活动产生的现金流量净额}{投资活动产生的现金流量净额}\times 100\%$$

该项指标大于或等于 100%,说明企业经营活动的现金收入能够满足投资活动的

① 如前一节计算,每股净收益$_{YGX-2022年年末}$=0.86 元。

现金需求；小于 100%，表明经营活动的现金收入不能满足投资活动的现金需求，企业需要另筹资金。

2. 固定资产再投资率。这一比率反映经营活动所创造的现金净流量中有多大比例再投资于企业的固定资产。其计算公式为：

$$\text{固定资产再投资率}=\frac{\text{购置固定资产支出总额}}{\text{经营活动产生的现金流量净额}}\times 100\%$$

该项指标大于 100%，说明企业固定资产投资支出超过了经营活动现金净流量，需要筹资活动提供一定数量的资金。

3. 折旧影响系数。折旧影响系数是指固定资产折旧额与经营活动产生的现金净流量之比，反映企业经营活动产生的现金流量中通过固定资产折旧获取现金流量的比重。通过折旧获取的现金是企业原固定资产投资资金的部分收回，在没有进行固定资产再投资的情况下，这部分回收的资金可以用于经营活动。所以，该系数的大小，要结合当期固定资产再投资率进行评价。通常情况下，折旧影响系数应大于固定资产投资率，才不会影响企业下一年度正常的经营活动。该系数越大，说明企业经营活动创造或获取现金的能力越低。其计算公式为：

$$\text{折旧影响系数}=\frac{\text{折旧额}}{\text{经营活动产生的现金流量净额}}\times 100\%$$

4. 现金再投资比率。这一比率用企业来自经营活动中现金的被保留部分同各项资产相比较，测试其再投资于各项经营资产的能力。其计算公式为：

$$\text{现金再投资比率}=\frac{\text{经营活动产生的现金流量净额}-\text{现金股利}}{\text{固定资产}+\text{其他资产}+\text{运营资金}}\times 100\%$$

该比率越高，表明企业可用于再投资在各项资产中的现金越多，企业再投资能力强；反之，则表明企业再投资能力弱。一般而言，现金再投资比率达到 8%～10%，即认为是一项理想的比率。

四、反映企业收入与利润质量的比率

对企业收入与利润质量的考察主要是看其是否有足够的现金给予保障。由于企业都采取权责发生制来确认收入与计算利润，这样账面上记载的收入与利润和企业所收到的现金往往是不对应的，所以人们常用基于收付实现制的现金流量表项目与基于权责发生制的利润表项目的比率考察企业收入与利润的质量。

1. 经营现金指数。这一指数是指企业经营活动产生的现金流量净额与营业利润的比，反映了企业每获得100元的营业利润可以有多少经营活动净现金流量给予保障。其计算公式为：

$$经营现金指数=\frac{经营活动产生的现金流量净额}{营业利润}\times 100\%$$

如果企业营业收入都伴随现金的增加，假定利润表中的营业收入就是经营活动所产生的现金流入量，如果企业的营业费用必须用现金支付，则营业费用就是经营活动所产生现金的流出量，那么营业利润其实就变成了企业经营活动所产生的现金净额。如果这个关系成立，则经营现金指数应该是1。如果企业的经营现金指数很接近1，则这个企业的盈利质量是比较高的；如果经营现金指数大大低于1，则说明企业的盈利质量低，企业有一部分的现金被其他的单位占用，而没有收回来。

根据YGX公司现金流量表提供的数据，可以计算该公司2022年的经营现金指数：

$$经营现金指数_{YGX-2022年年末}=\frac{124\ 103\ 655.51}{424\ 605\ 478.20}\times 100\%=29.23\%$$

计算结果表明，2022年，当YGX公司每取得100元营业利润时，仅有29.23元的经营活动净现金流量给予保障，营业利润的质量不高。

2. 经营活动产生的现金净流量与净利润的比。这一比率反映企业每实现100元的净利润，会有多少经营活动产生的现金流量净额给予保障。其计算公式为：

$$经营净现金流量与净利润的比=\frac{经营活动产生的现金流量净额}{净利润}\times 100\%$$

这一比率反映了净利润的质量。若该比率大于或等于1，说明企业净利润的质量高，其反映的企业获得能力可信；若该比率远小于1，则说明企业净利润质量差，其反映的企业获得能力不可信。

按照YGX公司现金流量表的数据，可以计算2022年该公司的经营净现金流量与净利润的比：

$$经营净现金流量与净利润的比_{YGX-2022年年末}=\frac{124\ 103\ 655.51}{417\ 646\ 413.07}\times 100\%=29.72\%$$

显然，该公司每取得100元的净利润，仅有29.72元的经营活动净现金流量给予保障，净利润质量不高。

3. 销售收现率。这一比率是指销售商品、提供劳务收到的现金与营业收入的比，反映企业每取得100元的营业收入能够收回多少现金。其计算公式为：

$$销售收现率=\frac{销售商品提供劳务收到的现金}{营业收入}\times 100\%$$

企业销售环节管理得好，销售收现率就会呈上升趋势；企业销售环节管理不力，销售收现率则呈下降趋势。一个企业的销售收现率是朝着好的方向发展，还是朝着差的方向发展，可以通过计算该企业的销售收现率来了解。正常经营的企业该比率应大于1。如果该比率较低，则可能存在关联交易和虚构销售收入或透支将来的销售。

根据YGX公司的会计资料，可以计算其2022年的销售收现率：

$$销售收现率_{YGX-2022年年末}=\frac{578\ 637\ 375.94}{908\ 988\ 746.19}\times 100\%=63.66\%$$

总之，在分析企业的财务状况时，不能单纯以某一项财务比率作为衡量企业经营好坏、财务优劣的指标，而要充分考虑企业生存发展的客观情况及影响企业财务状况的其他因素，再结合现金流量表的其他分析方法，如因素分析法、比较分析法、结构分析法和趋势分析法等综合考虑，从多个方面衡量企业整体的财务状况，帮助投资者、债权人和企业管理当局更好地评估企业的偿债能力和企业管理水平。

第九节　比率分析法（二）：基于对财务舞弊调查分析的视角

为了正确运用比率分析法发现不寻常的财务数据关系，可以将财务报表中一些具有内在联系的项目组合成一些能够反映是否存在财务舞弊的特殊的比率。这些特殊的财务比率要比上一节所介绍的一般性的财务比率更为直接地揭示隐含在财务数据中的舞弊征兆。

一、发现财务舞弊的特殊财务比率

在各种类型的财务舞弊中，虚增收入及利润、虚增资产和虚减负债与费用是最为常见的财务舞弊类型。人们一般可以通过计算与分析下列特殊的比率发现这些财务舞弊的迹象。

1. 销售退回与销售收入的比。在正常情况下，销售收入与销售退回（退货额）成正比关系。其计算公式为：

$$销售退回与销售收入的比=\frac{退货额}{营业收入}$$

一家公司对外销售的商品越多,发生由于质量、款式或规格等方面的问题所引起的退货的可能性就越大。在正常的情况下,一个企业发生的退货率大体上应该是稳定的。如果某个年份企业的销售退回与销售收入的比出现大幅度的下降,人们就有理由怀疑该企业存在虚增收入的舞弊,因为舞弊者在虚增收入的时候,往往会忽略将退货额也同步调增。

2. 销售折让与销售收入的比。销售折让是销货方为了鼓励购货方批量购货所给予购货方随订货量增加而增加的价款上的折让。其计算公式为：

$$销售折让与销售收入的比=\frac{销货折让额}{营业收入}$$

在正常情况下,企业的年度销售折让额与该年度的销货收入成正向变动关系。如果某个年份企业的销售折让与销售收入的比出现大幅度的下降,人们同样有理由怀疑该企业存在虚增收入的舞弊。

3. 现金折扣与销售收入的比。现金折扣是销货方为了敦促顾客尽早付清货款而提供的一种价格优惠。比如,现金折扣在销售合同中可以表示为[2/10,1/20,N/30],其含义为:如果客户在10天之内付清货款,可以取得价款2%的折扣;如果客户在20天之内付清货款,可以取得价款1%的折扣;如果放弃现金折扣,客户需在30天之内付清货款。一般情况下,客户都会在10天之内付清货款,取得现金折扣,因为如果放弃该折扣,客户可以将货款多占用20天,付出代价是年利率为36%的资金成本。

$$现金折扣与销售收入的比=\frac{现金折扣额}{营业收入}$$

在正常情况下,企业的年度销售折让额与该年度的销货收入成正比。企业的销售收入越高,客户得到的购货现金折扣就会越多。如果某期间企业销售收入有显著增加,但是现金折扣没有相应的增加,则有可能存在虚增销售收入的舞弊行为。

4. 营业成本与营业收入的比。营业成本与营业收入之间的关系是成正比关系。只要销售商品或劳务,就一定会发生营业成本的结转。其计算公式为：

$$营业成本与营业收入的比=\frac{营业成本}{营业收入}$$

在正常情况下,如果企业的营业收入增加,一定会伴随着营业成本的增加。当然,企业可以采取一定的手段提高经营与生产效率,降低成本,但是成本的降低是有限度的。如果某期间企业营业收入有大幅度的增加,而确认的营业成本却没有相应成比例的增加,就有可能存在虚增收入或虚减成本的嫌疑。

在前述 YGX 公司的会计报表中,可以发现 2021 年度和 2022 年度的营业成本与营业收入的比存在显著的差异:

$$营业成本与营业收入的比_{YGX-2021年年末}=\frac{194\ 358\ 648.75}{383\ 579\ 946.41}=0.51$$

$$营业成本与营业收入的比_{YGX-2022年年末}=\frac{324\ 769\ 930.37}{908\ 988\ 746.19}=0.36$$

显然,我们有理由怀疑该公司 2022 年度的营业收入存在虚构的嫌疑。

5. 应收账款与营业收入的比。应收账款是指企业因赊销产品或劳务而形成的应收款项。在现代营销模式下,为了刺激和扩大销售,赊账销售商品已经是全球性商业惯例,所以,企业的应收账款的数额与营业收入成正比关系。当然,应收账款的规模也与公司应收账款的管理效率有关。其计算公式为:

$$应收账款与营业收入的比=\frac{应收账款平均余额}{营业收入}$$

如果某年份企业的应收账款与营业收入的比出现显著下降,则有可能存在虚增收入的舞弊。例如,YGX 公司的应收账款与营业收入比的计算结果如下(根据会计资料,YGX 公司 2020 年年末的应收账款余额为 294 954 023.59 元):

$$应收账款与营业收入的比_{YGX-2022年年末}=\frac{\frac{265\ 189\ 464.75+544\ 194\ 917.50}{2}}{908\ 988\ 746.19}=0.45$$

$$应收账款与营业收入的比_{YGX-2021年年末}=\frac{\frac{265\ 189\ 464.75+294\ 954\ 023.59}{2}}{383\ 579\ 946.41}=0.68$$

由计算结果可以发现,YGX 公司 2022 年度的应收账款与营业收入的比由 2021 年度的 0.68 下降到 2022 年度的 0.45,下降幅度达 33.8%。由此我们可以怀疑该公司 2022 年度可能存在虚增营业收入的舞弊。

6. 存货与营业收入的比。其计算公式如下:

$$存货与营业收入的比=\frac{存货平均余额}{营业收入}$$

由于企业生产经营具有连续性，企业必须保持足够量的存货储备以满足生产和销售的需要，因而存货的量可以反映出销售的增长情况。如果营业收入增加，存货也应该随之有所增加；如果某年份企业的存货与营业收入的比出现显著下降，则可能存在虚增营业收入的舞弊。但是，如果存货增长的速度大于营业收入的增长，则既可能存在存货的过量采购，造成积压滞销、周转缓慢的情况，也有可能存在虚增存货价值、粉饰财务状况的情况。所以，如果某年份企业的存货与营业收入的比出现显著上涨，则有可能存在过量采购存货或虚增存货价值的舞弊。

YGX 公司的存货与营业收入的比的计算结果如下（根据会计资料，YGX 公司 2020 年年末的存货余额为 444 286 374.60 元）：

$$存货与营业收入的比_{YGX-2022年年末}=\frac{\frac{359\ 396\ 431.31+394\ 825\ 601.77}{2}}{908\ 988\ 746.19}=0.41$$

$$存货与营业收入的比_{YGX-2021年年末}=\frac{\frac{444\ 286\ 374.60+359\ 396\ 431.31}{2}}{383\ 579\ 946.41}=1.05$$

由计算结果发现，YGX 公司存货与营业收入的比由 2021 年年末的 1.05 下降到 2022 年年末的 0.41，下降幅度达 60.9%。鉴于此，我们同样可以怀疑该公司 2022 年度可能存在虚增营业收入的舞弊。

7. 营业费用与营业收入的比。营业费用是指企业在销售产品和提供劳务等日常经营过程中发生的各项费用以及专设销售机构的各项经费，包括运输费、装卸费、包装费、保险费、广告费和展览费等。企业正常的营业费用与营业收入应该成正比关系。其计算公式为：

$$营业费用与营业收入的比=\frac{营业费用}{营业收入}$$

由于虚假的营业收入往往不需要“营销”，不需要装卸与运输和广告促销，所以，如果发现企业营业费用与营业收入的比在某个年份有显著下降，就可能存在收入舞弊。

我们可以计算 YGX 公司 2022 年度和 2021 年度的营业费用与营业收入的比：

$$营业费用与营业收入的比_{YGX-2022}=\frac{6\ 223\ 139.34}{908\ 988\ 746.19}=0.006\ 8$$

$$营业费用与营业收入的比_{YGX-2021}=\frac{5\ 868\ 192.03}{383\ 579\ 946.41}=0.015\ 3$$

由计算结果可见，YGX 公司 2022 年度的营业费用与营业收入的比由 2021 年度的 0.015 3 下降到 0.006 8，下降幅度达 55.55%。由此推知，YGX 公司 2022 年度可能存在虚增营业收入的舞弊。

8. 税金及附加与营业收入的比。税金及附加反映企业经营的主要业务应负担的消费税、资源税、城市维护建设税和教育费附加等。其计算公式为：

$$税金及附加与营业收入的比=\frac{税金及附加}{营业收入}$$

税金及附加一般是根据企业当月销售额或税额，按照规定的税率计算，于下月初缴纳。城市维护建设税和教育费附加属于附加税，是按企业当期实际缴纳的增值税、消费税税额的一定比例计算。显然，企业计算缴纳的税金及附加与营业收入成正向变动关系。如果企业在某个年份中这一比率显著下降，则说明可能存在虚增营业收入的舞弊。

根据 YGX 公司的会计资料，可以计算该公司 2022 年度和 2021 年度的税金及附加与营业收入的比：

$$税金及附加与营业收入的比_{YGX-2022}=\frac{5\ 081\ 091.94}{908\ 988\ 746.19}=0.005\ 6$$

$$税金及附加与营业收入的比_{YGX-2021}=\frac{8\ 919\ 353.32}{383\ 579\ 946.41}=0.023\ 3$$

可见，YGX 公司 2022 年度的税金及附加与营业收入的比由 2021 年度的 0.023 3 下降到 0.005 6，下降幅度达 75.97%。由此我们推测 YGX 公司 2022 年度可能存在虚增营业收入的舞弊。

9. 所得税费用与利润总额的比（账面税率）。我们可以通过计算所得税费用与利润总额的比，即账面税率来揭示企业是否存在虚增利润的问题。其计算公式为：

$$所得税费用与利润总额的比=\frac{所得税费用}{利润总额}$$

在应付税款法下，企业所得税费用是根据税法规定依应纳税所得额与法定所得税率计算而得的，由于税法与企业会计制度在收入与成本的计算口径和确认时间上存在差异，根据利润表中的“利润总额”与“所得税”计算的账面税率通常会与法定税率存在一定的差异，但是如果账面税率明显低于法定税率，则说明可能存在虚增利润的问题。

根据 YGX 公司的利润表，可以计算该公司 2022 年度和 2021 年度的所得税费用与利润总额的比：

$$所得税费用与利润总额的比_{YGX-2022}=\frac{7\ 389\ 721.67}{425\ 036\ 134.7}\times 100\%=1.74\%$$

$$所得税费用与利润总额的比_{YGX-2021}=\frac{2\ 077\ 612.65}{129\ 864\ 213.5}\times 100\%=1.60\%$$

可见，YGX 公司 2022 年度和 2021 年度的账面税率分别为 1.74%和 1.60%，远低于我国税法规定的法定税率（我国的法定所得税税率为 25%）。由此，我们有理由推测 YGX 公司可能存在虚增利润的舞弊。

10. 运转资本指数。其计算公式为：

$$运转资本指数=\frac{流动资产_t-流动负债_t}{流动资产_{t-1}-流动负债_{t-1}}$$

式中下标“t”和“$t-1$”分别表示相邻的第 t 年和第 $t-1$ 年，如 2022 年与 2021 年。下同。

这一指数说明相邻 2 年间公司运转资本的变化情况。大部分的资产侵吞与挪用都会使该指数下降，低估负债，虚增收入（对应于虚增应收账款）或虚增资产都会引起该指数降低。

在 YGX 公司的会计资料中，2020—2022 年年末该公司的流动资产与流动负债的数据如表 2-31 所示。

表 2-31　YGX 公司 2020—2022 年年末流动资产与流动负债数据表

项目＼年份	2022-12-31	2021-12-31	2020-12-31
流动资产	2 045 764 685.13	1 302 492 486.18	999 629 030.31
流动负债	1 461 105 766.24	574 821 208.00	731 904 161.73

$$运转资本指数_{YGX-2022}=\frac{2\ 045\ 764\ 685.13-1\ 461\ 105\ 766.24}{1\ 302\ 492\ 486.18-574\ 821\ 208.00}=0.80$$

$$运转资本指数_{YGX-2021}=\frac{1\ 302\ 492\ 486.18-574\ 821\ 208.00}{999\ 629\ 030.31-731\ 904\ 161.73}=2.72$$

可见，YGX 公司 2022 年年末的运转资本指数较 2021 年年末出现了显著下降，下降幅度为 70.58%。说明该公司可能存在虚增收入与低估负债的舞弊问题。

11. 固定资产净额指数。其计算公式为:

$$固定资产净额指数=\frac{\frac{固定资产净额_{t}}{资产总额_{t}}}{\frac{固定资产净额_{t-1}}{资产总额_{t-1}}}$$

这一指数可以计量公司固定资产在资产总额中所占比重在相邻 2 年间的变化情况,这一指数可以敏感地反映人为操控资产账户的情况。虚报固定资产净额会引起该指数增加。

在 YGX 公司的会计资料中,2020—2022 年年末该公司的固定资产净额与资产总额的数据如表 2-32 所示。

表 2-32　YGX 公司 2020—2022 年年末固定资产净额与资产总额数据表

项目＼年份	2022-12-31	2021-12-31	2020-12-31
固定资产净额	500 174 543.31	469 555 463.21	193 475 212.28
总资产	3 151 295 340.92	2 191 828 506.71	1 521 986 251.97

$$固定资产净额指数_{YGX-2022年年末}=\frac{\frac{500\ 174\ 543.31}{3\ 151\ 295\ 340.92}}{\frac{469\ 555\ 463.21}{2\ 191\ 828\ 506.71}}=0.74$$

$$固定资产净额指数_{YGX-2021年年末}=\frac{\frac{469\ 555\ 463.21}{2\ 191\ 828\ 506.71}}{\frac{193\ 475\ 212.28}{1\ 521\ 986\ 251.97}}=1.69$$

可见,YGX 公司的固定资产净额指数 2022 年较 2021 年出现了下降,下降幅度达到 56.21%。

12. 折旧费对固定资产净额的比。这一比率反映了在既定会计期间的折旧率。虚增固定资产,相当于低估累计折旧,会造成该比率降低。其计算公式为:

$$折旧费对固定资产净额的比=\frac{本期折旧费}{\frac{期初固定资产净额+期末固定资产净额}{2}}$$

YGX 公司 2020—2022 年年末的固定资产净额与当年的折旧费的数据如表 2-33 所示。

表 2-33　YGX 公司 2020—2022 年年末固定资产净额与折旧费数据表

项目＼年份	2022-12-31	2021-12-31	2020-12-31
固定资产净额	500 174 543. 31	469 555 463. 21	193 475 212. 28
本期折旧费	18 947 263. 51	40 791 402. 12	—

$$\text{折旧费对固定资产净额的比}_{\text{YGX-2022年年末}}=\frac{18\ 947\ 263.51}{\frac{469\ 555\ 463.21+500\ 174\ 543.31}{2}}=0.04$$

$$\text{折旧费对固定资产净额的比}_{\text{YGX-2021年年末}}=\frac{40\ 791\ 402.12}{\frac{469\ 555\ 463.21+193\ 475\ 212.28}{2}}=0.12$$

显然，YGX 公司的折旧费对固定资产净额的比 2022 年较 2021 年出现了下降，下降的幅度达到了 66. 66%。公司存在低估折旧费或高估固定资产的嫌疑。

13. 无形资产摊销费对无形资产的比。其计算公式为：

$$\text{无形资产摊销费对无形资产的比}=\frac{\text{无形资产摊销费}}{\frac{\text{期初无形资产}+\text{期末无形资产}}{2}}$$

这一比率反映公司无形资产摊销率。虚增无形资产，相当于低估了无形资产的摊销，会造成该比率降低。

14. 经营活动提供的现金流量净额与流动负债的比。其计算公式为：

$$\text{经营活动提供的现金流量净额与流动负债的比}=\frac{\text{经营活动提供的现金流量净额}}{\text{流动负债}}$$

这一比率反映公司的经营活动提供的现金流量净额满足流动负债偿付的能力。如果该比率显著降低，意味着公司持续经营能力出现问题；如果该比率显著升高，则存在虚减流动负债的嫌疑。

15. 经营活动提供的现金流量净额与负债总额的比。其计算公式为：

$$\text{经营活动提供的现金流量净额与负债总额的比}=\frac{\text{经营活动提供的现金流量净额}}{\text{负债总额}}$$

这一比率反映公司运用经营活动形成的现金偿付全部负债的能力。该比例下降是公司持续经营能力出现问题的信号;如果该比率显著上升,则存在虚减负债的嫌疑。

16. 存货跌价准备金与存货的比。其计算公式为:

$$\text{存货跌价准备金与存货的比}=\frac{\text{存货跌价准备}}{\text{期末存货}}$$

这一比率反映公司期末存货跌价准备与期末存货的比,计量存货跌价准备相对于期末存货的充裕程度。该比率如果显著下降,说明在期末存货增加的情况下,计提的存货跌价准备反而有所下降,则有可能存在故意减少存货跌价准备的计提而虚增收益的舞弊。

17. 坏账准备与应收账款的比。其计算公式为:

$$\text{坏账准备与应收账款的比}=\frac{\text{坏账准备}}{\text{期末应收账款}}$$

这一比率反映公司期末坏账准备与期末应收账款的比,测度坏账准备相对于期末应收账款的充裕程度。该比率如果显著下降,说明在期末应收账款增加的情况下,计提的坏账准备反而有所下降,则有可能存在故意减少坏账准备的计提而虚增收益的舞弊。

二、贝奈施盈余操纵的检验模型

美国印第安纳大学的梅索德·贝奈施(Messod D. Beneish)教授于1999年设计了一套分析公司是否存在盈余操纵的预警指标体系。该指标体系由五个设计独特的指数构成。梅索德·贝奈施教授选取74家公司,这些公司均为已被美国证券交易委员会证实进行过盈余操纵的样本公司和同样数量的未进行盈余操纵的样本公司,分别就该五个指数进行对比测试①。对财务舞弊调查者而言,可以运用这套指标体系分析公司财务报表是否隐含财务舞弊。我们介绍这一指标体系,并继续沿用前述YGX公司的会计报表数据说明这一指标体系的运用。

1. 应收账款指数。应收账款指数是指相邻2年间应收账款与营业收入之比的比

① MESSOD D BENEISH. The detection of earnings manipulation[J]. Financial Analyst Journal. 1999(55):24-36.

值，其计算公式为：

$$应收账款指数=\frac{\frac{应收账款期末余额_t}{营业收入_t}}{\frac{应收账款期末余额_{t-1}}{营业收入_{t-1}}}$$

该指数揭示了营业收入和应收账款在相邻2年间的平衡关系。如果该指数有明显上升，则表明可能存在盈余操纵。

这里用于比较的 $t-1$ 年应该是一个不存在盈余操纵的正常年份，因为在两个实施盈余操纵的年份进行比较会产生无效的结果。

在梅索德·贝奈施的研究中，未进行盈余操纵的公司该指数平均值是1.031，而进行盈余操纵的公司该指数平均值是1.465，上升幅度达42%。但是如果样本公司以前年度就已经涉及盈余操纵，应收账款指数就会比正常值低。

2. 毛利率指数。毛利率指数是指相邻2年间毛利率的比值，其计算公式为：

$$毛利率指数=\frac{毛利率_t}{毛利率_{t-1}}=\frac{\frac{营业收入_t-营业成本_t}{营业收入_t}}{\frac{营业收入_{t-1}-营业成本_{t-1}}{营业收入_{t-1}}}$$

该指数反映公司毛利率在相邻2年间的平衡关系。在梅索德·贝奈施的研究中，未进行盈余操纵的公司该指数平均值是1.014，而进行盈余操纵的公司该指数平均值是1.193，上升幅度达18%。应用该指数时可能出现两种相反的情况：若该指数值偏高，表明样本公司毛利率较上年有大幅度提高，提醒舞弊调查者注意公司有操纵盈余的情况发生；若该指数较正常值明显偏低，则可能意味着样本公司在上一年度已经通过舞弊虚增了毛利率。

我们利用YGX公司的会计报表数据计算公司2022年的毛利率指数：

$$毛利率指数_{YGX-2022年年末}=\frac{\frac{908\ 988\ 746.19-324\ 769\ 930.37}{908\ 988\ 746.19}}{\frac{383\ 579\ 946.41-194\ 358\ 648.75}{383\ 579\ 946.41}}=1.303$$

很明显，YGX公司2022年的毛利率指数1.303要高于正常值1.014，也高于盈余操纵公司的指数平均值1.193，高出正常值的28.5%。

3. 资产质量指数。其计算公式为：

$$资产质量指数=\frac{1-\dfrac{流动资产_t+固定资产净额_t}{资产总额_t}}{1-\dfrac{流动资产_{t-1}+固定资产净额_{t-1}}{资产总额_{t-1}}}$$

$$=\frac{\dfrac{资产总额_t-(流动资产_t+固定资产净额_t)}{资产总额_t}}{\dfrac{资产总额_{t-1}-(流动资产_{t-1}+固定资产净额_{t-1})}{资产总额_{t-1}}}$$

通过对上述公式的构成的解读,我们可以发现该指数反映了公司资产质量在相邻2年间的变化,用该指数可以测定公司总资产中未来收益不确定的那部分资产的比重的变化。

在梅索德·贝奈施的研究中,未进行盈余操纵的公司该指数平均值是1.039,而进行盈余操纵的公司该指数平均值是1.254,上升幅度达21%。该指数的显著上升暗示公司有可能存在盈余操纵行为。

我们利用YGX公司的会计报表数据计算公司2022年的资产质量指数：

$$资产质量指数_{YGX-2022年年末}=\frac{1-\dfrac{2\,045\,764\,685.13+500\,174\,543.31}{3\,151\,295\,340.92}}{1-\dfrac{1\,302\,492\,486.18+469\,555\,463.21}{2\,191\,828\,506.71}}=1.003$$

YGX公司的资产质量指数接近于1,说明得出了一个中性的结果。这意味着2022年和2021年该公司的资产质量没有太明显的变化。这种情况的出现也可能说明该公司在2021年就开始实施了盈余操纵,使得公司的资产质量在2021年与2022年都出现了同等的不良状况,致使资产质量指数接近于1。

4. 营业收入增长指数。其计算公式为：

$$营业收入增长指数=\frac{营业收入_t}{营业收入_{t-1}}$$

该指数反映了相邻2年间公司营业收入增长的程度及合理性。在梅索德·贝奈施的研究中,未进行盈余操纵的公司该指数平均值是1.134,而进行盈余操纵的公司该指数平均值是1.607,上升幅度达42%。该指数的显著上升意味着公司存在高于正常的营业收入增长速度。

我们利用 YGX 公司的会计报表数据计算公司 2022 年的营业收入增长指数：

$$\text{营业收入增长指数}_{\text{YGX-2022年年末}}=\frac{908\ 988\ 746.19}{383\ 579\ 946.41}=2.370$$

由计算结果可见，YGX 公司 2022 年的营业收入增长指数远大于盈余操纵公司的指数平均值。鉴于此，有必要对该公司的营业收入相关领域进行调查。

5. 应计项目指数。其计算公式为：

$$\text{应计项目指数①}=\frac{(\Delta\text{流动资产}-\Delta\text{货币资金})-(\Delta\text{流动负债}-\Delta 1\text{年内到期的长期负债}-\Delta\text{应付税款})-\text{折旧与摊销额}}{\text{总资产}_t}$$

该指数反映了企业应计项目的增量在总资产中所占的比重，测度了与企业应计会计政策相关的风险。在梅索德·贝奈施的研究中，未进行盈余操纵的公司该指数平均值是 0.018，而进行盈余操纵的公司该指数平均值是 0.031，上升幅度达 72%。

三、Warren Richman 财务舞弊指示器[②]

1. 奥尔特曼 Z-score 模型（Altman Z score）。其计算公式为：

$$\left[\left(\frac{\text{运转资本}}{\text{资产总额}}\times 6.6\right)+\left(\frac{\text{留存收益}}{\text{资产总额}}\times 3.3\right)+\left(\frac{\text{息税前收益}}{\text{资产总额}}\times 6.7\right)+\left(\frac{\text{股东权益总额}}{\text{资产总额}}\times 1.0\right)\right]$$

这一指标可以计量公司持续经营的能力。有研究表明，这一指标可以提前 2 年预测 72%的企业破产。

2. 流动比率。其计算公式为：

$$\text{流动比率}=\frac{\text{流动资产}}{\text{流动负债}}$$

这一比率可以计量公司的流动资产能够偿付流动负债的倍数。大部分的舞弊，特别是资产侵吞会引起这一比率下降。低报负债，高报收入（对应于应收账款的增加）或高报资产都会引起这一比率的提高。

3. 速动比率或酸性测试比率。其计算公式为：

---

① 公式中"Δ"为增量符号，表示该项目的本年度数值与上一年度数值的差。

② Audit Intelligence Fraud Indicator Types（www.bi3.net）。

$$\text{速动比率}=\frac{\text{现金}+\text{有价证券}+\text{应收账款}}{\text{流动负债}}$$

这一比率可以计量公司运用速动资产偿付流动负债的倍数，反映公司的短期偿债能力。大部分的舞弊，特别是资产侵吞会引起这一比率下降。低报负债、高报收入（对应于应收账款的增加）或高报资产都会引起这一比率的提高。

4. 应收账款周转率。其计算公式为：

$$\text{应收账款周转率}=\frac{\text{销售净额}}{\frac{\text{期初应收账款}+\text{期末应收账款}}{2}}$$

这一比率可以计量公司应收账款在会计期间周转的次数。如果存在虚假的收入，会导致该比率不正常的提高。

5. 应收账款周转天数。其计算公式为：

$$\text{应收账款周转天数}=\frac{360}{\text{应收账款周转率}}$$

这一比率反映应收账款平均周转一次所需要的天数。如果存在虚假的收入，这一比率会随着应收账款的增加而提高。

6. 应收账款周转指数。其计算公式为：

$$\text{销售收入与应收账款比较指数}=\frac{\frac{\text{应收账款}_t}{\text{销售净额}_t}}{\frac{\text{应收账款}_{t-1}}{\text{销售净额}_{t-1}}}$$

这一指数反映销售收入与应收账款在2年间的相对平衡关系。如果存在虚假的收入，会导致这一指数的提高。

7. 存货周转率。其计算公式为：

$$\text{存货周转率}=\frac{\text{销货成本}}{\frac{\text{期初存货}+\text{期末存货}}{2}}$$

这一比率计量存货在会计期间周转的次数。如果存在存货的侵吞，会造成期末存货的下降，进而导致该比率的降低。

8. 存货周转天数。其计算公式为：

$$存货周转天数=\frac{360}{存货周转率}$$

这一比率计量存货周转一次所需要的天数。大部分的存货舞弊由于会造成期末存货的降低或销货成本的提高(人为调整借方金额以掩盖舞弊活动)而使该比率有所降低。

9. 负债对股东权益的比率。其计算公式为：

$$负债对股东权益的比率=\frac{负债总额}{股东权益总额}$$

这一比率反映资本结构中负债总额与股东权益的关系。该指标值越大,说明借入资金的比重越大,资金实力相对较弱;反之,说明借入资金的比重小,而股东投入的资金较多。该比率过大,说明存在过度借款,这些过度借入的款项有可能用于正常的经营活动,也有可能被侵吞挪用。

10. 边际利润或效率比率。其计算公式为：

$$销售净利率=\frac{净利润}{销售净额}$$

这一比率表示每取得1元的销售收入所能够获得的净利润。如果存在虚假的收入,就会引起该比率的提高,这样的提高一般并不伴随着费用的相应增加。如果存在虚假的费用支出,就会引起该比率的下降;如果该比率有不正常的下降,也有可能存在存货的偷窃与侵吞,因为偷盗者往往都会通过加大销货成本的手法掩盖其行径；低估负债也可以使该比率提高,因为低估负债会导致相应的费用不被确认。

11. 毛利率。其计算公式为：

$$毛利率=\frac{销售收入-销货成本}{销货成本}$$

这一比率表示每投入1元的成本所能够取得的毛利润。虚构的收入会引起该比率提高,因为舞弊者会忽视销货成本也相应得到提高;通过虚增销货成本掩盖存货的偷窃与隐藏会导致该比率下降;低估负债会使该比率提高,因为销货成本没有被相应地记录;虚增存货(资产)可导致该比率提高,因为虚增的期末存货会使计入成本的销货成本降低。

12. 边际毛利指数。其计算公式为：

$$边际毛利指数=\frac{\dfrac{销售净额_t-销货成本_t}{销货成本_t}}{\dfrac{销售净额_{t-1}-销货成本_{t-1}}{销货成本_{t-1}}}$$

这一指数在相邻两个会计期间内计量销售收入与销货成本之间的相对平衡关系。在虚增收入的情况下,会由于销货成本未能随虚构的销售作相应的调增而导致该指数会有显著提高;如果存在存货的偷窃与侵吞,会造成结转的销货成本加大,而导致该指数下降;如果虚减负债,会使结转的销货成本减少,而导致该指数提高。

13. 资产质量指数。其计算公式为:

$$资产质量指数=\frac{\dfrac{流动资产_t+固定资产净额_t}{资产总额_t}}{\dfrac{流动资产_{t-1}+固定资产净额_{t-1}}{资产总额_{t-1}}}$$

这一指数计量流动资产与固定资产相对其他资产对人为操控的敏感度。在虚报资产的情况下,该指数会有显著提高,这是由于流动资产和固定资产相对于其他资产对人为操控更为敏感。

14. 销售增长指数。其计算公式为:

$$销售增长指数=\frac{销售净额_t}{销售净额_{t-1}}$$

这一指数反映相邻2年间公司销售额之间的平衡关系。该指数大于1,表示销售额有所增长,如果存在虚报销售收入,会导致该指数提高。

15. 应付账款周转率。其计算公式为:

$$应付账款周转率=\frac{销货成本+期末存货-期初存货}{平均应付账款}$$

这一比率反映企业利用商业信用无偿使用供货企业资金的能力。通常来说,在债权人允许的范围内,管理者应该充分运用本单位对这样一笔资金的占用。从舞弊检查的角度看,该比率提高说明有人虚减销货成本或侵吞企业存货。

16. 应付账款周转天数。其计算公式为:

$$应付账款周转天数=\frac{360}{应付账款周转率}$$

这一比率计量企业偿付给卖方货款的能力。该周转天数越短,说明公司偿付购货款的能力越强,但同时也说明公司没有很好地利用商业信用。该周转天数如果显著增加,说明公司经营的条件恶化,管理层实施管理舞弊的压力就会加大。

17. 运转资本指数。其计算公式为：

$$运转资本指数=\frac{流动资产_t - 流动负债_t}{流动资产_{t-1} - 流动负债_{t-1}}$$

这一指数说明相邻2年间公司运转资本的变化情况。大部分的资产侵吞与挪用都会致该指数下降，低估负债，虚增收入（对应于虚增应收账款）或虚增资产都会引起该指数的下降。

18. 固定资产净额指数。其计算公式为：

$$固定资产净额指数=\frac{\dfrac{固定资产净额_t}{资产总额_t}}{\dfrac{固定资产净额_{t-1}}{资产总额_{t-1}}}$$

这一指数可以计量相邻2年间公司固定资产在资产总额中所占比重的变化情况。这一指数可以敏感地反映人为操控账户的情况，虚报资产会引起该指数提高。

19. 应计项目与负债总额的比。其计算公式为：

$$应计项目与负债总额的比=\frac{短期应计项目 + 长期应计项目}{负债总额}$$

这一比率反映公司长期和短期应计项目与负债总额的比。虚报负债会引起该比率提高，因为应计项目要比其他项目更具判断性。

20. 折旧费对固定资产净额的比率。其计算公式为：

$$折旧费对固定资产净额的比率=\frac{本期折旧费}{\dfrac{期初固定资产净额 + 期末固定资产净额}{2}}$$

这一比率反映公司在既定会计期间的折旧率。虚增固定资产，相当于低估累计折旧，会造成该比率下降。

21. 无形资产摊销费对无形资产比率。其计算公式为：

$$无形资产摊销费对无形资产比率=\frac{无形资产摊销费}{\dfrac{期初无形资产 + 期末无形资产}{2}}$$

这一比率反映公司无形资产摊销率。虚增无形资产，相当于低估了无形资产的摊销，会造成该比率下降。

22. 经营活动提供的现金流量净额与流动负债的比率。其计算公式为:

$$经营活动提供的现金流量净额与流动负债的比率=\frac{经营活动提供的现金流量净额}{流动负债}$$

这一比率反映公司经营活动提供的现金流量净额满足流动负债偿付的能力。如果该比率显著下降,意味着公司持续经营能力出现了问题。

23. 利息保障倍数。其计算公式为:

$$利息保障倍数=\frac{经营活动提供的现金流量净额+已支付利息+已支付税金}{已支付利息}$$

这一指标反映公司运用经营活动形成的现金偿付借款利息的能力。如果该指标显著下降,则说明公司持续经营能力方面存在问题。

24. 经营活动提供的现金流量净额与负债总额的比率。其计算公式为:

$$经营活动提供的现金流量净额与负债总额的比率=\frac{经营活动提供的现金流量净额}{负债总额}$$

这一比率反映公司运用经营活动形成的现金偿付全部负债的能力。该比率下降是公司持续经营能力出现问题的信号。

25. 经营活动提供的现金流量净额与资本性支出支付的现金的比率。其计算公式为:

$$经营活动提供的现金流量净额与资本性支出支付的现金的比率=\frac{经营活动提供的现金流量净额}{资本性现金支出}$$

这一比率反映公司经营活动提供的现金流量净额满足资本支出的程度。如果该比率小于1,则说明公司的持续经营能力存在问题。

26. 销售折让和折扣与销售收入的比率。其计算公式为:

$$销售折让和折扣与销售收入的比率=\frac{销售折让和折扣}{销售收入}$$

这一比率计量公司销售折让和折扣与销售收入的相对水平。该比率过高,说明公司滥用销售折扣或公司销售渠道堵塞,特别是在会计期末。

27. 经营活动提供的现金流量净额与净利润之差。其计算公式为:

$$经营活动提供的现金流量净额与净利润之差=经营活动提供的现金流量净额-净利润$$

这一指标计量公司经营活动提供的现金流量净额与净利润之差。无论是虚增收入或是虚减费用，都会造成该指标的变化，因为经营活动提供的现金流量净额一般不会随人为操控的净利润的变动而变动。

28. 存货跌价准备金与存货的比率。其计算公式为：

$$存货跌价准备金与存货的比率=\frac{存货跌价准备}{期末存货}$$

这一比率反映公司期末存货跌价准备与期末存货的比，计量存货跌价准备相对于期末存货的充裕程度。该比率如果显著下降，说明在期末存货增加的情况下，计提的存货跌价准备反而有所下降，有可能存在故意减少存货跌价准备的计提而虚增收益的舞弊。

29. 坏账准备与应收账款的比率。其计算公式为：

$$坏账准备与应收账款的比率=\frac{坏账准备}{期末应收账款}$$

这一比率反映公司期末坏账准备与期末应收账款的比，计量坏账准备相对于期末应收账款的充裕程度。该比率如果显著下降，说明在期末应收账款增加的情况下，计提的坏账准备反而有所下降，有可能存在故意减少坏账准备的计提而虚增收益的舞弊。

30. 应收账款对销售的指数。其计算公式为：

$$应收账款对销售的指数=\frac{\dfrac{应收账款_t-应收账款_{t-1}}{应收账款_{t-1}}}{\dfrac{主营业务收入_t-主营业务收入_{t-1}}{主营业务收入_{t-1}}}$$

这一指数计量公司应收账款增加率与主营业务收入增加率的比。如果该指数大于1，说明应收账款的增长速度大于主营业务收入的增长速度。通过虚挂应收账款确认虚假的销售收入会引起该指数的提高。

31. 其他资产对总资产的比率。其计算公式为：

$$其他资产对总资产的比率=\frac{其他资产}{总资产}$$

这一比率计量公司软性资产与总资产的比。如果存在虚增资产，舞弊者往往会在其他资产上做手脚。如果该比率显著提高，则很有可能存在虚增资产的舞弊。

32. 其他负债对负债总额的比率。其计算公式为：

$$其他负债对负债总额的比率=\frac{其他负债}{负债总额}$$

这一比率反映公司其他负债在负债总额中所占的比重。舞弊者在虚增负债时常常会在其他负债上想办法,所以,这一比率可以比较敏感地反映虚增负债的舞弊。如果该比率明显提高,就有可能存在虚增负债的舞弊。

33. 对流动资产的纵向分析。其计算公式为：

$$流动资产项目结构百分比=\frac{流动资产_i}{\sum 流动资产_i}\times 100\%$$

对流动资产的纵向分析可以反映公司流动资产各个项目在流动资产总额中的结构比例的增减变化情况。提供对多期流动资产结构百分比的分析,可以清楚地观察到那些出现异常变动的项目以及可能的舞弊。

34. 对流动负债的纵向分析。其计算公式为：

$$流动负债项目结构百分比=\frac{流动负债_i}{\sum 流动负债_i}\times 100\%$$

对流动负债的纵向分析可以反映公司流动负债各个项目在流动负债总额中的结构比例的增减变化情况。提供对多期流动负债结构百分比的分析,可以清楚地观察到那些出现异常变动的项目以及可能的舞弊。

35. 固定资产周转率。其计算公式为：

$$固定资产周转率=\frac{销售收入}{固定资产}$$

这一比率反映公司年度销售收入与固定资产占用额的比,说明固定资产的使用效率。一般情况下,企业固定资产的使用效率不会有较大幅度的变化,如果该比率不正常提高,则说明可能存在虚构收入的问题。

本章思考题

1. 如何理解“营业成本”“存货”“应收账款”与“营业收入”的关系？如果“营业收入”增加,“营业成本”“存货”“应收账款”一定同比例增加吗？

2. 为什么在虚增营业收入的情况下，“税金及附加/营业收入”会出现下降的情况？

3. 就利润表分析而言，怎样的净利润才是质量好的净利润？

4. 如何理解“营业收入增长指数”？分析为什么未进行盈余操纵的公司该指数平均值是 1.134，而进行盈余操纵的公司该指数平均值是 1.607？

5. 如何理解“毛利率指数”？分析为什么未进行盈余操纵的公司该指数平均值是 1.014，而进行盈余操纵的公司该指数平均值是 1.193？

6. 如何理解“资产质量指数”？分析为什么未进行盈余操纵的公司该指数平均值是 1.039，而进行盈余操纵的公司该指数平均值是 1.254？

第三章

舞弊概述

本章要点

舞弊，原指一切欺骗、虚假，使人上当受骗的不法行为，在经济社会中，是指管理层、治理层、员工或第三方使用欺骗手段获取不当或非法利益的故意行为，如贪污、以权谋私等。舞弊行为的危害已人所共知。

本章将对舞弊的定义、舞弊的类型以及舞弊的成因理论进行综述，使读者对舞弊问题有一个总括性的了解。在此基础上，系统地介绍国际上有关舞弊的调查数据，帮助读者更为深入地认识舞弊的基本内容。

第一节 舞弊及其特征

舞弊(Fraud)一词来自拉丁语,是从拉丁文 Fraudulenta 演变而来的,原指一切欺骗、虚假,使人上当受骗的不法行为。近些年来,人们从不同的角度对舞弊作出了多种定义。这里我们将其中的主要观点予以综述。

一、权威词典的定义

韦伯斯特词典(Webster's Dictionary)对舞弊是这样定义的:"舞弊是指有意设置骗局、陷阱和舞弊,以使某个人或某些人丧失财产或某些合法权利。"①

朗文词典(Longman Dictionary)对舞弊的解释包括两层含义:一是以非法的方法从他人处获得钱财,这些方法通常是智慧的和复杂的;二是以欺骗的手法获得他人的财物、信任或友谊。

二、权威专家的定义

(一)美国著名法务会计学者斯蒂文·艾尔伯特(W. Steven Albrecht)的定义

"舞弊是指由个人所为的,采取人类智慧所能及的各种各样的欺骗手段获取他人利益的行为。"斯蒂文认为,舞弊作为一种骗局,一般包括以下七个要素:

- 存在一个描述
- 围绕一个物质点
- 虚假的(该表述是虚假的)
- 故意的或不顾后果的
- 被他人所相信与信任
- 存在针对受害人的行为
- 给受害人带来损害

舞弊与非故意的过错不同。比如,公司的会计人员不慎将财务报表上的数字搞错

① http://www.m-w.com/cgi-bin/dictionary? book=Dictionary&va=fraud&x=12&y=16。

了,这样的过失可能会误导报表的使用者遭受损失,但这不是舞弊,因为它不是故意的,不是以获取他人财产为目的的行为。但是,如果会计人员故意编报虚假财务报表欺骗投资者,那就是舞弊。

(二)约瑟夫·威尔斯(Joseph T. Wells)的定义

美国著名法务会计学者约瑟夫·威尔斯认为:"舞弊是指舞弊者为了自己的利益,故意设置骗局使受害人的财产或合法权益受到损害或分离,这种骗局常常会涉及有虚假的或误导性的语言或行为,或存在故意遗漏或隐瞒事实真相。舞弊的显著特征在于行为出自故意。"①

(三)乔治·曼宁(George A. Manning)的定义②

舞弊是指有意采用偷盗、侵吞、虚假报告收受回扣与非法佣金、阴谋,以及通过串通安排获得合同等手段,从政府项目或商业合作者处非法获取资金或其他优势与利益的行为。

(四)斯宾塞·皮克特(K. H Spencer Pickett)的定义③

舞弊是指为了获得不当或非法的利益而故意行骗的活动。对于舞弊调查人员或舞弊审计师而言,要清楚地界定一宗舞弊案,他们必须明确以下要素:

- 受害人
- 受害人的损失
- 行骗行动的细节
- 行骗者(或嫌疑人)
- 行骗人实际诈骗的证据
- 行骗人通过舞弊活动获得好处的证据

(五)我国法学学者张俊浩的定义④

舞弊是把不真实的情况当作真实情况来表示,旨在使他人发生错误,并进而作出迎合性意思表示的行为。舞弊包括两项要件:

---

① JOSEPH T WELLS. Occupational fraud and abuse[M]. Obsidian Publishing Co. ,1997.

② GEORGE A MANNING. Financial investigation and forensic accounting,CRC 2000. P386.

③ K H SPENCER PICKETT. Fraud Smart[J]. John Wiley & Sons, 2012.

④ 张俊浩. 民法学原理[M]. 北京:中国政法大学出版社,2000.

1. 存在于舞弊人方面的要件：

(1)须有舞弊行为。

(2)须有舞弊的故意，使相对人陷于错误的故意，或使陷于错误的人基于错误作出意思表示的故意。

2. 存在于受欺诈人方面的要件：

(1)该舞弊使相对人因此而陷入错误。

(2)舞弊受害人基于错误作出意思表示。

三、权威机构的定义

我国最高人民法院的定义为："一方当事人故意告知对方虚假情况，或故意隐瞒真实情况，诱使对方当事人作出错误意思表示，可以认定为欺诈行为。"①

该定义包括了以下四个要件：

(1)须有欺诈行为。

(2)须有欺诈的故意。

(3)该欺诈使相对人因此而陷入错误。

(4)欺诈受害人基于错误作出意思表示。

通过以上对舞弊作出的不同定义，我们可以看出：舞弊作为一种非法行为，与其他非法行为相比有以下特征：

- 舞弊是一种故意的行动
- 舞弊是靠人的智慧能力来策划实施的
- 舞弊通常采取欺骗、隐瞒、引诱等隐蔽的手法骗取信任
- 舞弊的后果是对受害人造成经济上的损失与精神上的伤害
- 舞弊的目的是非法占有他人财产或劳务

舞弊的核心行为特征——通过不诚实的手段剥夺他人的经济利益。

综上所述，笔者给出舞弊定义：

舞弊是以非法占有他人财物为目的，采用欺骗、隐瞒、引诱等隐蔽的手法，倾尽其智慧能力进行策划与实施，能够对受害人造成经济上的损失与精神上的伤害的一种故意的行为。

① 最高人民法院《关于贯彻执行〈中华人民共和国民法通则〉若干问题的意见(试行)》第六十八条。

第二节　舞弊的类型

按照不同的分类标准，人们对舞弊有许多不同的分类。这里列举一些有代表性的分类。

一、学者对舞弊的分类

（一）杰克·布鲁根（G. Jack Bologna）对舞弊的分类

杰克·布鲁根认为，舞弊可以就针对的对象、触犯的法律等划分为以下四类：

- 刑事舞弊、民事舞弊与合同舞弊
- 为了公司的舞弊与针对公司的舞弊
- 内部舞弊与外部舞弊
- 管理舞弊与非管理舞弊

能够导致刑事犯罪的舞弊为刑事舞弊；能够带来民事过错的舞弊为民事舞弊；由于签约一方的舞弊行为而导致合同破裂的舞弊为合同舞弊。

舞弊行为的结果使舞弊者所在组织受益，舞弊是为了公司的舞弊，如价格操作、税收规避、虚假广告和虚假财务报告等。这样的舞弊不仅使公司受益，也会使公司的领导层从中得到好处。针对公司的舞弊是指公司的雇员个人或与公司外部的同伙合谋使公司的利益受到损害，而自己从中得到好处的舞弊。

发生在公司内部的舞弊为内部舞弊，这类舞弊只涉及公司的内部人员，与公司外部没有关系；外部舞弊是指由与公司有利害关系或经济往来的人，如供应商、顾客、签约另一方等实施的舞弊。这类舞弊往往是内外勾结、由内及外的合谋作案。

发生在公司管理层的舞弊为管理舞弊，这类舞弊主要发生在公司的管理高层，这些管理人员往往无视公司内部控制制度的存在；发生在公司一般雇员层面的舞弊为非管理舞弊。公司内部的各个层级都有发生舞弊的可能，只是管理舞弊为公司带来的损失更大。

（二）史蒂文·阿尔布雷克特（W. Steven Albrecht）对舞弊的分类

史蒂文·阿尔布雷克特在他的著作《舞弊检查与预防》中将舞弊分成以下六类：

- 雇员侵吞
- 管理舞弊
- 投资骗局
- 卖方舞弊
- 买方(顾客)舞弊
- 混合舞弊(指无法归入上述五种类型,且不是为了财务目的的舞弊)

对五种类型舞弊的概括如表 3-1 所示。

表 3-1 舞弊的类型

舞弊的类型	受害者	策划者	释义
雇员侵吞	雇主	雇员	雇员直接或间接地窃取财产或金钱
管理舞弊	股东贷款人和其他依赖财务信息决策的人	管理高层	管理高层通常在财务报表上提供虚假列报
投资骗局	投资人	个人	个人欺骗投资人,将资金投入一个欺骗性的投资项目中
卖方舞弊	购买货物或劳务的组织	销售货物或劳务的组织或个人	组织对货物或劳务索取高价或在已付款的情况下不发货
买方舞弊	销售商品或劳务的组织	顾客(用户)	顾客欺骗卖方发出货物,但不付货款或少付货款

1. 雇员侵吞。雇员侵吞也称职务舞弊。这种类型的舞弊主要是欺瞒顾主、侵吞公司财产。对公司财产的侵吞可以是直接的也可以是间接的。

直接的雇员侵吞是指雇员直接偷窃公司的现金、存款、工具、供应品或其他资产,也可以是由雇员串通他人虚构一家名义公司,由公司向这家名义公司付款购买不会发送的货物。在这种直接的舞弊活动中,公司的财产不通过第三方直接被舞弊者占有。

间接的雇员侵吞是指雇员通过贿赂或通过向供应商客户或其他外部人员收取回扣的方式允许以较低的售价销货,以较高的价格购货、付款不发货或付款发次货的舞弊行为。在这种情况下,雇员获取的好处来自公司外部的组织,而非直接来自本公司的财产。

2. 管理舞弊。管理舞弊与其他类型舞弊的显著区别在于舞弊者的性质与所采取的欺骗方法。在大多数情况下,管理舞弊往往与公司管理高层在公司财务报表上做手脚、提供虚假的财务信息有关。发生在20世纪初的上市公司安然公司、世通公司、施乐公司等的财务丑闻中,管理层总是期望自己的财务报表“好看”一些,让股东和债权人相信其公司的财务状况良好。

3. 投资骗局。在投资骗局中,舞弊者常常虚构一个回报率畸高的投资项目出售给没有任何戒心的投资者。为了骗取投资人的信任,舞弊者采用“拆东墙补西墙”的方式,将新加入的投资人投入的资金付给最初的投资人。当骗取的资金达到一定数量时,舞弊者会卷款而逃。

投资骗局最为典型的案例是“庞氏骗局”。查尔斯·庞兹(Charles Ponzi)1903年移民到美国,1919年开始策划一个阴谋,欺骗人们向一个子虚乌有的企业投资。他许诺投资者将在3个月内得到40%的利润回报。庞兹把新投资者的资金作为快速盈利付给最初投资的人,以诱使更多的人上当。由于前期投资的人回报丰厚,庞兹7个月内成功地吸引了3万名投资者,被骗金额高达1 500万美元。这场投资骗局持续了一年之久,直到被利益冲昏头脑的人们清醒过来。后人将其称为“庞氏骗局”。有人估计,在美国每三个人中就有一个曾受到此类舞弊的困扰。类似的投资骗局也很常见,只是骗人的花样在不断翻新。

4. 卖方舞弊。卖方舞弊可以分为两种类型:一种是仅由卖方谋划的舞弊;另一种是由卖方与买方串通合谋的舞弊。卖方舞弊通常的做法是虚增销货价格、发送劣质货物或缺斤少两,甚至是只收货款不发货。

5. 买方舞弊。在买方舞弊中,受害者是卖方,买方是舞弊的策划与实施者。买方收到货物后,要么以各种理由少支付购货款,要么不付出任何代价获得货物。

二、机构对舞弊的分类

有两种办法可以从他人处得到非法的利益:一种是采用暴力的手段将他人的财产占为己有;另一种是采用欺骗的手段获取他人财产。前一种可以称之为抢劫,后一种可以称之为舞弊。抢劫通常要比舞弊更为血腥暴力,对被害人带来的精神创伤更为严重,更易于引起媒体关注。而舞弊则是以非暴力的、隐蔽的形式出现,它的发生不像抢劫那样令人憎恨,但是舞弊带来的损失额往往要远大于抢劫。舞弊是舞弊者运用精心设计的骗局,以非法占有他人财产为目的一种非法行为。从直觉上人们对舞弊不如对抢劫那么深恶痛绝,但是我们必须认识到,舞弊对受害人造成的损失,对社会经济肌体造成的损害是远远大于抢劫的。

根据美国注册舞弊审核师协会(ACFE)发布的威尔斯报告,舞弊造成的损失大约是典型组织年收入的5%。按照这样的比例测算,以美国2023年国内生产总值27.37万亿美元计算,由于舞弊造成的损失可达13 685亿美元。我国2023年GDP为126.06

万亿元,按照5%的比例计算(在我国该比例应该是一个保守的数字),因舞弊造成的损失约为6.303万亿元。

可见,舞弊问题是一个世界各国都不得不面对的大问题,我们要特别给予关注。

美国注册舞弊审核师协会在其2024年发布的威尔斯报告(Wells' Report)中将舞弊分为三类:

- 资产滥用
- 腐败
- 虚假财务报表

上述三类舞弊的发生率以及所造成的损失额中位数如图3-1和图3-2所示。

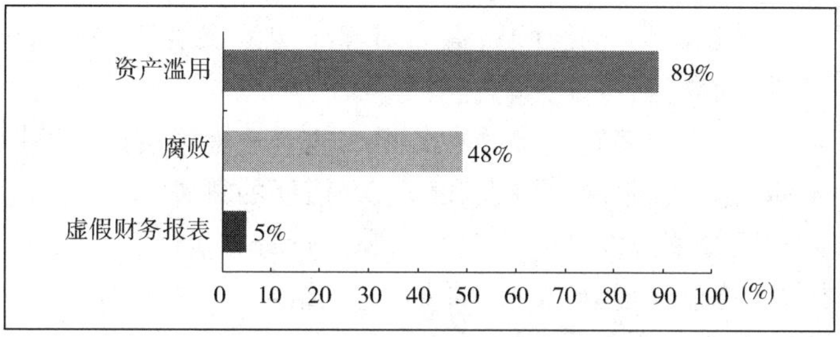

图3-1 舞弊类型及发生率

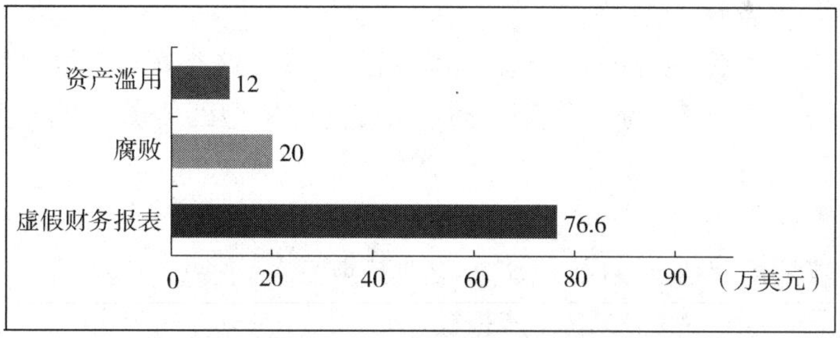

图3-2 舞弊类型及损失额中位数

由图3-1和图3-2可知,资产滥用舞弊发生率高达89%;腐败舞弊居中,为48%;虚假财务报表舞弊发生率最低,为12%。而就其造成的损失中位数而言,虚假财务报表舞弊最高,高达76.6万美元;腐败舞弊为20万美元;资产滥用舞弊为12万美元。

资产滥用是指任何涉及盗窃或不正当使用组织财产的舞弊,比如,盗窃现金、假发票报账、工资单舞弊、伪造支票和侵占非现金资产等。

资产滥用进一步可以分为以下类别：

- 入账前现金盗窃
- 入账后现金盗窃
- 账单舞弊
- 工资单舞弊
- 伪造支票
- 费用报销舞弊
- 收银台舞弊
- 挪用库存现金舞弊
- 侵占非现金资产舞弊

腐败是指任何利用对企业的影响获得与对雇主忠实义务不符的非法利益的舞弊，比如接受或支付回扣、参与利益冲突的交易等。

虚假财务报表是指通过编制虚假的财务报表使企业虚增资产、虚减负债、虚构收入与利润等，以达到粉饰业绩、骗取投资人和债权人信任的舞弊。

此外，还有人按照舞弊被发现的情况对舞弊进行分类。

按照舞弊被发现的程度划分，舞弊可以分为三组：

第一组：已经发现并向公众公开揭露的舞弊。

第二组：仅有少数人知道且尚未公开披露的舞弊。

第三组：尚未被发现的舞弊。

第一组舞弊：已经发现并向公众公开揭露的舞弊。这类舞弊是人们唯一能够通过实证研究深入了解的舞弊。除了个别例外情况，这种类型的舞弊有四个共同之处：

- 受害人已发现它
- 此类舞弊在很多情况下是偶然被发现的
- 起诉舞弊者的足够证据已经被成功地获取
- 已经被原告起诉或已经被媒体披露

一般认为，第一组的舞弊只占舞弊总量的 20% 。这 20%并不是一个绝对的数量，它会有±5% 的波动。这就意味着，不管第一组的舞弊占所有舞弊行为的 15%或者 25%，它都只占舞弊总量的一小部分。

舞弊研究者认为第一组的舞弊只占舞弊总量 20% 的原因如下：

- 这部分的舞弊在很多的情况下是被偶然发现的
- 独立审计者并没有采取积极审计或调查措施主动地发现舞弊行为
- 多数内部审计者并不能积极地通过舞弊检查发现舞弊行为
- 多数内部审计者没有足够的训练或经验，从而积极主动地发现舞弊行为

- 多数组织内部控制制度的安排对预防舞弊的发生是不够的

第二组舞弊:仅有少数人知道且尚未公开披露的舞弊。这类舞弊是指那些已经由受害人发现,但出于保密的考虑,受害人不愿意对外公开披露的舞弊。

受害人之所以选择保密,第一个原因是在证据还不完全确定的情况下,如果对外披露案件的详细过程可能要冒诽谤嫌疑人的风险。一般认为,如果不是为了起诉舞弊嫌疑人而公开案件的详细情况是不明智的或不恰当的。事实上,即使在进入诉讼程序的情况下,对外公开案件的详细情况也会被认为是不明智的,因为诉讼的结果有可能宣告嫌疑人无罪。

受害人之所以选择保密,第二个原因是案情可能会随着受害人掌握的证据程度不同而会有所变化。这样的证据有时比较模糊地说明舞弊已经发生,有时会相当确凿地证明舞弊已经发生。在证据不完全确定的情况下,对外公开案件的详细情况会被认为是不明智的。

受害人不愿意公开已发现的舞弊的第三个原因是为了顾及声誉和颜面。

一般认为,第二组舞弊占舞弊总量的40%。

第三组舞弊:尚未被发现的舞弊。这类舞弊是指那些只被舞弊者本人知道的舞弊案,而受害人不知道或仅是怀疑存在舞弊。这种类型的舞弊包括所有未纳入前两组舞弊类型的各种情况。这种类型的舞弊由于除了舞弊者本人,无人知晓其真实情况,因而无从确定这类舞弊的性质。

一般认为,第三组舞弊占舞弊总量的40%。

显然,社会公众所能知道的舞弊只是“冰山一角”,还有更多的舞弊不为人所知,这种隐藏的舞弊无时不在侵吞着公共财产。

第三节 舞弊的成因理论——舞弊三角理论

舞弊三角理论最初是由美国注册舞弊审核师协会(ACFE)的创始人、美国会计学会原会长、著名内部审计专家史蒂文·阿尔布雷克特提出的。他认为,尽管舞弊形成的因素很多,但最为主要的有三方面的基本要素:①感受到的压力;②舞弊的机会;③自我合理化。这三个方面的要素构成了所谓的舞弊三角形理论(见图3-3)。

舞弊三角理论借用了物理学的燃烧理论。众所周知,燃烧所以能够进行,必须满足三个必要的条件:氧气、可燃物和着火点温度。这三个必要条件缺一不可,构成了如

图 3-4 所示的“燃烧三角形”。

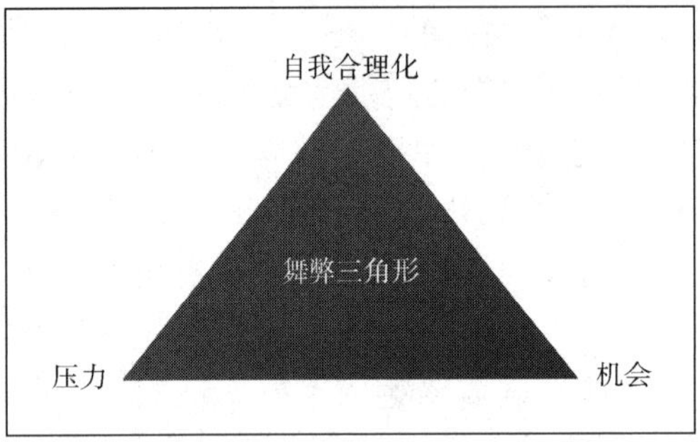

图 3-3　舞弊三角形

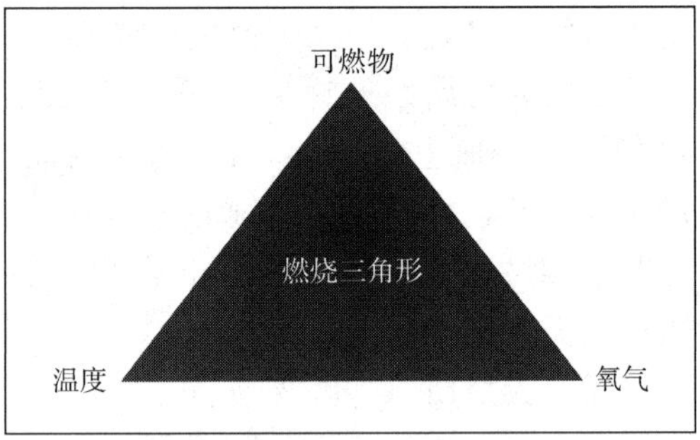

图 3-4　燃烧三角形

消防员都知道,只要消除燃烧物三个必要条件中的任何一个就可以达到灭火的目的。消防员可以采用覆盖物或化学制剂,甚至采用引起爆炸的方式将燃烧物与氧气隔绝;可以采用喷射水的方式降低燃烧物的温度;可以采取构筑隔火线或防火门的方式切断可燃物的供给。

“燃烧三角形”对于我们理解舞弊的形成因素很有帮助。如果舞弊者得到作案的机会越多,或承受的压力越大,实施舞弊所需要自我合理化的借口就越少;相反,某人的诚实程度越低,其实施舞弊活动所需的机会与压力程度会越小。

我们可以运用这一理论探讨如何才能有效地预防舞弊的发生。人们一般会认为,预防舞弊发生的主要途径是通过完善公司内部控制,减少为舞弊者提供的机会,较少有人注意到对压力和自我合理化两个因素的改进。

下面逐一对上述形成舞弊的三个因素进行论述。

一、压力

舞弊可以为舞弊者个人或组织带来短时的利益或好处,这些利益或好处可有效缓解或消除舞弊者所承受的各种压力。大部分专家认为这些压力可以分为四种类型:

- 与财务相关的压力
- 与恶习相关的压力
- 与工作相关的压力
- 其他压力

(一)与财务相关的压力

按照史蒂文·阿尔布雷克特的研究结论,有95%的舞弊案与舞弊者面临的财务问题有关,财务问题是诱发舞弊案最主要的因素。财务压力包括以下六个方面:

- 贪婪
- 追求奢侈豪华的生活方式
- 过重的债务负担
- 不良的信用记录
- 蒙受重大财务损失
- 未预料到的财务需求

上述六个方面虽然没有涵盖所有的财务压力,但是研究表明,这六个方面的财务压力与多数舞弊案的发生有关。

贪婪是万恶之源,“君子爱财,取之有道”。人如果贪欲过大,就会给自己施加巨大的压力,会不择手段追求财富,想方设法获取不义之财。

过重的债务负担是诱发舞弊的因素之一。如果不顾个人收入状况,过度举债超前消费,偿还大额债务的沉重负担也会形成财务压力,诱发当事人实施舞弊以改善自己的债务状况。

信用记录是指金融机构判断经济主体信用状况的信息记录,它按一定标准和指标对该主体的信用情况进行评价之后,用一定符号或文字表示的关于经济主体信用状况的说明。一般情况下,经济主体连续两次没有按时还款,就会被记录为不良信用记录。不良信用记录会保存在金融管理机构的个人信用基础数据库中,所有金融机构均可调用。当有了不良信用记录的经济主体向金融机构申请贷款时,金融机构一般会拒绝其申请。当某人由于不良信用记录而无法向金融机构贷款,使其买房或买车的计划无法实现时,他也会因为面临巨大的财务压力而铤而走险。

当某人遇到一些意外的财务损失时,如投资股票或期货失误发生大额亏损,或上当受骗蒙受巨额损失等,重大的财务损失会给当事人带来财务压力。重压之下的当事人会很自然地想到用一些额外收入来补偿自己的损失。

意外的财务需求也是诱发舞弊的因素之一。比如,突然得到了一项新的投资机会、家庭出现变故需要大额资金救急等。

(二)与恶习相关的压力

与财务压力紧密相关的压力是人的恶劣习惯所带来的压力。这些恶劣习惯主要是指赌博、吸毒和酗酒三类不良行为。这三种不良行为往往都会给人带来严重的财务问题。

与恶习相关的压力被认为是最为糟糕的一类压力。赌博、吸毒和酗酒三种恶习经常被人们认为是驱动诚实的人开始实施舞弊的“触发器”。

(三)与工作相关的压力

尽管财务压力与不良嗜好可以诱发大部分的舞弊活动,但是某些人常常采用实施舞弊的办法消除工作带来的压力,如报复单位的管理者,以发泄对雇主的不满。与工作相关的压力因素包括个人的良好表现没有被组织足够认可,对工作职位或岗位不满意,害怕失业丢掉饭碗,提职时被忽视,认为工资薪金过低等。

(四)其他压力

我们将无法归入上述三种类型,但是能够诱发舞弊行为的压力一律归为其他压力。

人们生活在一个充满各种各样压力的社会中,每一个人都面临着这样或那样的压力。有的人有过入不敷出的难堪;有的人做过愚蠢的投资;有的人上过当、受过骗;有的人为上瘾的不良嗜好而疯狂,为长期加班而得不到报酬而气愤,为工作业绩得不到认可而苦恼,为得不到提升而恼怒,为他人快速升迁或暴富而嫉妒,为失恋而痛不欲生。这些来自生活中各种各样的压力如果没有很好的引导与释放,就很有可能成为诱发舞弊行为的导火索。

二、机会

在舞弊三角形中,舞弊发生的另一个重要因素是环境为舞弊者提供的机会。

一般认为,至少有以下六个主要因素可以形成组织内部个人实施舞弊活动的机会。虽然,形成舞弊机会的因素很多,但是这六个主要因素却表明了创造舞弊机会的系统缺陷。

- 缺少或绕过能够防止或发现舞弊活动的控制
- 无法评价员工的工作质量
- 疏忽了对员工的纪律约束
- 缺乏信息的沟通
- 无知、冷漠、低能
- 缺乏内部审计追踪

建立一个有效的内部控制架构是减少舞弊机会、预防与发现组织内部舞弊活动的最为重要的措施。这样的控制架构有三个组成部分:控制环境、会计制度和控制程序。

(一)控制环境

控制环境是指一个组织为其员工所建立起来的工作氛围。建立良好和谐的控制环境是预防与阻止舞弊发生的重要环节。与预防舞弊相关的控制环境有以下五个要素:

1. 管理者的角色与榜样。管理者的角色与榜样是维持良好控制环境的最重要的因素。我们可以看到许多管理者的不诚信行为被其员工所效仿的例子。如某公司的管理高层经常授意、指使公司的会计师编制虚假的会计报告,虚增收入与利润,相应地就有公司的员工虚报差旅费、多领加班费的情况发生。公司领导如果经常有不诚信的行为,就会在公司内部形成一种上行下效的歪风,其下属就会认为公司领导都可以为之,作为下属,我为何不能? 所以,要建立良好的控制环境,组织的领导人必须率先垂范,为下属树立诚信做事的榜样,这样才能在组织内部形成诚实守信的工作氛围,才能有效地防止舞弊的发生。如果一个单位的领导经常有不诚实的行为,那么这个单位的控制环境就会被污染。类似地,如果单位领导经常不按照规定的控制程序办事,那么这个单位的控制系统的有效性就会受到侵蚀。如某个公司的 CEO 经常对下属说:"不要把重要的钥匙借给别人,不要与别人分享电脑口令",但是他却常常将自己的钥匙与电脑口令借给他人。这样,他实际上就向其下属发出了一个混乱的信号,他的下属就很有可能效仿他的行为。管理者的榜样作用在预防舞弊的控制环境中是最为关键的因素,管理者自己的不当行为实际上是在鼓励其他员工蔑视与忽视内部控制程序。

2. 管理者的沟通能力。管理者的沟通能力也是有效控制环境的重要因素,其重要性在于沟通的内容以及沟通的方式。正如父母对自己孩子的教育一样,一个组织必须清楚无误地告诉员工做什么是可以接受的,做什么是不能接受的,做到什么程度是可以接受的,超过什么限度就不能接受。要利用各种会议、培训、讨论和其他各种沟通方式指导员工区分哪些是可接受的行为,哪些是不可接受的行为,并使之成为一项日常性的工作。

为了有效地对舞弊活动施加威慑力,沟通必须是持续的。控制规则的经常改变不仅使员工产生混淆,也使其成为舞弊活动发生的借口。在破产企业里常常可以看到大量的舞弊案件发生,就是因为经常性的控制程序没有很好遵循。兼并、破产和其他异常活动常常导致非持续性沟通以及舞弊的发生。

3. 员工的背景审查。建立良好控制环境的第三个关键因素是员工雇用时的背景审查。有研究表明,在人群中大约有 30%的人是不诚实的,另外有 30%的人是情景性的诚实(即诚实对自己有利时就诚实,不诚实对自己有利时就不诚实),剩余的 40%的人是真正的诚实①。尽管大部分的组织相信它们的员工、客户和供应商都属于这 40%的

① ALBRECHT, ALBRECHT. Fraud Examination & Prevention[M]. Thomson,2004.

人群,但是真实的情况并非如此。

若一家公司雇用了不诚实的员工,即使这家公司拥有最好的控制制度也不能阻止舞弊的发生。由于银行是大量接触现金资产的单位,银行的出纳、管理人员、信贷员、保安人员等每天都要大量接触现金,而现金资产又是最容易被侵吞的资产。想要完全杜绝银行舞弊几乎是不可能的,所以各银行都有一整套极为严密的内部控制制度,并对新员工进行非常严格的审查与培训。

如果某一组织对求职者没有仔细的背景审查而雇用了不诚实的员工,那么这一组织必定会成为舞弊的受害者,而不论其内部控制制度有多么完善。为了理解健全的员工聘用审查制度是如何在预防舞弊方面发挥作用的,我们可以考查美国某公司在招聘员工时所采取的额外审查程序:它们先对经过面试后初步录用的候选人进行培训,然后对每一个候选人提供的三份背景证明进行彻底的调查。经过这一额外的审查程序,结果有 800 名初步录用的候选人被判定为不合格,占候选人总数的 13%。这些候选人大都有未如实披露的问题,比如,伪造受雇信息,掩盖犯罪记录,脾气难以控制,酗酒、吸毒以及被先前雇主辞退等。所以,对于企业的人力资源部门来说,千万不要被求职者漂亮的简历所迷惑,对所有的求职者进行背景调查是一项很好的措施。有些美国公司聘用安全专家对求职者的信用状况、犯罪背景和教育及工作经历进行审查,起到了很好的作用。

4. 清晰的组织构架。与控制环境相关的第四个要素是清晰的组织构架。组织中的每一个人如果都能明确地知道自己在每一项经营活动中的责任,舞弊就很难发生。这样的构架易于对短缺资产进行追踪,并且很难有资产被侵吞而不被发现的情况。严密的岗位责任制是良好的控制环境的关键因素。

5. 内部审计部门与损失预防程序。控制环境的第五个要素是有效的内部审计部门与资产安全或损失预防程序。尽管有许多研究已经发现内部审计师只能发现约 20%的舞弊案件(其余的舞弊案件主要是靠举报,靠警惕性高的员工发现或靠偶然发现),但是单位设置内部审计部门对舞弊活动还是有很大的威慑与防范作用的。内部审计师可以提供独立的检查,也可以促使潜在的舞弊者害怕被发现而有所顾忌与收敛。此外,有效、可见的资产安全监控功能以及损失防止程序有助于保证对舞弊的调查工作顺利进行,有助于发现控制环境的薄弱环节,有助于对当事人进行恰当的处罚。

上面我们论述了建立一个良好的控制环境需要的五个要素。这些要素构成了减少舞弊机会的氛围,可以让员工确信舞弊活动是不可接受的,也是不可容忍的。五要素中的任何一个要素被弱化,都有可能加大舞弊发生的机会。

(二)会计制度

内部控制架构的第二个组成部分是一套完善的会计制度。事实上,任何一项舞弊案件都由三个基本要素组成：①偷，即非法占有资产；②藏，即试图掩盖舞弊活动留下的证据；③转移，即舞弊者总要将偷来或贪污得到的非现金资产转化为现金资产，并进而动用现金资产。有效的会计制度可以提供使舞弊被发现的审计踪迹，也可以使舞弊难以隐藏。这里需要注意到，舞弊一个重要的可辨别要素是它的隐蔽性。它与抢劫银行不同，抢劫银行的打劫者是完全暴露的，而舞弊者往往有很好的伪装与欺骗性。

舞弊往往隐藏在会计记录中。会计记录是根据纸质或电子介质的交易文件进行的，为了掩盖舞弊，舞弊者往往要伪造或变造会计记录。我们可以通过对会计分录是否能够得到合理合法的原始凭证的支持以及会计报表信息是否合理等办法发现舞弊。如果没有一个完善的会计系统，就很难将一般的会计差错与真实的舞弊加以区分。完善的会计系统应该能够确保交易记录的各项特性：①有根据的；②适当的授权；③完整的；④适当的分类；⑤及时的；⑥恰当的估价；⑦正确的汇总。

（三）控制程序

内部控制架构的第三个组成部分是控制程序。对于个体企业而言，一般不需要许多控制程序，尽管个体企业主可能有许多机会舞弊，但没有动机，他们不可能自己偷自己，一般也不会欺诈自己的顾客。除个体企业之外组织的情况就不同了。由于有众多的员工，它必须有一套控制程序，以使每一个员工的行动与组织的目标保持一致。此外，有了严密的控制程序，还可以减少与消除实施舞弊与隐瞒舞弊的机会。对于任何类型的企业，都需要有如下五个基本的控制程序：

- 职责分离与双重监管
- 授权制度
- 独立检查
- 安全保障的物理措施
- 文件与记录

尽管我们可以罗列出一个数以千计的企业控制活动的目录清单，但是企业最基本的控制活动或程序应该是上述五项内容。有效的舞弊检查与舞弊预防的努力应该包括建立与舞弊风险相协调的控制程序。

1. 职责分离与双重监管。组织的各项活动都可以通过职责分离或双重监管有效地加以控制。职责分离涉及将一项工作任务人为地分成两个部分，这样一个人就不可能完全控制一项工作任务的全部。双重监管要求至少由两个人共同完成一项工作任务。这样的控制安排常常用于涉及现金的工作。如公司财务部门的保险柜通常都是由两个人保管钥匙，会计与出纳的工作岗位一定要分离，会计人员与管理实物资产的岗位一定要分离，否则就容易为舞弊的发生提供机会。

当然,岗位职责分离、双重监管等控制方法通常都会带来人工成本的增加。在劳动力成本普遍增加的今天,由两个人共同完成一项工作似乎有些“浪费”,这也是许多中小企业不愿意接受职责分离与双重监管控制措施的根本原因。这里涉及较高劳动力成本与较低舞弊风险机会权衡的问题。事实上,只要管理者在岗位职责的设置与划分上根据内部控制的要求合理规划,安排承担某项重要工作的一个人兼做一些其他不相关的工作,比如,可以让出纳兼管固定资产账户,这样就可以在劳动力成本增加不多的情况下,满足职责分离、双重监管的需要。

除了增加人工成本以外,职责分离与双重监管还会遇到执行难的问题。因为当两个人共同完成同一项工作任务时,他们往往会相互依赖、相互扯皮,对工作心不在焉,总觉得工作还有另一个人操心。这种情况往往会影响工作效率。

2. 授权制度。内部控制程序的第二项是适当的授权制度。授权控制程序可以有多种形式:密码可以授权让个人进入计算机与数据库;签字卡可以授权让出纳人员打开金融机构的保险箱;付款限制可以授权让采购人员在预算限度内或经过批准的限度内付款。

当某人在未经授权的情况下进行某项活动时,其实施舞弊活动的机会就会减少。比如,如果某银行没有授权某人进入放置保险箱的区域,那么他就无法打开保险箱,也无法偷走保险箱内的物品。当某人没有被授权购货时,他就不能去订货,也不能让公司的财务部门支付购货款。

3. 独立检查。实施独立检查的原理在于如果人们知道他们的工作或活动有人在监控,那么这些原本准备实施舞弊的人就不得不有所顾忌与收敛,发生舞弊的可能性就会大为降低。独立检查有多种类型,比如,有些金融机构采取员工轮休制度,要求安排其员工每年都享有一周的带薪假期(连续五天)。这项制度表面上看是一项员工福利制度,实质上是一项独立检查制度。在该制度下,内部控制部门会突然通知某些岗位的员工集体外出休假,被通知的员工应立即放下手头的工作。在他们度假期间,由其他人暂时替代他们的工作,并由专人负责检查他们的工作是否存在问题。如果某位员工放下工作,兴高采烈地去度假,至少说明这位员工不惧怕独立检查,工作没有问题。

周期性的岗位轮换、监督复查、员工热线以及聘请来自外部的法务会计师实施舞弊专项检查等,这些都是独立检查的其他形式。欧洲的一家大型连锁百货商店就在员工之外设置了一套完整的编外工作班子。这些人专门在各个连锁店顶替那些被强制轮休一个月的员工的工作。在某个连锁店的全体员工轮休时,这套班子就暂时独立运作商店的全部工作。这样做的目的就是对连锁店员工的工作进行全面、独立的检查。如果有人实施了舞弊,在他们被强制离开工作岗位一个月中,其非法行为就会被发现。

在冰激凌店或其他一些零售商店中,最容易发生的舞弊行为就是销货员从顾客那里收到现金后,不在收款机上打印收据,而直接将现金装进自己腰包。销货员可在售出每一份冰激凌时少装一些,以攒出那些因现金没有放入收款机而形成的亏空。如何解决这样的现金侵吞问题呢?可行的办法就是鼓励顾客索取收据,可以要求顾客收集销售小票,当顾客收集到一定金额的销售小票时给予适当的奖励。这样,如果顾客付了两元钱买一份冰激凌,销货员不打或只打出一元钱的销售小票,顾客就会不满,就可能举报。这里,顾客成为独立的检查者。

4. 安全保障的物理措施。安全保障的物理措施是指通过一些诸如设置保险柜、加锁、增加安全防护设施、设置联网的报警装置和监控探头等物理方法保护资产免于受损的一系列安全措施。例如,将现金锁在保险柜内就可以有效地防止被偷;存货可以锁在货笼或仓库里;小工具和消耗品可以锁在柜子里等。

5. 文件与记录。控制程序涉及使用文件与记录来记载交易与审计线索。文件较少直接用于预防控制,它通常可以作为侦察工具使用。比如,银行要求员工或顾客提供可疑空头支票报告以及员工银行账户活动报告。其实,整个会计系统就可以起到文件控制的作用。没有凭证文件就没有会计,没有会计就容易发生舞弊。

总之,环境控制、会计制度以及上述五项控制活动与程序一并实施,可以有效地消除或减少员工和其他人进行舞弊的机会。良好的环境控制可以营造这样一种氛围:树立良好的诚实守信行为的榜样,聘用诚信的员工,员工的职责分明,会计系统提供详细的交易记录,设置必要的物理防护设施,使舞弊者难以接近重要的资产,使舞弊行为难以实施。

三、自我合理化

舞弊三角理论的第三个因素是"自我合理化"。自我合理化是指人们在实施舞弊时通常会找各种借口或理由说服自己,让自己的舞弊行为成为自我想象中的可接受行为。自我合理化实质上是忠诚性缺乏的表现。忠诚性是自始至终都按照最高的道德价值标准来约束行动的一种能力。缺乏忠诚性的员工,在适当的动机和压力下就可能实施舞弊行为。这时,忠诚性缺乏就转化为自我合理化。自我合理化实际上是一种个人的道德价值判断。

几乎所有的舞弊都会涉及自我合理化的问题。大部分的舞弊者实施舞弊活动之前都会找到一些似乎合理的借口或理由。以下是舞弊者常用的自我合理化的理由:

- 组织有负于我
- 我只是借些钱,将来会还的
- 我不会伤害任何人
- 这是我应得的

- 我的出发点是好的
- 只要我们渡过财务困难,会恢复真实的账簿记录
- 我这样做是为了大家的利益,我是不得已才牺牲个人的诚信与声誉的

“法不责众”是许多舞弊者运用最多的合理化理由。“我周围的许多人都在贪,我为什么就不能贪一点呢?”这是许多贪污者的真实想法。

许多人偷逃税款,他们通常的合理化理由是这样的:

- 我给政府缴的税比我从政府那里得到的多
- 富人没有缴纳足够的税
- 政府在浪费纳税人的钱

自我合理化与人的教育背景及素质有关。一般认为,员工受教育程度越高,其实施舞弊所需要的自我合理化的“门槛值”就会越高,越是不容易说服自己实施舞弊。

第四节　舞弊的成因理论——GONE 理论

GONE 理论是由杰克·布鲁根(G. Jack Bologna)和热赛弗·韦尔斯(Joseph T. Wells)在 1993 年提出的。该理论认为:舞弊由 G、O、N、E 四个因子组成,它们相互作用,密不可分,没有哪一个因子比其他因子更重要。它们共同决定了舞弊风险的程度。

GONE 由四个英语单词的首字母组成。

“G”表示“Greed”,即贪婪、贪欲,但该贪婪已超越了其本义,指道德水平的低下。虽然它是个人主观方面的属性,但客观的社会价值、道德环境对它也造成影响。

“O”表示“Opportunity”,即机会,是实现舞弊行为的可能的途径与手段。机会不可能完全消除,只能尽力减少或消除,以确保这种风险要素低于一定水平。

“N”表示“Need”,即需要,是指个人基本生活消费需求的满足程度。

“E”表示“Exposure”,即暴露。“暴露”有两部分内容:一是舞弊行为被发现、揭露的可能性;二是对舞弊者惩罚的性质及程度。

上述四个因子实质上表明了舞弊产生的四个条件,即舞弊者有很强的贪婪之心,而且又对财富有着十分迫切的需求,只要有适当的机会,并认为事后不会被发现,或是即使被发现,受到严厉处罚的预期较小时,他就一定会实施舞弊,从而导致“You can consider your money gone”(被欺骗者的钱、物、权益等离他而去)。由此便产生了一种说

法，即“在贪婪、机会、需要和暴露四个因子共同作用的特定环境中，一般都会滋生舞弊，会使舞弊受害者的钱、财、物、权益等离他而去”。

图 3-5 描绘了造成舞弊的四个因子的情况。

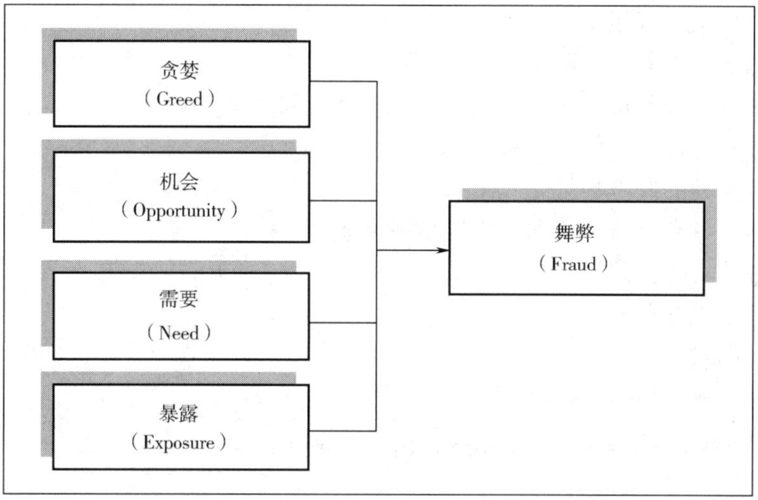

图 3-5 舞弊 GONE 理论

第五节 舞弊的成因理论——3C 理论

美国舞弊审查专家扎比霍拉哈·瑞扎伊（Zabihollah Rezaee）于 2002 年提出了舞弊的 3C 理论。该理论认为，当条件（Condition）、公司的治理结构（Corporate Structure）和选择（Choice）同时存在时，舞弊的发生就会成为可能。

一、条件（Condition）

舞弊发生的一个极为重要的条件是“舞弊带来的收益超过了根据概率和被发现的后果所计算出的相关成本”。在此条件下，公司的盈利水平显著下降、公司的绩效以及所处行业的绩效持续下降，公司处于整个社会经济衰退所导致的经济压力的情况下，往往会趋于实施舞弊或盈余管理。以下条件可以解释公司发生舞弊的一些动力因素：

- 无效的董事会
- 审计委员会不存在或无效
- 存在重大的关联方交易
- 公司的内部控制制度对高级经理人员无任何约束力
- 公司高层只有很小或没有会计责任
- 不充分或无效的内部审计
- 频繁更换外部审计师或聘用没有经验的外部审计师
- 无法获得良好的信用等级
- 处于不利的经济环境
- 公司不具有支持报告盈利增长的现金流
- 限制性贷款协议
- 大量发生坏账损失
- 过度的对外投资
- 过分依赖于单一的新客户

二、公司的治理结构(Corporate Structure)

舞弊通常都是由公司高层管理集团所为,而非较低层次的管理人员或一般员工所为。在一个无效的公司治理机制下,高层管理人员实施舞弊的概率会大为增加;在一个有效的公司治理机制下,可以有效地提高预防和发现舞弊的概率,此时公司管理高层在实施舞弊时就会更加犹豫不决。

趋于舞弊的公司治理的特征包括激进、结盟、效忠、机会主义、信任与无效控制。激进与机会主义会导致不切合实际的预算以及为实现此类预算而实施的盈余管理。结盟与效忠则会在高层经理人员的圈子里形成对舞弊的默认与认可,并降低舞弊举报的效率。信任与无效控制则会使公司董事会、审计委员会、内部与外部审计师在发现舞弊的方面更加没有效率。此外,结盟还可以在公司治理内部形成一个有着严格定义的小集团,使公司治理成员之间在实施舞弊过程中有着高度的默契与合作,并有利于保密,避免将内幕消息泄露给外部人。结盟也可能鼓励更多的合谋,如果舞弊被审计师发现,这种力量会推动他们一并努力加以掩饰。

三、选择(Choice)

任何一家公司的管理层都可以运用其自由选择权,在从事违法盈余管理与持续改进盈利的质量与数量的伦理战略之间作出选择。在环境压力与公司治理结构都不构成突出影响的情况下,舞弊是否会发生,主要取决于公司管理层的选择。公司管理层可能因受到鼓励而实施舞弊,而不顾其行为的后果以及是否会受到监管部门的严厉处罚。

总之,条件、公司的治理结构和管理层的选择三个变量可以单独起作用,也可能会结合在一起共同促成舞弊。这三个变量的相互作用如图 3-6 所示。

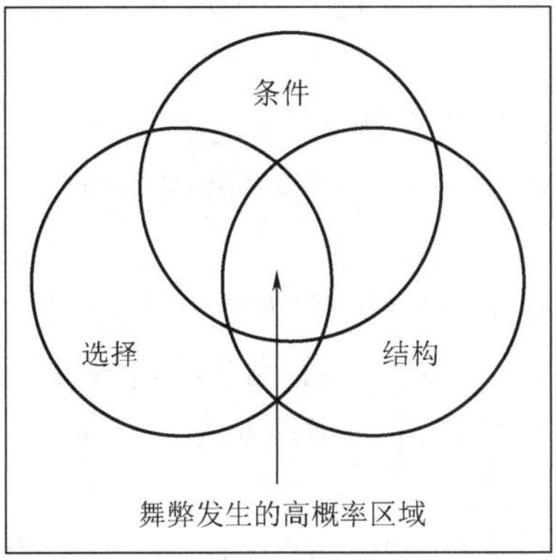

图 3-6　3C 理论模型

第六节　关于舞弊的实证研究

美国注册舞弊审核师协会(ACFE)自从 1996 年起每隔 2 年就发表一份名为《关于职业舞弊与滥用的国民报告》(Report to the Nation on Occupational Fraud and Abuse)。该报告最初是由 ACFE 的创始人约瑟夫·威尔斯(Joseph T. Wells)发起的一个研究项目,鉴于此,人们将该报告简称为“威尔斯报告”。迄今为止,ACFE 已经发布了 12 份这样的报告及其六份额外的报告。目前,威尔斯报告已经成为全球最具影响力的研究舞弊的权威性的报告。

本节以 ACFE 2024 年发布的威尔斯报告为蓝本,全面介绍该报告对发生在全球范围内的职业舞弊与滥用的最新研究成果。

一、2024 年威尔斯报告概要

(一)数据来源

2024 年威尔斯报告的调查数据来自全球 138 个国家和地区的注册舞弊审核师在

2023 年所经手调查的 1 921 起舞弊案例。2024 年威尔斯报告的全部调查结果的数据均取自该 1 921 起样本舞弊案例。

(二)调查结果概要

(1)调查的参与者估计,典型的组织每年因各类舞弊带来的损失要占到年收入的 5%。

(2)样本舞弊案例带来的损失总额为 36 亿美元。

(3)所有纳入调查的样本舞弊案例的损失额中位数为 14. 5 万美元,平均每个案例的损失额为 170 万美元。

(4)资产滥用是最为常见的舞弊类型,发生率大约占样本案例总数的 89%以上;资产滥用也是损失额最小的舞弊类型,这类舞弊案件带来的损失额中位数为 12 万美元。

(5)财务报表舞弊案发生率占样本案例总数的 5%。该类型的舞弊案件的损失额中位数最大的达到了 76. 6 万美元。

(6)腐败案占样本案例总数的 48%,其损失额中位数为 20 万美元。

(7)发现舞弊最常用到的方法是举报,有 43%的样本案例是靠举报发现的,这个比率是其他舞弊发现途径的三倍。超过半数的有效举报是来自于受害组织的雇员。

(8)在组织内部设置举报热线是发现舞弊的最为有效的方式。相对没有设置举报热线的组织而言,设置了举报热线的组织舞弊案件发生率为 27%,而没有设置举报热线的组织的舞弊案件发生率为 40%。

(9)对小型企业而言,舞弊是最应该给予关注的一类威胁。在样本案例中,企业的规模越小,遭遇到的损失额越大。小型企业往往较大型企业较少投入反舞弊的控制资源,因而更容易受到舞弊的侵害。

(10)银行和金融服务业、政府和公共管理以及制造业是最为常见的舞弊受害行业。而房地产业批发贸易、运输和仓库、建筑和公用事业发生舞弊带来的损失额中位数最大。

(11)反舞弊的管理制度的存在与舞弊损失额的减少以及舞弊案持续时间的减少密切相关。实施了常用的反舞弊措施的受害组织比没有实施这些措施的组织要蒙受较少的损失和较短的舞弊持续时间。

(12)手握重权的舞弊者趋向于引起更大的舞弊损失额。由公司高管实施的舞弊案例占样本案例总数的 19%,带来的损失额中位数为 50. 0 万美元;由一般的管理人员策划的舞弊案占样本案例总数的 41%,带来的损失额中位数为 18. 4 万美元;由一般的雇员实施的舞弊案占样本案例总数的 37%,带来的损失额中位数为 6 万美元。

(13)合谋可帮助雇员逃避独立检查和其他反舞弊控制,使他们盗窃财产的数额加大。单独一人作案的舞弊者带来的损失额中位数为 7.5 万美元；随着同案的舞弊者人数的增加，舞弊的损失额会增加。同案二人合谋作案的损失额中位数为 13.5 万美元；三人以上合谋作案的损失额中位数为 32.9 万美元。

(14) 大多数的舞弊者出自企业的运营部门、会计部门、销售部门、客户服务、高管部门、采购部门和财务部门，其中 14%的舞弊者出自运营部门。

(15) 舞弊者在组织内工作的时间越长，其舞弊行为对组织造成的损失就越大。工作时间大于 10 年的舞弊者所带来的舞弊损失额中位数为 25 万美元；工作时间在一年以内的舞弊者带来的舞弊损失额中位数为 5 万美元。

(16) 弥补舞弊者造成的损失是需要耗费时间和努力的，多数组织无法完全弥补舞弊带来的损失。在样本案例中，61.5%的受害组织不能弥补由于舞弊带来的损失，只有 13%的受害组织可以完全弥补舞弊带来的损失。

(三) 结论与建议

(1) 舞弊的威胁对全球任何组织而言都是真实的存在。尽管不同地域的舞弊在策划与实施方法方面会有所不同，人们预防与发现舞弊的方法也有所差异，但是舞弊的趋势和特点在任何地方基本上都是相同的。

(2) 舞弊活动持续的时间越长，其造成的财务损失越大。采用一些诸如舞弊者自我忏悔、执法通知、外部审计的偶然发现等被动的舞弊发现方法往往会使得管理层耗费更长的时间才能发觉舞弊的存在，这会使与舞弊相关的损失额加大。因此，采用积极的舞弊侦测措施，如设置举报热线、实施管理评审程序、内部审计以及雇员监控机制，对于在早期发现舞弊并降低舞弊损失而言是至关重要的。

(3) 小型企业更容易成为舞弊活动的受害组织。这是因为，小型企业投入的反舞弊资源相对较少，这往往意味着反舞弊控制的效率相对不高。虽然诸多预防与发现舞弊的措施与资源在许多小企业的运用受到限制，但是一些需要财务花费的反舞弊控制方法仍可以担当重要角色，如反舞弊政策、正规的管理评审程序和对雇员的反舞弊培训等。这些具有成本效益的投资可保护小企业免遭舞弊的困扰。

(4) 许多企业都在聘用外部审计师，但是指望外部审计师来发现舞弊是效率最低的选项。在样本案例中，由外部审计师发现最初的舞弊案例仅占样本案例总数的 4%，而偶然发现舞弊的比率是 5%。尽管对公司财务报表的独立审计有助于减少舞弊损失和舞弊的持续时间，但是有研究表明，这种减少在各种反舞弊控制中的贡献是最小的。

(5) 许多最为有效的反舞弊控制方法被大部分组织所忽视。例如，积极的数据监控与分析仅在 35%的受害组织中有所运用。如果实施积极的舞弊控制措施可以使舞弊的成本减少60%，舞弊持续的时间缩短50%。其他一些不常用到的舞弊控制措施，如“突击审计”（一种用于检查一个部门或团队舞弊的控制措施）也显示出与减少舞弊损失或缩短舞弊持续时间有密切关系。当人们在考虑如何为反舞弊投入财力时，管理者应该考虑具体的控制活动所能带来的可观察到的有效性以及这些具体的控制如何强化对潜在的舞弊活动的检测。

（6）有研究表明，绝大多数舞弊者都是初犯，仅有5%的舞弊者有犯罪的前科。有87%的舞弊者从来没有因为舞弊而被雇主给予处罚或辞退，而雇员背景审查在筛查有不良前科的申请人方面可以发挥重要作用。大部分的舞弊者会在入职工作数年以后开始实施舞弊活动，所以对雇员进行持续的监控、对舞弊风险因子的了解和对舞弊征兆的发觉，要比对雇员的筛查更为重要。

（7）大部分的舞弊者都有一定的行为特征。这些特征可以被认为是舞弊行为的预警信号，比如其消费水平超出合法收入，与推销员或采购员存在非同寻常的密切关系等。研究数据表明，92%的舞弊案例在其被发现之前至少有一项舞弊的征兆被发觉。管理者、雇员、审计师以及其他人士都应该接受识别舞弊征兆的训练。

二、舞弊的成本

人们对舞弊的成本表现出了极大的关注。公司的高管希望了解舞弊的风险对其公司的重大影响；反舞弊专家需要证明预算的适当性；媒体和公众对白领犯罪者是如何窃取钱财存有好奇。

不幸的是，舞弊的性质决定了舞弊的成本是隐秘的。因为隐秘是大部分舞弊计划的内在特征，所以在已经被发现的大部分的舞弊案例中，其造成的损失很少被计量与报告。此外，大部分舞弊都有着实质性的间接成本，包括生产效率的降低、声誉的损害和相关交易的损失以及为了纠正舞弊所发生的额外花费与投资的成本。舞弊带来的损失犹如一座水面上的冰山，我们看到的仅仅是浮在水面上的“直接成本”，更大的“间接成本”是隐藏在水下不为人所知的。

尽管确定舞弊的成本是一项富于挑战的事情，但是ACFE的注册舞弊审核师为此还是作出了重要的努力。作为研究的一项重要内容，ACFE的注册舞弊审核师通过对分布在全世界各地的会员的询问，请他们就舞弊成本占收入的比重作出估计，他们确信典型组织由于舞弊造成的损失约占该组织年度收入的5%。

我们应该注意的是，上述估计来自对1 400名反舞弊专家观点的综合，而不是基于任何特殊的数据或对事实的观察。由此我们得到了一个可用于参照的重要测度，但是它并不能被理解为舞弊成本的精确度量。不论舞弊的真实损失率是5%还是其他比率，舞弊带来的损失达万亿美元水平却是不争的事实。

我们接下来考察舞弊损失的分布情况。

有了上述可有效度量和分析舞弊成本的度量参照比率,我们可以计算已知个别舞弊案例造成的损失额。在 ACFE 研究的 1 921 个案例中,舞弊造成的总损失额为 31 亿美元。就这些案例而言,平均每个案例的损失额为 166.2 万美元:半数以上案例的损失额在 20 万美元以下;超过 22%的案例的损失额在 100 万美元以上。

三、舞弊受害组织

(一)组织的类型与舞弊

对于舞弊受害组织的类型可以分为私营公司(Private Company)、上市公司(Public Company)、政府部门(Government)、非营利组织(Not-for-Profit)以及其他。这几类组织发生舞弊的情况见图 3-7。

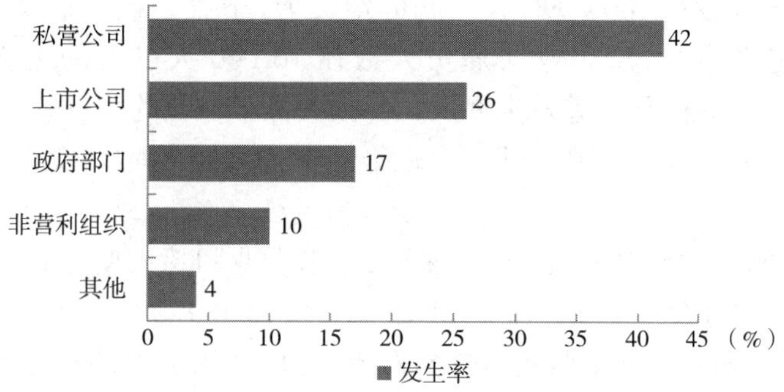

图 3-7 组织类型与舞弊

由图 3-7 可见,私营公司是舞弊发生率最高的组织类型。在 2024 年的报告中,私营公司舞弊案占比达到 42%,上市公司舞弊案发生率也达到了 26%。私营公司和上市公司的舞弊案占比达到了全部舞弊案的 68%。此数据说明营利性公司是舞弊的重灾区。

政府部门和非营利组织的舞弊案占比分别为 17%和 10%,说明政府部门和非营利组织蒙受舞弊案损害的占比要比营利组织低。

图 3-8 为上述四种组织类型遭受舞弊损失的情况。由图 3-8 可以发现,私营公司、上市公司和政府部门的舞弊损失额中位数都基本相同,非营利组织的舞弊损失额中位数最低。

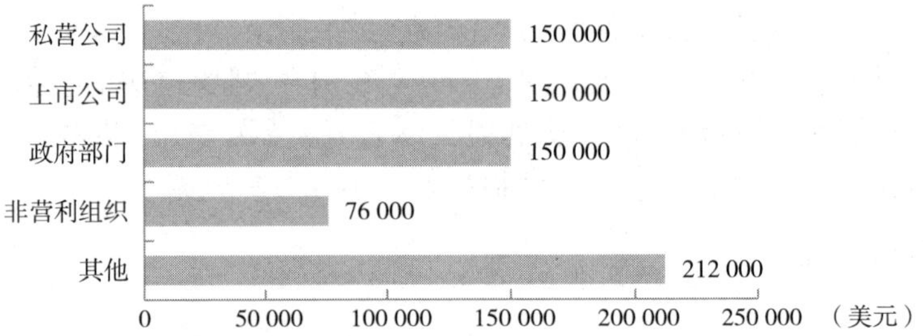

图 3-8 组织类型与舞弊损失额中位数

(二)组织的规模与舞弊

组织的规模按照该组织的雇员人数进行分类:雇员人数在 100 人以内的定义为"小型企业";雇员人数在 100~999 人之间的定义为"中型企业";雇员人数在 1 000~9 999 人之间的定义为"大型企业";雇员人数在 10 000 人以上的定义为"超大型企业"。图 3-9 为组织规模与舞弊发生率及舞弊损失额中位数的关系。

由图 3-9 可见,小型企业的舞弊案发生率为 21%,而大型企业的舞弊案占比为 31%。

就图 3-9 表明的舞弊损失额中位数来看,小型企业和超大型企业的舞弊损失额中位数相对较高,平均每案分别达到了 14.1 万美元和 13.0 万美元。从绝对数上看,超大型企业的舞弊损失额中位数要小于小型企业,但是 14.1 万美元的舞弊损失额对小型企业的冲击与影响一定会大于对超大型企业的影响。

(三)舞弊受害组织所处的行业

在威尔斯报告中,将舞弊受害组织所处的行业划分为以下类别:银行金融业(Banking and Financial Services)、制造业(Manufacturing)、政府和公共管理(Government and Public Administration)、健康保险业(Health Care)、零售业(Retail)、保险业(Insurance)、教育业(Education)、石油天然气业(Oil and Gas)、建筑业(Construction)、交通仓储业(Transportation and Warehousing)、服务业(Services)、科技业(Technology)、宗教慈善与社会服务业(Religious, Charitable or Social Services)、电信业(Telecommunications)、不动产业(Real Estate)、农林渔狩猎业(Agriculture, Forestry, Fishing and Hunting)、艺术娱乐休闲业(Arts, Entertainment and Recreation)、公用事业(Utilities)、采矿业(Mining)、批发贸易(Wholesale Trade)和信息与出版业

组织规模（雇员人数）	舞弊案发生率%	损失额中位数（美元）
<100人	21	141 000
100~999人	22	130 000
1 000~9 999人	31	102 000
>10 000人	26	200 000

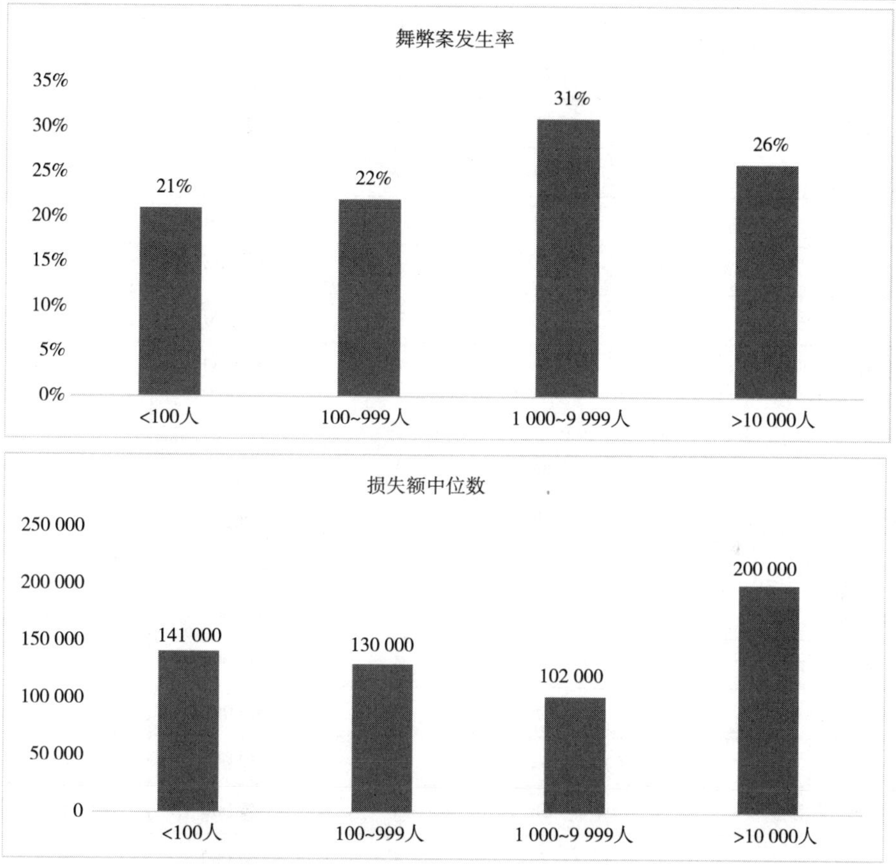

图 3-9 组织规模与舞弊案发生率及舞弊损失额中位数(金额单位:美元)

(Communications and Publishing)。

上述各行业受到舞弊影响的案例数、舞弊案发生率以及对应的舞弊损失额中位数的情况见表 3-2。

表 3-2　受舞弊影响的行业

受舞弊影响的行业	案例数	舞弊发生率（%）	损失额中位数（美元）	损失额中位数百分比（%）
采矿业	24	1	550 000	14.93
批发贸易	15	1	361 000	9.80
制造业	175	11	267 000	7.25
建筑业	73	4	250 000	6.79
政府和公共管理	171	10	200 000	5.43
不动产业	29	2	200 000	5.43
保险业	69	4	190 000	5.16
服务业-其他	42	3	170 000	4.61
信息与媒体	52	3	166 000	4.51
农林渔狩猎业	40	2	165 000	4.48
能源	78	5	152 000	4.13
科技业	65	4	145 000	3.94
交通仓储业	60	4	121 000	3.28
银行金融业	305	18	120 000	3.26
健康保险业	117	7	100 000	2.71
服务业-职业	43	3	100 000	2.71
餐饮服务业	35	2	100 000	2.71
公用事业	32	2	100 000	2.71
宗教慈善与社会服务业	58	3	85 000	2.31
教育业	70	4	50 000	1.36
零售业	78	5	48 000	1.30
艺术娱乐休闲业	34	2	44 000	1.19
合 计	1 665	100	3 684 000	100.00

由表 3-2 可见，银行金融业、制造业、政府和公共管理是舞弊案发生率最高的三个行业；采矿业、批发贸易和艺术娱乐休闲业是舞弊案发生率最低的三个行业。需要指出

的是，这些数据并不一定说明某些行业的舞弊风险就一定比某些行业的高或低，有可能存在参与调查的注册舞弊审核师（CFE）工作的行业分布不均衡的情况。但是上述数据至少可以说明舞弊案占比率最低的三个行业对舞弊采用了更为积极的措施加以应对。

表 3-2 也同时给出了不同行业舞弊损失额中位数的比较情况。我们可以发现，采矿业的舞弊损失额中位数最大，达到了 55 万美元；其次是批发贸易业和制造业，其舞弊损失额中位数分别为 36.1 万美元和 26.7 万美元。舞弊案发生率排名前三的银行金融业、制造业及政府和公共管理的舞弊损失额中位数并不是最高，分别为 12 万美元、26.7 万美元和 20 万美元。舞弊损失额中位数最低的三个行业分别是教育业、零售业和艺术娱乐休闲业，其损失额中位数分别为 5 万美元、4.8 万美元和 4.4 万美元。

（四）舞弊受害组织所采用的反舞弊控制措施

采用积极的舞弊预防与侦测措施是一个组织强化舞弊风险管理的关键，而舞弊受害组织所采用的反舞弊控制措施一定是存在某方面的问题。在威尔斯报告中，要求调查参与者就 18 种反舞弊控制措施在舞弊受害组织中的运用作出统计（见图 3-10）。

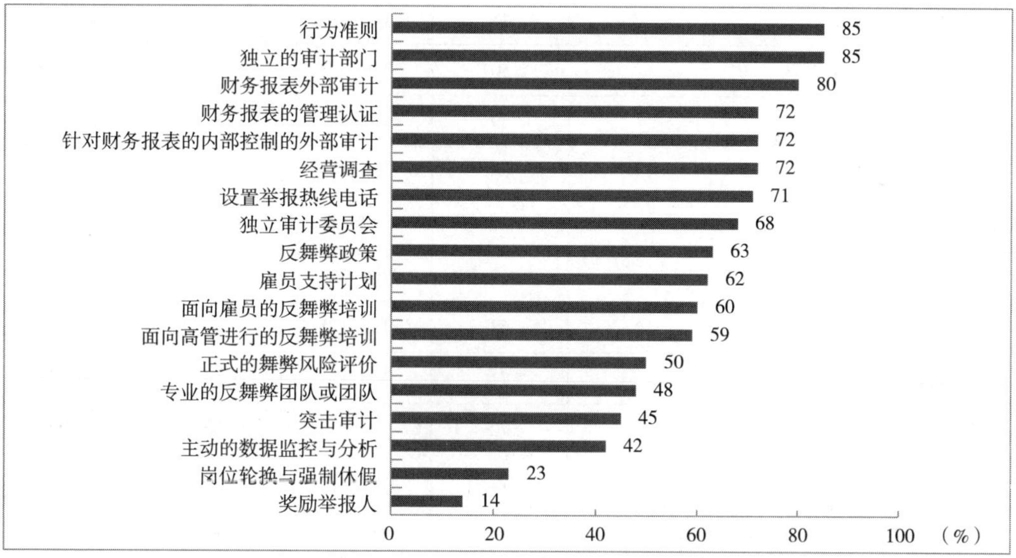

图 3-10　舞弊受害组织自认为有效的反舞弊控制措施

由图 3-10 可知，行为准则是舞弊受害组织采用最为普遍的控制舞弊的措施，被采用的比率达到了 85%。外部审计在发现舞弊方面是非常低效的，尽管外部审计有着重要的功能，但是它在反舞弊方面的功效并不突出。调查结果表明，一个组织在反舞弊与舞弊风险管理过程中不能过多地指望外部审计。

从图 3-10 还可以发现，设置举报热线电话发现舞弊这一最为有效的措施在舞弊受害组织中并不受到重视，只有 71%的组织采用过该项措施。

接下来，我们继续考察反舞弊控制措施实施到位与否的效果对比（见表 3-3）。

表 3-3　反舞弊控制措施实施效果对比

反舞弊控制措施	控制措施未实施到位		控制措施实施到位	
	发生率（%）	损失额中位数（美元）	发生率减少（%）	损失额中位数（美元）
奖励举报人	14	110 000	24	145 000
岗位轮换与强制休假	23	115 000	23	150 000
突击审计	42	75 000	63	200 000
主动的数据监控与分析	45	100 000	50	100 000
正式的舞弊风险评价	48	100 000	47	187 000
专业的反舞弊团队或团队	50	109 000	41	184 000
雇员支持计划	59	101 000	33	150 000
反舞弊政策	60	100 000	50	200 000
面向高管进行的反舞弊培训	62	100 000	50	200 000
面向雇员的反舞弊培训	63	100 000	47	187 000
独立审计委员会	68	120 000	27	165 000
设置举报热线电话	71	100 000	50	200 000
经营调查	72	100 000	60	250 000
财务报表外部审计	72	119 000	40	199 000
针对财务报表的内部控制的外部审计	72	119 000	40	199 000
财务报表的管理认证	80	120 000	40	200 000
独立的审计部门	85	120 000	43	210 000
行为准则	85	121 000	40	200 000

由表 3-3 可见，在舞弊受害组织实施不同的反舞弊控制措施带来的减少舞弊案发生率和舞弊损失额的情况是不同的。其中，为设置独立的审计部门、主动进行数据的监控与分析、设置举报热线电话、财务报表管理认证和开展财务报表外部审计等措施都可以使得舞弊案发生率下降 50%以上，也可以使舞弊损失额出现明显的下降。而奖励举报人、实施岗位轮换与强制休假等举措的在降低舞弊案发生率以及减少舞弊损失额方面的效果并不明显。

（五）雇员的背景审查

预防舞弊发生的一个有效方法是在招聘新员工时对拟聘用的雇员进行严格的背景审查。在 ACFE 2024 年的调查中，有 57%的被调查组织在招聘新员工时实施过雇员背景调查，有 43%的组织从未实施过雇员背景调查。

在那些对雇员的背景进行过调查的组织中，其调查的主要内容情况如图 3-11 所示。

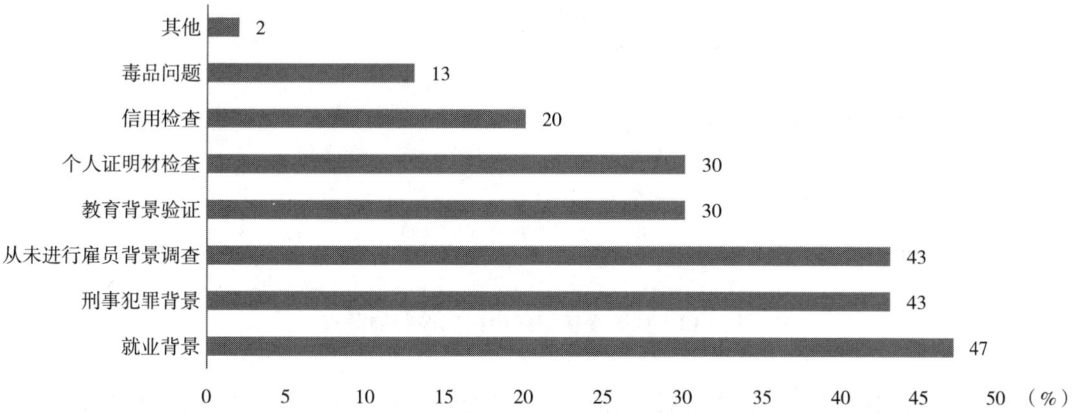

图 3-11 雇员背景调查的主要内容

由图 3-11 可见，在那些实施了雇员背景调查的组织中，对拟聘雇员的背景审查更多的是进行雇员的就业背景和刑事犯罪背景的调查。

（六）导致舞弊的内部控制弱点

ACFE 就舞弊受害组织在内部控制制度方面存在的问题作了调查，结果如图 3-12 所示。

由图 3-12 可见，“缺失有效的内部控制制度”是组织遭受舞弊活动侵扰的主要原

舞弊受害公司中内部控制的弱点	百分比（%）
缺乏报告机制	1
缺乏清晰的授权线条	1
缺乏对雇员的反舞弊教育	3
其他	4
缺少独立的检查/审计	5
在高层缺少不同声音	8
缺乏能够担当监督角色的人员	9
缺乏经营调查	18
无视现有的控制制度	19
缺乏内部控制	32

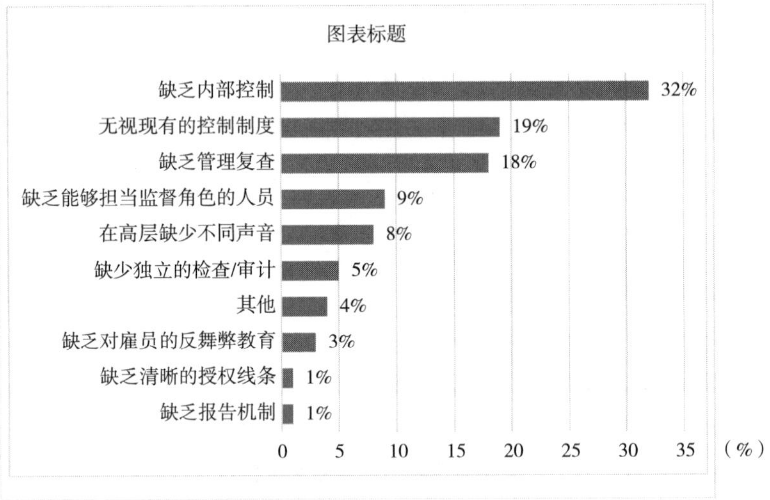

图 3-12 舞弊受害组织中内部控制的弱点

因。由此可以这样说：尽管内部控制制度不可能是万能的，不可能依靠内部控制制度杜绝全部的舞弊，但是没有内部控制制度则是万万不能的。另外，无视现有的控制制度，缺乏经营调查也是造成舞弊活动猖獗的重要原因。

四、舞弊者

威尔斯报告用了很大的篇幅报道了有关舞弊者的实证调查数据。这部分的价值在于帮助人们识别与量化舞弊实施者的某些特征，具体包括有关舞弊者的角色、性别、年龄、职位、受教育程度、犯罪和受雇的历史以及导致舞弊行为被发现的征兆等。这部分研究有助于回答三个问题：公司的哪个部门容易发生哪种类型的舞弊？哪些统计因素影响舞弊发生的频率或严重程度？哪些行为线索可以使舞弊活动被人们早期发现？

(一)舞弊者在组织中的角色

图 3-13 为舞弊者在组织内部的角色与舞弊案发生率及舞弊损失额中位数的情况。

舞弊者在组织内部的身份	舞弊案发生率(%)	损失额中位数(美元)
雇员	37	60 000
一般管理人员	41	184 000
管理高层	19	500 000
其他	3	122 000

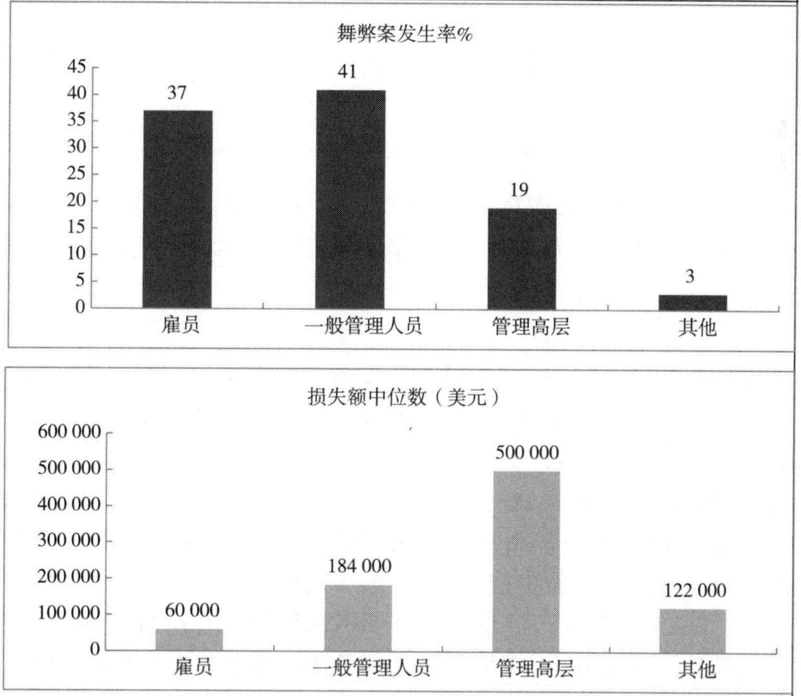

图 3-13 舞弊者在组织内部的角色与舞弊案发生率及舞弊损失额中位数

由图 3-13 可见,37%的舞弊活动是由组织内部的普通雇员实施的;41%的舞弊活动是由一般管理人员策划实施的;19%的舞弊者是管理高层。如此的分布状况与往年的威尔斯报告类似。可见,舞弊者权限的高低与舞弊的发生率成负相关,作为普通雇员的舞弊者发生舞弊的频率要高于身为管理者或管理高层的舞弊者。

由图 3-13 可见,作为组织内部管理高层的舞弊者造成的舞弊损失额中位数为 50 万美元,此数据大约是一般管理人员的舞弊者带来损失额的 2.72 倍,是雇员的舞弊者带来损失额的8.33倍。由此可见,舞弊者的职位等级与舞弊损失额密切相关。高权限人员的舞弊者通常较低级别的舞弊者有更多的权限接触组织的财产,比较低级别的雇员更方便地规避控制制度或凌驾于控制制度之上。

此外,调查还发现舞弊者在组织内部的身份与舞弊持续的时间有关,如表3-4所示。

表3-4　舞弊者的职位与舞弊持续时间中位数

舞弊者在组织内部的身份	舞弊案持续时间中位数(月)
雇员	8
一般管理人员	18
管理高层	24

由表3-4可见,组织内部雇员实施的舞弊平均持续时间是8个月,由一般管理人员实施的舞弊平均持续时间为18个月,而管理高层实施的舞弊会持续24个月的时间。

(二)合谋的影响

威尔斯报告的数据表明,有42%的舞弊案例都是由单一的舞弊者实施的。当两个或者更多的舞弊者合谋勾结在一起实施舞弊时,舞弊带来的损失额就会大幅度增加,如图3-14所示。

由图3-14可见,由一人实施舞弊的比率为46%;二人、三人及以上合谋串通实施舞弊的比率分别为18%、36%。由一人实施舞弊带来的损失额中位数为7.5万美元;二人合谋串通实施舞弊的损失额中位数为13.5万美元;三人及以上合谋串通实施舞弊的损失额中位数达32.9万美元。这是因为合谋串通舞弊往往会摧毁预先设置的旨在预防欺诈性交易的独立检查制度,使得舞弊者易于获取更多的舞弊收益。此外,多人参与的舞弊案中的每一个舞弊者个体也许都有"法不责众"的想法,这样他们窃取组织的财物时的胆子就会更大,人更贪婪,期望能够得到更多的分赃。调查中没有证据表明舞弊参与的人数与舞弊持续时间存在相关性,多人参与的舞弊活动持续的时间并不比由一人实施的舞弊活动持续的时间长,尽管多人参与舞弊将导致更大的损失额。

(三)舞弊者的年龄

舞弊者的年龄分布情况见图3-15。

由图3-15可见,舞弊者年龄分布的峰值在36~45岁,37%的舞弊者的年龄在36~45岁。其原因应该是这个年龄段的舞弊者一般都身居组织要职,掌控一定数量的资

舞弊案参与人数	涉案百分比（%）	损失额中位数（美元）
一人	46.00	75 000
二人	18.00	135 000
三人及以上	36.00	329 000

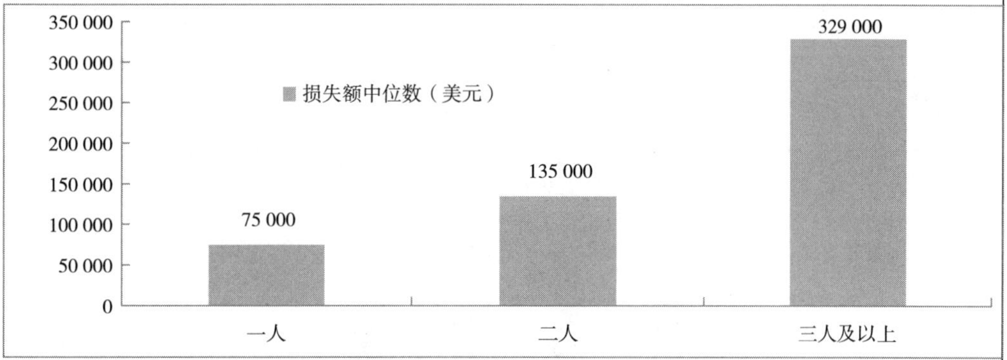

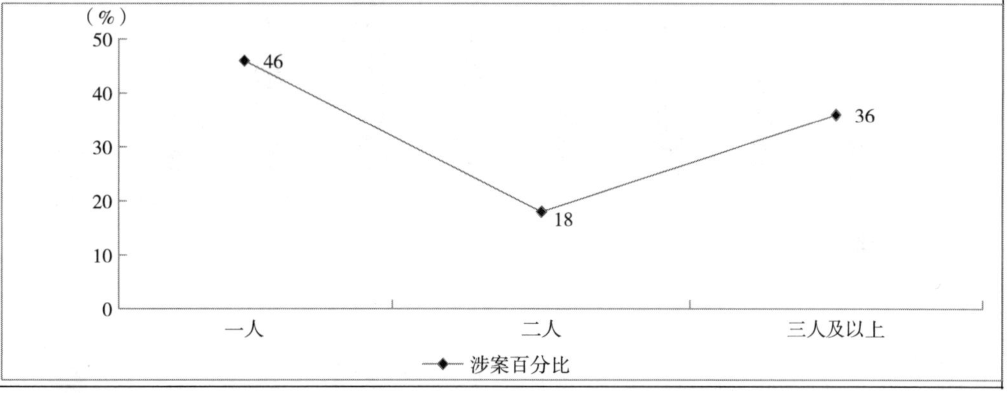

图 3-14　舞弊案的参与人数与比率及舞弊损失额中位数

源，而且这个年龄段的人一般都上有老下有小，生活压力普遍较大。

图 3-15 同时给出了舞弊者的年龄分布与损失额中位数的关系。从图 3-15 可以明显地看到这样一个趋势：随着舞弊者年龄的增加，舞弊造成的损失额中位数也在增加。当舞弊者的年龄达到 60 岁时，舞弊损失额达到了最大值，即 67.5 万美元。由此可以得出这样的结论：舞弊者的年龄越大，其实施的舞弊带来的损失额也就越大。这些数据也间接地反映了这样一个事实，即组织内部高等级的员工比低等级的员工的年龄要大。比如，研究数据表明，在年龄超过 50 岁的舞弊者中，有 36%的人

舞弊者的年龄	舞弊案发生率（%）	损失额中位数（美元）
<26	3	25 000
26~30	10	56 000
31~35	16	65 000
36~40	19	120 000
41~45	18	150 000
46~50	16	250 000
51~55	9	250 000
56~60	6	400 000
>60	3	675 000

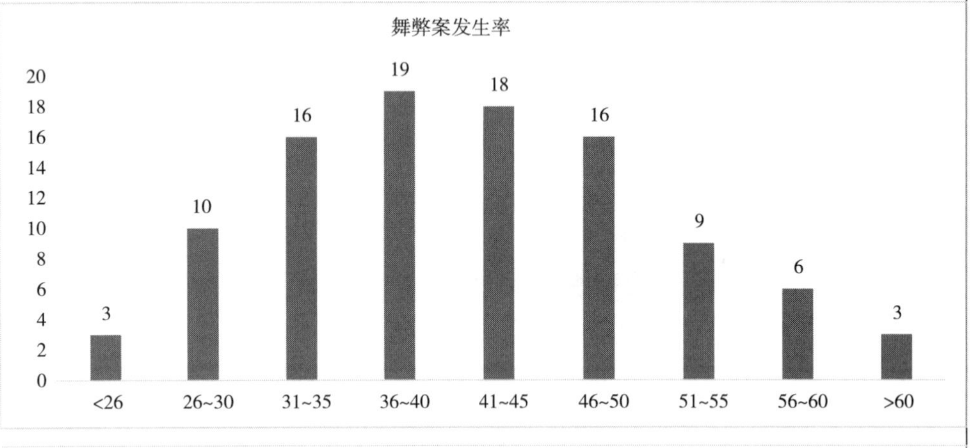

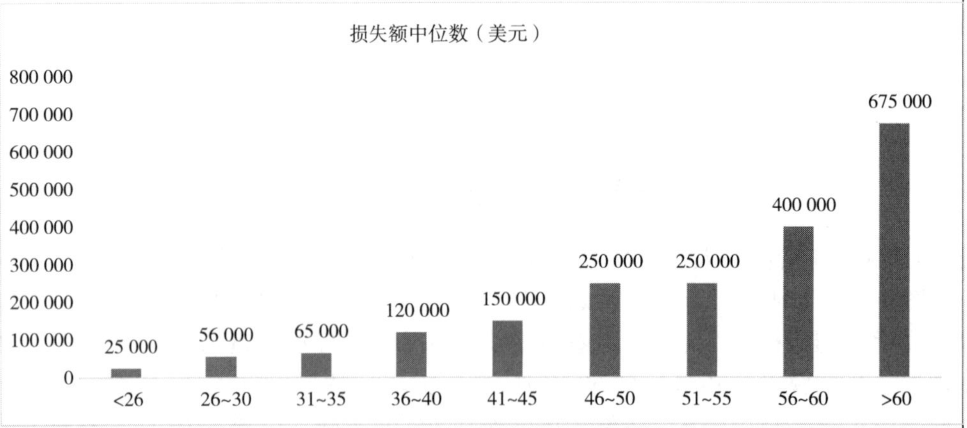

图 3-15　舞弊者的年龄分布与舞弊损失额中位数

是组织的所有者或高管；在年龄不超过 50 岁的舞弊者中，只有 15%的人是组织的所有者或高管。

（四）舞弊者的性别

图 3-16 显示了舞弊者的性别分布。可以看出，舞弊者多数为男性，男性舞弊者的占比为 74%，女性舞弊者的占比为 26%。男性舞弊者带来的舞弊损失额中位数为 15.8 万美元，女性舞弊者带来的舞弊损失额中位数为 10 万美元。

舞弊者的性别	百分比（%）	损失额中位数（美元）
男性	74	158 000
女性	26	100 000

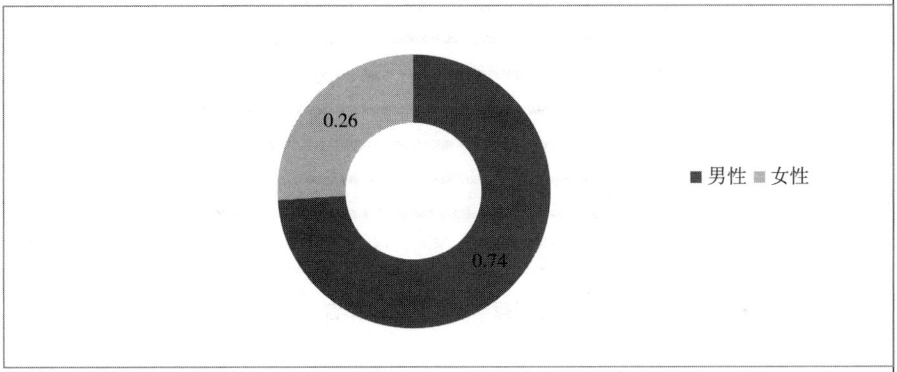

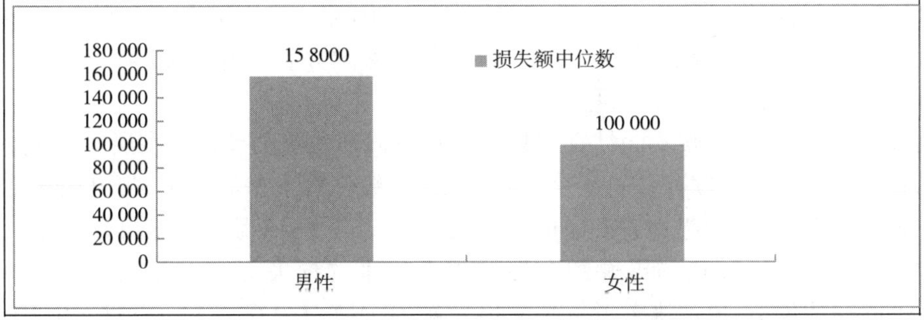

图 3-16　舞弊者的性别占比及舞弊损失额中位数

舞弊者的性别占比在不同国家和地区有着较为明显的差异。这样的地区间的差异见图 3-17。

从图 3-17 可见，在不同的国家和地区中，男性舞弊者都要比女性多。但是性别所

国家与地区	男性	女性
中东和北非	91%	9%
南亚	81%	19%
东欧和西亚/中亚	77%	23%
拉丁美洲和加勒比地区	86%	14%
西欧	86%	14%
撒哈拉以南非洲	81%	19%
亚太地区	75%	25%
美国和加拿大	62%	38%

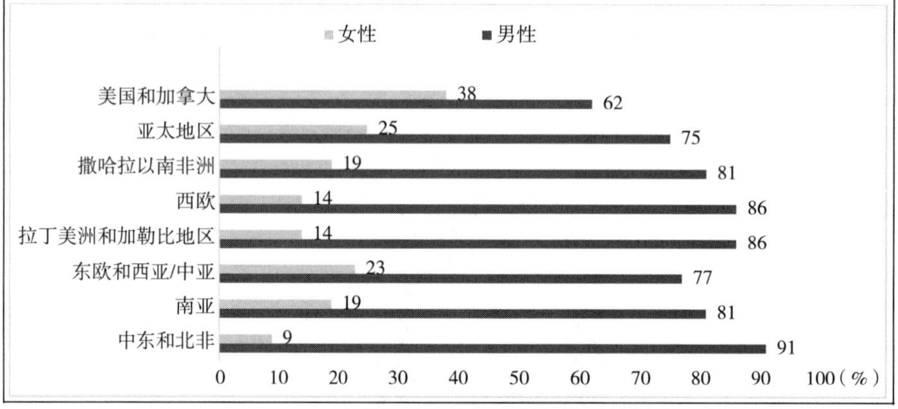

图 3-17　不同国家和地区的舞弊者性别及占比

占比例在不同的国家和地区还是存在差异的。美国和加拿大舞弊者的性别差异比最小，女性舞弊者的比例达到 38%。中东和北非国家舞弊者的性别差异最大，女性舞弊者的比例为 9%，91%的舞弊者都是男性。

我们可以进一步考察不同性别的舞弊者在不同职位上的差别。在所有者或组织内管理高层职位上，男性舞弊者的占比为 84%；在一般管理人员职位上，男性舞弊者的占比为 78%；在雇员层面，男性舞弊者的占比为 67%。图 3-18 显示了这样的差别。

图 3-19 为不同职位的男性和女性舞弊者带来的损失额中位数的数据。由此可见，在不同的职位上，男性舞弊者带来的损失额中位数一般都会大于女性。其中，男性管理高层实施舞弊的损失额中位数为 60 万美元，女性管理高层实施舞弊的损失额中位数为 13. 5 万美元；男性一般管理人员实施舞弊的损失额中位数为 20 万美元，女性一般管理人员实施舞弊的损失额中位数为 12. 0 万美元；男性雇员实施舞弊的损失额中位数为 6 万美元，女性雇员实施舞弊的损失额中位数也是 5. 3 万美元。

舞弊者在组织内部的身份	损失额中位数（美元）	
	男性	女性
雇员	53 000	60 000
一般管理人员	200 000	120 000
管理高层	600 000	135 000

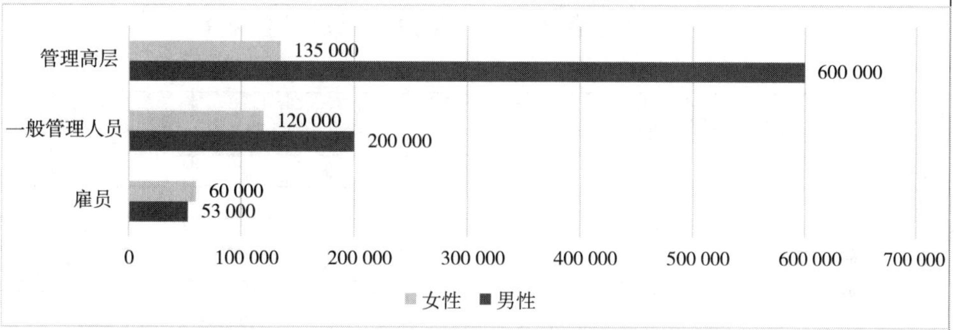

图 3-18　不同职位上的舞弊者的性别差异

舞弊者在组织内部的身份	舞弊案发生率（%）	
	男性	女性
雇员	67	33
一般管理人员	78	22
管理高层	84	16

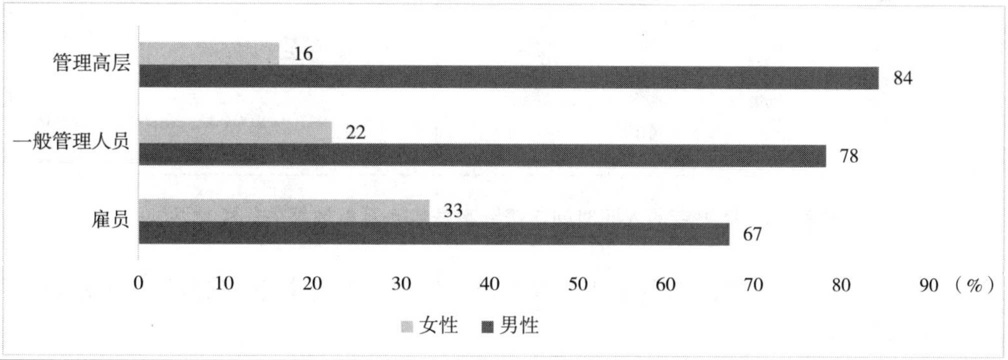

图 3-19　不同职位、不同性别导致的舞弊损失额中位数

（五）舞弊者的入职时间

ACFE 2024 年威尔斯斯报告分析了舞弊者受聘任期的长短与舞弊案发生率及舞弊损失额的关系。具体数据见图 3-20。由图 3-20 可见，有 45%舞弊者在受害组织中被聘用的时间为 1~5 年；受聘期在 6~10 年的舞弊者占比为 23%；受聘期在 10 年以上的舞弊者占比为 23%；仅有 9%的舞弊者在入职 1 年内就开始实施舞弊。

舞弊者入职时间	舞弊案发生率（%）	损失额中位数（美元）
1年以内	9	50 000
1~5年	45	100 000
6~10年	23	200 000
10年以上	23	250 000

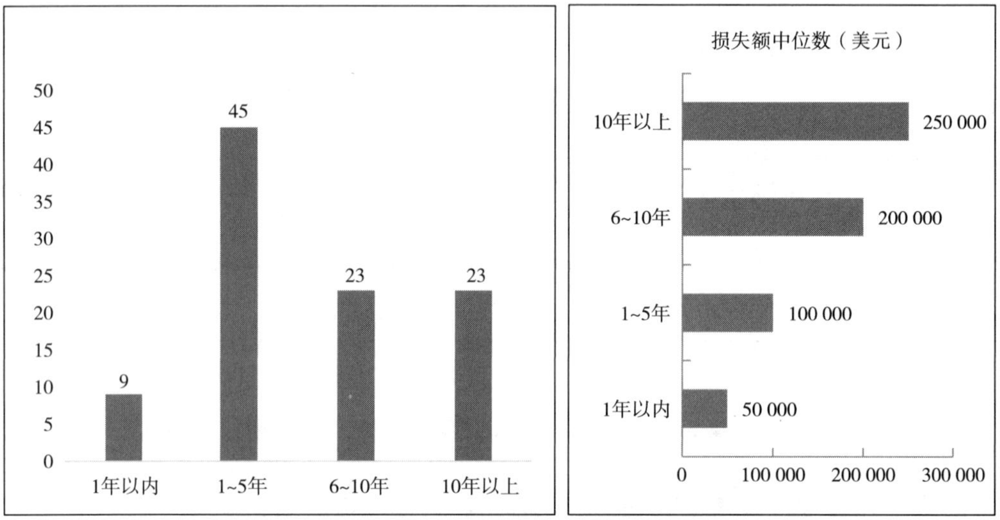

图 3-20　舞弊者的入职时间与舞弊案发生率及舞弊损失额中位数

可见，入职 1~5 年的次新员工比较容易涉足舞弊。强化对这部分员工的反舞弊教育与舞弊监控意义重大。

图 3-20 也显示了舞弊损失额与舞弊者就职时间的关系。显然，随着舞弊者就职时间的延长，舞弊者实施舞弊造成的损失额会加大。当舞弊者就职时间大于 10 年时，其舞弊带来的损失额中位数可以达到 23 万美元；而对于一个就职时间不足 1 年的舞弊者而言，其带来的损失额中位数为 9 万美元。

对舞弊者任期的长短与舞弊发生率及损失额的关系可以从三个方面进行解释：一是舞弊者在组织中就职时间越长，对组织的控制薄弱环节了解越充分；二是舞弊者在组织中就职时间越长，职位就越高，掌控组织的资源或得到的授权就越多；三是舞弊者在组织中就职时间越长，得到同事和监督者的信任程度就越高。

图 3-21 显示了组织中不同职位的舞弊者及其舞弊损失额中位数与舞弊者任职时间的关系。

舞弊者在组织内部的身份	损失额中位数（美元）	
	就职5年以内	就职5年以上
雇员	38 000	131 000
一般管理人员	110 000	250 000
管理高层	270 000	628 000

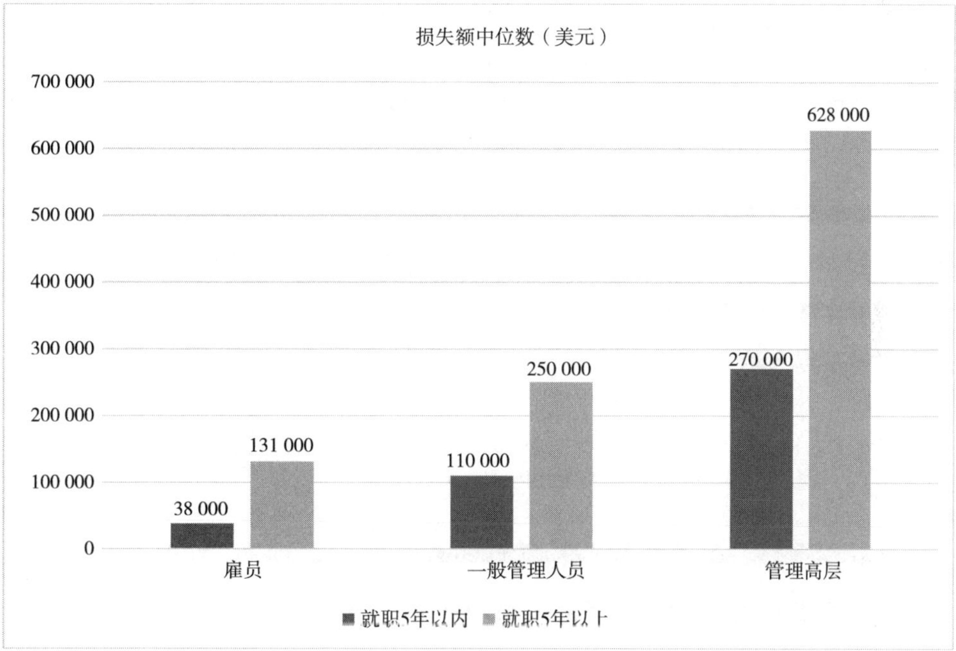

图 3-21　不同职位的舞弊者、舞弊损失额中位数与任职时间

由图 3-21 可见，不论舞弊者在组织中居于何种职位，其舞弊损失额中位数与任职时间都是正相关的，而且舞弊者在组织内部任职的层级越高，损失额中位数的数值越大。任职时间在 5 年以上的舞弊者带来的舞弊损失额中位数要高于任职时间 5 年以内。

这表明,在一定程度上,舞弊者的任期与舞弊损失之间的相互作用独立于舞弊者的职位。我们相信,那些在舞弊受害组织中有较长任期的人对组织的控制与程序有更多的了解,包括发现其中的漏洞或弱点,这有助于他们能够更有针对性地实施舞弊或进行欺诈活动。

(六)舞弊者的受教育水平

图3-22显示出舞弊者的受教育程度与舞弊损失额之间的关系。数据表明,舞弊者造成的损失额中位数是随着舞弊者学历层次的提高而增加的。高中学历的舞弊者的

舞弊者学历层次	舞弊案发生率(%)	损失额中位数(美元)
高中	10	89 000
大学肄业	14	100 000
大学本科	52	180 000
研究生	15	250 000

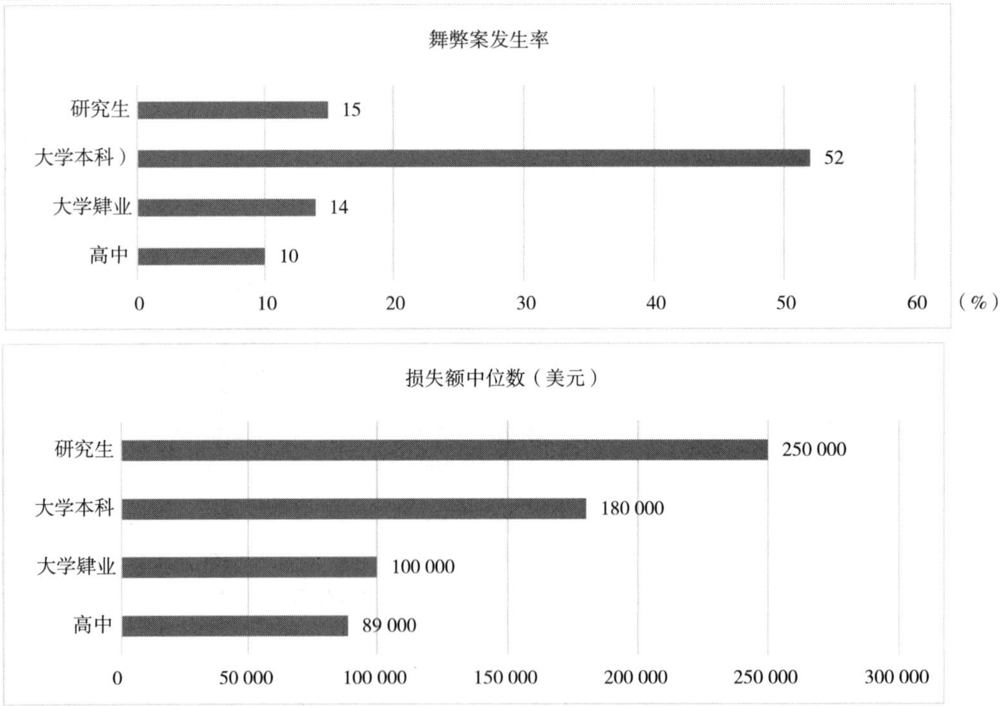

图3-22　舞弊者的学历层次与舞弊案发生率及舞弊损失额中位数

舞弊损失额中位数为 8.9 万美元；大学肄业学历的舞弊者的舞弊损失额中位数为 10.0 万美元；大学本科学历的舞弊者的舞弊损失额中位数为 18 万美元；研究生学历的舞弊者的舞弊损失额中位数为 25 万美元。据威尔斯报告的数据，有 52%的涉足舞弊的公司高管具有大学本科学历；具有研究生学历的舞弊者占 15%，而高中学历的舞弊者的这个比例为 10%。其中的原因也许是具有大学本科学历的人数相对更多。

(七)舞弊者所在的部门

就一家公司而言，舞弊者会更多地出现在哪些部门？也就是说，公司中哪些部门最容易滋生舞弊？威尔斯报告给出了这一问题的答案。表 3-5 显示出舞弊者所在部门与舞弊案发生率及舞弊损失额中位数。

表 3-5 舞弊者所在部门与舞弊案发生率及舞弊损失额中位数

部 门	案例数	案例百分比(%)	损失额中位数(美元)
运营部门	227	14	100 000
会计部门	202	12	208 000
销售部门	202	9	75 000
客户服务部门	154	8	55 000
高管部门	146	7	793 000
采购部门	109	6	143 000
行政管理部门	98	6	88 000
理财部门	82	4	285 000
仓储与存货部门	64	4	200 000
后勤服务部门	59	3	150 000
信息技术部门	52	3	156 000
制造与生产部门	43	2	120 000
董事会	37	2	800 000
人力资源部门	29	1	100 000
市场与公共关系	23	1	321 000
研发部门	9	1	(缺)
法务部门	9	1	(缺)
内部审计部门	4	1	(缺)

由表3-5可见，发生舞弊案例最多的部门按照舞弊案发生率依次是运营部门(14%)、会计部门(12%)、销售部门(9%)、客户服务部门(8%)、高管行政部门(7%)、行政支持部门(6%)、采购部门(6%)和理财部门(4%)。这八个部门发生的舞弊案例占样本案例总数的66%，其中运营部门是舞弊案发生最多的部门。

发生舞弊案较少的部门是信息技术部门(3%)、市场与公共关系部门(2%)、制造与生产部门(2%)和人力资源部门(1%)。

表3-5也揭示了舞弊者在不同部门造成的舞弊损失额中位数的情况。就每一起舞弊案对公司造成的损失额中位数而言，损失额中位数最高的是高管行政部门(72.9万美元)，随后依次是信息技术部门(22.5万美元)、会计部门(21.2万美元)、仓储与存货部门(20万美元)和制造与生产部门(20万美元)。

舞弊损失额中位数最低的部门依次是人力资源部门、市场部门、研发部门、法务部门、内审部门。

(八)舞弊者的犯罪背景

图3-23为舞弊者被追究法律责任的背景以及舞弊案发生率。

舞弊者被追究法律责任的背景	案例百分比(%)
从来没有被起诉或定罪	87
被起诉但是没有被定罪	7
有被定罪的背景	5
其他	1
合计	100

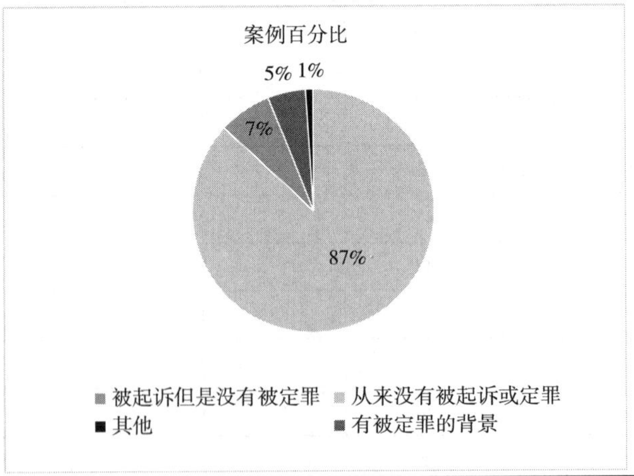

图3-23 舞弊者被追究法律责任的背景

由图 3-23 可见,没有任何犯罪前科的舞弊者占样本总数的 87%;被起诉但是没有被追究法律责任的占 7%;被追究法律责任的仅占 5%。可见,绝大多数的舞弊者都是没有犯罪前科的。

(九)舞弊者表现出舞弊征兆

舞弊者往往会表现出与其非法活动相关的行为特征或舞弊征兆。ACFE 设计了专门的调查问卷,列出了 19 种常见的舞弊征兆,并要求受访者就舞弊者在被发现之前所表现出来的行为进行报告。

(1)入不敷出;
(2)遇到财务困难;
(3)与供应商或客户有不寻常的关系;
(4)控制问题,不愿意分享职责;
(5)离婚或家庭问题;
(6)"挑战者型"的态度;
(7)易怒、多疑或防御;
(8)吸毒;
(9)抱怨薪水不足;
(10)源于组织内部的超量压力;
(11)与社会隔绝;
(12)与其他雇员的关系问题;
(13)拒绝度假;
(14)过去的法律问题;
(15)抱怨缺乏足够的授权;
(16)过度的迟到或缺勤;
(17)过大的家庭或同伴成功的压力;
(18)不稳定的生活环境;
(19)过度上网。

表 3-6 为上述 17 种舞弊者的舞弊征兆及其在样本案例中所占的比率。

表 3-6 舞弊者表现出的舞弊征兆及舞弊案发生率

舞弊者经常表现出的舞弊征兆	发生率(%)
入不敷出	39

续表

舞弊者经常表现出的舞弊征兆	发生率(%)
遇到财务困难	27
与供应商或客户有不寻常的关系	20
没有舞弊征兆的情况	16
控制问题,不愿意分享职责	13
易怒、多疑或防御	12
“挑战者型”的态度	12
离婚或家庭问题	10
抱怨薪水不足	8
吸毒	7
源于组织内部的超量压力	7
拒绝度假	6
过去的法律问题	5
抱怨缺乏足够的授权	5
与社会隔绝	4
与其他雇员的关系问题	4
过大的家庭或同伴成功的压力	4
其他	4
过度迟到或缺勤	4
不稳定的生活环境	3
过度上网	2

由表 3-6 可知,有 39%的舞弊者在其舞弊活动实施过程中都会表现出“入不敷出”,有 27%的舞弊者都会面临着“财务困难”。此外,与供应商或客户有不寻常的关系(20%)、控制问题,不愿意分享职责(13%)、离婚或家庭问题(10%)和“挑战者型”的态度(12%)都是常见的舞弊征兆。

本章小结

本章对舞弊的定义、舞弊的特点、舞弊的类型以及舞弊成因理论进行了阐述,在此基础上,系统地介绍了美国注册舞弊审核师协会(ACFE)2024 年发布的威尔斯报告中有关舞弊的成本、舞弊的受害者和舞弊的实施者的实证调查数据,帮助读者更为深入地认识舞弊。

本章思考题

1. 如何理解舞弊的核心行为特征是“通过不诚实的手段剥夺他人的经济利益”?

2. 通过网络搜索 2~3 个利用网络实施的现代“庞氏骗局”案例,找出这些案例的共同特征,并就此给出忠告。

3. 试列举生活中出现的一些“入账前的现金盗窃”的案例,并就如何防范这类舞弊谈谈看法。

4. 如何理解“舞弊的三角理论”? 这一理论对我们采取反舞弊措施、降低舞弊风险水平有何意义?

5. 如何理解沾染上赌博恶习是驱使人们开始实施舞弊的“触发器”?

6. 有人说:“若一家公司雇用了不诚实的员工,即使这家公司拥有最好的控制制度也不能完全阻止舞弊的发生。”对此说法你如何评价?

7. 谈谈对“舞弊发生的一个极为重要的条件是舞弊带来的收益超过了根据概率和被发现的后果所计算出的相关成本”这句话的理解。如果有人提出“加大舞弊的成本是降低舞弊风险的最佳选择”,对此说法,你的看法如何?

8. 根据 2022 年威尔斯报告的数据,私营公司的舞弊案发生率要高于上市公司,对此应如何评价?

9. 为什么入职 1~5 年的新员工比较容易涉足舞弊活动?

第四章

舞弊风险管理①

本章要点

舞弊风险管理被认为是我国企业最需要改进的一个领域。舞弊是威胁组织实现其目标的一种主要风险，它不仅会威胁组织的财务状况，更影响到企业的形象和声誉。企业的管理者非常有必要了解可能损害其经营目标实现的舞弊和舞弊风险管理的相关理论以及如何降低舞弊风险的方法与手段。

本章将详细论述法务会计的新领域——舞弊风险管理。在概述舞弊风险管理的基础上，将按照舞弊风险管理的逻辑顺序，依次论述舞弊的预防、舞弊的风险评估、舞弊的发现与识别和舞弊的应对四个方面的内容。

① 中国政法大学研究生王月萌、陈栩新、马凯亮、邬静静以及檀敏、王敏燕参与了本章的资料翻译与整理工作，在此表示感谢。

第一节　舞弊风险管理概述

一、风险及其种类与特征

(一)风险的概念

风险与不确定性有关,若某一事件的发生存在着两种或两种以上的可能性,即可认为该事件存在风险。风险是指未来结果的不确定性,这种未来的结果既包括收益,也包括损失。

企业在实现其目标的经营活动中,会发生各种不确定性事件,这些事件发生的概率及其影响程度是无法事先预知的,这些事件将对经营活动产生影响,从而影响企业目标实现的程度。这种在一定环境中和一定期限内客观存在的、影响企业目标实现的各种不确定性事件就是风险。简单来说,所谓风险就是指在一个特定的时间内和一定的环境条件下,人们所期望的目标与实际结果之间的差异程度。

(二)风险的种类

依据风险产生的原因可以将风险划分为自然风险、社会风险、政治风险、经济风险与技术风险。自然风险是指由自然因素和物理现象造成的实质风险,如火灾、洪水、雷电等造成的风险。社会风险是指由于个人或团体的不可预料的反常行为造成的风险,如盗窃、罢工、动乱等所带来的损失。政治风险是由于种族、宗教和政治势力之间的冲突、暴乱、战争而导致的风险。经济风险是指在商品生产和销售活动中,由于经营不善、市场预测的错误或者市场情况的变化而导致的价格涨跌的风险。

依据风险标的对象的不同可以将风险划分为财产风险、人身风险、责任风险与信用风险。财产风险是指标的财产受到损失的风险,如汽车面临的意外损毁或者是失窃的风险。人身风险是指人身生命或健康受到损害的风险,如意外伤害、疾病和死亡;责任风险是指使人负赔偿责任的风险。可见,这些风险都是根据出现风险事件时受到损害的对象来划分的。

(三)风险的特征

风险有三个方面的特征:不确定性、客观性、普遍性。

风险的不确定性是指风险是否发生具有不确定性；风险发生的时间具有不确定性；风险产生的结果具有不确定性；风险带来的损失程度具有不确定性。

风险的存在具有客观性，它是不以人的意志为转移的，是独立于人的意识之外客观存在的，有的风险是没有办法回避的，或者说是没有办法完全消除的。人们只能在一定的时间和空间内改变风险存在和发生的条件，降低风险发生的概率和损失程度，但是从总体上说，风险是不可能彻底消除的。

风险的存在具有普遍性。人类的历史就是与各种风险相伴的历史，人类自出现后就面临着各种各样的风险，如自然灾害、疾病、伤残、死亡、战争等。随着科学技术的发展、生产力的提高、社会的进步和人类的进化又产生了新的风险，风险事故造成的损失也越来越大。在当今社会，个人面临着生、老、病、残、死、意外伤害等风险，企业面临着自然风险、市场风险、技术风险、政治风险和舞弊风险等，国家和政府机关也面临着各种风险。

二、风险管理

（一）风险管理的定义

风险管理是社会组织或个人用以降低风险的负面结果的一系列管理过程，即通过风险识别、风险估测、风险评价，并在此基础上选择与优化组合各种风险管理技术，对风险实施有效控制，并对风险所导致的损失后果进行妥善处理，从而以最小的成本收获最大的安全保障，将风险发生的可能性以及带来的损失降至最低程度的一系列管理过程。风险管理已经成为一个独立的管理系统，并成为一门新兴的管理学科。

（二）风险管理的对象、主体、过程与基本目标

由上述风险管理的定义可知，风险管理的对象就是形形色色的“风险”。

风险管理的主体涉及任何组织和个人，包括个人、家庭、组织（包括营利性组织和非营利性组织）。

风险管理的过程包括风险识别、风险估测、风险评价、风险管理技术选择和评估风险管理效果等。

风险管理的基本目标是以最小的成本收获最大的安全保障。对于任何一个组织而言，风险是可能影响组织目标实现的潜在危险事件，而风险管理即是了解这种事件的性质，了解这些事件存在哪些威胁及其威胁的程度，并制订积极的应对方案，以减轻这些事件的影响。

三、舞弊风险

(一)舞弊风险的概念

舞弊风险是指一个人或多个行为人实施的对他人或组织带来损失的舞弊的可能性。舞弊可以发生在任何地方,只要存在不诚实的人或有人变得不诚实。

所有的组织都不可避免地面临舞弊风险。重大的舞弊行为会导致整个组织的垮台、巨大的投资损失、高额的法律费用、关键人员的监禁并且会侵蚀资本市场的信心。公司高管舞弊行为的曝光会对该公司的声誉、品牌以及形象造成严重负面影响。

(二)舞弊风险管理

舞弊风险管理是指社会组织或者个人用以降低舞弊风险以及减轻舞弊的负面影响的一系列管理过程。舞弊风险管理作为对舞弊进行控制的关键环节,会引导组织建立有效的控制计划和反舞弊策略,以尽可能地减少舞弊发生的机会。舞弊风险管理主要包括四项内容:舞弊的预防、舞弊的风险评估、舞弊的发现和舞弊的应对。

舞弊的预防是指运用政策、程序、培训和交流手段等防止舞弊发生。舞弊的预防是最为重要的舞弊管理手段,是最具成本-效益的方法。舞弊的预防包括反舞弊治理和反舞弊文化建设两个方面的主要内容。

舞弊的风险评估是采取舞弊风险评估工具对组织内部存在的舞弊风险程度进行测评,识别组织内部舞弊风险的程度,有针对性地采取相应的措施,以使组织内部舞弊风险保持在可以接受的水平。

舞弊的发现是指运用适当的技术手段尽早地发现舞弊的存在,在舞弊活动还未带来较大损失之前就发现舞弊,将其制止在舞弊行为发生的初期,以尽可能地减少舞弊带来的损失。

舞弊的应对是指对舞弊活动采用有效的方法进行识别和针对已发现的舞弊进行调查取证以及随后的舞弊风险管理制度的建立与完善。舞弊的应对具体包括舞弊的识别、舞弊的调查和反舞弊制度的完善。

(三)舞弊风险管理的五项原则

来自 COSO 舞弊风险管理指南有五条原则:

原则一:作为公司治理结构的一部分,任何公司都应该建立舞弊风险管理程序。该程序应包括董事会和高管对舞弊风险的认识以及制定的一系列反舞弊政策,表明董事会和高管对治理舞弊的期望,以及他们对管理舞弊风险的诚信和道德的承诺。董事会应独立于公司管理层监督公司内部控制的发展和绩效。在董事会的监督下，管理层应建立对舞弊监控的组织机构、报告渠道以及适当的授权与职责划分。

原则二：任何公司都应该定期进行舞弊风险评估，以辨别潜在的舞弊事件，评估现有的预防舞弊策略并采取行动降低舞弊风险水平。公司应明确规划目标，以便识别和评估与该目标有关的舞弊风险；公司应确定实现其目标所面临的风险并分析该风险，以此作为决定如何管理风险的基础；公司应关注评估在实现其目标所面临的风险中潜在的舞弊风险的可能性；公司应确定并评估可能对内部控制系统产生重大影响的变化。

原则三：公司应该选择、开发和部署预防与检测舞弊的控制活动，以及时发现并减轻舞弊对组织的冲击与影响。公司应选择并开发有助于降低风险，以实现目标，达到可接受的风险水平的控制活动；公司应选择并开发一般的基于技术上的控制活动，以支持目标的实现；公司应制定反舞弊政策，并通过部署将这些政策付诸行动的程序控制舞弊活动。

原则四：公司应该建立信息沟通机制，以获取有关潜在舞弊的信息，并采取协调的方法进行调查，纠正不当行动，以适当和及时地处理舞弊行为。公司应获取或生成和使用相关的质量信息，以支持内部控制的其他组成部分的运作。公司应保持内部信息沟通的通畅，包括内部控制的目标和职责，这是支持内部控制运作的必要条件。公司应就影响内部控制其他组成部分运作的事项与外部各方进行及时沟通。

原则五：公司选择、开发并进行持续的评估，以确定是否每一项舞弊风险管理的原则是否起作用，及时发现沟通舞弊风险管理信息系统的不足，以便责任方能及时采取改进措施，包括高管层和董事会。公司选择、开发并进行持续和(或)独立的评估，以确认内部组件控制存在并发挥作用。公司应及时评估和沟通内部控制缺陷，将采取的改进措施通报各方，包括高级管理人员和董事会。

第二节　舞弊的预防

一、舞弊的预防及其意义

舞弊的预防是指运用一系列政策、程序、培训和交流等手段防止舞弊的发生。舞弊的预防是最为重要的舞弊管理手段，是最具成本-效益的舞弊风险管理方法。

舞弊预防的意义在于减少机会、消除舞弊对潜在舞弊者的诱惑。预防损失是有益的,舞弊预防活动有助于确保企业的稳定性和长久生存。然而,很多组织没有一系列规范的方法预防舞弊,一旦舞弊发生,恢复资产的可能性就很低。尽管预防舞弊的发生是要投入资源的,但是舞弊预防总要优于舞弊发生时再采取措施。根据舞弊三角理论,应对舞弊的方法是采取措施以减少动机、限制机会、限定潜在的舞弊者对他们行为合理化的可能性。虽然防范措施不能保证舞弊不会发生,但它可以将舞弊风险最小化。

舞弊对公司会带来毁灭性的危机,采用舞弊预防检测措施能有效预防危机的发生。如果不能积极地识别和控制舞弊风险,公司的经营就有可能在一夜之间毁掉。即使侥幸逃过一劫,重大舞弊事件也会严重影响公司的声誉,以至于公司再也没有机会获取成功。

舞弊预防检测能够精确查找舞弊因素以节约成本。舞弊会严重消耗公司的财务资源,在市场竞争的环境中,没有公司可以对占年收入5%的隐性舞弊消耗置之不理。一些公司,如保险和信用卡公司已经识别出自身舞弊成本中最显著的部分,在减少舞弊消耗方面取得了重大进展。如果公司尚未识别并控制舞弊成本,就极易被已经采取了相应措施的竞争对手打败。

舞弊的普遍存在将会带来不可忽视的风险。现在人们对普遍存在的小的舞弊现象已经习以为常,以至于只有大规模舞弊事件才会被人们关注。没有设置有效措施预防舞弊风险的企业越来越容易受到舞弊行为的伤害。

舞弊预防检测措施是预防舞弊最经济的方式。大多数公司在舞弊预防的初始审查中得分很低,因为它们没有既定的反舞弊审查手段。尽早找到预防舞弊的方法,能够使公司免于成为重大舞弊事件的受害者。这就如同一个人发现自己患了严重的高血压,这可能是坏消息,但若没有发现自己患有严重的高血压,就可能会导致更严重的后果。

强有力的舞弊预防措施能够增强投资者、监管者、审计委员会成员和普通大众对公司财务报告真实性的信任,这有助于公司吸引和维持资本。

二、积极的预防舞弊的措施与方法

(一)营造诚实、开放、互助的公司文化环境

这部分的内容主要包括雇用诚实的雇员并对雇员持续进行反舞弊教育;营造一种积极向上、团结互助的工作氛围;颁布与实施能够被很好理解与遵守的操行与道德规范;实行雇员互助基金项目。

公司建立一套严格的新雇员筛选制度是非常重要的,因为即使在控制环境极佳的情况下,也不能完全杜绝某些不诚实的人从事舞弊活动。有效地审查每一名应聘者,只

允许诚实的雇员受到聘用,这一点对于预防舞弊的发生非常重要。研究表明,有接近30%的人是不诚实的,30%的人是情景性的诚实,只有40%的人始终是诚实的。也有研究表明,有25%的舞弊案是由那些在公司工作3年或工作更短时间的雇员实施的。公司尽量不要雇用那些有赌博、吸毒、财务问题以及有犯罪前科的人。

营造一个积极向上、团结互助的工作环境对于预防舞弊也是至关重要的。首先,许多人所以实施舞弊是因为没有人与他交流。当一个人一切问题都由自己一个人扛的时候,他就会丧失正确判断对与错的能力,这时就很容易做出不诚实的事情来。其次,开放的政策可以帮助管理者或其他人了解雇员所承受的压力、面临的困难和自我合理化的借口。了解这些内容可以帮助管理者采取积极的步骤预防舞弊。有研究表明,大约71%的舞弊者是行为孤僻的人,与这些人多交流,可以预防舞弊的发生。

建立诚信、开放、互助的公司文化氛围在很大程度上取决于公司道德与行为准则的建立与遵守。有关道德方面的文献一再提醒我们:如果想让员工有诚实的行为表现,管理者就必须明确地告诉员工哪些做法是诚实的行为,并作出示范。那些在舞弊预防方面做得好的公司都有很好的道德条例与行为准则公示。这些条例与准则清楚无误地告诉公司的每一位员工什么行为是可接受的,什么行为是不可接受的。要让员工定期阅读与签署"道德条例"与"行为准则",这样做不仅使员工加深对"道德条例"与"行为准则"的理解,也可以反复表明这些"道德条例"与"行为准则"对公司的重要性。要让员工认识到:"舞弊可以伤害每一个人,包括自己""公司对舞弊行为是零容忍的""不诚实是非常严重的问题"。此外,"道德条例"与"行为准则"的公示也可以堵住潜在的舞弊者形成自我合理化的借口,使他们不再说出这样的话:"这没有那么严重""如果你知道我是多么地需要它,你就会理解我""我真的没有伤害任何人""人人都会有点不诚实""我只是暂时借点钱用,将来我会归还的"。

在公司内部设立专门用于解决雇员及其近亲属临时财务困难的"雇员互助基金"是预防舞弊的有效安排。互助性质的"雇员互助基金"可以有效地缓解雇员承受的经济压力,使得那些遇到财务困难的雇员不至于因为缺钱而实施舞弊。该基金的资金来源一般有三种渠道:划拨,即由公司从职工福利费中提取;缴纳,即由公司雇员每年交纳;受赠,即由公司高层或社会各界人士及机构捐赠。

犯罪心理学的观点认为,策划与实施舞弊活动是雇员舒缓个人压力的有效办法,而实行雇员互助基金制度则可以很好地帮助雇员解决诸如滥用酒精与毒品、赌博、个人理财、健康与家庭等个人问题所面临的财务压力问题。

(二)减少或消除舞弊的机会

减少或消除舞弊的机会可以由七条途径实现:建立完善的内部控制制度;阻止合谋串通;制定使供应商和客户保持警觉的公司政策;密切关注雇员的生活方式的改变;设置举报热线;形成严厉的惩罚预期和积极的舞弊审计。

1. 途径一,建立完善的内部控制制度:建立良好的内部控制制度可以有效地预防舞弊的发生,这是被人们普遍认可的事实。任何一个组织的内部控制的结构都应该包括三个方面的内容:良好的控制环境;良好的会计制度;良好的控制程序与良好的沟通与监控。

良好的控制环境应该是一种存在于组织的气氛,这种气氛能使雇员感知受到一种负责任的控制与警惕。控制环境的关键要素包括诚信文化、伦理价值、人的能力、管理哲学与经营风格、管理者分派权利的方式、责任、组织、董事会提供的关注与方向。控制环境也包括精心定义的员工聘用实务、清晰的组织结构和良好的内部审计部门。

良好的会计制度当然是非常关键的。会计系统提供的信息必须是客观、全面和及时的。会计系统提供的信息也应该是有价值的、分类的、经过授权批准的和汇总的。

控制程序(活动)是指对资产实施物理控制、适当的授权、岗位分离、独立检查和文件记录的一系列政策与实务。良好的控制系统应该能够满足这些要求,并为实现组织的目标,为减少、预防与发现舞弊提供良好的保证。

以下是本书为我国中小企业提供的12项替代的控制方法:

- 所有的现金与银行存款业务一律经专职出纳员办理,他人不得插手
- 舞弊审核师可以随时审阅所有的会计资料
- 舞弊审核师可以自由接触所有的雇员
- 每位雇员与管理人员都必须接受每年强制连续休假两周
- 总账票据应由其他人批准,而不是由完成票据的本人批准
- 公司内部空间应该区分开放区与禁入区
- 实行有效的内部审计制度,每年对领导人和在重要岗位上工作的雇员实行舞弊专项审计
- 对所有与现金流入流出业务有关的凭证都立即进行复制备份,并由专人保管
- 由舞弊审核师或公司负责人对雇员的个人账户实行不定期的检查
- 对雇员个人的贷款或借款申请要视同一般顾客一样进行审查
- 从事凭证保管与登记账簿的雇员不能自行处理银行对账单
- 企业领导人要亲自审阅与签署公司每天的报表文件

最后需要指出的是,有效的内部控制制度只是预防与发现舞弊的单一工具,仅有它

是不够的。控制可以预防舞弊,也可以发现早期的舞弊。但是在实践中,控制往往不能按照人们预先设定的那样进行,这主要是因为有些雇员以懒惰的态度对待控制,不遵守既定的控制程序,企业内部缺乏有力的奖惩措施,缺乏对控制问题的关注等。控制只是提供一种理性的保证,只是全面预防舞弊计划中的一个要素。

2. 途径二,阻止合谋串通:调查数据表明,大约52%的舞弊是由个人单独进行的,其余48%的舞弊都涉及合谋。当组织允许某一雇员长时间地与同一卖方或客户亲密接触,合谋舞弊的风险就会大大增加。由于合谋舞弊发展进程比较缓慢,因为需要时间了解合谋者是否值得信赖,所以许多合谋舞弊可以通过强制休假与轮岗的办法加以预防。

如今,有两种商业趋势倾向于增加合谋舞弊:一是商业交易的复杂化,在复杂的经济环境中,诚信的雇员总是显得孤立、离群;二是供应者联盟的崛起,使得口头协议常常取代了书面协议,买方与卖方之间的关系更为紧密。这样虽然降低了成本,增加了产量,但是增加了合谋舞弊的风险。这样的趋势在多大程度上影响舞弊目前还不得而知,但是由此引发的舞弊的确是增加了。正是那些人们认为值得信赖与诚实的人策划了大部分的舞弊。某公司的经理在得知自己认为值得信赖的供应商是一个舞弊老手时,他惊讶地说:“我简直不能相信是他干的,就如同你意识到你的兄弟是谋杀者一般。”问题在于,即使诚信的人,在诱惑与机会不断增加时,要“出淤泥而不染”,也并非易事。

这里有一个古老的故事非常有趣。有个老板要寻找一位好的马车夫帮助自己通过崎岖的山路,有三个人前来应聘。招聘人问:“你们能把车赶到离悬崖边多远而不将马车翻下去?”第一个人说:“我可以把车赶到离悬崖六英寸的地方,而不出任何问题。”第二个人答道:“我可以把车赶到离悬崖三英寸的地方。”第三个人回答道:“我会把车赶到尽量离悬崖远的地方,因为把马车置于危险的地方太傻了。”猜猜看,谁能得到那份工作?

舞弊就如同“悬崖”,风险越高,问题也就越多。因而,在那些缺乏有效舞弊控制的环境里,雇员要定期接受盘查,定期轮岗或外出休长假,以使企业这辆马车尽可能地远离悬崖。

3. 途径三,制定使供应商和客户保持警觉的公司政策:有时一些清白的供应商和客户也会被迫卷入舞弊之中来,因为他们担心如果自己不参与的话,就会失去与公司做生意的商业机会。在大多数情况下,这些供应商和客户只有一份或两份订单。他们常常被一些非法要求或其他非法行为胁迫卷入的。公司可以采取定期向供应商和顾客发信解释公司没有礼物或赠物的政策,帮助他们理解公司照章办事、守法经营,公平对待每一位客户的原则,让他们了解公司对员工舞弊行为零容忍的制度,并鼓励知情的供应商和客户举报舞弊者。这样的信件对预防舞弊是非常重要的。供应商和客户接到这样的信息之后,为维护商业关系,常常会有举报,让更多的舞弊案暴露出来。例如,一家大型鸡肉快餐店发现了一起涉及 20 万元的向供应商索取回扣的舞弊案,在调查之后,快餐店老板决定给所有的供应商发信,解释公司反对任何向供应商索取回扣或赠物的政策。之后不久,又有两起买方索贿案被举报。

4. 途径四,密切关注雇员的生活方式的改变:那些通过舞弊取得金钱的人一般都很难不暴露他们所得的财富,总会按捺不住动用所偷来的钱支持他们昂贵的消费与奢侈的生活方式。只要密切关注某些雇员的生活方式的改变就可以在早期发现舞弊行为。下面是某银行职员马某的案例:

马某是于 1980 年开始在银行工作的,在她实施舞弊的 7 年里,其年薪从来没有超过 20 万元。但是了解她的同事却知道以下情况:她有过几次豪华游轮旅游;参加了耗资 6 万元的高尔夫学习课程;购买了 2 辆豪华轿车;是昂贵珠宝和衣物的消费者(包括 16 件钻石和蓝宝石首饰);经常租用豪华轿车旅行;为其母亲购买了一套私人公寓;购买了价值超过 150 万元的艺术品用于收藏;有一套装修豪华的住宅。

事实上,马某的生活消费远远超出了她的合法收入水平。只要人们对她的生活方式改变稍加注意就可以发现问题。当有人问她为什么会如此有钱时,她说她的丈夫继承了他国外叔叔的一笔遗产。显然这一说法是假的,即使是真的,那笔遗产也远远不够支持她的奢侈花费。

关注雇员的生活方式的改变有助于早期发现舞弊,也可以预防舞弊的发生,因为潜在的舞弊者会意识到"有人盯着我呢,我得收敛着点"。

5. 途径五,设置举报热线:借助于现代通信技术,舞弊很容易通过举报被发现。有人经过调查发现,大约有 33% 的舞弊案是由举报暴露的,由外部审计师发现的舞弊案仅占很小的比例。某公司在一年内经历了超过 1 000 起的舞弊案,其中 42% 的案件是通过举报和员工与客户抱怨发现的。为知情的举报者提供举报便利可以有效地预防舞弊,因为雇员非常了解他周围同事的所作所为,可以非常容易地报告可疑的舞弊。当舞弊者看到他身边的同事可以非常方便地拿起电话举报舞弊活动时,他们对舞弊活动必然有所顾忌。

6. 途径六,对舞弊形成严厉的惩罚预期:对舞弊形成严厉的惩罚预期可以有效阻止不诚实行为的发生。对已经暴露的舞弊者实行快速、有力、一致的处罚可以使正在进行或准备进行舞弊活动的舞弊者停下来思考后果。真正的惩罚包括将不诚实的行为告诉其家庭成员与朋友,因为舞弊者一般都会因为感到羞耻而不愿意将这类情况告诉其亲朋好友。

对于那些已经触犯法律的舞弊者要坚决报警,并实行强有力的诉讼,这样可以加大舞弊的成本，使其因担心受到严厉法律的制裁而住手，从而有利于预防舞弊的发生。尽管起诉舞弊者从短期的角度看要花费许多金钱与时间，但是从长远看，它可以向潜在的舞弊者发出强烈的信号：舞弊是不能容忍的，舞弊是要付出昂贵代价的。

7. 途径七，积极的舞弊审计：许多公司并不重视组织内部的舞弊审计，只有在发现舞弊的苗头时才被动地进行舞弊审计与调查。如果公司能够定期开展积极的舞弊审计，可以告诫雇员他们的行为在任何时候都有可能被舞弊审核师复查，这样就可以增加一些人的畏惧感而起到预防舞弊的作用。

总之，舞弊可以通过创造诚实、开放和互助的文化环境以及消除或减少舞弊机会等方法加以预防。对于舞弊，我们应该贯彻"预防为主"的方针，这样可以在很大程度上降低防范舞弊的综合成本。

最后，我们就舞弊的预防总结了以下几个要点：

第一，预防舞弊是减少舞弊损失的最具成本—效益的方法。一旦舞弊发生，就没有所谓的赢家。

第二，舞弊者要遭受损失，他们个人要丢面子、承受羞辱，必须接受指控并承担法律后果，必须退赔非法所得，面对财务处罚和其他后果。

第三，舞弊受害者也要遭受损失，他们的资产被侵吞，要支付相关的法律费用，要损失时间，要面对舞弊带来负面的影响和其他后果。

第四，设置了积极的舞弊预防措施的组织和个人会发现，这些措施可以带来丰厚的回报，因为舞弊调查的花费是非常高的，而舞弊预防的成本则十分有限。

第三节　舞弊的风险评估

一、舞弊风险评估的定义

舞弊风险评估是采取舞弊风险评估工具对组织内部存在的舞弊风险程度进行测评，识别组织内部舞弊风险的程度，有针对性地采取相应的措施，以使组织内部舞弊风险保持在可以接受的水平。舞弊风险评估是舞弊风险管理必不可少的一部分。

舞弊风险评估也是对组织存在的弱点、面临的威胁以及由两者综合作用而带来的舞弊风险可能性的评价，它是构成舞弊风险管理体系的一项重要内容。为有效地保护企业及其利益相关者免受舞弊侵害，每个组织都应该熟悉会产生直接或间接危害的舞弊风险及舞弊风险的类型。根据组织的规模、复杂程度、所属行业和组织目标量身订制舞弊风险评估系统，定期进行舞弊风险评估，并根据评估结果对防范舞弊风险工作进行及时调整。

就具体的操作而言，舞弊风险评估是指由舞弊风险管理专家和客户或雇主一起，回答一系列预设的问题，这些问题旨在帮助组织检查与审视内部存在的舞弊风险，由此对存在于组织内部的舞弊风险水平进行测度，对组织内部的舞弊风险程度给出评估的舞弊风险管理过程。

舞弊风险评估制度作为一种评估工具，其成功应用的关键是客户或雇主应该选择了解公司运作的人（如管理人员和内部审计人员），与舞弊调查专家一起完成舞弊风险评估工作。

二、舞弊风险评估的目标

舞弊风险评估的目标可以从以下七个方面考虑确定：

- 确定潜在的、内在的舞弊风险
- 评估识别舞弊风险发生的可能性和重要性
- 评估最有可能实施舞弊行为的人员和部门，并且识别他们可能采用的舞弊方法
- 确定并且将现有的预防和检测措施与其控制的舞弊风险一一对应
- 评估确定这些控制制度是否有效且高效地运作
- 确定和评估由于控制无效或缺乏控制而残存的舞弊风险
- 针对残存的舞弊风险提出控制的对策与改进措施

三、舞弊风险评估的等级

我们一般需要将组织的舞弊风险水平由低到高依次划分为由等级 1 至等级 10。这些对舞弊风险等级的重要性水平、提供的舞弊机会的界定以及相对应的改进措施如表 4-1 所示。

表 4-1　舞弊风险等级表

风险等级	重要性水平	界　　定	改进措施
1	很低	没有提供明显的舞弊活动机会	无
3	低	提供了低水平的舞弊活动机会	无，但是要注意任何薄弱点
5	中等	提供了中等的舞弊活动机会	改进策略
7	高	提供了高舞弊活动的机会	即时的改进策略

续表

风险等级	重要性水平	界　定	改进措施
9	很高	提供了一个非常高的舞弊风险	优先级的改进策略

注:中间等级如2、4、6、8、10可以用于灰度。

四、舞弊风险评估工具

美国注册舞弊审核师协会(ACFE)的舞弊风险评估工具包含15个模块,每个模块都包含了一系列的问题,这些问题旨在帮助公司聚集风险点。反舞弊专家和客户或雇主通过一起回答每一模块的问题来评估风险。

(一)模块一:员工考核

这一模块主要通过以下34个问题对公司内部控制、内部控制环境和为了预防、检测及遏制舞弊可利用的资源情况进行调查,评估公司内部发生舞弊事件的概率。

1. 公司有没有为员工提供正式的书面的岗位说明?
2. 公司有没有为员工提供一个显示职权划分的组织结构图?
3. 公司有没有书面的会计政策和程序?
4. 公司是否有一个关于财务往来的审批权限的制度,如采购或出差?
5. 公司是否有一个职业道德声明?
6. 高级管理人员有没有提倡并鼓励合乎职业道德的行为?
7. 公司有没有书面的反舞弊政策和程序?
8. 有没有一名高级管理人员专门负责反舞弊政策的落实?
9. 公司有没有对员工进行职业道德和反舞弊政策的培训?
10. 公司有没有建立匿名举报制度,举报涉嫌违反职业道德和舞弊方案的行为?
11. 公司能否及时、彻底调查舞弊事件?
12. 公司有没有保存关于舞弊事件的记录?
13. 公司是否进行员工入职前的背景检查?
14. 公司是否有损失预防机制?
15. 公司是否有内部审计机制?
16. 在授权、保管资产、记录或报告交易方面,是否实现了职责分离?
17. 是否对内部控制的合规性进行定期审计?
18. 员工是否认为他们被公平地对待和获得补偿?
19. 是否有员工有巨额的个人债务或信贷问题?

20. 是否有员工的花费远远超过他们的收入？
21. 是否有员工沉溺于赌博？
22. 是否有员工酗酒或吸毒？
23. 是否有员工怨恨他们的上司？
24. 是否有员工与供应商或竞争对手有密切的关系？
25. 是否有员工在外有与其公司职责相冲突的商业利益？
26. 公司的员工流失率是否很高？
27. 是否有要求员工休年假？
28. 公司是否被少数人控制？
29. 公司是否有不切实际的生产效率评估和预期？
30. 管理层是否对员工的工作表现给予积极的反馈与认可？
31. 员工是否不敢向监管者或管理层上报坏消息？
32. 管理层和员工之间是否缺乏沟通？
33. 公司是否有不明确的组织职能？
34. 管理层是否关心或奖励员工的合规行为？

（二）模块二：管理层和主要员工评估

这一模块提出的问题主要目的是根据内部控制和用以预防、检测及遏制舞弊的资源，评估组织内发生舞弊事件的概率。

1. 董事会是否是由公司的高级职员和其他相关个人组成？
2. 是否有不具有独立性的审计委员会？
3. 管理人员和董事会成员是否有很高的离职率？
4. 公司的主要员工最近是否有异常高的离职率？
5. 公司是否卷入诉讼？
6. 公司是否有境外活动或境外银行账户？
7. 是否有高级管理人员有境外的银行账户或商业利益？
8. 是否有主要员工面临财务压力，如债务、赌博、医疗费或离婚？
9. 主要员工是否存在入不敷出的问题？
10. 是否有主要员工涉及民事诉讼或有破产记录？
11. 是否有主要员工被刑事定罪？
12. 公司是否被一两个主要人员所主导？
13. 是否有主要员工的朋友或亲属直接向他们汇报工作？
14. 是否存在与供应商有密切联系的主要员工？

15. 是否有主要员工存在与履行公司职责相冲突的外在商业利益?
16. 是否有主要员工拥有与公司有商业往来的其他公司的股份?
17. 是否有不去度假的主要员工?
18. 是否有主要员工在公司中投入了大量的自有资产?
19. 公司是否存在异常高的负债?
20. 主要员工的薪酬水平及发放是否主要基于公司的业绩?
21. 是否存在基于纳税方面的考虑而鼓励用不正当的手段最小化收入的动机?
22. 是否存在提高公司股票价格的过大压力?
23. 公司在近期是否存在重大的经营或投资损失?
24. 公司是否有足够的运营资金?
25. 公司是否有足够的信用额度?
26. 公司是否有出具良好盈利报告的压力?
27. 公司是否对有限的产品或顾客存在过度依赖?
28. 公司在收回应收账款时是否遇到困难?
29. 公司近期是否在新业务或生产线方面进行迅速扩张?
30. 公司是否面临销量减少问题?
31. 公司是否在面对经营能力超过自己的强劲竞争对手?
32. 公司是否有被收购或被其他公司合并的压力?
33. 公司变更外部审计师是否过于频繁?
34. 公司是否拖延或不向外部审计师提供完成审计所需的必要信息?
35. 公司的监管机构是否存在问题?
36. 公司会计记录是否不规范?
37. 会计部门是否配备了足够的员工?
38. 公司是否披露了可疑或异常的会计问题?
39. 公司是否存在大宗异常交易或在年终进行大宗交易?
40. 公司是否有足够的内部审计人员?
41. 公司是否缺乏内部控制制度,或是现有的内部控制制度能否得到执行?

(三)模块三:监控员工盗窃和舞弊的控制制度

1. 公司是否进行了新员工入职背景调查,以掌握公司员工先前发生的不诚实或不道德的行为?

2. 是否有处理不诚实或不道德行为的政策和程序?

3. 管理者是否支持职业道德和反舞弊制度的建设?

4. 公司是否通过培训告知员工职业道德和反舞弊制度与程序的重要性？

5. 公司是否建立匿名举报制度，举报涉嫌违反职业道德和舞弊的行为？

6. 公司是否对存放内部机密文件（如发票、收据、日记账、分类账和支票）的地方的访问进行严格限制，并维持审计路径追踪系统的运行？

7. 公司是否对保存机密文件（如会计软件、库存和薪资表）的计算机系统的使用途径进行了严格限制，并创建了审计路径追踪系统？

8. 公司是否对存放高价值资产的场所（如货船、接收仓、储存室和付款处）采取限制人员进出措施？

9. 公司是否采用视频监控设备对出入口、存放机密或高价值资产的场所和销售场所进行监控？

10. 公司是否对库存、现金、费用、采购、账单及其他账目进行过随机的或突击的内外部审计？

11. 公司是否有专业的损失预防系统或安保人员进行实地监控？

12. 公司是否能够对被怀疑的或被举报的舞弊事件及时进行调查？

（四）模块四：撇脂揩油计划

1. 是否有使用垂直、水平和比率分析法对销售账户进行的定期分析检查？

2. 是否有使用统计抽样法对库存和收货记录进行定期检查？

3. 是否有使用趋势分析法对库存和收货记录进行定期检查？

4. 是否有使用存货盘点法对存货和收货记录进行定期检查？

5. 是否有使用已验证的货运和申请文件对存货和收货记录进行定期检查？

6. 是否有对存货账面价值的减少进行定期检查？

7. 是否有对应收账款和坏账准备账户进行定期检查？

8. 是否有对现金账户进行定期检查以发现非正常的流入？

9. 公司现金日记账是否被除了簿记员、收银员或者其他制作日记账的会计人员之外的人打开过？

10. 付款凭单和销售收据是否包含序列号？

11. 应收账款簿记员是否限制向银行存款？

12. 应收账款簿记员是否限制对客户收取现金？

13. 应收账款簿记员是否限制获取现金收据？

14. 收银员是否限制获取应收账款记录？

15. 收银员是否限制获取银行和顾客声明？

16. 总账分录、现金收入分录和应收账款账单的会计岗位是否都被单独安排给一个员工?

17. 收到收入支票的员工是否对所有收到的支票采取了限制性的背书?

18. 收发人员是否对所有的支票和现金收入准备了一份清单?

19. 收发人员是否将所有的支票和现金交付给了负责日常银行存款的人?

20. 员工是否将银行存款票据与收发人员制作的汇款清单进行了独立的验证?

21. 公司是否对现金收入使用保险箱?

22. 公司是否有一个限制接触的保险箱?

23. 现金是否每日存入银行?

24. 是否有为现金销售预先编号的现金收据?

25. 是否有人为经手现金的员工提供担保?

26. 对于拖欠账款的汇总是否有书面的政策和程序?

27. 处理客户投诉的人员是否与出纳和收款职责相分离?

28. 对会计系统的访问是否只限定于被授权的人?

(五)模块五:现金盗窃计划

1. 收银凭条上的总额是否与现金柜里的金额进行核对?

2. 是否有收银机工作员以外的员工负责编制收银机计数表,并同收银机总数核对是否一致?

3. 是否密切监视对收银机或现金箱的访问?访问密码是否保持安全?

4. 顾客对于少找钱或不当记账的投诉是否由收到现金的员工以外的人员处理?

5. 收银机工作员是否受到合理的监管?

6. 是否使用了视频监控设备对收银机区域进行监测?

7. 是否对每笔应收往来的合法性及证明文件进行了审查?

8. 在将收入交给收银员或应收账款记账员之前,是否编制了单独的现金收入清单?

9. 是否有一个独立于现金收入和应收账款职责的人员,将现金收入日记账分录与银行存款单和银行对账单进行对比?

10. 现金收入、现金清点、银行存款、存款收据核对、银行对账单、存款记账以及现金支出的职责是否分离?

11. 是否由收银员或应收账款簿记员以外的员工处理日常的银行存款业务?

12. 处理现金收入和履行会计职责的员工是否是强制工作,或者是实行任务轮换?

13. 处理现金收入和履行会计职责的员工是否有强制休假?

14. 是否进行突击清点现金?

15. 是否对现金账户的日记账分录进行定期审查和分析？
16. 公司是否使用销售点监控系统（POS）？
17. POS 系统是否跟踪永续盘存？
18. POS 系统能否跟踪异常情况，比如无效销售、退款、不销售、溢款和短款？
19. 收银机异常报告是否定期审核？
20. 是否禁止除了管理人员之外的其他员工对 POS 系统进行修改？
21. 应收账款明细账和总账的获取是否限于经授权的员工？其获取是否留下审计痕迹？

（六）模块六：支票篡改计划

1. 未使用的支票是否被存放在一个安全并限制他人接触的储物柜中？
2. 已关闭的账户中未使用的支票是否被及时销毁？
3. 电子支付是否被用于可能减少签发纸质支票的地方？
4. 印制和签发的支票是否在签署后立即邮寄？
5. 新的支票是否向有信誉的支票供应商购买？
6. 公司支票是否包含防伪标志以确保其真实性？
7. 公司是否通知其银行不接受超过预定最高金额的支票？
8. 公司是否通过向银行提供支票签发和授权支付的每日清单与银行建立了良好的支付控制？
9. 是否禁止准备支票的员工签发支票？
10. 是否详细对比支票上的收款人和现金支出日记账上的收款人？
11. 负责管理和编码支票的员工是否定期轮换？
12. 是否在收到银行对账单后立即完成银行对账工作？
13. 银行对账单和对账工作是否安排独立审计以确保准确性？
14. 是否对已注销的支票的修改和伪造进行独立审查？
15. 支票上材料数量是否与证明文件相符？
16. 是否检查作废的支票存在违规情况，以确保其没有被处理过？
17. 是否对遗失的支票进行登记并发出拒付令？
18. 可疑的收款人或收款人地址是否引起对相应的支票和证明文件的审查？
19. 除了工资外，是否签发给员工的支票都经过违规审查？
20. 支票签发是否需要两个人签名？
21. 公司的所有付款是否都以支票或其他可记录的支付方式？
22. 是否禁止手写的支票？

(七)模块七:收银机计划

1. 退款、无效交易和折扣是否按常规方法进行评估,以便识别员工、部门、轮岗和商品等的活动模式?

2. 收银台上是否粘贴告示要求顾客检查销售收据?

3. 现金支付是否被记录在一个预先编号的表格上并且每日对账?

4. 现金支付表是否有解释部分或准则?

5. 是否随机联系无效销售或退款的客户,以核查交易的准确性?

6. 是否将对退款和无效销售的必要控制限定于管理者?

7. 无效交易或退款交易是否必须由一个管理者同意并且记录?

8. 无效交易和退款交易的文件是否存档?

9. 遗失的或者被更改的收银凭条是否被彻底调查?

10. 收银凭条上的空缺是否被调查?

11. 是否对金额在审查界限以下的各种无效销售或退款进行了调查?

12. 是否由收银员以外的员工负责编制收银机计数表并且将其与收银机总数核对?

13. 顾客投诉付款错误是否被彻底调查?

14. 是否每一个收银员对收银机有一个单独的访问代码?

15. 是否每一个收银员有一个单独的现金柜?

16. 是否每个人和/或收银机都有一个溢缺日志?

17. 溢缺事件是否被彻底调查并进行监测?

18. 是否对所有没有销售实质的收据提供了合理解释并记录在收银员的日志中?

19. 是否只允许被授权的员工和主管访问收银机区域?

20. 是否所有的收银员都定期进行诚信销售引导?

(八)模块八:采购和结算计划

1. 公司有采购部门吗?

2. 采购部门独立于会计、收货和运输部门吗?

3. 采购申请是否需要管理层的批准?

4. 采购订单需详细记录采购商品、数量、价格和日期吗?

5. 采购订单是否要预先编号并进行会计处理?

6. 公司是否保留了主供应商的档案?

7. 是否所有采购均要进行竞标?

8. 收货部门是否对其接收的所有货物填写收货单?
9. 收货部门是否对其接收的所有货物保留了记录?
10. 是否将收货单副本交给了会计和采购部门?
11. 采购和收货功能是否与发票处理、应付账款、总账相分离?
12. 是否在记录相关责任前检查供应商发票、收货单、采购单三单是否一致?
13. 在支付现金前,是否应对采购单进行采购登记或支付凭单登记?
14. 是否有程序保障采购的货物能够直接交付给客户,并及时与客户结算?
15. 供应商的退货单是否与其付款单相符?
16. 应付账款总账或付款凭证登记簿是否每月与总账进行对账?
17. 核销应付账款借方余额是否应取得特定管理人员的批准?
18. 为防止异常供应商和地址的出现,是否要对主供应商档案进行定期检查?
19. 是否对供应商采购进行异常分析?
20. 是否采取控制方法以检查发票和采购订单号是否重复?
21. 是否每月对信用卡对账单进行逐笔检查?
22. 是否对供应商的邮箱地址进行验证?
23. 为便于归档,是否对付款凭证进行定期检查?
24. 是否对应付账款分类账和总分类账的查阅进行严格限制并建立审计追踪?

(九)模块九:工资计划

1. 是否定期检查员工工资单,以防出现重复或丢失社保号?
2. 人事档案是否独立于绩效部门而保存?
3. 是否对所有新员工进行背景调查?
4. 是否检查病假、休假、节假日与公司政策相符?
5. 员工是否填写并签署有关授权工资扣缴和预扣豁免的表格?
6. 是否定期核对工资单与人事解除记录?
7. 工资支票是否预先编号并按顺序发放?
8. 工资银行账户的对账工作是否由非准备工资支票、签发支票、发放工资的员工进行?
9. 工资发放登记簿是否应与总账对账?
10. 是否对已注销的工资支票进行变更和背书检查?
11. 是否对备用工资支票和签名章的接触进行严格限制?
12. 是否检查薪金工资支票中税款、保险等的扣缴情况,以确定是否有员工的薪金尚未扣缴上述款项?

13. 是否对员工工资单进行定期检查，以确定有无重复或缺失家庭住址和电话号码的情况？

14. 是否对工资支票的自动存款账户信息进行定期检查，以防出现重复打款？

15. 是否安排一个独立于工资管理部门的员工负责工资发放事宜？

16. 新员工是否提供户籍身份证明？

17. 员工工资的任何调整是否都取得不同级别的管理层批准？

18. 加班是否应取得监管者的授权？

19. 监管者是否应在每次发薪期间确认并签署考勤卡？

20. 是否将佣金支出与销售数量进行对比以确认金额？

21. 是否由一个独立于销售部门的人员统计销售佣金？

(十)模块十：费用计划

1. 是否采用历史比较和预算对比的方法定期对费用账户进行检查和分析？

2. 是否在付款前对员工的费用报销单进行详细审查？

3. 员工是否提交一份详细的费用开支报告？

4. 对酒店、餐饮、娱乐等之类的开支是否设限额？

5. 所有费用报销时是否需要收据？

6. 所有费用报销请求是否需要监管者的审查和批准？

7. 是否有一种对费用收据及报销的随机检查机制？

(十一)模块十一：库存和设备

1. 近期是否完成了对公司设备的清查，并将序列号、产品说明列表登记？

2. 公司是否安排一名部门外的工作人员对该部门进行财产清查？

3. 是否对库存记录中不明原因的分录的原始凭证进行检查？

4. 公司是否存在库存大量增加而销售并未增加的情形？

5. 是否定期对期初库存、销售额、销售费用、期末库存进行分析性检查，以发现无法解释的差异？

6. 是否存在异常大量的存货调整、注销和处理？

7. 公司是否制定了库存制度？

8. 是否由一个独立于采购、收货、存储部门的工作人员对存货进行实地盘存？

9. 是否要使用预先编号的库存标签？

10. 是否对库存标签进行控制和核算？

11. 盘点程序是否避免重复计算？

12. 库存盘点是否要独立重新清点?

13. 为了便于分类归档,是否合理识别了会计系统中的诸如类型、条件、完成情况等存货信息?

14. 在调整库存记录前是否要调查盘点数与库存记录之间的差异?

15. 是否进行了废料清查,废料处置是否要说明理由?

16. 以下职责是否分离:领取库存、接收存货、支付货款、核销废料、开具废料销售收据?

17. 是否为所有货物采购准备收货单?

18. 收货单副本是否直接送往采购和会计部门?

19. 是否向收货部门提供所有收到货物的采购单副本?

20. 分批装运是否在采购单上注明或是单独附加相应表格?

21. 是否进行了盘盈、盘亏和损毁报告,并将报告发送至采购和会计部门?

22. 是否将接收到的材料的数量与采购单进行了核算和比较?

23. 是否有一项书面政策允许管理人员检查所有办公桌、文件柜和其他任何能存放公司财产的储物装置?

24. 是否有一个设备拆除的授权机制,要求任何从公司经营场所拆除公司设备的行为都要取得管理层的书面批准?

25. 是否有一项规定,要求包装物、包装盒和其他储物装置离开公司经营场所之前都要对其进行检查?

26. 是否对垃圾和废料桶的清理进行定期监控?

27. 为防止盗窃的发生,是否对发货和收货区进行严格监控?

28. 高价物是否储存在安全或进行持续监控的地方?

29. 装运职能是否独立于采购和库存职能?

30. 装运单据是否预先编号?

31. 装运单是否与销售单和合同进行比对?

32. 出货之前是否需要已授权的销售订单和合同?

33. 装运单据是否直接发送至会计部门,以记录库存减少及销售成本的情况?

(十二)模块十二:专利信息的窃取

1. 是否有处理专利信息的识别、分类和操作的相关政策及程序?

2. 是否要求有权访问专利信息的员工签订保密协议?

3. 有权访问专利信息的员工是否签署了同业竞争禁止协议,以防止他们在规定的时间内和职位上为同业竞争者工作?

4. 是否为员工提供培训，使他们了解专利信息，保护专利信息的责任，以及公司内与专有信息相关的政策和程序？

5. 是否有既定的程序，以确定什么信息以及在多长时间内属于机密信息？

6. 是否对机密文件进行适当分类并标记为机密？

7. 机密信息不被使用时能否确保其安全性？

8. 对机密信息的访问是否进行了人为控制并要求其说明理由？

9. 不需要有关机密信息时，公司是否将其立即销毁？

10. 是否对有损专利信息安全性的行为迅速进行调查，以确定其原由？

11. 是否要求员工使用屏幕保护程序和/或服务器密码，以保护无人监视的计算机系统？

12. 处理机密文件时是否将其粉碎？

（十三）模块十三：腐败

1. 是否有一项政策处理供应商或客户提供礼品、回扣和服务的问题？
2. 是否建立了招标制度？
3. 是否对采购进行审查，以检测有无超限额采购？
4. 是否对采购进行审查，以识别那些受青睐的供应商？
5. 是否对采购进行审查，以识别大额采购？
6. 是否应对预招标文件进行审查，以防任何限制竞争的行为发生？
7. 是否对投标文件进行编号和管理？
8. 竞标人和采购人之间的交流沟通是否受到限制？
9. 所有收到的投标文件是否予以保密？
10. 投标人资格是否进行了确认？
11. 中标与否是否根据提前制定的标准作出决定？
12. 是否定期轮换负责采购账户的人员？
13. 是否依据公司采购实践对供应商进行了定期调查？

（十四）模块十四：利益冲突

1. 在地址和电话号码等信息方面，是否定期比对员工和供应商的信息？
2. 对雇用了公司前员工的供应商是否进行了更为严格的审查？
3. 公司是否为令人青睐的供应商得到优惠待遇的问题设置了上报程序？
4. 公司是否要求员工完成年度信息披露文件，披露房产、存款、收入和投资等信息？
5. 公司是否要求供应商签署同意对其进行审计的协议？

6. 对供应商的审计工作是否由独立于企业采购、销售、结算和收货部门的人员主持？

（十五）模块十五：财务报告舞弊

1. 公司会计记录的形式是否符合要求？
2. 公司会计人员是否充足？
3. 公司是否具有有效的内部审计人员？
4. 公司是否建立了适当的内部控制体系并保证该体系的运作？
5. 公司是否具有“内部控制”的观念？
6. 高级管理者是否明确支持内部控制？
7. 公司的财务目标是否符合实际？
8. 公司是否能够持续实现财务目标？
9. 公司报表上的财务业绩是否稳定或有提高？
10. 公司与银行是否建立了稳定的关系？
11. 财务报表中账户余额是否有不切实际的变化或增加？
12. 账户余额情况是否与公司的性质、经营时间和规模相符？
13. 财务报表中反映的实物资产的数量和价值是否真实？
14. 公司的收入和支出在性质上是否有重大改变？
15. 一个或几个大型交易是影响账户发生额或账户平衡的重大原因吗？
16. 在接近期末时，是否有能影响经营成果的大额交易发生，特别是不寻常或高度复杂的交易？
17. 跨期的财务结果是否相一致？
18. 是否存在无法通过经营产生现金流，但收入却增长的情况？
19. 在获得保持竞争力必要的额外资本方面，公司是否存在显著压力？
20. 财务报告上资产、负债、收入或费用的确定，是否基于包含不合常理的主观判断和不确定性的重要评估？
21. 公司是否基于一种易受近期对公司财务造成潜在破坏的重大影响事项的评估，而对财务报告上的资产、负债、收入或费用进行了调整？
22. 在与同行业的其他公司进行比较时，公司是否有异乎寻常的快速增长和盈利？
23. 公司是否对利率变化异常敏感？
24. 公司是否存在不切实际的偏激的销售或盈利刺激计划？
25. 公司是否面临即将破产、丧失抵押物赎回权或者被敌意收购的威胁？
26. 公开不利的财务报告是否极有可能对诸如企业合并或合同签订等重大未决事项带来不利影响？

27. 当管理人员对企业承担个人重大财务担保时,企业是否陷入了不景气并日益恶化的财务处境?

28. 公司经营是否持续存在危机,缺乏细致的预算和计划流程?

29. 公司是否有难以收回的应收账款或在现金流方面存在其他问题?

30. 公司是否只靠一两个主要商品或服务盈利,特别是在这种商品或服务极易被淘汰的情况下?

31. 财务报表的附注中是否包含了对复杂问题的说明?

32. 在财务报表及其附注是否披露了足够的信息?

第四节　舞弊的发现与识别

一、舞弊的发现——来自 ACFE 威尔斯报告的实证调查

在 ACFE 的舞弊研究中,调查者要求受访者提供舞弊活动被首次发现的方法。研究发现,某些方法在发现舞弊活动的效率方面的确优于其他方法。

(一)最初发现舞弊的方法

在反舞弊实践中,最初发现舞弊的方法包括举报、经营调查、内部审计、偶然发现、账户核对、文证审查、外部审计、执法通知、监控、信息技术控制和自首。

图 4-1 揭示了各种最初发现舞弊的方法在发现舞弊效率方面的情况。

(二)举报:发现舞弊最有效的方法

由图 4-1 可见,发现舞弊最有效的方法是"举报",在 ACFE 2018 年、2020 年、2022 年和 2024 年的报告都告诉我们:通过"举报"发现舞弊的占比都在 40%以上,其中占比最高的是 2024 年,占比达到 43%。值得人们思考的一个有趣现象是,依靠"外部审计"发现舞弊的占比是 3%,而通过"偶然发现"舞弊的占比是 5%。

此外,威尔斯报告还就舞弊的发现方法与舞弊的平均损失、舞弊的持续时间关系作了进一步的分析研究。图 4-2 表明了这一关系。

从图 4-2 中我们可以发现,通过"执法通知"发现的舞弊案造成的损失额中位数最高,达到了 67.5 万美元,其持续的时间最长为 24 个月。"偶然发现"的舞弊案平均持

最初发现舞弊的方法	占比（%）
举报	43
内部审计	14
经营调查	13
文证审查	6
偶然发现	5
账户核对	5
外部审计	3
自动交易或数据监控	3
监控	2
执法通知	2
其他	2
自首	1

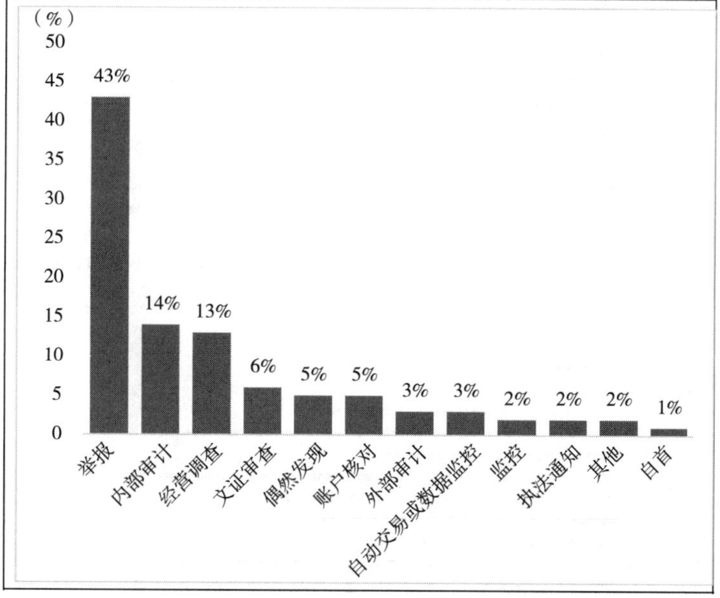

图 4-1 最初发现舞弊的方法及其占比

续时间为 18 个月，其平均损失为 11 万美元。

值得关注的是，能够使得舞弊平均损失最低且持续时间最短的三项舞弊发现方法依次是“监控”“账户核对”“自动交易或数据监控”。这一结果告诉我们，运用主动的控制方法积极地查找舞弊，而不是依靠外部的或被动的检测方法查找舞弊，可以大大降低发现舞弊的成本和缩短舞弊的持续时间。

最初发现舞弊的方法	损失额中位数（美元）	舞弊持续时间（月）
执法通知	675 000	24
外部审计	227 000	18
举报	155 000	12
文证审查	133 000	12
经营调查	125 000	14
自首	121 000	21
账户核对	118 000	9
偶然发现	110 000	18
内部审计	100 000	12
自动交易或数据监控	83 000	6
监控	83 000	6

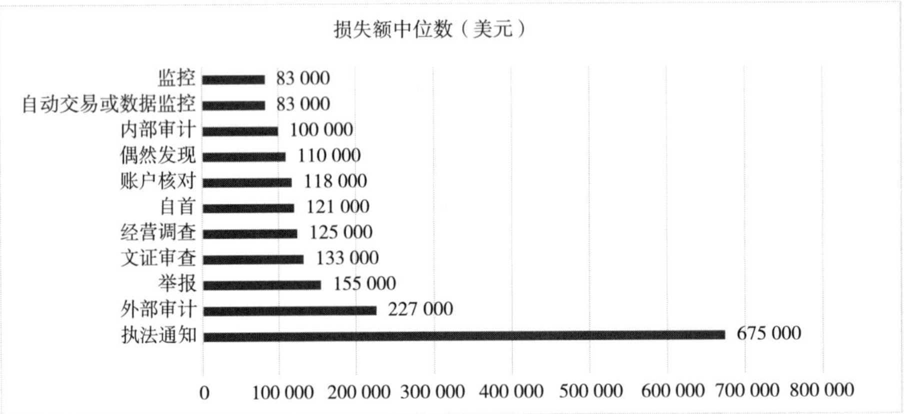

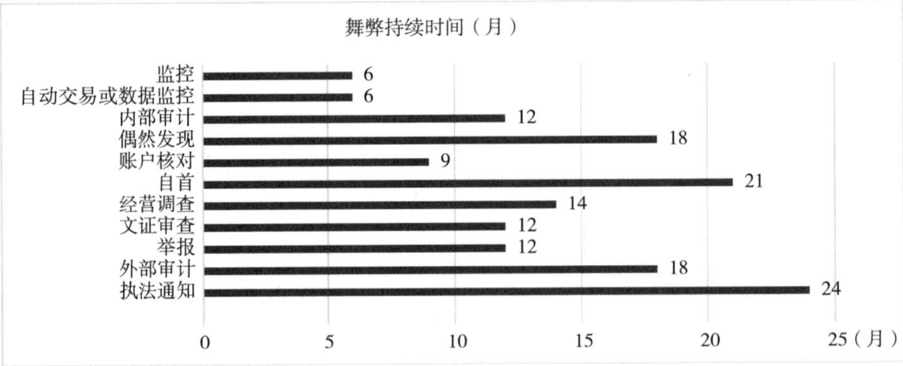

图 4-2　舞弊的发现方法与舞弊的平均损失及舞弊的持续时间

（三）举报信息的来源

如前所述，在所有发现舞弊的方法中，“举报”是最有效的方法。

研究表明，通过“举报”发现潜在舞弊的最有价值的信息来源于“雇员”。图 4-3 为不同的"举报"信息来源在发现舞弊中的占比情况。

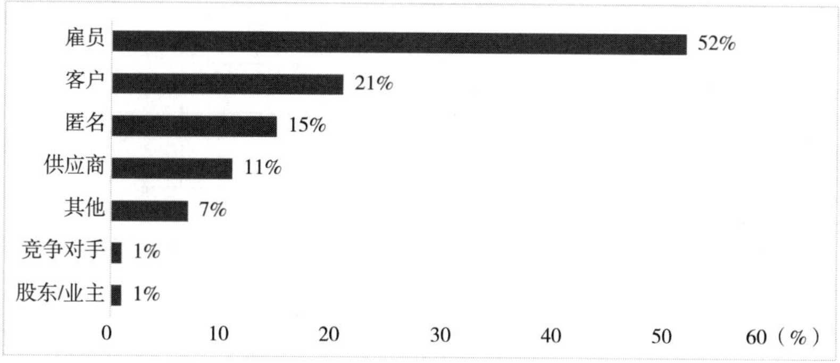

图 4-3　"举报"信息的来源

由图 4-3 可见，来自雇员的"举报"在发现舞弊过程中的占比最高，达到了 52%。为什么会出现这种情况呢？这是因为舞弊会对组织产生不利的影响，包括对组织中雇员自身利益的影响，这便能够解释为什么了解舞弊内情的雇员会站出来举报舞弊。由于举报者担心会遭受打击报复，所以来自匿名者的举报要占到 15%的比例。

事实上，过半数以上的举报来自除了雇员以外的其他相关人员。这种情况说明从不同方面收集举报信息的重要性。比如，有的企业的雇主鼓励"告密者"的政策或者设置举报热线。此外，研究数据表明，设置举报热线的做法有利于对公司的供货商、客户以及投资人进行反舞弊培训教育，告诉他们如何报告可疑的舞弊行为。

（四）关于举报的途径

随着信息技术的进步，知情者对舞弊行为的举报途径也悄然发生着变化。在 2016 年，拨打热线电话是知情者举报舞弊行为的首选渠道（40%），其次是发送电子邮件（34%），第三是网络渠道（24%）。到了 2024 年，知情者举报舞弊，"基于网络"上升为首要渠道（40%），其次是发送电子邮件（37%），拨打热线电话则下降到第三位（30%）。而邮寄信件和递送文字材料以及通过传真举报舞弊的渠道逐步趋于消失。

二、舞弊征兆的识别

舞弊征兆（Symptoms of Fraud）也有人称其为"预警信号"（Warning Signs）或是"红旗"（ Red Flag）行为，是指舞弊行为发生后当事人行为的异常表现，或是在相关的会计资料或其他相关资料中所显现出来的异常数值表现与迹象。

某人的生活方式在短期内发生巨大改变，某份重要文件丢失，会计文件出现改动的

举报的途径	年份				
	2016	2018	2020	2022	2024
基于网络	24%	23%	32%	33%	40%
电子邮件	34%	26%	33%	40%	37%
热线电话	40%	42%	33%	27%	30%
邮寄信件	17%	16%	12%	12%	11%
其他	10%	9%	9%	7%	4%
文字信息					3%
传真	2%	1%	1%	<1%	<1%

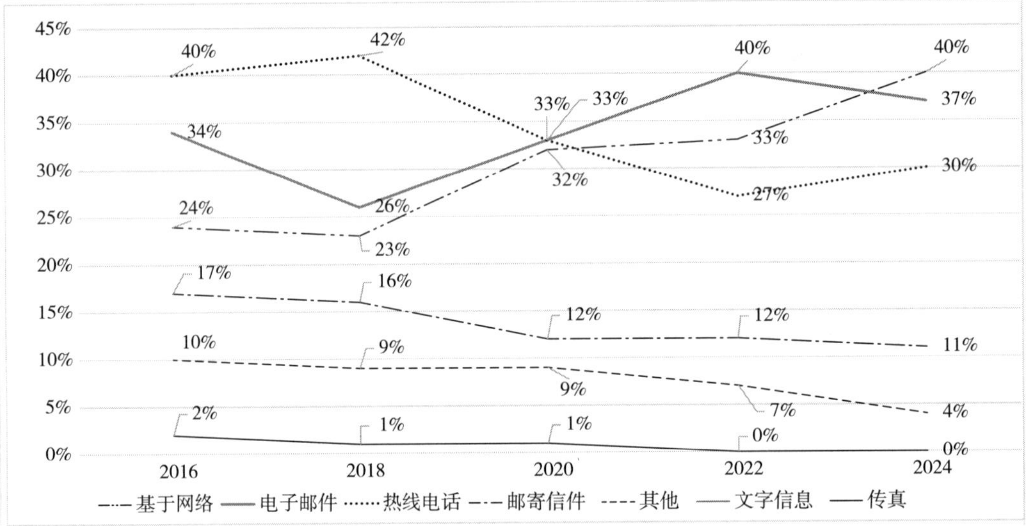

图 4-4　设置举报热线的效率

痕迹,总账出现不平衡,某员工的行动可疑,会计数字之间的关系失去意义,销售收入大幅度增加、销售成本反而下降或低幅度增加,销售收入增加、存货下降,有匿名的举报电话打入等。这些现象都可以引起人们的怀疑,它们都可以称为"舞弊征兆"。

舞弊征兆的出现并不一定是舞弊发生的信号,我们也可以对上述现象得出其他的解释:这个生活方式发生巨大改变的人最近继承了一大笔遗产;那些重要文件的确丢失了;总账不平衡是由于会计差错造成的;那个有可疑行为的员工是因为家庭出现了纠纷或有个人问题;会计数字之间的关系问题是由未被识别的变化或不明了的经济因素造成的;匿名电话的打入是某人在恶作剧等。但是我们必须知道,为了及时发现舞弊,管理者、舞弊审核师、雇员和检查人员必须学会识别舞弊的征兆,并对这些征兆进行追踪,直到查明它们的背后是否存在罪恶的活动。遗憾的是,这些征兆常常被忽视,或被观察到了但是没有给予有力追索。如果人们对这些征兆给予重视,许多舞弊可以被早期发现。

我们可以将舞弊的征兆分为六种类型:会计异常、分析性异常、内部控制的薄弱环节、奢侈的生活方式、不寻常的行为和举报与抱怨。

在下面的内容中，我们逐一论述这六类舞弊的征兆。

（一）会计异常

舞弊者为了掩盖其行径，一般都要在会计资料上做手脚，也就是做假账。不论他对舞弊活动如何精密策划，总会在会计资料上留下其作案的痕迹。学会在会计资料中识别舞弊征兆是早期发现舞弊的重要方面。会计资料的来源可以是纸介质的，也可以是电子介质的，具体包括支票、销货发票、购货订单和购货要求等各种会计凭证、会计账簿与会计报告。以下是本书归纳的与会计有关的舞弊征兆：

- 会计资料丢失或被人为毁损
- 在银行往来调节表上出现过期项目
- 付款人或顾客的姓名或地址是编造的
- 调整项目有显著增加
- 会计资料有改动的痕迹
- 重复付款
- 支票上有二次背书
- 账簿缺页不连续
- 会计文件上有可疑笔迹
- 复印的会计文件
- 没有经过授权或有效凭证支持的会计记录、余额和交易
- 在期末进行的能够显著影响财务状况的账项调整
- 没有及时完整地记录的交易
- 会计数字明显过高或过低
- 在账项调整过程中出现的无法合理解释的项目
- 应收、应付款余额与向供应商与客户询证的结果有不寻常的差异
- 存货或其他实体资产存在不寻常的盘亏
- 收款人或顾客采用通用的姓名或地址

除了上述征兆以外，我们还需特别关注有问题的会计分录、不平衡的总账记录和古怪的交易。

1. 有问题的会计分录。会计分录是一种特殊的会计语言，如同英语、法语和日语一样，在不同的国家都有其共性。我们来分析一条会计分录：

借：法律费用	5 000	
贷：现金		5 000

这一分录告诉人们什么内容呢？它告诉人们：公司用现金支付了律师费用 5 000 元。但是，是否真的发生了支付律师费用 5 000 元的经济业务呢？舞弊者是可以通过编制虚假的会计分录来掩盖他们侵吞公司资产的行为的。

侵吞资产一定会带来公司资产的减少，按照会计恒等式，它一定会导致另一资产的增加或者负债的减少或业主权益的减少或费用的增加。一般情况下，精明的舞弊者会采用增加费用的办法来平衡因侵吞而减少的资产，因为这样可以很巧妙地掩盖侵吞资产的舞弊活动。人们对费用的增加往往不是很敏感（对资产的减少，利润、股本的减少非常敏感），因为企业的费用一般都很高，人们不会特别在意某一笔费用的增加。况且费用是期间类账户，这类账户在每年年末就要结清，这样便阻断了审计线索。以下会计分录都是常见的舞弊征兆：

- 没有原始凭证支持的会计分录
- 无法恰当解释的对应收款、应付款、收入与费用的调整分录
- 不平衡的会计分录
- 由通常不做会计分录的人所做的会计分录
- 集中在会计期末做的会计分录

2. 不平衡的总账记录。总账也被称为总分类账簿或总分类账。总账是根据总分类科目开设账户，用来登记全部经济业务，进行总分类核算，提供总括核算资料的分类账簿。公司所有的交易，特别是与现金和存货相关的业务都需要在总账中登记。精确的总账余额经常要靠对会计恒等式的检查加以验证。许多舞弊者都是通过在应收账款与应付账款上做手脚达到侵吞资产的目的的。大多数公司都设置有控制性的应收账款与应付账款总账账户，在这些总账账户下又按照不同的供应商与顾客设置明细分类账。各个明细分类账的余额合计数要与总账账户的余额核对相符。两个与总账相关的舞弊征兆是：

- 不平衡的总账余额
- 总账账户的余额与所属各个明细分类账的余额合计数不相符

第一个征兆发生在有可能还没有来得及或忘记将会计记录做完的舞弊中。例如，某人侵吞了公司的存货（资产），但是却忽视了记录费用的增加或权益的减少。也就是实际库存的存货金额要少于存货总账余额。再如，某人偷窃了公司的现金，但是忘记记录费用的增加，结果造成会计恒等式不平衡。

第二个征兆可能出现在操纵供应商或顾客的明细分类账的余额，而没有与控制性应收款或应付款的总账余额取得一致的舞弊情况。

3. 古怪的交易。如果发现某些交易具有下列特点，就需要引起我们的警惕：

- 交易的时间异常：交易的时间太长或太短

- 交易的频率异常:交易的次数太多或太少
- 交易的地点异常:交易的地点太近或太远
- 交易量的异常:交易量太大或太小或太一致或太相似或太不同
- 交易对象的异常:交易对象是具有古怪个性的人、陌生的人、特别熟悉的人或特别疏远的人
- 与顾客存在不同寻常的关系:比如,顾客是公司的关联方企业,顾客是采购人员的亲属、朋友或同学等

(二)分析性异常

分析性异常是指那些令人难以置信的不同寻常的或不现实的程序或数值关系,包括那些发生在古怪时间与地点的交易或事项。这些交易或事项通常都会涉及在正常情况下不会参与这类交易或事项的人,或者涉及奇怪的程序、政策或实务。这种异常一般包括如下现象:

- 交易的量太大或太小
- 发生得太经常或太不经常
- 太高或太低
- 太多或太少

分析性异常通常会有以下共同的迹象:

- 存在无法解释的存货短缺或调整
- 对规范的偏离
- 超量的购货
- 太多的借或贷备忘录
- 账户余额的显著增多或显著减少
- 现金短缺或溢出
- 过分推迟的费用登记
- 没有理由的费用或付款
- 库存的价值量,如美元、人民币等与实物量,如重量、体积和长度等失去对应关系
- 古怪的财务报表联系

——增加收入对应于减少存货

——增加收入对应于减少应收账款

——增加收入对应于减少现金流量

——减少存货对应于增加应付款

——增加销量对应于增加单位成本

——增加销量对应于减少废料

——增加存货对应于减少库存成本

通过关注分析性异常是发现舞弊的极好办法。我们通过一个案例来看:

案例:由分析性异常而发现 Mayberry 舞弊案

Mayberry 是美国的一家有着 10 亿美元年销售额的大型联合公司。舞弊审核师对其金属板材部以往的调查都没有发现问题,可是在这一年的调查中却发现了异常。舞弊审核师观察到公司的存货未出现严重短缺,但存货的账面记录却不同寻常地高,公司的存货在最近的一年里增加了五倍。审核师认为其中一定存在问题,于是就对存货进行了仔细的盘查与测算。他们的调查显示,公司金属板材账面存货数量被严重地夸大了,公司存货管理员编制了虚假的存货记录伪造存货数量。为了核对存货数量,舞弊审核师将存货的库房标签存放在他们工作的会议室的一个盒子里。而在当天的夜晚,就有人在盒子里偷偷增加了一些伪造的标签。然而,由于时间仓促,他们没有足够的时间伪造更多的标签。为了应付舞弊审核师的核对,存货管理员还伪造了存货调整报告单,想糊弄舞弊审核师。

在这个案例中,就是靠舞弊审核师对异常的会计数据的细致分析才发现了存货舞弊的行为:①他们将账面 3 000 万美元的钢板换算成立方英尺的体积单位;②他们确定了储藏钢板库房的最大库容量,结果发现库房最多只能容纳账面钢板的一半数量;③舞弊审核师检查了存货的标签,发现某些钢板卷的标签表明的单件重量是 50 000 磅,而库房里没有一台铲车能铲起 3 000 磅的重量。最后,舞弊审核师还检查了存货的采购报告,购货订单支持的存货数量是 3 000 万磅,而账面记录的存货数量是 6 000 万磅。面对这样的证据,购货经理承认他们为了增加部门的利润,严重地夸大存货的价值。由于预算部门要求他们增加收益,如果不这样做,本部门的经济指标就无法完成。

这一案例告诉人们,只要注意关注异常的会计金额数据与实物量数据之间的关系,就能透过数字表面,看到数字背后的阴谋。这正是法务会计职业的独到作用。

除此以外,对于分析性异常还需关注以下两个问题:

第一,公司的良好财务表现与当时全行业的不景气不相一致的情况。如果在某个年份,全行业的产品或服务价格都在下跌,销售滑坡,利润下降,竞争加剧,而只有被调查公司一枝独秀地报告了利润与销售的大幅度增长,其竞争对手全都报告了亏损。这种情况的被调查公司极有可能存在财务舞弊的问题。

第二,每一个季度末报告的数字竟与年初提出的营利计划数完全吻合。调查发现,公司的财务数据结果是公司管理层津贴与红利计算的唯一标准。应收款显著增加，而坏账准备的计提则远远低于行业平均水平；应收账款老化，许多账款没有收回；存货的库存与销货的增加不协调，报告的销售收入大幅增加，而存货并没有显著增加。

(三)内部控制的薄弱环节

舞弊一般是在压力、机会和自我合理化三个方面因素同时具备的情况下发生的。许多个人与组织都会承受各种压力，任何人都可以为自己的行为找出充分的理由，当内部控制缺失或不被人重视时，舞弊三个方面的因素就会同时具备，此时发生舞弊的风险就会大为增加。

如前所述，内部控制是由控制环境、会计制度和控制程序构成的，内部控制如果存在薄弱环节，就会为舞弊提供机会，更易于诱发舞弊的发生。以下是内部控制可能存在的薄弱环节：

- 缺乏必要的职责分离
- 缺乏物理安全防护措施
- 缺乏独立的检查
- 缺乏严格的授权制度
- 缺乏正规的文件记录
- 忽视已有的控制制度
- 会计制度不完善

已有的许多研究表明，舞弊的发生在很大的程度上与蔑视已有的控制制度有关，内部控制的薄弱环节可以为舞弊大大敞开方便之门。

(四)奢侈的生活方式

大部分的舞弊者一般都曾承受着一定的财务压力，有时候这样的压力是真实的，有时则是由于贪婪所致。一旦舞弊者遇到一定程度的财务压力，他们就会想到偷或贪，用贪污所得的钱改善生活。他们常常会用不义之财购买新轿车，购买昂贵的玩具，装修现有住宅或购买更大、更好的住宅，购买昂贵的首饰或衣物。几乎没有舞弊者将所贪污的钱长期存起来不花，他们一般都会按捺不住地立即就将所得到的钱用于改善自己的生活。正如他们自己所说的那样：偷的多，也就花的多。要不了多久，他们的生活水平就远远高出合法收入所能支持的水平，这就为我们发现其舞弊的罪行提供了线索。

仔细观察公司关键岗位员工生活方式的重大改变，结合其他方面的证据或线索，往往可以挖出隐藏很深的舞弊者。舞弊者一般都是通过捷径快速富起来的，钱来得容易，花起来也就更加随意。他们往往会迫不及待地用这些钱改善自己的吃穿用度和衣食住行。

生活方式的改变是最容易被看出的舞弊征兆。经理人员、同事和其他人稍加注意便可发现舞弊者的生活消费水平与他们的收入水平不相称的情况。尽管生活方式的改变仅仅提供舞弊的推测性证据,但是这样的舞弊征兆还是能够在很大程度上证明舞弊者的非法行为。

(五)不同寻常的行为

心理学研究表明,当人在参与犯罪活动时,特别是第一次实施舞弊活动时,常常会表现出害怕、内疚与悔恨的情绪。这种情绪进而会导致舞弊者出现以下一系列反常的行为:

- 失眠
- 酗酒
- 滥用毒品
- 不正常的急躁与多疑
- 无法放松
- 遇到好事高兴不起来
- 听到警车声恐惧,害怕被捕
- 不敢正视他人的眼睛
- 在朋友、同事和家人面前显得窘迫尴尬
- 表现出防范与争论
- 在表明自己的观点时表现得寻衅好斗
- 忏悔
- 过分思虑可能的结果
- 思考辩解的理由并寻找替罪羊
- 站着工作

没有什么特别的行为能代表舞弊。然而,行为的改变则可能代表舞弊,即原本非常和善的人变成威胁与好斗或从威胁与好斗变成和善。

有些舞弊者也发现自己的行为改变。有一个贪污了 40 万元的女性舞弊者说:“我总是不由自主地盯着别人的眼睛。”一个侵吞了 15 万元的男性舞弊者说:“有时候我是如此的古怪,我甚至一天拼命地工作 12~14 小时,而且经常站在那里工作。在其他时间里,我是如此的沮丧以至于可以在床上躺一个星期。”

当然,那些老谋深算的舞弊者,由于他们长期舞弊,其良心已经丧失,这些人往往没有任何内疚、惧怕的感觉与表现。

（六）举报与抱怨

外部审计师经常由于没有发现更多的舞弊而受到批评。然而，由于舞弊特有的性质，使得审计师常常处在一个不利于发现舞弊活动的位置。下面通过论述舞弊的三要素（偷、藏、转换）说明这个问题（见图4-5）。

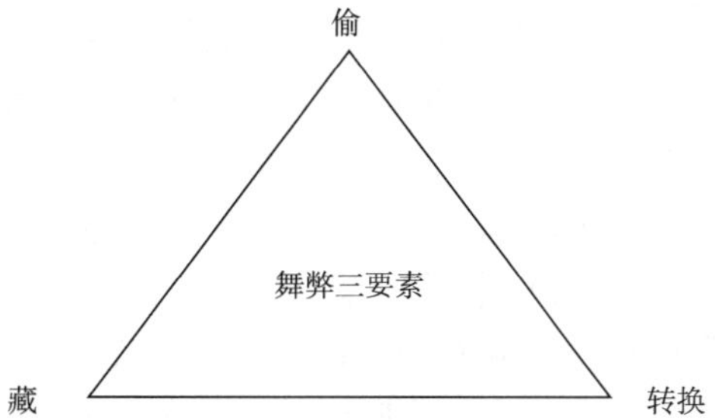

图4-5　舞弊三要素

任何一项"成功"的舞弊活动都离不开"偷""藏""转换"三个要素。

第一，"偷"，通常是指贪污偷盗现金、存货、信息或其他资产。舞弊者可以通过手工、电脑或电话实施"偷"。

第二，"藏"，是指掩盖舞弊的罪证，一般涉及篡改会计记录、故意错误计算现金与存货以及销毁证据等。

第三，"转换"，是指变卖所偷得的实物资产，将其转换为现金，然后挥霍这些现金。如果所"偷"的就是现金，则"转换"就是指花掉所偷的现金。

舞弊可以通过上述三个要素中的任何一个环节被发现。有些人可能会举证舞弊者的"偷"，即侵吞现金或存货；有些人可以注意到会计记录已经被篡改，现金或存货被错误计算；当舞弊者将所贪污的钱转换为自己奢侈的生活方式时，他的舞弊行为也可能就暴露出来了。

那么是谁处在发现舞弊这三个要素的最佳位置呢？是审计师吗？不是。审计师很少能在偷、藏和转换的现场直接抓住舞弊者。他们一般只花一到两周的时间在公司里查账，这期间舞弊者早就停止了一切活动。但是审计师会在发现隐藏的舞弊活动方面发挥重要作用，如果审计的样本里包括被窜改的文件、错误的计算以及其他隐藏的内容，那么审计师就可以发现舞弊活动。审计师一般不可能在转换环节发现舞弊行为，因为他们不可能知道诸如"某个雇员最近将原来的大众轿车换成了宝马轿车"一类的事情。

事实上，公司的雇员、合作者以及公司的管理人员是处在发现舞弊的最好位置，不论是在“偷”“藏”还是在“转换”任何一个环节上，他们都有可能与舞弊者朝夕相处，舞弊者的一举一动，舞弊者情绪、行为以及生活方式的改变可能都会被他们所留意到。

有许多舞弊活动是由雇员、朋友、经理、顾客以及其他没有经过训练的人提供的举报或抱怨与投诉发现的。有一家大型公司，在累计发现的 1 500 起个人舞弊案中，有 43%的案件是由顾客投诉与雇员举报发现的。

抱怨投诉与举报应该归类为舞弊的征兆而不应该是舞弊的证据，因为有许多举报是伪造的。我们很难知道举报人与投诉人的动机。顾客可能因为觉得被利用了而投诉或抱怨；雇员可能会因为怨恨、嫉妒和个人问题而打电话举报；配偶或朋友可能因为吵架、婚姻破裂或勒索而检举。所以，对举报与投诉我们只能小心地将它们看成是舞弊的征兆，不能看成是证据。应当知道，举报本身也可能是伪造的，是诬告。

在大部分组织里，合作者和其他人一般都会怀疑或知道舞弊的发生，但是他们一般保持沉默，不去举报或告诉别人。为什么呢？一般有如下原因：

第一，掌握的证据不充分，担心举报后带来诬告的麻烦。事实上，一般人很难得到舞弊发生的确切信息，它不像刑事案件，有死尸、监控视频、指纹和脚印等确切的证据。人们只是根据一些表面、模糊的信息加以推测，比如，发现某人突然变得富裕起来了；某人出现了古怪的行为；公司的存货被人藏在车库里了，等等。但是在证据不确定的情况下，没有人愿意承担诬陷的风险，即使他们的怀疑非常强烈。

第二，担心遭遇报复。人们通过看电影或读小说都知道许多有关间谍、告密者没有好的下场的故事。即使举报舞弊者罪行是正义的举动，也会有人担心受到报复。

第三，知道一些内情的雇员往往会受到舞弊者的威胁，特别是那些处于底层的一般雇员是不敢举报其上司的。就有这样一个持续了六年的舞弊案，有七名合作者都知道内情，可是就是没有人敢举报。有些舞弊者是非常专横凶狠的，动辄就随意解雇知道一些内情的雇员。

第四，许多人从小就有了“打小报告、背后说别人坏话、告密是不道德的”这样的观念。这似乎已经成了一种社会公德。没有人愿意背上这样的负担。

第五，组织也没有为举报者提供方便。大部分的雇员并不知道如果他们发现了可疑的情况应该去找谁？如何传递有关的信息？结果会怎么样？他们不知道举报后有关方面是否会替他们保密。

为有效地预防欺诈舞弊，每一个组织都应该安排方便、快捷、安全、保密的举报投诉制度，鼓励有关人员对知情的舞弊活动给予报告。这是发现欺诈舞弊犯罪的最便捷、节省的途径。

有一家公司在建立完善的举报制度方面有许多成功的做法。他们对全体员工进行培训，告诉他们如果发现可疑行为应该怎么办。公司为每个雇员印制了一个可以放在钱夹里的小卡片，卡片上列出了如果发现舞弊活动应该采取行动的步骤。公司还制作了有关的视频，定期地放给员工观看。这样反复对员工强化发现舞弊可以举报的印象，使那些潜在的舞弊者觉得草木皆兵，人人都可能举报他。

热线电话并不能替代组织维持一个开放的氛围的作用，在这样的环境中，雇员可以舒服自如地公开向他们的上级、审计师、公司的安全人员以及法律顾问报告所知道或所怀疑的舞弊活动。当然，也应该让雇员知道他们有通过热线电话匿名举报的选项，如果他们愿意这样做的话。通过热线提供的抱怨也是发现舞弊的重要途径，这些抱怨一般来自被索取回扣的供应商或顾客。

第五节　舞弊的应对

一、舞弊应对概述

（一）舞弊应对及舞弊应对计划

舞弊应对是指公司在处理确已发生的舞弊事件或疑似舞弊事件时，清晰明确、各种安排，旨在以一种便于决策的方式提供舞弊证据的收集和整理程序，同时确保收集到的证据能适用于可能采取的任何法律行动。公司对舞弊等违法、违规行为进行应对控制的目的就是采取恰当行动以弥补舞弊或不当行为造成的损害。

公司根据其实际状况制订其舞弊应对计划，并将其公开。公开舞弊应对计划的好处在于提升威慑力以及减少恐慌，同时也有助于限制损害，使公司保持市场信心，并确保证据的完整性。

公司在其舞弊应对计划中应明确舞弊的定义以及舞弊的发生征兆和常见的表现方式，以提高公司内部对舞弊行为的警惕性，及时采取合适的方式应对舞弊。为此，应清楚地描述处理舞弊问题所采取措施的具体内容，包括舞弊应对策略的目标与宗旨，公司应对舞弊风险的总体政策，舞弊应对的角色分工与职责，舞弊调查的开展及证据采集，舞弊应对措施的选择与执行，舞弊应对的后续行动，经验教训的总结和管理应对等。

（二）舞弊应对的公司政策

公司应明确在处理舞弊问题上的态度和整体政策。一项完善的舞弊应对计划要求公司在所有的活动中重申其关于法律、伦理道德的高标准承诺，以及处理不符合这些标准的行为活动的方法。其中的重点在于公司员工都应意识到舞弊及其他违法违规行为的风险，如舞弊或财产损失的风险。公司应明确执行其已经采取的应对类似风险的控制措施，并意识到在可能存在舞弊行为时应当如何报告。该舞弊应对计划是公司将相关信息传递给所有的员工，以及其他利益相关方（如客户、供应商、股东等）的一种方式。

此外，公司需要考虑的一个问题是否公开已被揭露的舞弊，这或许对那些与舞弊行为密切联系却没能识别出它的人来说会有些尴尬，也有可能对公司的公众形象造成负面影响。但完整地公布一项成功的舞弊调查也是有好处的，对于那些可能被诱惑进行舞弊的员工和那些对公司进行管理控制的人来说，一项成功的舞弊调查是对潜在舞弊者的及时提醒和严正警告。

受监管的金融服务行业对是否将识别出的舞弊作为内部核心问题别无选择，它们对金融犯罪负有报告义务，其他的商业机构应该效仿金融服务行业的做法，并明确承诺他们不会对发生的舞弊行为遮遮掩掩。

二、舞弊应对的职责分工

公司采取的舞弊应对策略应当传达给具体的负责执行的人员。若要舞弊应对计划产生切实的效果，就应当将每个具体行动的责任分配给适当的部门经理，并为每个行动设定清晰的目标和日程。同时，不同职责的人员相互之间的合作也是十分重要的，合作可以通过正式的沟通、研讨会和行动计划对舞弊应对的具体措施进行调整。

因规模、所处行业、经营状况、公司文化等因素的不同，各个公司的舞弊风险管理的职责分工也存在着差异。下面是一些适应特定环境的舞弊风险管理责任分工的一般性指导方针，公司可以参考。

（一）经理和主管

一般来说，经理和主管负责其职权范围内的舞弊和其他违规行为的检测和识别。公司员工应协助经理，在发现可疑的违法违规行为时及时向经理或部门主管报告。而管理者和部门主管应该以备忘录或者其他方式对员工的举报或报告予以反馈，并详细说明他们将对被员工报告的疑似舞弊或舞弊行为采取的应对措施，并在备忘录中注明员工在发现疑似舞弊或其他违法行为时可以予以报告的经理或主管及其联系方式。

（二）财务主管

财务主管通常全权负责公司的舞弊应对，包括负责协调舞弊调查工作以及公司舞弊应对计划的更新等。他们持有舞弊应对计划的副本,并且有备忘录以辅助舞弊调查的协调管理。财务主管负责维护调查日志,调查日志是舞弊管理、报告、评估以及应对的重要工具。财务主管将所有的可疑之处记录在调查日志上,包括那些通常被视为次要的和不需调查的地方,还有后续对其采取的行动细节和最终得出的结论。

(三)舞弊审核师

在规模较大的公司中,需要适当指定一名高级管理人员作为舞弊审核师以取代财务主管。舞弊审核师将负责发起并监督所有的舞弊调查,实施舞弊应对计划,采取后续行动。公司应当授权舞弊审核师秘密询问员工的权力,并赋予其根据具体情况采取行动或提供意见而不必经过高级管理层批准的权限。在舞弊疑犯的职位比舞弊审核师更高时,舞弊审核师可以将报告直接送达其他的高级经理或非执行董事,理想情况下应送至审计委员会的主席。

舞弊审核师将主导所有的内部调查,并充当公司舞弊管理内外部(包括检查、监管机构和审计人员)之间的联络人。公司应当对舞弊审核师及与其角色相对应的职位职权进行具体的描述,并不断扩展舞弊应对的内容,而舞弊审核师的首要任务就在于调查日志的更新。

(四)人力资源部门

公司人力资源部门通常负责公司内部的所有纪律程序,使之符合、支持公司的反舞弊政策声明和舞弊应对计划。人力资源部门关于舞弊应对的建议往往与公司的人事管理策略、员工职业经历以及关于就业的法律和平等的就业机会相关联。

(五)审计委员会

由于立法和监管法规的不断变化,审计委员会在预防和识别舞弊方面的作用得到了更多的认可。审计委员会应有独立董事和至少一位金融专家,专家最好有会计背景。审计委员会应充分准备,以满足频繁、长时间的舞弊风险的评估和应对,因为这种舞弊行为通常涉及覆盖组织的内部控制。审计委员会的成员负责公司的内部控制和风险管理系统,包括反舞弊计划和控制措施的制定与实施。审计委员会应该对财务报表的完整性进行监督,评估公司的舞弊预防表现,每年至少审查调查记录一次,发现的任何重大事项都应该向董事会报告。

审计委员会应该审查公司员工秘密举报不法行为的方式、程序,并确保公司对这些事项的举报信息的接收、独立调查和后续行动作出适当安排。如果疑似舞弊涉及公司财务主管或执行董事,则应该直接将相关情况报告给审计委员会。

此外,审计委员会还负责审查、评估内部审计的有效性。

(六)内部审计

美国注册舞弊审核师协会对内部审计作出了定义:“内部审计是一种独立、客观的保证和咨询活动,旨在增加价值和改善组织的运营。它有助于组织实现其目标,提出了一种系统的、有纪律的方法来评估和改善风险管理、控制和治理过程的有效性。”

公司若设有内部审计部门,调查舞弊发生的任务就会落到内部审计部门,但公司应该避免让那些在相关领域没有接受过专业培训和没有经验的人实施舞弊调查,因为这可能会损害舞弊调查的结果。公司应该指定特定审计人员作为舞弊专家,以确保他们有承担任务所需的知识和技能,这样做才是最合适的。

(七)外部舞弊审核师

一个未设内部审计部门的公司在发现舞弊时可能会考虑咨询外部舞弊检查师,但是,当内部审计部门人手不够或是其内部审计人员能力无法胜任舞弊的调查时,聘请外部的舞弊审核师就是必需的选项。外部舞弊审核师可能是会计师事务所的一员,如一个专业的舞弊调查小组。然而,外部舞弊审核师在做决定的时候应该注意,如果舞弊审核师遗漏了明显的舞弊警报,受损失的公司最终可能会向其寻求赔偿,这样的可能性总是难以避免的。

(八)内部或外部的法律建议

当公司出现舞弊报告的时候,无论公司打算采取怎样的应对策略,都应该立即寻求法律专业人士的建议,具体的建议应该包括对追回资产的民事、刑事以及公司内部处理方式的法律指导。

(九)信息系统/信息技术人员

信息系统/信息技术人员能够提供保证公司信息技术安全、性能以及使用上的技术建议。如果舞弊者已经利用了计算机系统进行舞弊活动,这就需要从电脑中提取证据,这时就必须立即寻求信息系统/信息技术人员的专业技术支持。

(十)公共关系

规模比较大的企业、公共机构公司或慈善机构等往往更容易引人注目,而简化公共关系则能降低其在舞弊行为被公众知晓时面临的各种压力。

（十一）警察

公司内部发生舞弊时，何时向警方咨询取决于公司应对舞弊的内部策略。如果公司的策略是起诉所有涉嫌舞弊的人，那么在一开始就应该寻求警方介入调查，因为任何的延迟都会降低成功应对舞弊的概率。对公共机构，一旦发现有舞弊的嫌疑，就应该立即通知警方。当然，在报警前，公司需要初步取得能够证明嫌疑人涉嫌犯罪的证据。

（十二）外部顾问

任何公司都可能会考虑雇用诸如法务会计师等公司外部的有专业调查技能的专家，而许多专业公司的存在就是为提供与客户期望相一致的谨慎调查或追回资产服务。如法务会计师除了具有会计、审计相关知识和技能外，还具有民法、刑法和证据学相关的知识，掌握调查和取证技术以及具有良好的沟通、表达技巧和职业判断能力，在进行舞弊调查时，在调查手段的多样性、调查范围的广泛性方面具有明显的优势。

（十三）保险公司

许多公司选择购买雇员忠诚保险（即因员工欺骗或不诚信行为导致经济损失的保险），以保护公司免受舞弊带来的巨额损失。此时，公司应当将舞弊发生之后向保险公司通知的时间以及任何附加的要求都囊括在舞弊应对计划中，并在保险单据中予以明确规定。

三、舞弊应对的措施

合理应对被发现的舞弊或疑似舞弊实例的步骤为：明确举报机制；建立调查小组进行彻底的舞弊调查；追究舞弊者的公司内部责任、民事责任以及刑事责任；追回被窃资金或财产；修改舞弊策略以避免将来出现类似的行为。

（一）举报机制

舞弊报告机制起源于萨班斯－奥克斯利法案证券交易委员会规则，授权上市公司的审计委员会负责关于会计、内部控制或者审计问题（包括保密、匿名员工的建议等）的接收、保留与和解。然而，这类接受投诉（如热线）的机制并不是一种监管要求，它是卓有成效的舞弊风险管理方案的一项最佳实践，也是公司风险管理至关重要的一环。舞弊报告机制的目标在于为任何对舞弊图谋知情的人提供报告不法行为的最大便利。给予本公司知情员工报告舞弊问题的授权，有助于确保这些问题在公司内部尽早得以揭露并得到解决而不必借助法律的手段，或是迫不得已最终由社会媒体曝光才发现问题。

投诉和建议一直是发现舞弊最常见的方式。一个有效的舞弊报告机制能帮助创建包括所有员工在内的舞弊检查团队。公司应当有一个明确而简洁的举报舞弊行为的程序设定，以便于员工能够及时对发现的疑似舞弊活动进行报告，这可能需要通过一个正式的报告机制实现，而舞弊应对计划还应该对该举报程序作出总结性的规定。为了建立最有效的舞弊举报机制，任何一个公司都需要做好以下工作：

- 任命一位高层领导负责舞弊报告机制的实施和维护
- 在法律允许的情况下，允许告密者匿名举报并为举报者保密
- 敞开各种渠道接受来自员工、客户、供应商或第三方的举报与建议，如热线电话、电子邮件、信件、短信、网络以及各种即时通信工具
- 将各种举报的途径公开告知员工，如进行员工培训、在休息室及其他常见地方张贴海报、在员工时事快报上进行讨论
- 为举报者提供多种选择，如电话采访、在线网络、电子邮件以及个人报告
- 举报机制应能够得到董事会、管理层公开、真正的支持。董事会应确保该组织能够开发一个系统，以提示主管和机密审查人员及时介入调查和解决涉及潜在舞弊或不当行为的指控
- 对举报者要有强有力的保护政策
- 开通全年 365 天、每天 24 小时都可以接通的举报热线，因为很多热线举报都发生在非业务期间，甚至是夜半三更时
- 负责接听举报热线的人员应该是接受过专业的培训，应该能够引导举报者说出所知情的舞弊活动的关键信息

（二）指控评估

公司在收到知情人举报的指控后，应遵循并启动批准过的程序，以评估该指控。评估过程应包括指定一个人或某几个人评估处理和解决该项指控所需的必要的权限和能力。如果该项指控涉及董事会成员或公司高级管理层，董事会需要聘请外部独立顾问协助评估。对这一指控应该进行审查，以确定它是否可能会违反法律、规则或公司的政策。

根据指控的性质和严重程度，其他部门可能需要向某些专业人员咨询，如人力资源、法律顾问、高级管理和内部审计，以此确保安全或防止损失。该组织的外部舞弊审核师也必须被告知任何可能影响本组织财务报表的舞弊行为。如果指控涉及高级管理人员，或指控影响财务报表，那么就要求将该指控通知其他相关群体，如审计委员会、董事会、外部舞弊审核师、律师等。例如，如果指控涉及首席执行官的不当行为，应将该指

控通知董事会，并应确保首席执行官不参与以后的监督调查工作。

四、舞弊调查

舞弊调查过程包括两种情况：一是发现性舞弊调查；二是证明性舞弊调查。

发现性舞弊调查通常是在舞弊行为被发现之前，根据警示信号等线索预先进行的调查，以顺藤摸瓜追查出舞弊者。

证明性舞弊调查则是适用那些已经被发现的舞弊，通过舞弊调查以取得相关证据。

当与舞弊或不当行为确已存在的信息被揭露时，管理层应做好实施一项综合且客观的内部调查的准备。调查的目的在于收集可对涉嫌违规行为进行可靠评估的事实，这样管理层能够据此选定一条可靠的行动路径。

（一）舞弊调查的特征

一项设计良好的调查过程通常包括如下特征：

1. 整个调查过程应该在公司审计委员会或特别设立的委员会的有效监督下进行，该委员会必须包括能够免受管理层不当压力和干预的独立董事。

2. 由审计委员会选定的外部专家顾问对调查活动进行指导，该顾问基本不与组织的管理团队建立关系，能够实施公正、独立且高质量的调查。

3. 聘请公司外部独立的舞弊审核师对调查活动的审查，防止内部人的不公正的干预。

4. 要求被调查对象及相关人员完全配合，不允许任何员工或管理层成员对调查的事实遮遮掩掩。

5. 本着合作透明的精神，在适当的情况下，向外部舞弊审核师、监管者和社会公众告知调查发现的相关信息。

基于各种因素，包括潜在违法行为的性质，涉及各方面人员的不同情况、问题的重要性程度等，相关组织可以决定采用上述步骤中的一项或多项。管理层可与恰当的监管部门协商并参考内部章程，以决定能解决舞弊指控最好的步骤。在一个完全合格的舞弊调查中，规划是必不可少的。调查小组应建立调查任务，将每项任务分配给合适的团队成员。该计划应按照任务的性质优先安排，以提供调查结果的临时报告，如果有必要，可修订或计划下一个步骤。在这个阶段，要适当考虑处理员工和第三方的利益冲突，以获取有关法律问题和制约因素的相关信息，包括寻求司法机关协助和监督，以确保调查结果的完整性，从而力求调查活动的成功。

（二）舞弊调查小组的建立

在记录指控的细节之后，一般由财务总监、首席财务官或者舞弊审核师召集、组建舞弊调查小组。调查小组可能需要包括不同部门或学科的成员提供相应的知识和技能，这就需要考虑吸收法律顾问、内部舞弊审核师、外部舞弊审核师、会计师或法务会计师、人力资源人员、安全和防损人员、IT 人员和计算机取证专家等人员参与协助调查。舞弊调查的监督责任应赋予比舞弊者至少高出一个级别的人员，对于那些涉及公司高管的指控调查则应由董事会或董事会指定的专门委员会进行。

调查的目标应该明确调查所需资源、调查的范围和调查周期。调查目标的实现将取决于公司对待舞弊的态度以及处理舞弊的首选措施。调查小组所涉成员的角色和职责都需要依据其技能和经验而定，应该明确指出调查小组的主导控制人，调查团队中的每一名成员都应该有明确的权力范围，每个人都能清楚地了解舞弊报告程序和处理、记录证据的方式。

（三）舞弊调查协议

舞弊调查应按照公司通过的协议进行。按照一致的程序进行调查，有助于降低公司的损失和管理舞弊调查的风险。在舞弊调查协议中需要考虑的因素为如下各项：

1. 时间敏感性——调查需要及时参照法律对时效的规定，以减轻损失或潜在的危害，或者提起保险索赔。

2. 通知——某些指控可能需要通知监管部门、执法部门、保险公司或外部舞弊审核师。

3. 保密——收集信息需要保密，且仅限于那些确定的要求。

4. 法律优先——在早期涉及法律咨询，或在某些情况下的调查之前，这将有助于保障律师及时将工作成果与客户进行沟通。

5. 合规性——调查应遵守有关收集信息和会见证人所适用的法律规则。

6. 证据保全——证据应该被保护，使其不被破坏，以使得它在诉讼中可以被使用。

7. 客观性——调查小组应充分地将所调查的问题和个人隔离开，从而保证进行客观的评估。

8. 目标——具体问题或疑虑应适当改变重点、范围和调查的时机。

（四）舞弊调查的内容

实物证据、电子证据的收集和保全以及舞弊调查通常包括面谈、证人陈述、嫌疑人陈述。

1. 证据的保全。在舞弊调查中,在嫌疑人有机会转移、毁灭证据之前控制所有的实物证据至关重要,诸如人事档案、内部通话记录、财务记录等内部文件,以及供应商信息、媒体报道、私人侦探报告等外部记录的证据材料。因此,在公司舞弊调查中必须考量的一个关键性因素是如何保全舞弊案件中所涉及的证据。公司在舞弊调查开始的早期阶段就应该收集实物证据,即在收集目击者证言、展开面谈之前收集实物证据。如果舞弊涉嫌犯罪,则应当在公开采取行动、警告嫌疑人之前尽早咨询听取警察的意见。

或许一个人被指控刑事犯罪并不是最初的调查所能预料到的,但所有的调查以及从这些调查中获取的相关证据都将被公开。因此,重要的是从一开始就应当保留对所有的证据的记录,包括证据获取的时间、地点、来源以及收集人等。警察、法律顾问都能对证据保全的具体实现方式提出建议。

如果合适的话,应该在证据被消灭或删除之前就可以利用高级管理人员的权威,获得相关部门经理或分支机构经理的书面同意,对相关证据予以保全;同样,电子证据必须在它可能被嫌疑人篡改、删除之前就予以保全。

2. 实物证据。公司有权接触查阅其拥有的任何档案资料,若公司正在进行内部调查,则任何试图阻止公司接触到其所有的档案资料的员工都可能会招致纪律处分。如果实物证据是其他公司或非本公司员工个人持有的,那么公司要得到相关实物证据则可能有必要获取法院的授权(或禁令)。公司获取实物证据的确切方法取决于具体案件的特殊环境,以及被提起的是民事诉讼还是刑事诉讼,或是两者兼有。

若公司控制了实物证据,值得注意的是,这些实物证据的原始材料是至关重要的,而复印件往往是不被认可的。在进行舞弊调查的时候应该记录下获取证据的时间以及证据的来源。如果证据包括数个项目,或有大量的文件,那么应该对每一个文件都做一个可供参考的号码标签,并与书面记录保持一致。此外,对现场(如嫌疑人的办公室)拍照或录像也可能会对舞弊调查有所帮助。

3. 电子证据。为了确保案件证据链条的完整性以及合乎现行法律法规的相关规定,对电子证据的检索通常也以与对实物证据检索相似的方式进行,尽管也可能会有一些明显的差异。英国 ACPO(英格兰和威尔士高级警官协会)在其发行的实践指南中涉及了上述内容,而且规定了处理以计算机为基础的电子证据的四项原则:

(1)原则一:执法机构或它们的代理人未经法院准许或决定,不得私自篡改、删除保持在计算机或其他存储设备、存储媒介上的数据。

(2)原则二:在特殊情况下,若确有必要查阅存储在计算机或存储媒介上的原始数据,申请人就必须具备相关授权,并能合理解释查阅原始数据与其采取行动的相关性及其影响。

(3)原则三:应该创建并保护能适用于计算机电子证据的审计跟踪或其他相关记

录,使任何独立的第三方都能够查阅这些进程,并能得到相同的结果。

(4)原则四:调查负责人应全面负责并确保在整个舞弊调查的过程中遵守相关规定和这四项原则。

4. 面谈。公司经理有权直接与他们的员工进行面谈,以便让员工清点处于其直接控制下的公司资产,同时向员工传达自己监督或在其他部门员工监督下的员工的外在表现。然而,当公司经理对一个人有合理怀疑的时候,面谈就应该停止,经理应告知这个人他的行为可能成为公司正式的舞弊调查对象(此时还应当考虑对疑似舞弊者追究刑事责任的可能性)。任何面谈都应该由接受过专业训练的人员或警察主持,讯问人员应该对提出的问题和疑似舞弊者的回答进行详细记录;有可能的话应对整个面谈和询问的过程进行录音。

5. 证人陈述。对于一个受过专门培训、经验丰富的调查人来说,让证人出具一份书面声明是很好的方式,这样一来可以利用证人的声明进行序时记录,但证人必须自愿签署文档,以保证其书面声明的真实性。通常,独立的第三人介入调查会有助于明确相关事实,但同时也应给予证人得到同事、熟人或工会支持的机会。

6. 嫌疑人陈述。如果认为疑似舞弊行为有可能会构成犯罪,经理在与嫌疑人面谈之前,必须考虑法律法规的相关规定,因为合法性和合规性将决定证据能否在刑事诉讼中适用。在严格警戒下的任何面谈开始之前,会见者都必须确保他们充分了解法律法规的相关规定,否则会因此危及关键性证据的适用性,使之变得毫无用处可言。在实践中,建议面谈能在公司的法律顾问或警方的指导或建议下由经过培训的专业人员进行。

此外,在进行调查时,舞弊调查的全过程都不得违背相关程序性要求,尊重人权,特别是对个人隐私权的保护,应给予调查对象一个公正的审判或听证。

五、舞弊的纠正

舞弊调查完成之后,调查负责人应当将有关实际存在或潜在重大影响的舞弊或不当行为报告董事会、审计委员会和外部舞弊审核师,以便于对发现的舞弊作出迅速的回应,最大限度地降低损失。

一套统一且可靠的惩戒系统是有效阻止舞弊和不当行为的关键控制措施。另外,恰当的惩罚是主要监管框架下的一项要求。管理层通过批准有意义的惩罚措施,能够向内外部各方发出信号,表明组织将舞弊和不当行为风险管理置于优先考虑的位置。毕马威的一项品质鉴证调查显示,受调查的47%的美国雇员称违规者将会受到公正的处罚,而不论其职位的高低。

公司在应对舞弊时采取的针对舞弊对象和舞弊行为的方针策略可能会直接决定舞弊应对的彻底性,但公司针对舞弊者采取的任何行动都应在适当的情况下适用于所有级别的雇员，包括高级管理人员，并在此之前要与负责此类决定的负责人协商。在对舞弊者进行纪律处分、民事或刑事诉讼前，应当进行管理咨询。可供公司选择的策略可能包括下列任一或所有的方式：

（一）内部纪律处分

公司发现舞弊行为之后，经过调查，要按照公司的人事纪律规范对相关的舞弊责任人员予以内部纪律处分。公司应设计一套良好的内部惩罚程序，并将其向全体员工传达，同时包括全公司性指南。这些指南具有两方面的推动作用：①建立与过错行为的性质和严重性相一致的制裁措施，例如口头警告、书面警告、停职、减薪、调转工作地点、降职、解雇等；②采取的处罚措施应该统一、一致，而不应因行为者等级、任职期间或工作能力等因素而有所差异。

一旦舞弊和不当行为发生，管理层应考虑采取措施弥补造成的损害。例如，在恰当的情况下，管理层可以考虑采取以下步骤：

1. 自愿向政府或其他相关主体（如监管者）披露调查结果。
2. 补救造成的损害。
3. 检查造成相关控制失败的根源，保证风险减轻且控制得到加强。
4. 对那些卷入不当行为之中的员工及不能阻止或发现这些事项的高管给予处罚。
5. 向更广范围的员工告知管理层已采取恰当、有针对性的行动。
6. 虽然向公众披露舞弊和不当行为可能令组织感到尴尬，但管理层可能仍希望考虑这样的举措，以对抗或取代关于公司的负面宣传，从而证明公司有诚意，并愿意协助平息该事件。

公司经理对其下属的不当行为负责是另一项重要考虑。当经理知道或应当知道舞弊或不当行为可能正在发生或当他们有如下行为时，可能受到处罚：①指示或迫使其他人违反公司准则以满足经营目标，或设定会产生同样效果的不切实际的目标。②不能保证员工接受充分的培训或获得充足的资源。③不能以诚信正直的方式树立一个积极的榜样，或者存在因疏忽大意而未注意或允许违规行为的先例。④实施公司准则前后不一致或打击报复舞弊关注的报告者。

（二）提起诉讼

公司因发生舞弊而遭受损失时，可以通过对舞弊者及相关涉案人员提起民事诉讼的方式挽回损失。若公司发生了舞弊，而且舞弊者的行为根据我国刑法及相关法律的规定已经构成了犯罪，则可以对作为警方主导的调查中的舞弊者提起刑事诉讼。若疑似舞弊者的行为对公司造成损失，并有可能构成犯罪，则可在警方进行调查的同时通过民事诉讼的方式收回被挪用的公司资产。在涉嫌刑事犯罪时,公司可以自愿向执法部门提交有关的证据,执法部门可以通过自主的侦查活动获得有助于所涉案件的信息资源。

(三)保险索赔

公司购买了类似于忠诚保险之类的商业保险,公司在发生舞弊之后可以提供相关证据材料向保险公司索赔。

(四)扩展调查

对舞弊的发生根据实际情况进行根本原因分析,并进行扩展调查,可能会发现公司的其他舞弊或不当行为。

六、舞弊应对的后续行动

(一)汲取经验

舞弊发生之后,公司应当及时从每一件被识别出来的舞弊事例中汲取经验教训。事实上,公司从这些经验中学习同其舞弊应对计划一样重要。规模较大的公司可能会考虑建立专门性的小组以对导致舞弊发生的环境和条件进行审查,并向高级管理层报告,以改进公司的相关系统和程序;小型公司则可以考虑与更有经验的企业或是专业人员在共同目标的基础上就一些具体问题进行讨论。

(二)管理层回应

1. 内部审查。已经发生过舞弊案的公司可能会考虑对公司的内部管理系统和程序进行基本的审查,以确认公司是否存在潜在的系统故障或薄弱环节,并尽快落实公司的系统升级或公司策略的变革。

2. 实施变革。如果公司舞弊管理的薄弱环节已经被识别出来,那么采取适当的补救措施就可以使公司受益。最新的统计数据表明,很多公司每年发生的舞弊事件不止一例。

3. 年度报告。公司应坚持进行调查记录,年度报告应提交给调查委员会,包括公司所取得的成果和应当汲取的经验教训。

4. 策略、政策的执行。越来越多的公司已引进强制性的反舞弊政策,强调公司对舞弊行为的零容忍,并明确强调,若舞弊行为被发现,必然会对那些可能涉嫌舞弊的人采取适当的舞弊应对行动。例如,越来越多的金融机构热衷于给出一个处理违规者的警示,并倾向于公开起诉实施舞弊的员工,而不是对金融机构内部发生的舞弊行为遮遮掩掩。

本章小结

本章全面阐释了舞弊风险管理这一法务会计新的研究领域。我们由风险及其种类与特征谈起,论述了风险管理的一般性概念及其对象、主体、过程与目标,在此基础上概述了舞弊风险管理的概念与内容,阐释了 COSO 舞弊风险管理指南中指明的舞弊风险管理的五项原则。随后,按照舞弊风险管理的逻辑顺序,依次论述舞弊的预防、舞弊风险评估、舞弊的发现与识别和舞弊的应对四个方面的内容。

案例研习:研究京东集团的反腐败制度

一、案例资料的收集与研究

访问京东集团网站"廉洁京东"(https://lianjie.jd.com/index),查阅研究下列资料:

1. "廉洁京东"发布的《反腐败公告》;
2. 京东集团的《举报人保护和奖励制度》;
3.《京东集团廉洁奖励试行办法》;
4. 失信名单查询系统;
5.《京东集团反腐败条例》;
6. 各类媒体对京东集团反腐败的相关报道及其社会公众的评价。

二、要求

1. 仔细研读上述资料,对这些资料逐一作出评价并谈谈看法。
2. 研究京东的反腐网站"廉洁京东"和微信公众号"廉洁京东",作出评价并谈谈看法。
3. 京东集团已经形成了一套行之有效的反腐败制度体系。结合本章介绍的舞弊风险管理的相关理论与实务对京东现行反腐败制度体系作出评价,谈谈看法,包括为京东集团领导层提出建议,并结合所在单位的实际情况谈谈对企业反腐败制度建设的建议与设想。

本章思考题

1. 谈谈对来自 COSO 舞弊风险管理指南中的舞弊风险管理的五项原则的认识。舞弊风险管理最为重要的一条原则是什么?

2. 从舞弊风险管理的视角来看,“用人不疑,疑人不用”的说法可靠吗?

3. 为什么说预防舞弊的发生是最具成本—效益的举措?

4. 为什么说关注雇员的生活方式的改变有助于早期发现舞弊?

5. 谈谈组织对新员工进行严格的背景调查的重要性。

6. 思考并解释下列现象:依靠“外部审计”仅能发现 3.8%的舞弊,而“偶然发现”舞弊的占比是 5.6%。

7. 为什么说公司的雇员、合作者以及公司的管理人员是处在发现舞弊的最好位置?

8. 思考一项设计良好的舞弊调查过程通常具有怎样的特征?

第五章

运用法务会计的数据分析技术发现舞弊

本章要点

运用法务会计的数据分析技术发现舞弊体现了法务会计技术性与实操性的融合。

本章首先介绍一个古老的数学定律在发现舞弊线索调查中的应用，并运用我国资本市场的数据对该定律进行实证测试；然后介绍国外流行的“财产净值法”在查明“未知来源收入”过程中的作用。此外，本章将详细介绍如何运用 Excel 电子表格和 Active Data for Excel 软件发现舞弊线索与证据的操作方法。

第一节　奔福德定律及其应用

奔福德定律(Benford's Law)是一个早在1881年就被人们发现的古老而有趣的数学定律。近些年来,随着计算机辅助数据分析技术在舞弊调查领域的应用,借助于计算机数值分析技术,人们发现这一定律在侦查财务舞弊征兆方面具有独特作用,古老数学定律焕发出了新的生机。本节主要介绍并解释这一古老的数学定律及其在舞弊调查中的应用,以及近年来对这一定律的实证研究成果。

一、奔福德定律

奔福德定律是由美国数学家、天文学家塞蒙·纽卡姆(Simon Newcomb)在1881年首次偶然发现的。一天,他在使用对数表作计算时,偶然注意到对数表前几页纸张的破损要比其他的页面更为明显。这一奇怪的现象激发了他的研究兴趣,当时得到的唯一解释是人们对小数字的计算量要大于对大数字的计算量。经过大量的统计分析,塞蒙·纽卡姆发现了许多类型的数字都很符合这样的规律:首位数为1的数字出现的概率要比首位数为2的数字出现的概率大;首位数为2的数字出现的概率要比首位数为3的数字出现的概率大;以此类推。当时塞蒙·纽卡姆关注这一奇特的数学现象完全是出于好奇,并没有对这一定律作进一步的深入研究或从数学理论的角度作出解释,这一发现也很快就被人们淡忘了。

到了1938年,美国通用电气(GE)的物理学家弗瑞克·奔福德(Frank Benford)同样注意到了对数表破损程度不一样的现象。他收集并验证了20 229个数字,其中包括篮球比赛的数字、河流的长度、湖泊的面积、各个城市的人口分布数字以及在畅销杂志里出现的数字等。他发现,在这些数字中,整数1在数字中第一位出现的概率大约为30%,整数2在数字中第一位出现的概率人约为17%,整数3在数字中第一位出现的概率大约为12%,而8和9在数字中第一位出现的概率大约为5%和4%。这一规律因此也被人们称为“第一位数分布规律”。

以下是弗瑞克·奔福德在1938年推导出的描述奔福德定律的数学表达式:

$$E^{1}_{[digit(n)]}=\log_{10}(1+\frac{1}{n})$$

式中:n 为整数1, 2, 3, 4, 5, 6, 7, 8, 9……$E^{1}_{[digit(n)]}$ 为整数 n 在数字首位出现的期望

概率。我们分别将整数 1, 2, 3, 4, 5, 6, 7, 8, 9 代入上式,便可以得出各整数在正常分布的样本数据首位上出现的概率。表 5-1 和图 5-1 为整数 1~9 在数字首位上出现的期望概率数值与分布图。

表 5-1　整数 1~9 在数字首位上出现的期望概率值与分布

n	1	2	3	4	5	6	7	8	9
$E^1_{[digit(n)]}$	0. 301 0	0. 176 1	0. 124 9	0. 096 9	0. 079 2	0. 066 9	0. 058 0	0. 051 2	0. 045 8

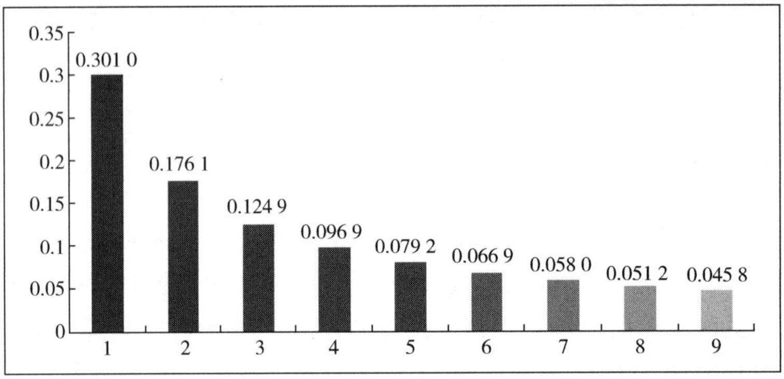

图 5-1　整数 1~9 在数字首位上出现的期望概率值与分布

二、以图表形式表述的奔福德定律理论体系

奔福德定律全面地揭示了序数在自然数不同数位上分布的规律,包括 1~9 在首位数上分布的规律;0~9 在第二位数上分布的规律;0~9 在第三位数上分布的规律;0~9 在第四位数上分布的规律;10~99 在前二位数上分布的规律;100~999 在前三位数上分布的规律。为了全面深入理解奔福德定律,我们尝试以图表的形式全面展示完整的奔福德定律的理论体系。

(一)序数 0~9 在首位数上分布的概率

由图 5-2 可清楚地看到:序数 1~9 在首位数上出现的概率呈显著依次递减规律,"1"在首位数上出现的概率最大,为 0. 301 0,"2"次之,为 0. 176 1,"9"在首位数上出现的概率最小,为 0. 045 8。

Number	Benford Proportion
	First Digit
1	0.301 0
2	0.176 1
3	0.124 9
4	0.096 9
5	0.079 2
6	0.067 0
7	0.058 0
8	0.051 2
9	0.045 8

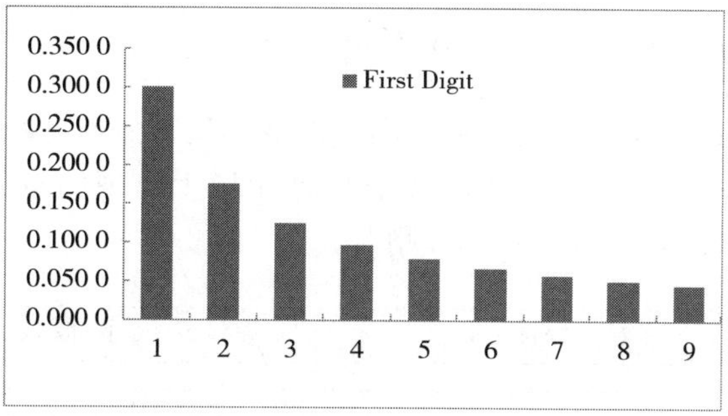

图 5-2　序数 1~9 在首位数上出现的概率分布

(二)序数 0~9 在第二位数、第三位数和第四位数上的分布概率

由图 5-3 可见,0~9 在第二位数上的概率呈较明显的依次递减规律,“0”在第二位数上的概率为 0. 119 7;“1”次之,为 0. 113 9;“9”在第二位数上的概率为 0. 085 0。

0~9 在第三位和第四位数上出现的概率同样呈递减规律,但是递减的趋势不明显,其概率值在取值范围内分别为(0. 107 8~0. 098 3)和(0. 101 8~0. 099 8)的狭小区间内围绕 0. 100 0 依次递减。

Expeced(%)	序数									
	0	1	2	3	4	5	6	7	8	9
第二位数	0.119 7	0.113 9	0.108 8	0.104 3	0.100 3	0.096 7	0.093 4	0.090 4	0.087 6	0.085 0
第三位数	0.107 8	0.101 4	0.101 0	0.100 6	0.100 2	0.099 8	0.099 4	0.099 0	0.098 6	0.098 3
第四位数	0.101 8	0.100 1	0.100 1	0.100 1	0.100 0	0.1000	0.099 9	0.099 9	0.099 9	0.099 8

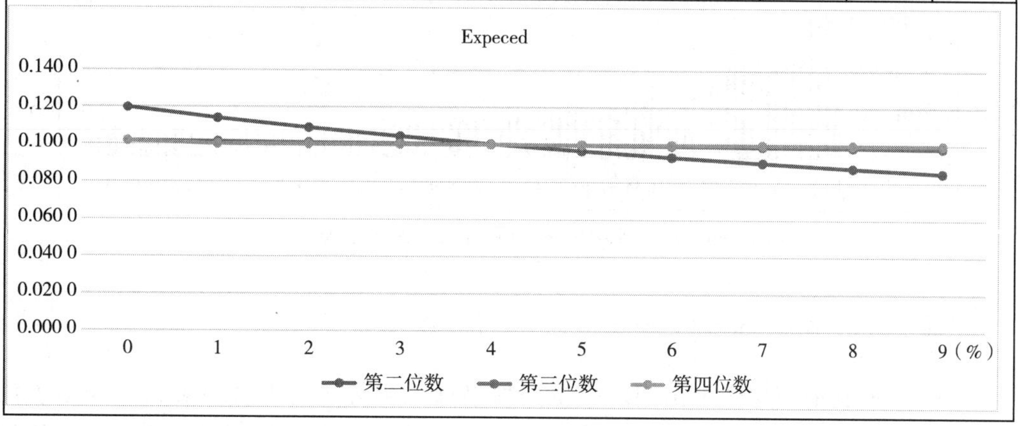

图 5-3　序数 0~9 在第二位数、第三位数和第四位数上出现的概率分布

(三)序数 10~99 在前两位数上的概率分布

10~99 在前两位数上出现的概率呈明显的递减趋势。其中,10 在前两位数上出现的概率最大,为 4.14%,99 在前两位数上出现的概率最小,为 0.44%。详见图 5-4(限于篇幅,表中数据有部分删节)。

First Two Digits Test	First Two Digits	Benford Proportion
	10	0.041 392 7
	11	0.037 788 6
	12	0.034 762 1
	13	0.032 184 7
	14	0.029 963 2
	15	0.028 028 7
	16	0.026 328 9
	17	0.024 823 6
	18	0.023 481 1
[hidden rows]	19	0.022 276 4
[hidden rows]	20	0.021 189 3
	90	0.047 798 9
	91	0.047 746 4
	92	0.004 695 1
	93	0.004 644 9
	94	0.004 595 8
	95	0.004 547 6
	96	0.004 500 5
	97	0.004 454 3
	98	0.004 409 1
	99	0.004 364 8

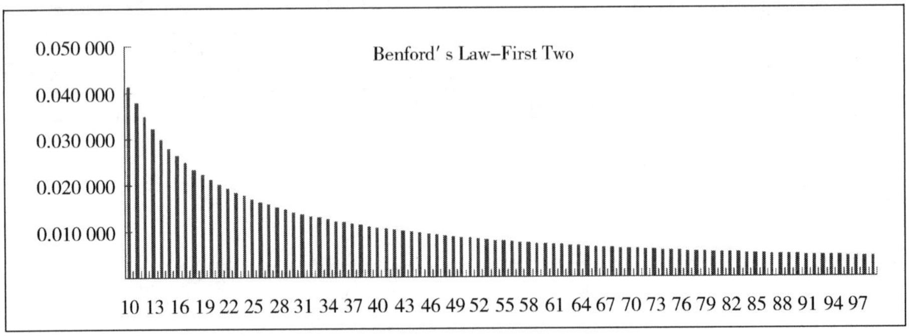

图 5-4　序数 10~99 在前两位数上出现的概率分布

(四)序数 100~999 在前三位数上的概率分布

100~999 在前三位数上出现的概率同样呈递减趋势。其中,100 在前三位数上出现的概率最大,为 0.432 1%,999 在前三位数上出现的概率最小,为 0.043 45%。详见图 5-5(限于篇幅,表中数据有部分删节)。

First Three Digits Test	First Three Digits	Benford Proprtion
	100	0.004 321 4
	101	0.004 278 8
	102	0.004 237 1
	103	0.004 196 1
	104	0.004 156 0
	105	0.004 116 6
	106	0.004 077 9
	107	0.004 404 0
	108	0.004 002 7
	109	0.003 966 2
[hidden rows]	110	0.003 930 3
[hidden rows]	990	0.000 438 5
	991	0.000 438 0
	992	0.000 437 6
	993	0.000 437 1
	994	0.000 436 7
	995	0.000 436 3
	996	0.000 435 8
	997	0.000 435 4
	998	0.000 434 9
	999	0.000 434 5

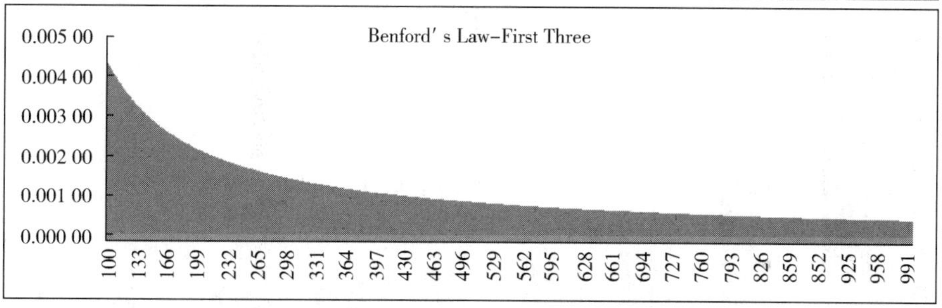

图 5-5　序数 100~999 在前三位数上出现的概率分布

三、奔福德定律适用的数据类型

奔福德定律并不是适合所有数据类型。适合奔福德定律的数据类型有如下五种：

(1)数据不能设置最大值与最小值的限制，比如，百分比、全世界政治家的年龄、人的身高、以秒为单位的 400 米跑的时间和邮件的邮资。

(2)数值在一个很宽的范围内连续变动，不存在间断点或间断区间。

(3)数字没有被特别赋值，如身份证号、股票代码和社会保险号。

(4)数值既不完全随机，也不过度地集中。

(5)数值的形成受多种因素的影响，是多种因素综合作用的结果，尤其适合来自两个系统的数字，再经过某一运算后形成的数据类型。比如，来自销售一方的“单位售价”与来自采购一方的“采购数量”，两者经过相乘以后得到的“销售金额”就适合奔福德定律。

一般认为,河流长度、人口分布数、煤气耗用量、用电的账单金额数、公司缴纳的税款数、个人所得税的纳税额和会计、统计、税收、金融以及证券市场的各种数字都很好地符合奔福德定律①。

图 5-6 为国外学者就不同类型数据所作过的符合奔福德定律的验证性测试的结果。

数据类型	序数								
	1	2	3	4	5	6	7	8	9
河流长度	31.00	16.40	10.70	11.30	7.20	8.60	5.50	4.20	5.10
人口分布数	33.90	20.40	14.20	8.10	7.20	6.20	4.10	3.70	2.20
《读者文摘》中的数字	33.40	18.50	12.40	7.50	7.10	6.50	5.50	4.90	4.20
报纸中的数字	30.00	18.00	12.00	10.00	8.00	6.00	6.00	5.00	5.00
成本会计数据	32.40	18.80	10.10	10.10	9.80	5.50	4.70	5.50	3.10
纳税人纳税额	35.50	17.80	12.60	9.60	7.80	6.60	5.60	5.00	4.50

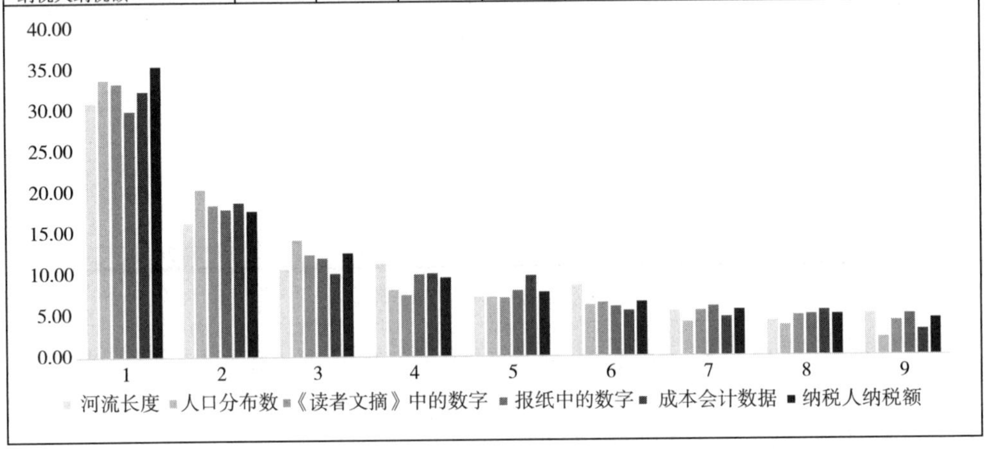

图 5-6　不同类型数据的验证性测试结果

奔福德定律揭示了数字 0~9 在呈自然状态下数据的不同位数上的概率分布的统计规律。利用这一规律,我们可以通过检查各类财务数据是否符合奔福德定律来判定这些数字是否经过人为的操纵。如果某类财务数据经过人为的操纵,比如,因受到盈余管理或会计舞弊的非正常操作而呈非自然状态,那么这类数据的数值分布就会与奔福德定律所描述的理论数值分布存在一定程度的差异。鉴于此,我们可以将奔福德定律作为检查财务数字信息是否真实的检验器。

① T P HILL. The First-Digit Phenomenon[J]. American Scientist, 1998(July-August).

四、奔福德定律的验证性测试[①]

（一）样本选择与数据来源

本书选择截至2006年12月8日沪深两市发行A股的1 446家上市公司公布的六项主要财务指标，即以资产总额、股东权益总额、资本公积、主营业务收入、利润总额和净利润为样本数据。

行业分类按照中国证监会对行业划分的方法，选取了信息技术、食品饮料、医药生物、房地产业、农林牧渔、普通机械和电器机械等14类行业。板块类别按照ST公司、中小企业、中证100、沪深B股、沪深300和新富200选择样本数据。

财务报表舞弊样本公司选择在近年因提供虚假财务报告而受到中国证监会公开处罚的上市公司，包括银广夏、蓝田股份（ST生态）、西安达尔曼、大庆联谊和天津磁卡。样本数据取自这些公司自1999年至2005年公布的年度报告中的全部会计报表数据（不含蓝田股份与西安达尔曼自退市以来的数据）。

上述样本数据来源于大智慧证券信息平台、上海证券交易所网站（www.sse.com.cn）、巨潮资讯网（www.cninfo.com.cn）和中国证监会网站（www.csrc.gov.cn）。

（二）测试假设

假设1：我国上市公司年度报告披露的财务数据总体上符合奔福德定律。

假设2：我国上市公司不同的财务指标其总体的数值表现在符合奔福德定律方面有所差别。其中，“主营业务收入”与“资产总额”这两个最易于被上市公司操纵的财务指标的数值分布与奔福德定律理论分布值有一定程度的差异。

假设3：不同行业与不同板块的财务数据在符合奔福德定律的程度上会存在差异，其隐含的假设是不同行业与不同板块的上市公司在会计信息披露的客观性方面是存在差异的。其中，ST板块的上市公司由于有“摘帽”的动机与操纵会计信息的行为倾向，其披露的财务数据的数字分布与奔福德定律理论值应该存在一定程度的差异。

假设4：已经被证实披露过虚假财务信息的非诚信上市公司在会计造假年份的财务数据数值分布与奔福德定律的理论数值分布存在显著的差异。

① 这部分内容选自作者发表在《审计研究》2007年第3期的论文“信息时代舞弊审计新工具：奔福德定律（Benford's Law）及其来自中国上市公司的实证测试”。

(三)测试结果

1. 沪深 A 股公司。表 5-2 为截至 2006 年 12 月 8 日沪深两市发行 A 股的 1 447 家上市公司、沪市 849 家上市公司和深市 598 家上市公司公布的主要财务数据的首位数分布情况以及与奔福德定律理论分布值的比较。

表 5-2　沪深两市上市公司公布的主要财务数据的首位数分布情况以及与奔福德定律理论分布值的比较

沪深 A 股(样本数)	首位数									相关系数
	1	2	3	4	5	6	7	8	9	
沪深 A 股(8 640)	0.294 6	0.170 1	0.126 9	0.101 5	0.084 7	0.064 8	0.059 8	0.053 5	0.044 1	0.999 2
沪市 A 股(5 080)	0.295 7	0.167 5	0.126 0	0.104 5	0.081 1	0.065 4	0.062 6	0.054 3	0.042 9	0.998 6
深市 A 股(3 560)	0.293 0	0.173 9	0.128 1	0.097 2	0.089 9	0.064 0	0.055 9	0.052 2	0.045 8	0.999 0
奔福德定律	0.301 0	0.176 1	0.124 9	0.096 9	0.079 2	0.067 0	0.058 0	0.051 2	0.045 8	1.000 0

注 1:表中"相关系数(Correlation Coefficient)"表示样本数据集合与奔福德定律理论数据集的相关程度。该相关系数越是接近于 1,表明该两个数据集越是相关。

注 2:表中的样本数为有效样本数。在统计时作者剔除了部分公司资本公积、主营业务收入与净利润为 0 的无效样本。表 5-4、表 5-5、表 5-6 与表 5-7 都有同样的情况。

从表 5-2 可以看出,沪深两市 A 股上市公司的主要财务数据的首位数的分布明显呈现出了奔福德定律所描述的数据首位数出现概率递减的规律。

表 5-3、表 5-4 分别为沪市与深市 A 股上市公司公布的各项主要财务指标的首位数分布的概率以及与奔福德定律理论分布值比较的结果。

表 5-3　沪市 A 股上市公司主要财务指标的首位数分布的概率以及与奔福德定律理论分布值的比较

沪市-主要财务指标	首位数									相关系数
	1	2	3	4	5	6	7	8	9	
资本公积(846)	0.250 6	0.225 8	0.159 6	0.092 2	0.074 5	0.059 1	0.049 6	0.050 8	0.037 8	0.939 6
股东权益总额(849)	0.287 4	0.123 7	0.119 0	0.114 3	0.095 4	0.083 6	0.077 7	0.057 7	0.041 2	0.964 6
资产总额(849)	0.333 3	0.156 7	0.117 8	0.096 6	0.064 8	0.055 4	0.068 3	0.064 8	0.042 3	0.986 8
主营业务收入(842)	0.289 8	0.149 6	0.131 8	0.114 0	0.084 3	0.072 6	0.067 7	0.043 9	0.046 3	0.989 3
利润总额(848)	0.310 8	0.160 3	0.105 6	0.109 7	0.081 6	0.067 5	0.063 3	0.053 4	0.047 8	0.991 5
净利润(848)	0.312 5	0.173 3	0.121 5	0.103 8	0.080 2	0.055 4	0.053 1	0.057 8	0.042 5	0.997 4
奔福德定律	0.301 0	0.176 1	0.124 9	0.096 9	0.079 2	0.067 0	0.058 0	0.051 2	0.045 8	1.000 0

表 5-4　深市 A 股上市公司主要财务指标的首位数分布的概率以及与奔福德定律理论分布值的比较

深市-主要财务指标	首位数									相关系数
	1	2	3	4	5	6	7	8	9	
股东权益总额(598)	0.261 3	0.155 8	0.150 5	0.124 0	0.085 4	0.070 6	0.033 5	0.065 3	0.053 6	0.965 7
利润总额(597)	0.289 3	0.170 6	0.137 1	0.102 0	0.115 4	0.055 2	0.055 2	0.040 1	0.035 1	0.981 1
净利润(597)	0.271 4	0.192 6	0.113 9	0.120 6	0.085 4	0.057 0	0.050 3	0.053 6	0.055 3	0.982 1
资本公积(590)	0.300 0	0.179 7	0.130 5	0.067 8	0.100 0	0.057 6	0.066 1	0.057 6	0.040 7	0.986 0
资产总额(598)	0.333 3	0.156 7	0.117 8	0.096 6	0.064 8	0.055 4	0.068 3	0.064 8	0.042 4	0.986 8
主营业务收入(597)	0.359 2	0.174 4	0.101 9	0.086 4	0.063 9	0.076 0	0.057 0	0.043 2	0.038 0	0.988 6
奔福德定律	0.301 0	0.176 1	0.124 9	0.096 9	0.079 2	0.067 0	0.058 0	0.051 2	0.045 8	1.000 0

从表 5-3、表 5-4 可以看出，两市的主要财务指标的首位数分布概率基本上都呈现出与理论分布值一致的递减趋势。但是从经过排序的相关系数可以看出，沪市的资本公积与深市的股东权益与奔福德定律理论分布值的相关性相对较差，而深市的主营业务收入、资产总额以及沪市的净利润、利润总额与奔福德定律理论分布值的相关程度较高。这样的结果令人难以解释。

2. 不同板块。表 5-5 为本书对取自不同板块的样本数据进行测试以及与奔福德定律理论分布值比较的结果。

表 5-5　不同板块的样本数据测试结果

板块(样本数)	首位数									相关系数
	1	2	3	4	5	6	7	8	9	
ST 公司(722)	0.307 5	0.164 8	0.112 2	0.105 3	0.101 1	0.049 9	0.083 1	0.044 3	0.031 8	0.981 9
中小企业(565)	0.267 3	0.169 9	0.134 5	0.115 0	0.099 1	0.069 0	0.058 4	0.049 6	0.037 2	0.986 2
中证 100(600)	0.313 1	0.191 9	0.136 4	0.077 4	0.092 6	0.050 5	0.047 2	0.047 1	0.043 8	0.992 1
沪深 B 股(679)	0.304 9	0.191 5	0.111 9	0.097 2	0.083 9	0.060 4	0.048 6	0.066 3	0.035 3	0.992 8
新富 200(1 200)	0.293 9	0.181 6	0.125 8	0.104 7	0.090 4	0.065 0	0.060 0	0.043 1	0.035 5	0.995 9
沪深 300(1 800)	0.302 1	0.183 3	0.128 9	0.091 9	0.081 4	0.063 3	0.055 5	0.051 0	0.042 6	0.999 1
奔福德定律	0.301 0	0.176 1	0.124 9	0.096 9	0.079 2	0.067 0	0.058 0	0.051 2	0.045 8	1.000 0

由表 5-5 所列的概率分布数值以及相关系数可以清楚地看出，不同板块的上市公

司其财务数据数值分布与奔福德定律理论分布值存在一定程度的差异。其中,ST 公司和中小企业的数值分布与奔福德定律理论分布值差异最大,而沪深 300 和新富 200 的数值分布与理论分布值最为接近。

3. 不同行业。表 5-6 为本书对来自不同行业的样本数据进行测试以及与奔福德定律理论分布值比较的结果。

表 5-6　不同行业的样本数据测试结果

行业(样本数)	首位数									相关系数
	1	2	3	4	5	6	7	8	9	
黑色金属(210)	0.285 7	0.104 8	0.200 0	0.095 2	0.104 8	0.061 9	0.081 0	0.033 3	0.033 3	0.883 5
金属制品(102)	0.310 0	0.130 0	0.180 0	0.090 0	0.140 0	0.010 0	0.060 0	0.010 0	0.070 0	0.891 6
建筑业 (168)	0.331 2	0.121 0	0.121 0	0.101 9	0.070 1	0.070 1	0.051 0	0.070 1	0.063 6	0.958 9
纺织业 (360)	0.269 8	0.184 8	0.161 3	0.096 8	0.088 0	0.064 5	0.044 0	0.043 9	0.046 9	0.975 1
普通机械(228)	0.272 7	0.200 2	0.122 7	0.081 8	0.090 9	0.054 5	0.063 6	0.050 0	0.063 6	0.980 3
交运仓储(375)	0.250 0	0.171 3	0.123 6	0.123 6	0.092 7	0.073 0	0.070 2	0.047 8	0.047 8	0.982 3
电器机械(277)	0.315 8	0.157 9	0.097 7	0.120 3	0.078 9	0.063 9	0.060 2	0.052 7	0.052 6	0.983 2
零售贸易(590)	0.276 8	0.179 0	0.114 4	0.090 4	0.079 3	0.079 3	0.068 3	0.040 6	0.071 9	0.988 4
房地产业(575)	0.291 4	0.171 1	0.112 8	0.118 4	0.078 9	0.073 3	0.048 9	0.041 3	0.063 9	0.988 8
医药生物(518)	0.265 1	0.167 0	0.120 5	0.101 5	0.101 5	0.070 6	0.049 9	0.072 3	0.051 6	0.989 8
食品饮料(383)	0.326 4	0.190 6	0.101 8	0.091 4	0.070 5	0.054 8	0.062 7	0.052 2	0.049 6	0.992 1
农林牧渔(236)	0.312 5	0.169 3	0.120 2	0.105 8	0.091 3	0.048 1	0.057 7	0.043 3	0.051 8	0.993 2
化学制品(699)	0.303 6	0.175 3	0.139 3	0.084 5	0.084 5	0.053 2	0.067 3	0.046 9	0.045 4	0.994 1
信息技术(525)	0.312 4	0.182 9	0.129 5	0.106 7	0.083 8	0.053 3	0.047 6	0.047 6	0.036 2	0.997 2
奔福德定律	0.301 0	0.176 1	0.124 9	0.096 9	0.079 2	0.067 0	0.058 0	0.051 2	0.045 8	1.000 0

由表 5-6 中不同行业的主要财务指标的首位数概率分布数值以及经过排序后的相关系数值可以看出,不同行业的财务数据的数值分布与奔福德定律理论分布值在一致性方面存在较大差异。其中,信息技术、化学制品、农林牧渔和食品饮料这四个行业的主要财务指标的首位数概率分布数值与奔福德定律理论分布值有较好的一致性;黑色金属、金属制品、建筑业和纺织业的财务数据的数值分布与奔福德定律理论分布值存

在较大程度的差异①。

4. 财务报表舞弊公司。表 5-7、表 5-8 与图 5-7 分别为本书对五家已经被证实曾经实施了财务报表舞弊的上市公司主要财务数据首位数分布的测试结果。

表 5-7　对已经被证实实施了财务报表舞弊的上市公司主要财务数据首位数分布的测试结果

天津磁卡(600800)财务报表数据	首位数									相关系数
	1	2	3	4	5	6	7	8	9	
2000 年	0.312 7	0.217 1	0.124 0	0.059 4	0.067 2	0.064 6	0.062 0	0.043 9	0.049 1	0.979 6
2001 年	0.287 2	0.141 0	0.114 9	0.088 8	0.086 2	0.052 2	0.083 4	0.086 2	0.060 1	0.968 9
2002 年	0.282 3	0.168 9	0.116 1	0.095 0	0.102 9	0.050 1	0.060 7	0.063 3	0.060 7	0.988 0
2003 年	0.265 6	0.211 6	0.078 8	0.116 2	0.101 7	0.053 9	0.078 8	0.053 9	0.039 5	0.941 5
2004 年	0.243 2	0.241 0	0.117 1	0.132 9	0.074 3	0.045 0	0.049 5	0.049 5	0.047 5	0.911 0
2005 年	0.287 4	0.242 3	0.092 6	0.118 8	0.109 3	0.028 5	0.054 6	0.033 3	0.033 2	0.936 5
奔福德定律	0.301 0	0.176 1	0.124 9	0.096 9	0.079 2	0.067 0	0.058 0	0.051 2	0.045 8	1.000 0
银广夏(000557)财务报表数据	首位数									相关系数
	1	2	3	4	5	6	7	8	9	
1999 年	0.283 2	0.185 0	0.112 7	0.132 9	0.089 6	0.057 8	0.057 8	0.046 2	0.034 8	0.979 8
2000 年	0.316 9	0.162 8	0.130 8	0.127 9	0.084 3	0.046 5	0.064 0	0.029 1	0.037 7	0.983 3
2001 年	0.342 3	0.199 4	0.104 2	0.062 5	0.077 4	0.041 7	0.071 4	0.035 7	0.065 4	0.977 0
2002 年	0.366 8	0.141 3	0.108 7	0.097 8	0.087 0	0.065 2	0.038 0	0.051 6	0.043 6	0.975 2
2003 年	0.327 5	0.155 0	0.110 0	0.110 0	0.062 5	0.082 5	0.042 5	0.052 5	0.057 5	0.981 8
2004 年	0.284 6	0.151 6	0.122 3	0.090 4	0.082 4	0.077 2	0.071 8	0.063 8	0.055 9	0.994 0
2005 年	0.275 9	0.166 7	0.132 2	0.071 8	0.080 5	0.097 6	0.063 2	0.046 0	0.066 1	0.979 0
奔福德定律	0.301 0	0.176 1	0.124 9	0.096 9	0.079 2	0.067 0	0.058 0	0.051 2	0.045 8	1.000 0
蓝田股份(600709)财务报表数据	首位数									相关系数
	1	2	3	4	5	6	7	8	9	
1999 年	0.255 8	0.191 9	0.119 2	0.110 5	0.110 5	0.064 0	0.037 8	0.058 1	0.052 2	0.967 1
2000 年	0.299 1	0.196 5	0.090 9	0.117 3	0.079 2	0.070 4	0.058 7	0.041 1	0.046 8	0.981 5
2001 年	0.250 0	0.165 5	0.098 0	0.104 7	0.077 7	0.121 6	0.037 2	0.091 2	0.054 1	0.930 2
2002 年	0.287 2	0.166 1	0.083 0	0.065 7	0.121 1	0.079 6	0.096 9	0.048 5	0.051 9	0.938 6
奔福德定律	0.301 0	0.176 1	0.124 9	0.096 9	0.079 2	0.067 0	0.058 0	0.051 2	0.045 8	1.000 0

① 截至笔者下载数据时,我国金属制品行业只有 17 家上市公司,样本数据较少有可能造成数据偏差。

续表

大庆联谊(600065)财务报表数据	首位数									相关系数
	1	2	3	4	5	6	7	8	9	
1999 年	0.325 0	0.212 5	0.056 3	0.081 3	0.131 3	0.093 8	0.050 0	0.012 5	0.037 3	0.927 5
2000 年	0.291 7	0.190 5	0.107 1	0.095 2	0.089 3	0.089 3	0.047 6	0.035 7	0.053 6	0.984 9
2001 年	0.276 9	0.150 8	0.116 9	0.129 2	0.129 2	0.080 0	0.058 5	0.021 6	0.036 9	0.943 7
2002 年	0.273 0	0.168 0	0.091 9	0.160 1	0.073 5	0.089 2	0.060 4	0.044 5	0.039 4	0.937 9
2003 年	0.289 6	0.218 6	0.082 0	0.150 3	0.051 9	0.068 3	0.054 6	0.035 5	0.049 2	0.938 4
2004 年	0.289 7	0.225 6	0.120 5	0.138 5	0.064 1	0.041 0	0.076 9	0.012 8	0.030 9	0.949 3
2005 年	0.305 9	0.133 1	0.113 3	0.201 1	0.053 8	0.090 7	0.042 5	0.031 2	0.028 4	0.883 1
奔福德定律	0.301 0	0.176 1	0.124 9	0.096 9	0.079 2	0.067 0	0.058 0	0.051 2	0.045 8	1.000 0
达尔曼(600788)财务报表数据	首位数									相关系数
	1	2	3	4	5	6	7	8	9	
1999 年	0.372 7	0.219 8	0.093 8	0.091 2	0.056 3	0.040 2	0.026 8	0.064 3	0.034 9	0.983 1
2000 年	0.318 8	0.248 0	0.119 9	0.100 8	0.040 9	0.054 5	0.030 0	0.046 3	0.040 8	0.968 0
2001 年	0.249 4	0.251 9	0.113 6	0.103 7	0.091 4	0.054 3	0.046 9	0.049 4	0.039 4	0.917 7
2002 年	0.276 9	0.203 7	0.153 3	0.080 1	0.068 6	0.075 5	0.038 9	0.052 6	0.050 4	0.972 3
2003 年	0.307 2	0.208 7	0.128 5	0.088 5	0.060 1	0.070 1	0.051 7	0.045 1	0.040 1	0.990 8
奔福德定律	0.301 0	0.176 1	0.124 9	0.096 9	0.079 2	0.067 0	0.058 0	0.051 2	0.045 8	1.000 0

表 5-8　财务报表舞弊的上市公司相关系数的时间序列

财务报表舞弊公司	相关系数							平均值
	1999	2000	2001	2002	2003	2004	2005	
大庆联谊	0.927 5	0.984 9	0.943 7	0.937 9	0.938 4	0.949 3	0.883 1	0.937 8
蓝田股份	0.967 1	0.981 5	0.930 2	0.938 6	—	—	—	0.954 4
天津磁卡	0.979 9	0.979 6	0.968 9	0.988 0	0.941 5	0.911 0	0.936 5	0.957 9
西安达尔曼	0.983 1	0.968 0	0.917 7	0.972 3	0.990 8	—	—	0.966 4
银广夏	0.979 8	0.983 3	0.977 0	0.975 2	0.981 8	0.994 0	0.979 0	0.981 4

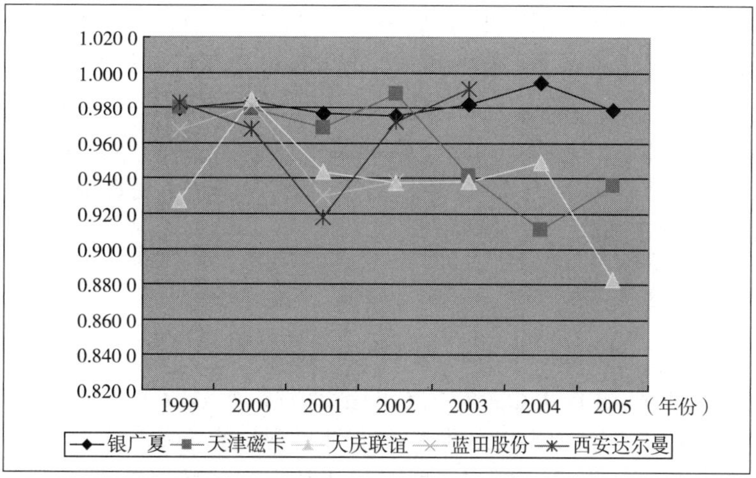

图 5-7 财务报表舞弊的上市公司相关系数的时间序列分布

由图 5-7 可以看出 5 家上市公司财务报表舞弊致相关系数时间序列分布的情况。

(1)银广夏(股票代码为 000557)在除了 2004 年以外的其他年份里其相关系数均低于 0.99。在银广夏会计造假最为猖獗的 1999 年和 2000 年里,其相关系数分别为 0.979 8 和 0.983 3。值得注意的是,在银广夏财务舞弊被揭露以后的 2001 年、2002 年、2003 年和 2005 年里,其相关系数依然较低,尤其 2002 年为最低。

(2)天津磁卡(股票代码为 600800)在 1999 年至 2005 年的七年间,除 2002 年的相关系数为 0.988 0 外,其余年份的相关系数均低于 0.98,其中以 2004 年最低,达到了 0.911 0。在受到中国证监会处罚的 2000 年,其相关系数为 0.979 6。

(3)大庆联谊(股票代码为 600065)在七年间的相关系数的平均值为 0.937 8,在五家样本公司中处于最低水平。在该公司因虚假陈述陷入证券民事索赔诉讼案的 2003 年与 2004 年,其相关系数依然为 0.938 4 和 0.949 3[①]。特别值得注意的是,2005 年该公司的相关系数达到 0.883 1 的最低水平。据此我们推测,大庆联谊在身陷股民民事索赔诉讼案的同时以及在随后的 2005 年中,依然明显存在财务舞弊的征兆。

(4)蓝田股份(股票代码为 600709,已退市)其相关系数在被刘姝威揭露会计造假

① 在最高人民法院于 2002 年 1 月 15 日发布了《关于受理证券市场因虚假陈述引发的民事侵权纠纷案件有关问题的通知》之后,哈尔滨市中级人民法院于 2002 年和 2003 年分别受理了 113 位和 494 位投资者对大庆联谊的起诉。2004 年,黑龙江省高级人民法院终审判决大庆联谊向 456 位投资者赔偿。

的 2000 年度为 0.981 5。但可以清楚地看到，蓝田股份会计造假行径被揭露后的第二个年度，其相关系数达到最低水平的 0.930 2。据此可以推测，蓝田股份在其会计造假行为暴露以后并没有立即停下造假的步伐，而是在 2001 年进一步加大了造假的力度。

（5）西安达尔曼（股票代码为 600788，已退市）的相关系数自 1999 年从 0.983 1 下降到 2001 年的最低值 0.917 7。而据中国证监会 2005 年第 10 号处罚公告显示，达尔曼的会计造假年份是 2002 年与 2003 年。据此推测，西安达尔曼自 1999 年就开始了会计造假，造假的力度在 2001 年达到最大。

（四）结论性意见

通过上述验证性测试可以得出如下结论性意见：

第一，从总体上看，我国上市公司公布的主要财务数据较好地符合了奔福德定律。无论是沪市还是深市，其主要财务数据基本上都呈现出奔福德定律所描述的数据首位数出现概率递减的规律，与奔福德定律所描述的数据首位数出现概率分布数值保持了高度的相关，其相关系数达到了 0.999 2。至此，我们借助于现代计算机技术，通过对来自我国上市公司的 8 682 个财务指标数据所进行的数值分析，进一步验证了奔福德定律的客观性。

第二，沪市与深市上市公司的各主要财务指标的数值表现在符合奔福德定律方面存在差异。其中，符合程度较高的有沪市的净利润与利润总额，深市的主营业务收入与资产总额；符合程度较差的有沪市的资本公积与深市的股东权益总额。

第三，从区分板块的情况来看，处于不同板块的上市公司的财务数据的数值分析表现与奔福德定律理论数值分布的一致性存在一定程度的差异。其中，ST 公司板块与中小企业板块的测试结果与奔福德定律的理论分布值差异最大。

第四，按照分行业测试的情况来看，信息技术、化学制品、农林牧渔和食品饮料行业的主要财务指标的数值分布与奔福德定律理论分布值存在较好的一致性；黑色金属、金属制品、建筑业和纺织业的财务数据的数值分布与奔福德定律理论分布值的相关性较差。

第五，通过对五家财务报表舞弊样本公司的财务数据所进行的数值分析，证实了这些公司在 1999 年至 2005 年的七年间曾经实施过财务报表舞弊。在对这些财务报表舞弊公司进行数值分析时，我们可以将相关系数视为检验上市公司财务报表真实性程度的指数。该指数越是小于 1，说明被检验公司的财务报表被人为操纵的程度越大。从检验的结果可知，五家样本公司的相关系数，即财务报表真实程度指数由低到高的排列顺序依次为：大庆联谊—蓝田股份—天津磁卡—西安达尔曼—银广夏。除此以外我们还发现，大庆联谊在 1998 年被首次揭露财务报表舞弊以后，并且于 2003 年 8 月起身陷股民民事索赔诉讼案的 3 年间，依然存在明显的财务舞弊征兆。

五、对奔福德定律的实证测试[①]

下面是基于“人为造假”与“随机数”样本数据的实证测试。

(一)样本数据及其来源

为了加深对奔福德定律的认识,全面了解“人为造假”数据的统计学特征,并验证奔福德定律在识别财务舞弊方面的有效性,作者利用近年来为各类学员授课的机会,先后请 321 名学员以财务造假者的心态书写了六组总数为 9 630 个“人为造假”的数据。这些数据的情况见表 5-9。

表 5-9　“人为造假”样本数据

	第 1 组	第 2 组	第 3 组	第 4 组	第 5 组	第 6 组	合计
样本数	1 440	1 170	1 800	1 500	1 800	1 920	9 630
参与人数	48	39	60	50	60	64	321

为了进行对比分析,本书利用 Excel 2007 的随机数发生器,运用函数“RANDBETWEEN(BOTTOM, TOP)”分别在 100~999、100~9 999、100~99 999、100~999 999、100~9 999 999 和 100~99 999 999 的范围内生成了六组,每组 5 000 个随机样本数据。这些数据的情况见表 5-10。

表 5-10　“随机数”样本数据

	第 1 组	第 2 组	第 3 组	第 4 组	第 5 组	第 6 组	合计
样本数	5 000	5 000	5 000	5 000	5 000	5 000	30 000
取值范围 T	100≤T ≤999	100≤T ≤9 999	100≤T ≤99 999	100≤T ≤999 999	100≤T ≤9 999 999	100≤T ≤99 999 999	—

(二)测试假设

假设 1:“人为造假”样本数据的首位数、第二位数、前两位数的概率分布与奔福德

① 这部分内容摘自作者发表在《会计之友》2016 年第 12 期的论文“奔福德定律与舞弊审计——基于人为造假与随机数样本的实证测试”。

定律理论值存在显著差异。

假设 2:“随机数”样本数据的首位数、第二位数、前两位数的概率分布与奔福德定律理论值存在显著差异。

假设 3:“人为造假”样本数据的首位数、第二位数、前两位数的概率分布与“随机数”不存在明显差异,“人为造假”数据可以视同为“随机数”。

假设 4:造假者编造的虚假会计数据具有某些统计学上的特征或固有的书写习惯与偏好。

(三)测试结果

1. 首位数测试。表 5-11 和表 5-12 分别为“人为造假”样本数据与“随机数”样本数据的首位数概率分布值以及与奔福德定律理论值的测试结果的比较。

表 5-11 “人为造假”样本数据首位数概率分布

“人为造假”样本	样本数	首位数概率分布									相关系数
		1	2	3	4	5	6	7	8	9	
第 1 组	1 440	0. 193 5	0. 131 8	0. 125 4	0. 097 8	0. 101 3	0. 087 2	0. 109 9	0. 078 7	0. 074 4	0. 961 84
第 2 组	1 170	0. 162 4	0. 187 8	0. 197 4	0. 127 5	0. 093 4	0. 052 4	0. 062 0	0. 056 8	0. 060 3	0. 719 64
第 3 组	1 800	0. 177 6	0. 101 9	0. 112 5	0. 049 6	0. 076 3	0. 066 3	0. 164 3	0. 180 4	0. 071 3	0. 346 86
第 4 组	1 500	0. 203 3	0. 120 1	0. 130 7	0. 135 3	0. 104 3	0. 052 8	0. 104 3	0. 064 7	0. 084 5	0. 874 15
第 5 组	1 800	0. 175 6	0. 123 7	0. 125 9	0. 088 1	0. 097 1	0. 098 2	0. 100 5	0. 082 4	0. 108 4	0. 917 49
第 6 组	1 920	0. 255 0	0. 095 5	0. 103 8	0. 080 0	0. 069 7	0. 058 3	0. 082 1	0. 064 5	0. 191 0	0. 666 44
平均值	—	0. 194 6	0. 126 8	0. 132 6	0. 096 4	0. 090 4	0. 069 2	0. 103 8	0. 087 9	0. 098 3	0. 927 52
奔福德定律理论值	—	0. 301 0	0. 176 1	0. 124 9	0. 096 9	0. 079 2	0. 067 0	0. 058 0	0. 051 2	0. 045 8	1. 000 00

由表 5-11 可见,“人为造假”样本数据的首位数概率分布与奔福德定律理论值存在显著的差异。从相关系数来看,6 组“人为造假”的样本数据均与奔福德定律理论值呈弱的正相关关系,其相关系数在 0. 346 86~0. 961 84 之间,其平均值的相关系数为 0. 927 52。此项测试支持假设 1 成立。

表 5-12 “随机数”样本数据首位数概率分布

“随机数”样本	样本数	首位数概率分布									相关系数
		1	2	3	4	5	6	7	8	9	
第 1 组	5 000	0. 112 0	0. 106 0	0. 113 5	0. 110 5	0. 105 0	0. 110 5	0. 113 0	0. 127 0	0. 102 5	-0. 083 51
第 2 组	5 000	0. 101 0	0. 116 5	0. 112 5	0. 117 0	0. 120 0	0. 111 0	0. 104 5	0. 107 5	0. 110 0	-0. 312 78
第 3 组	5 000	0. 106 0	0. 113 0	0. 119 0	0. 097 0	0. 111 0	0. 113 0	0. 117 5	0. 105 5	0. 118 0	-0. 225 79
第 4 组	5 000	0. 109 0	0. 106 0	0. 110 5	0. 106 5	0. 123 5	0. 117 5	0. 114 0	0. 112 5	0. 100 5	-0. 200 22
第 5 组	5 000	0. 100 0	0. 118 5	0. 121 0	0. 124 5	0. 110 5	0. 111 5	0. 106 0	0. 096 0	0. 112 0	-0. 090 36
第 6 组	5 000	0. 111 0	0. 111 0	0. 109 0	0. 109 0	0. 116 5	0. 100 5	0. 112 0	0. 115 0	0. 116 0	-0. 102 88
平均值	—	0. 1065	0. 111 8	0. 114 3	0. 110 8	0. 114 4	0. 110 7	0. 111 2	0. 110 6	0. 109 8	-0. 483 21
奔福德定律理论值	—	0. 301 0	0. 176 1	0. 124 9	0. 096 9	0. 079 2	0. 067 0	0. 058 0	0. 051 2	0. 045 8	1. 000 00

由表 5-12 可见，六组“随机数”的首位数概率分布均与奔福德定律理论值呈负相关，其平均相关序数为-0. 483 21。序数 1～9 在六组随机样本数据的首位数上分布的概率均是围绕 0. 111 1(即 1/9)上下波动，这样的概率分布是符合“随机数”的统计学特征的。此项测试支持假设 2 成立。

图 5-8 和图 5-9 直观地描述了“人为造假”与“随机数”样本数据首位数概率分布以及与奔福德定律理论值比较的情况：

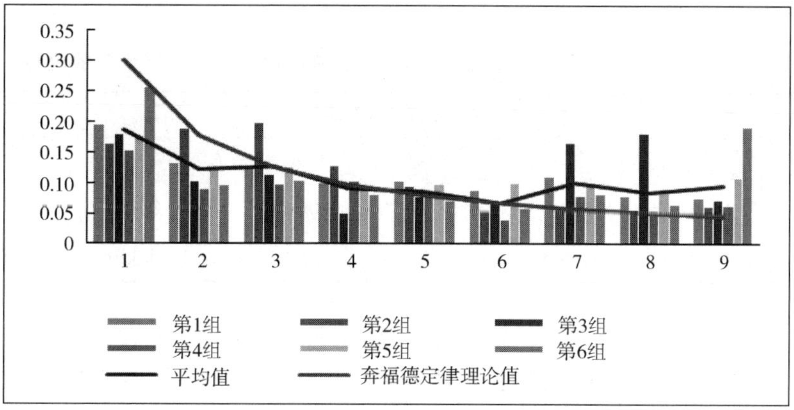

图 5-8 “人为造假”样本数据首位数概率分布

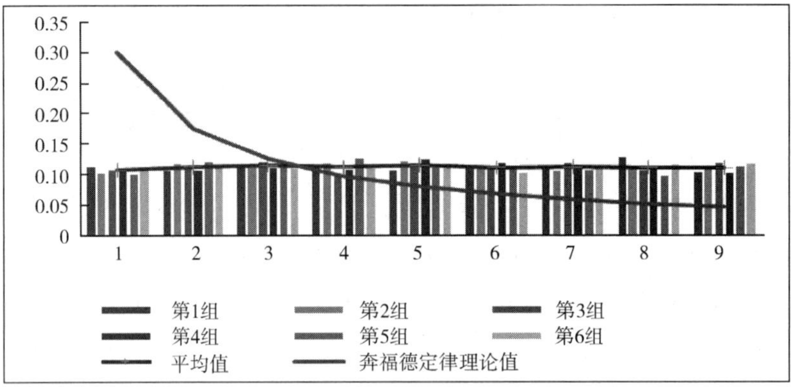

图 5-9 "随机数"样本数据首位数概率分布

由图 5-8 和图 5-9 可以看出,"人为造假"的数据存在试图让 1~9 在首位数上均衡出现的趋势,但是相对"随机数"而言,其首位数分布概率远达不到均衡分布的程度。六组"人为造假"数据中的首位数"1"出现的概率最高,平均值为 0. 194 6,但是仍达不到奔福德定律理论值的水平;"7""8""9"在首位数上出现的概率要高于奔福德定律理论值,且低于"随机数"的分布值(见表 5-13)。由此可以推测:造假者在编造虚假会计数字时,会不自觉地在首位数上多用一些"1",而且会使以"7""8""9"开头的所谓大数字出现得多一些,这应该是造假者在蓄意编造虚假会计数字过程中不自觉显露出来的思维惯性。此项测试支持假设 4 成立。

表 5-13 列出了六组"人为造假"与"随机数"样本数据的首位数概率分布平均值之间的比较。

表 5-13 "人为造假"与"随机数"样本数据首位数概率分布平均值的比较

平均值	首位数概率分布均值									相关系数
	1	2	3	4	5	6	7	8	9	
人为造假	0. 194 6	0. 126 8	0. 132 6	0. 096 4	0. 090 4	0. 069 2	0. 103 8	0. 087 9	0. 098 3	-0. 531 81
随机数	0. 105 4	0. 111 8	0. 114 3	0. 110 8	0. 114 4	0. 110 7	0. 111 2	0. 110 6	0. 109 8	

表 5-13 表明,"人为造假"样本数据与"随机数"样本数据的首位数的概率分布平均值存在显著差异,两者之间的相关系数为-0. 531 81,因此我们不能将"人为造假"数据与"随机数"视为等同。此项测试不支持假设 3 成立。

2. 第二位数测试。表 5-14、表 5-15 和图 5-10、图 5-11 分别为"人为造假"样本数据与“随机数”样本数据的第二位数概率分布值以及与奔福德定律理论值的测试结果的比较。

表 5-14　“人为造假”样本数据第二位数概率分布

“人为造假”样本	第二位数概率分布										相关系数
	0	1	2	3	4	5	6	7	8	9	
第 1 组	0. 449 5	0. 041 9	0. 089 1	0. 065 5	0. 044 3	0. 086 2	0. 042 8	0. 063 0	0. 057 1	0. 060 6	0. 598 0
第 2 组	0. 525 4	0. 044 8	0. 064 0	0. 054 2	0. 039 9	0. 045 8	0. 037 4	0. 065 0	0. 053 2	0. 070 4	0. 578 6
第 3 组	0. 241 3	0. 059 6	0. 079 8	0. 075 8	0. 051 2	0. 073 9	0. 095 5	0. 109 3	0. 104 4	0. 109 3	0. 314 1
第 4 组	0. 372 2	0. 074 8	0. 072 4	0. 069 9	0. 060 1	0. 064 5	0. 058 1	0. 063 5	0. 087 6	0. 076 8	0. 587 0
第 5 组	0. 268 8	0. 066 5	0. 110 3	0. 094 0	0. 052 7	0. 101 9	0. 067 0	0. 089 1	0. 073 9	0. 075 8	0. 607 0
第 6 组	0. 177 7	0. 076 3	0. 098 0	0. 092 1	0. 072 9	0. 090 1	0. 090 6	0. 100 0	0. 094 0	0. 108 3	0. 389 3
平均值	0. 339 2	0. 060 6	0. 085 6	0. 075 3	0. 053 5	0. 077 1	0. 065 2	0. 081 7	0. 078 4	0. 083 5	0. 557 0
奔福德定律	0. 119 7	0. 113 9	0. 108 8	0. 104 3	0. 100 3	0. 096 7	0. 093 4	0. 090 4	0. 087 6	0. 085 0	1. 000 0

由表 5-14 可知，就第二位数而言，六组“人为造假”的样本数据与奔福德定律理论值同样呈弱的正相关关系，其平均相关系数仅为 0. 557 0。此项测试支持假设 1 成立。

表 5-15　“随机数”样本数据第二位数概率分布

“随机数”样本	第二位数概率分布										相关系数
	0	1	2	3	4	5	6	7	8	9	
第 1 组	0. 101 0	0. 098 5	0. 096 5	0. 097 5	0. 105 5	0. 094 5	0. 101 0	0. 104 5	0. 106 5	0. 094 5	-0. 154 7
第 2 组	0. 106 0	0. 112 5	0. 102 0	0. 099 5	0. 090 5	0. 100 0	0. 099 0	0. 099 0	0. 088 0	0. 103 5	0. 569 8
第 3 组	0. 090 0	0. 108 0	0. 096 5	0. 102 5	0. 108 5	0. 094 5	0. 102 0	0. 092 0	0. 108 5	0. 097 5	-0. 123 5
第 4 组	0. 101 0	0. 107 0	0. 112 5	0. 099 5	0. 095 0	0. 100 0	0. 089 5	0. 101 5	0. 095 0	0. 099 0	0. 532 8
第 5 组	0. 093 0	0. 094 0	0. 103 5	0. 117 5	0. 089 0	0. 108 0	0. 110 0	0. 100 0	0. 089 0	0. 096 0	-0. 014 0
第 6 组	0. 098 0	0. 099 0	0. 100 5	0. 104 0	0. 097 0	0. 101 0	0. 095 0	0. 104 5	0. 102 0	0. 099 0	-0. 178 5
平均值	0. 098 2	0. 103 2	0. 101 9	0. 103 4	0. 097 6	0. 099 7	0. 099 4	0. 100 3	0. 098 2	0. 098 3	0. 404 6
奔福德定律	0. 119 7	0. 113 9	0. 108 8	0. 104 3	0. 100 3	0. 096 7	0. 093 4	0. 090 4	0. 087 6	0. 085 0	1. 000 0

由表 5-15 可见，六组“随机数”样本数据与奔福德定律理论值相比同样呈弱的正相关或负的相关关系，平均相关系数为 0. 404 6。其显著特征为序数 0~9 在第二位数上分布概率在 0. 10±0. 017 5 的范围内上下波动。此项测试支持假设 2 成立。

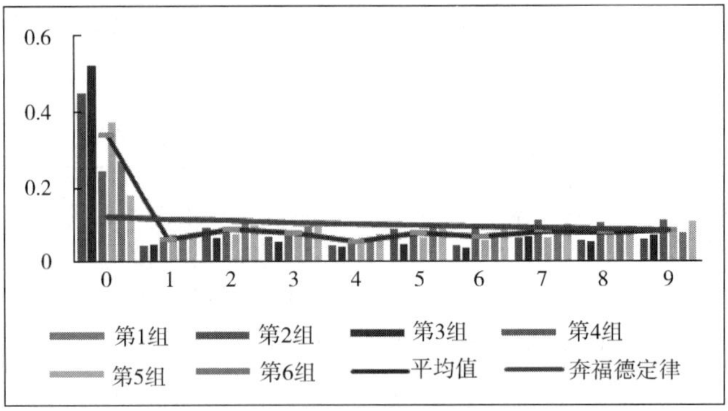

图 5-10 “人为造假”样本数据第二位数概率分布

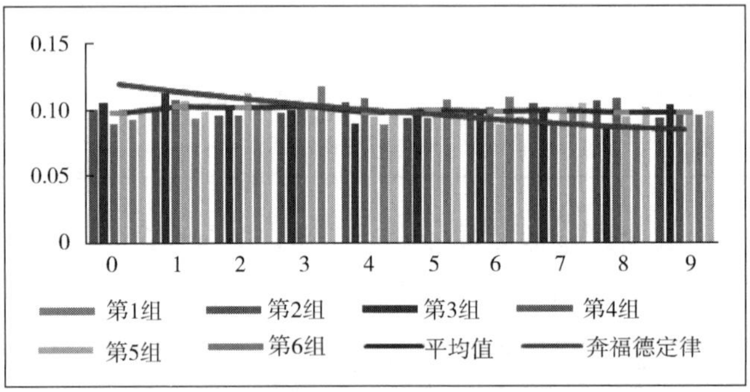

图 5-11 “随机数”样本数据第二位数概率分布

表 5-14 显示,“人为造假”样本数据在第二位数上与奔福德定律理论值差异最大的是“0”。在六组样本数据中,“0”在第二位数上出现的最高频率为 0.525 4,最低频率为 0.177 7,平均频率为 0.339 2,均比理论值高。由此可以推测:造假者会不自觉地在第二位数上多用“0”。此项测试结果支持假设 4 成立。

表 5-16 列出了“人为造假”样本数据与“随机数”样本数据在第二位数上的概率分布平均值的比较。

表 5-16 “人为造假”与“随机数”样本数据第二位数概率分布平均值的比较

平均值	第二位数概率分布均值										相关系数
	0	1	2	3	4	5	6	7	8	9	
人为造假	0. 339 2	0. 060 6	0. 085 6	0. 075 3	0. 053 5	0. 077 1	0. 065 2	0. 081 7	0. 078 4	0. 083 5	0. 083 3
随机数	0. 098 2	0. 103 2	0. 101 9	0. 103 4	0. 097 6	0. 099 7	0. 099 4	0. 100 3	0. 098 2	0. 098 3	

表 5-16 表明,“人为造假”样本数据与“随机数”样本数据在第二位数上的概率分布平均值存在显著差异,两者之间的相关系数为 0. 083 3,因此不能将“人为造假”数据等同于“随机数”。此项测试不支持假设 3 成立。

3. 前两位数测试。图 5-12 和图 5-13 分别为 6 组“人为造假”样本数据和“随机数”样本数据前两位数的概率分布情况。

前两位数	“人为造假”样本数据前两位数概率分布							奔福德定律
	第1组	第2组	第3组	第4组	第5组	第6组	平均值	
10	0.036 4	0.013 8	0.032 5	######	0.037 4	0.052 2	0.037 5	0.041 4
11	0.011 3	0.011 3	0.014 3	######	0.017 7	0.036 9	0.018 0	0.037 8
12	0.027 6	0.016 2	0.024 6	######	0.030 0	0.036 4	0.029 1	0.034 8
13	0.010 3	0.009 8	0.022 2	######	0.011 8	0.030 0	0.016 5	0.032 2
14	0.006 9	0.001 0	0.006 4	######	0.004 9	0.010 8	0.006 7	0.030 0
15	0.013 8	0.004 4	0.015 3	######	0.018 7	0.027 1	0.016 5	0.028 0
16	0.005 9	0.003 4	0.011 3	######	0.006 4	0.011 3	0.007 8	0.026 3
17	0.006 4	0.004 9	0.008 9	######	0.008 9	0.018 2	0.009 4	0.024 8
18	0.005 4	0.005 9	0.006 4	######	0.006 9	0.010 3	0.007 1	0.023 5
19	0.010 3	0.020 7	0.015 3	######	0.010 3	0.009 8	0.013 6	0.022 3
20	0.022 2	0.021 2	0.015 3	######	0.018 7	0.013 8	0.020 5	0.021 2
[Hidden Rows]								
90	0.011 8	0.003 9	0.023 6	######	0.014 8	0.008 4	0.013 3	0.004 8
91	0.003 0	0.002 5	0.004 9	######	0.005 9	0.008 4	0.004 8	0.004 7
92	0.004 9	0.003 4	0.004 4	######	0.006 9	0.009 8	0.006 1	0.004 7
93	0.003 4	0.001 5	0.003 9	######	0.009 8	0.014 3	0.006 3	0.004 6
94	0.004 9	0.003 9	0.001 0	######	0.007 9	0.018 7	0.007 3	0.004 6
95	0.005 9	0.002 0	0.003 4	######	0.007 9	0.011 3	0.006 5	0.004 5
96	0.002 5	0.002 0	0.003 0	######	0.010 3	0.025 6	0.007 8	0.004 5
97	0.005 4	0.003 0	0.002 5	######	0.011 8	0.017 7	0.008 0	0.004 5
98	0.006 4	0.006 4	0.009 4	######	0.013 3	0.033 5	0.013 0	0.004 4
99	0.003 4	0.005 4	0.006 9	######	0.005 9	0.034 5	0.010 2	0.004 4
相关系数	0.551 3	0.532 0	0.253 5	######	0.509 9	0.569 3	0.632 0	1.000 0

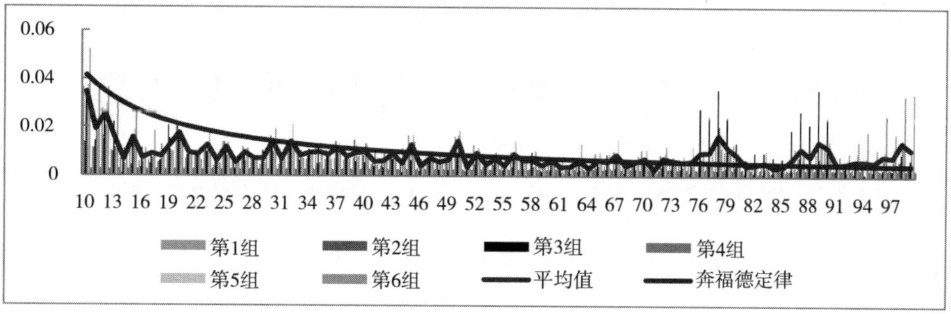

图 5-12　“人为造假”样本数据前两位数概率分布

由图 5-12 可见(限于篇幅,图中数据有删减),"人为造假"样本数据的前两位数的概率分布与奔福德定律理论值呈弱的正相关关系。在六组样本数据中,相关系数最大值为 0.569 3;最小值为 0.253 5;平均相关系数为 0.632 0。此项测试为假设 1 的成立提供了证据支持。

前两位数	"随机数"样本数据前两位数概率分布							奔福德定律
	第1组	第2组	第3组	第4组	第5组	第6组	平均值	
10	0.014 0	0.013 5	0.010 5	0.011 0	0.014 0	0.013 0	0.012 7	0.041 4
11	0.010 5	0.014 5	0.013 5	0.012 5	0.015 5	0.008 0	0.012 4	0.037 8
12	0.012 0	0.009 0	0.016 0	0.011 0	0.017 5	0.007 5	0.012 2	0.034 8
13	0.016 0	0.008 5	0.007 5	0.009 5	0.008 5	0.009 5	0.009 9	0.032 2
14	0.013 0	0.008 0	0.014 0	0.009 0	0.010 0	0.012 5	0.011 1	0.030 0
15	0.011 5	0.010 5	0.012 0	0.010 5	0.012 0	0.011 0	0.011 3	0.028 0
16	0.012 5	0.012 0	0.009 0	0.012 0	0.012 0	0.008 5	0.011 0	0.026 3
17	0.008 5	0.013 5	0.014 5	0.012 5	0.011 0	0.013 0	0.012 2	0.024 8
18	0.012 5	0.009 0	0.008 0	0.012 0	0.009 0	0.012 0	0.010 4	0.023 5
19	0.013 0	0.012 0	0.009 5	0.011 5	0.013 0	0.008 5	0.011 3	0.022 3
20	0.012 0	0.011 0	0.012 0	0.012 0	0.010 5	0.009 0	0.011 1	0.021 2
[hidden rows]								
90	0.012 0	0.009 0	0.009 5	0.011 5	0.007 0	0.014 5	0.010 6	0.004 8
91	0.011 0	0.009 0	0.005 0	0.011 5	0.011 5	0.010 0	0.009 7	0.004 7
92	0.015 0	0.012 0	0.010 0	0.013 0	0.010 5	0.012 5	0.012 2	0.004 7
93	0.015 5	0.011 5	0.014 0	0.010 5	0.008 0	0.014 5	0.012 3	0.004 6
94	0.010 5	0.010 5	0.010 5	0.009 0	0.014 5	0.012 5	0.011 3	0.004 6
95	0.010 5	0.010 5	0.010 0	0.013 0	0.008 0	0.012 5	0.010 8	0.004 5
96	0.012 5	0.008 5	0.015 5	0.010 0	0.006 5	0.006 5	0.009 9	0.004 5
97	0.010 0	0.011 0	0.013 5	0.012 5	0.015 0	0.009 5	0.011 9	0.004 5
98	0.010 0	0.009 0	0.007 0	0.014 0	0.010 5	0.013 0	0.010 6	0.004 4
99	0.012 0	0.0100	0.009 5	0.012 0	0.014 5	0.011 5	0.011 6	0.004 4
相关系数	0.118 5	0.060 8	0.093 6	−0.029 1	0.164 3	−0.075 8	0.144 1	1.000 0

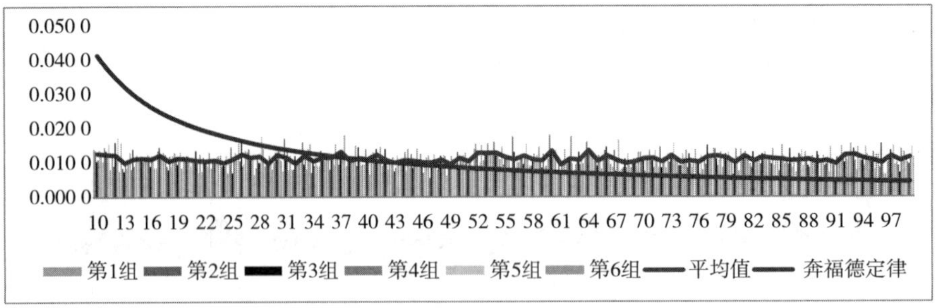

图 5-13 "随机数"样本数据前两位数概率分布

由图 5-13 发现(限于篇幅,图中数据有删减),"随机数"样本数据的前两位数的概率分布与奔福德定律理论值呈弱的正相关关系。在六组样本数据中,相关系数最大值为 0. 118 5，最小值为-0. 075 8；平均相关系数为 0. 144 1。其前两位数分布的特征为序数 10～99 均在 0. 01±0. 08 的范围内上下波动。此项测试为假设 2 的成立提供了证据支持。

图 5-14 列出了"人为造假"样本数据与"随机数"样本数据在前两位数上概率分布平均值的比较。

前两位数	概率分布均值	
	"人为造假"	"随机数"
10	0.037 5	0.012 7
11	0.018 0	0.012 4
12	0.029 1	0.012 2
13	0.016 5	0.009 9
14	0.006 7	0.011 1
15	0.016 5	0.011 3
(Hidden Rows)		
95	0.006 5	0.010 8
96	0.007 8	0.009 9
97	0.008 0	0.011 9
98	0.013 0	0.010 6
99	0.010 2	0.011 6
相关系数	0.161 81	

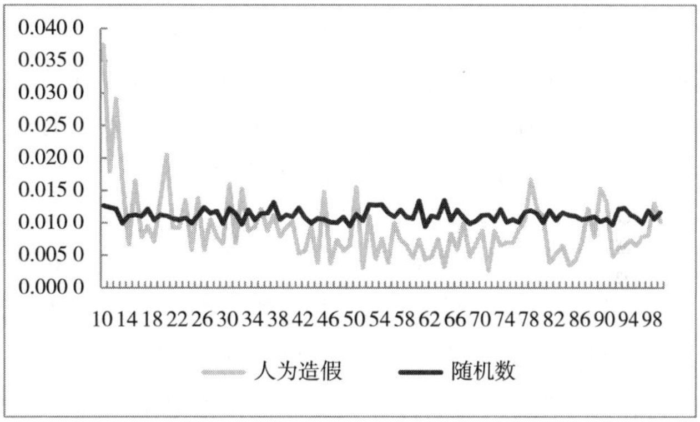

图 5-14　"人为造假"与"随机数"样本数据前两位数概率分布平均值的比较

由图 5-14 可知，"人为造假"样本数据与"随机数"样本数据在前两位数上的概率分布平均值存在显著差异，两者之间的相关系数为 0. 161 81。鉴于此，我们不能将"人为造假"数据等同于"随机数"。此项测试不支持假设 3 成立。

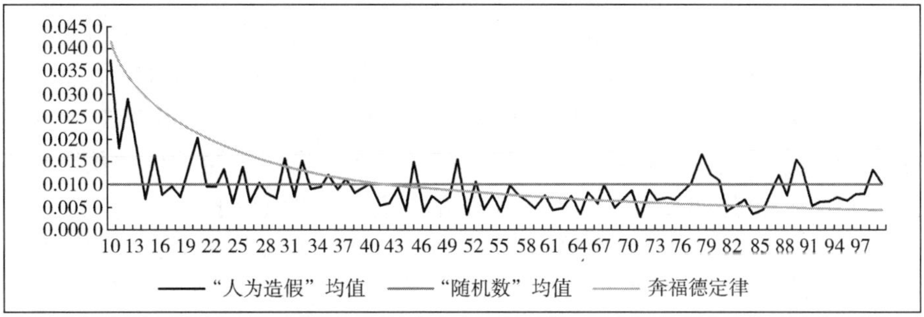

图 5-15　"人为造假"与"随机数"前两位数平均值以及与奔福德定律理论值的比较

由图 5-15 可以观察到，"人为造假"样本数据的前两位数在 71～98 之间出现高于奔福德定律理论值的三个峰值，而且在 10～25 之间出现高于"随机数"均值且低于奔福德定律理论值的情况。由此可以推测：造假者在编造虚假会计数据时，有在 10～25 和

71~98 区间选择前两位数字的倾向。此项测试结果支持假设 4 的成立。

综合上述对“人为造假”与“随机数”样本数据的测试分析结果可以得出以下结论：

第一，“人为造假”样本数据不论是首位数、第二位数还是前两位数的概率分布均与奔福德定律理论值存在显著差异，假设 1 在本项测试中得到证实。由此可以推论：只要是人为编造的数据，其首位数、第二位数、前两位数和前三位数的概率分布很难出现与奔福德定律理论值一致的情况。

第二，“随机数”样本数据在首位数、第二位数和前两位数上的概率分布与奔福德定律理论值同样存在显著差异，其显著的特征在于首位数、第二位数和前两位数的概率分别围绕均值 0.111 1、0.100 0 和 0.010 0 波动。假设 2 在本项测试中得到证据支持。

第三，“人为造假”样本数据不论是首位数、第二位数还是前两位数的概率分布均与“随机数”样本数据的相应概率分布存在显著差异，假设 3 在本项测试中没有得到证明。鉴于此，我们不能简单地将人为编造的数据认同为“随机数”。

第四，舞弊者在编造虚假会计数字时存在某种共同的选择取向或固有的选择习惯，比如，他们会在首位数上多选择“1”“7”“8”“9”，在第二位数上多用“0”等。假设 4 在此项测试中得到支持，但并不充分。造假者在编造虚假会计数字时对序数在不同数位上的选择取向有待进一步深入研究。

此项测试结果很好地说明了奔福德定律在对“人为造假”数据识别中的有效性，为我们利用奔福德定律侦测财务舞弊提供了重要的理论支持。

六、奔福德定律的舞弊调查应用体会与建议

第一，运用奔福德定律进行财务舞弊调查具有保密性好、使用成本低和简便易行的优点，我们借助于 Excel 电子表格或专门的分析软件可以快捷有效地进行数值统计分析。目前，我国上市公司的主要财务数据以及资产负债表、利润及利润分配表和现金流量表等明细财务数据的 XBRL 实例文档都可以方便地在有关的网站下载，上市公司的监管者、舞弊调查人员以及各类信息使用者都可以运用奔福德定律的数值分析软件对其进行专项的筛选与分析，为进一步深入进行舞弊调查提供线索。

第二，被调查单位的财务数据的首位数出现的概率分布与奔福德定律的理论值分布存在显著差异是发生财务舞弊的必要条件。我们可以将奔福德定律及其有关的数值分析工具视为财务舞弊“检验器”，并将“相关系数”视为财务数据真实性指数。借鉴商业银行对不良资产分级管理的思路，根据上述测试分析的结果，本书将相关系数的测试值划分为“正常”“关注”“可疑”三个级别。舞弊审计人员可以根据实测的相关系数分别采取不同的舞弊审计对策。表 5-17 为在“正常”“关注”“可疑”三个区段的相关系数分布标准以及相应的舞弊调查对策。

表 5-17　相关系数分布标准与舞弊调查对策

分　级	相关系数(β)分级标准	舞弊调查对策
正常	$0.998\,0<\beta\leq 1.000\,0$	不需要进行特别的检查
关注	$0.970\,0<\beta\leq 0.998\,0$	存在一定程度的财务舞弊征兆。对重要的报表项目,如收入、存货、销货成本、应收账款以及负债项目进行重点关注与监控
可疑	$\beta\leq 0.970\,0$	出现财务舞弊的显著迹象。需要视具体情况实施舞弊的特别审计,运用分析性复核的方法对可疑项目进行进一步的深入分析检查,收集舞弊证据

第三,运用奔福德定律进行舞弊审计具有局限性。财务数据的首位数出现的概率分布与奔福德定律理论值的分布存在较大差异只能说明存在财务舞弊的可能性,并不能充分地说明一定存在舞弊。如果用此方法发现有异常存在,审计人员还须以此为线索,作进一步深入的调查,以获取舞弊的证据。

七、奔福德定律的舞弊审计应用案例

(一)案例一:透视供应商与采购员之间存在的"猫腻"

某审计部门接到某国有企业采购部门有采购人员与供应商串通收受商业贿赂超量采购原材料的举报。审计人员调取了某年该企业取得的全部原材料采购发票 19 542 张,并对这些发票金额的首位数进行了概率分布测试。其测试结果见图 5-16。

Numbers	全部发票(19 542张)	奔福德定律
1	0.298	0.301
2	0.171	0.176
3	0.122	0.125
4	0.104	0.097
5	0.064	0.079
6	0.071	0.067
7	0.063	0.058
8	0.055	0.051
9	0.052	0.046
相关系数	0.996 48	1.000 00

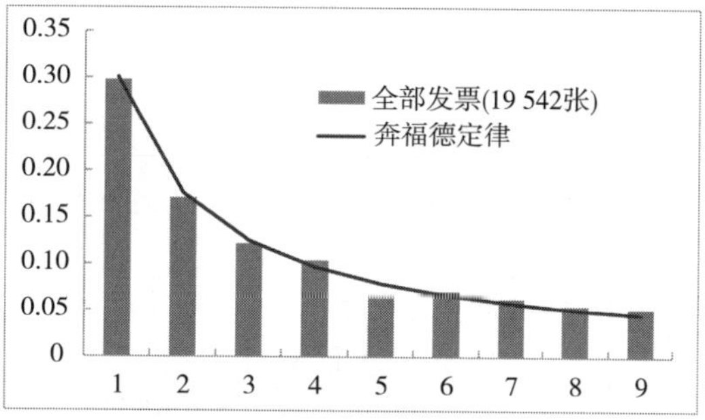

图 5-16　全部发票金额首位数概率分布

图 5-16 显示全部发票金额的首位数概率分布与奔福德定律理论值存在较好的相关性,并没有发现舞弊的迹象。如果审计人员就此停止分析工作,那么他们将一无所获。

审计人员并没有因此停止调查分析工作,而是结合运用分层分析的方法找到了该企业采购人员串通供应商实施财务舞弊的重要线索。审计人员在该企业 13 家供应商名单中确定了四家主要的供应商 A、B、C、D 作为嫌疑供应商(企业与该四家供应商的交易金额占交易总金额的 76.32%),并且分别对其出具的发票金额进行了首位数概率分布测试,测试的结果如图 5-17 所示。

供应商	首位数概率分布									相关系数
	1	2	3	4	5	6	7	8	9	
供应商A	0.295	0.168	0.138	0.099	0.073	0.071	0.064	0.049	0.043	0.996 77
供应商B	0.306	0.173	0.123	0.102	0.081	0.061	0.054	0.058	0.042	0.998 50
供应商C	0.183	0.135	0.113	0.095	0.104	0.062	0.091	0.133	0.084	0.827 61
供应商D	0.288	0.190	0.155	0.092	0.087	0.066	0.039	0.040	0.043	0.983 81
Benford's law	0.301	0.176	0.125	0.097	0.079	0.067	0.058	0.051	0.046	1.000 00

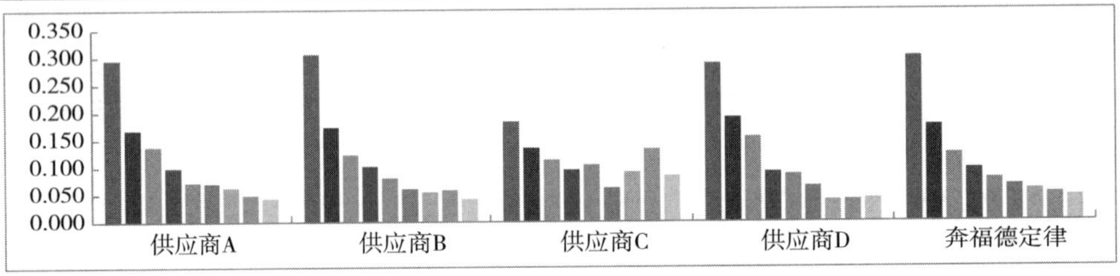

图 5-17　按照不同供应商分层分析测试的结果

由图 5-17 可以看出,供应商 A、供应商 B 和供应商 D 出具发票的首位数概率分布值与奔福德定律理论值存在较强的相关性(相关系数均大于 0.98);供应商 C 出具发票的首位数概率分布值与奔福德定律理论值存在弱的相关性(相关系数为 0.827 61)。由此可以初步排除对供应商 A、B、D 的怀疑,而将调查的重点锁定为供应商 C 以及与之交易的采购员。图 5-18 为供应商 C 的销售额数据首位数分布的情况。

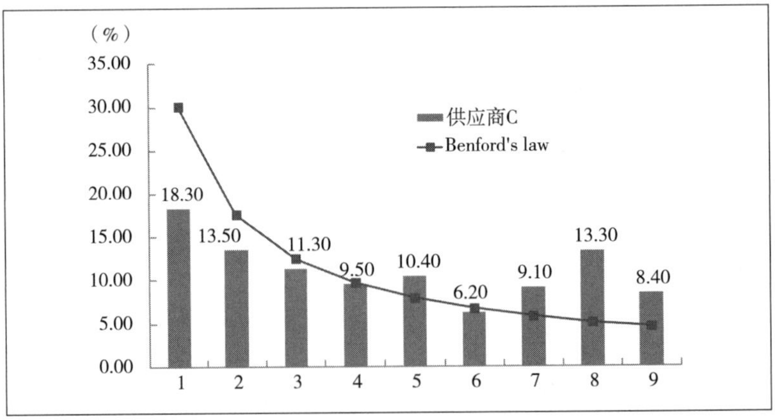

图 5-18　供应商 C 的销售额数据首位数的数值分析

由图 5-18 可以发现,供应商 C 出具的发票首位数为“7”“8”“9”的金额要比理论值高出许多,由此审计人员有理由推测供应商 C 和与之交易的采购员之间可能存在问题,其出具的部分发票金额有可能是编造的。

审计人员下一步的工作就是详查供应商 C 出具的发票,以锁定其串通企业采购员实施商业贿赂的证据。这里审计人员不需检查供应商 C 出具的全部发票(发票总数为 2 715),也没有必要采取其他抽样调查的方法,他们只需调取 490 张由供应商 C 出具的金额以“7”“8”“9”开头的发票就可以锁定财务造假的确凿证据。

通过上述案例可以得出四点启示:

1. 在样本数据量巨大的情况下,测试的结果与奔福德定律相符也并不一定说明没有舞弊存在,因为少量的舞弊数据会被大样本所淹没,而结合采用分层分析法是解决此类问题的有效办法;

2. 运用奔福德定律首位数测试的原理对财务数据进行分析只能告诉我们存在财务舞弊的迹象,要获取舞弊的确凿证据,还需“顺藤摸瓜”,通过对交易原始凭证的检查获取舞弊的真实证据;

3. 舞弊审计人员可以通过运用奔福德定律改进审计抽样的方法,缩小查证原始凭证的范围,提高审计工作的效率,降低审计失败的风险;

4. 财务数据的编造者在编造虚假的会计数据时存在选择以“7”“8”“9”开头的所谓“大数字”的倾向。

(二)案例二:“0”与“9”背后隐藏的盈余操控

审计人员在对某公司某年的销货收入进行审计时,对其全年 15 420 笔销货收入进行了奔福德定律第二位数测试,测试的结果如图 5-19 所示。

2nd Digit	Actual	Benford's Law	Difference
0	0.140 24	0.119 68	0.020 56
1	0.112 33	0.113 89	-0.001 56
2	0.105 92	0.108 82	-0.002 90
3	0.104 73	0.104 33	0.000 40
4	0.100 21	0.100 31	-0.000 10
5	0.098 08	0.096 68	0.001 40
6	0.095 33	0.093 37	0.001 96
7	0.093 35	0.090 35	0.003 00
8	0.084 57	0.087 57	-0.003 00
9	0.065 23	0.085 00	-0.019 77
Correlation Co-Efficient	0.922 02		

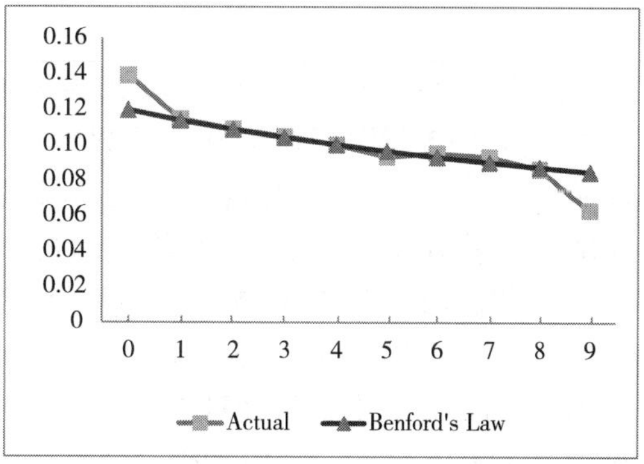

图 5-19　对销货收入第二位数的测试结果

从图 5-19 可以发现,实测值的分布与奔福德定律理论值分布的相关程度并不高(相关系数为 0.922 02)。我们发现"0"和"9"在第二位数上分布的概率值与奔福德定律理论值有较大出入,"0"比理论值多出了约 0.02,而"9" 在第二位数上分布的概率值要比理论值低约 0.02。进一步分析,该公司为了虚增收入,实施盈余操控,故意将 300余笔金额范围在"1 900 000~1 999 999"的销货收入进行不恰当的"四舍五入",使其变为"2 000 000"并据以入账,以达到虚增利润的目的,结果造成第二位数上较多的"0"和较少的"9"。

由此案例可以看出,尽管 0~9 在第二位数上的分布概率呈递减趋势不如 1~9 在首位数上更明显,但是借助于这一规律,我们还是可以发现某些特殊的财务舞弊迹象。

(三)案例三:发票中诡异的"49"

审计人员就某公司 2009 年发生的 11 654 笔管理费用进行了前两位数测试。测试的结果见图 5-20 与表 5-18。

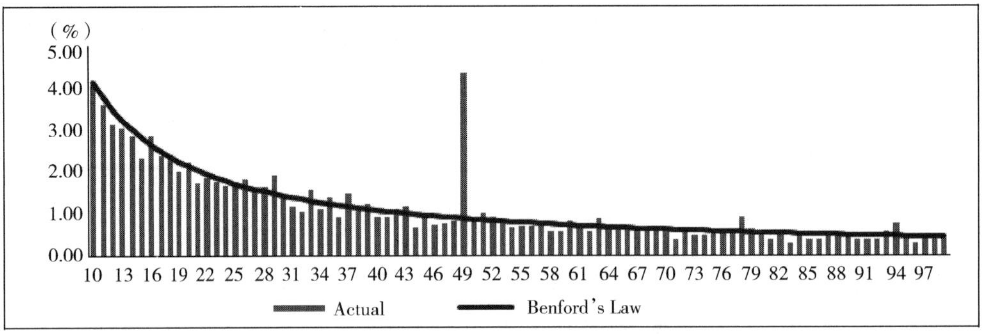

图 5-20　管理费用前两位数的概率分布

由表 5-18 可以看出,该公司 2009 年管理费用前两位数的概率分布值与奔福德定律理论值的相关程度较低(相关系数为 0.887 8),其主要原因在于前两位数"49"的出现显著异常。审计人员据此调出全部以"49"为前两位数的 505 张报销凭证,发现其中大部分发票均出自一家办理购物卡的公司,发票内容都是诸如"办公用品""计算机耗材""打印机墨盒""会务费"等,其金额均为诸如"4 978.00""4 999.00""49 899.00""49 998.00"等接近于 5 000 和接近于 50 000 的金额。进一步调查发现,该公司对费用报销有授权规定,财务部经理有权审批 5 000 元以下的费用报销;主管财务的副总有权审批 50 000 元以下的费用报销。公司下属部门为了给员工办福利购物卡,串通购物卡公司出具虚假发票,绕开公司对费用监管的制度规定。

表 5-18 管理费用前两位数的概率分布

First Two Digits	Actual (%)	Benford's Law(%)	First Two Digits	Actual (%)	Benford's Law(%)	First Two Digits	Actual (%)	Benford's Law(%)
10	4.05	4.14	40	0.92	1.07	70	0.64	0.62
11	3.60	3.78	41	0.92	1.05	71	0.37	0.61
12	3.13	3.48	42	1.10	1.02	72	0.58	0.60
13	3.04	3.22	43	1.17	1.00	73	0.48	0.59
14	2.84	3.00	44	0.64	0.98	74	0.48	0.58
15	2.31	2.80	45	0.98	0.96	75	0.59	0.58
16	2.85	2.63	46	0.74	0.93	76	0.49	0.57
17	2.39	2.48	47	0.77	0.91	77	0.61	0.56
18	2.41	2.35	48	0.82	0.90	78	0.90	0.55
19	2.01	2.23	49	4.33	0.88	79	0.63	0.55
20	2.23	2.12	50	0.87	0.86	80	0.46	0.54
21	1.74	2.02	51	1.01	0.84	81	0.37	0.53
22	1.85	1.93	52	0.92	0.83	82	0.46	0.53
23	1.76	1.85	53	0.83	0.81	83	0.28	0.52
24	1.67	1.77	54	0.64	0.80	84	0.48	0.51
25	1.75	1.70	55	0.69	0.78	85	0.38	0.51
26	1.83	1.64	56	0.68	0.77	86	0.37	0.50
27	1.55	1.58	57	0.69	0.76	87	0.54	0.50
28	1.64	1.52	58	0.57	0.74	88	0.53	0.49
29	1.91	1.47	59	0.55	0.73	89	0.46	0.49
30	1.41	1.42	60	0.82	0.72	90	0.36	0.48
31	1.16	1.38	61	0.74	0.71	91	0.39	0.48
32	1.02	1.34	62	0.55	0.70	92	0.39	0.47
33	1.55	1.30	63	0.89	0.68	93	0.57	0.46
34	1.10	1.26	64	0.69	0.67	94	0.75	0.46
35	1.38	1.22	65	0.59	0.66	95	0.38	0.46
36	0.92	1.19	66	0.58	0.65	96	0.28	0.45
37	1.47	1.16	67	0.68	0.64	97	0.38	0.45
38	1.16	1.13	68	0.55	0.63	98	0.39	0.44
39	1.23	1.10	69	0.64	0.63	99	0.39	0.44

Correlation Co-Efficient	0.887 824 925

由这一案例得知,运用奔福德定律前两位数的分布规律可以找到一些不易被发现的财务舞弊迹象。事实上,除了上述发票中诡异的“49”以外,我们还可以利用奔福德定律前两位数的分布规律发现样本数据在某些具有限制性意义整数前的非正常性的聚集,比如,我国上市公司净资产收益率在 1999 年新配股政策出台前后出现的著名的“10%”的现象等。

八、运用 Excel 电子表格完成奔福德定律相关统计的方法

第一步:输入并整理样本数据。

(1)如果数据中有小数,可以通过对所有的数值同乘以 100 或 1 000(视小数点的位数而定)。

(2)如果数据中有负数,可以通过设置函数[ABS(　)]为数据取绝对值解决,如图 5-21 所示。

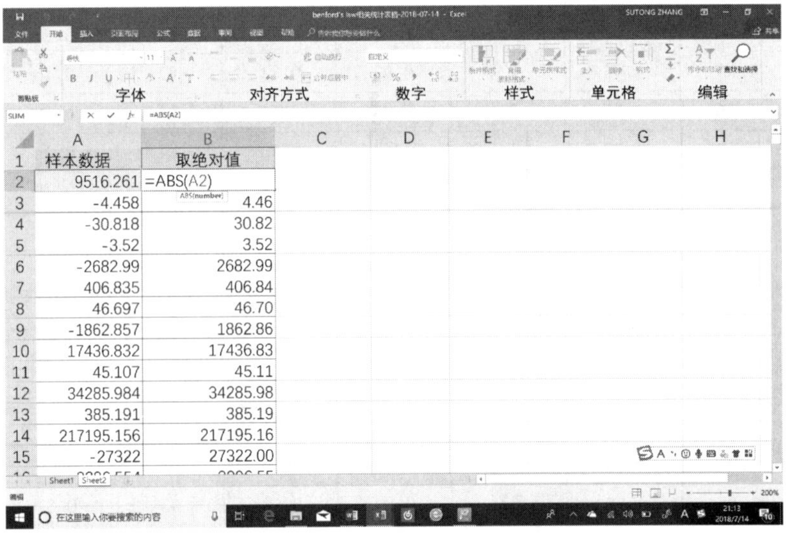

图 5-21　对原始数据取绝对值

第二步:截取样本数据的首位数。

设置函数[LEFT(B1,1)]并下拉拷贝公式至数据最后一行。这样计算机就会自动将 B 列的每一个数据的首位数选出并列在 C 列,如图 5-22 所示。

第三步:准备数据表格,分别列出需要计算的频数、频率、奔福德定律理论值、差异和相关系数,如图 5-23 所示。

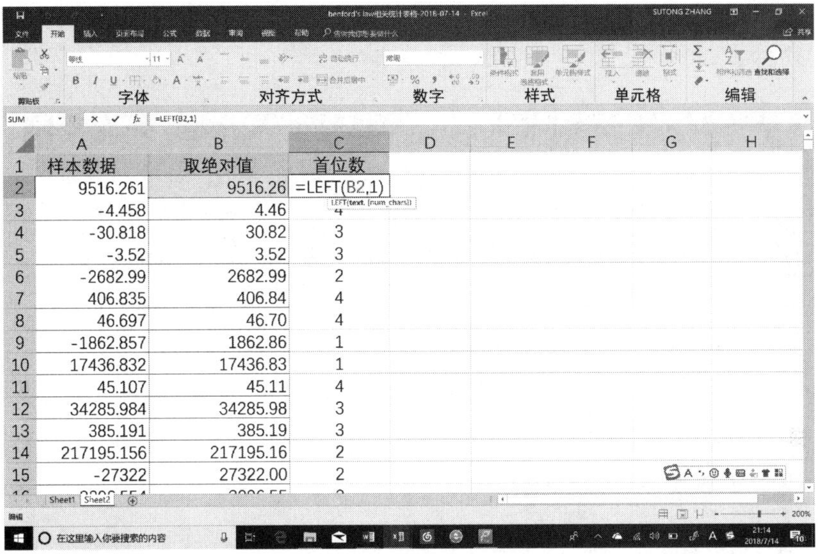

	A	B	C
1	样本数据	取绝对值	首位数
2	9516.261	9516.26	=LEFT(B2,1)
3	-4.458	4.46	4
4	-30.818	30.82	3
5	-3.52	3.52	3
6	-2682.99	2682.99	2
7	406.835	406.84	4
8	46.697	46.70	4
9	-1862.857	1862.86	1
10	17436.832	17436.83	1
11	45.107	45.11	4
12	34285.984	34285.98	3
13	385.191	385.19	3
14	217195.156	217195.16	2
15	-27322	27322.00	2

图 5-22　选取首位数

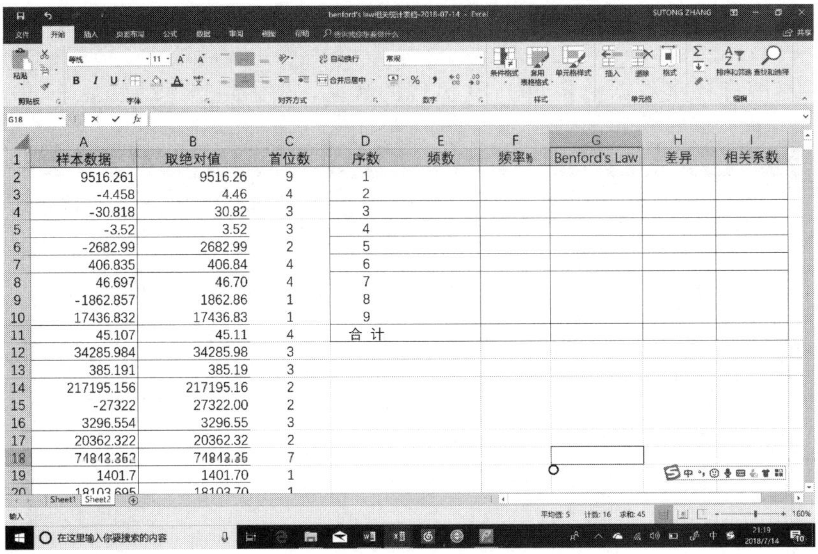

	A	B	C	D	E	F	G	H	I
1	样本数据	取绝对值	首位数	序数	频数	频率%	Benford's Law	差异	相关系数
2	9516.261	9516.26	9	1					
3	-4.458	4.46	4	2					
4	-30.818	30.82	3	3					
5	-3.52	3.52	3	4					
6	-2682.99	2682.99	2	5					
7	406.835	406.84	4	6					
8	46.697	46.70	4	7					
9	-1862.857	1862.86	1	8					
10	17436.832	17436.83	1	9					
11	45.107	45.11	4	合 计					
12	34285.984	34285.98	3						
13	385.191	385.19	3						
14	217195.156	217195.16	2						
15	-27322	27322.00	2						
16	3296.554	3296.55	3						
17	20362.322	20362.32	2						
18	74813.352	74813.35	7						
19	1401.7	1401.70	1						

图 5-23　准备数据表格

第四步:统计样本数据首位数 1~9 出现的频数。

在 E 列的第 1 行输入公式:[COUNTIF(C1:C1500,D2)];然后,光标移至右下角变成"+"时下拖至 E10 行。此时,在 E 列就会出现样本数据首位数 1~9 出现的频数,如图 5-24 所示。

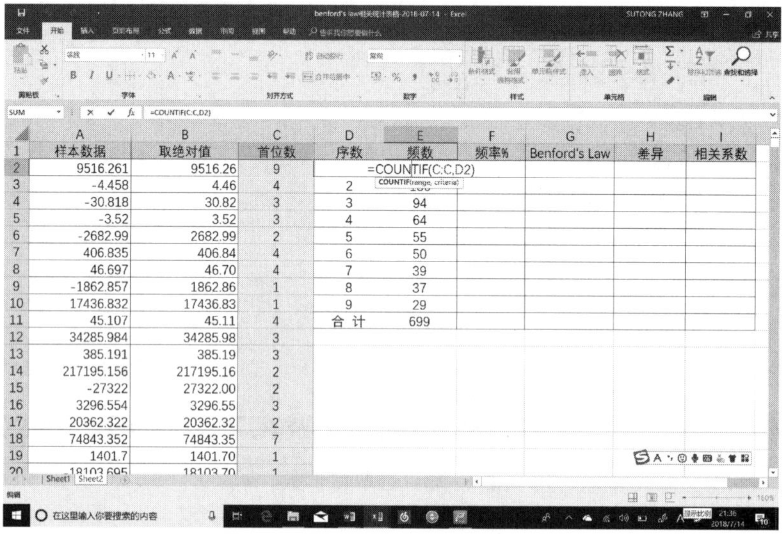

=COUNTIF(C:C,D2)

样本数据	取绝对值	首位数	序数	频数	频率%	Benford's Law	差异	相关系数
9516.261	9516.26	9		=COUNTIF(C:C,D2)				
-4.458	4.46	4	2					
-30.818	30.82	3	3	94				
-3.52	3.52	3	4	64				
-2682.99	2682.99	2	5	55				
406.835	406.84	4	6	50				
46.697	46.70	4	7	39				
-1862.857	1862.86	1	8	37				
17436.832	17436.83	1	9	29				
45.107	45.11	4	合 计	699				
34285.984	34285.98	3						
385.191	385.19	3						
217195.156	217195.16	2						
-27322	27322.00	2						
3296.554	3296.55	3						
20362.322	20362.32	2						
74843.352	74843.35	7						
1401.7	1401.70	1						
18103.695	18103.70	1						

图 5-24 统计频数

第五步:统计样本数据首位数 1~9 出现的频率,如图 5-25 所示。

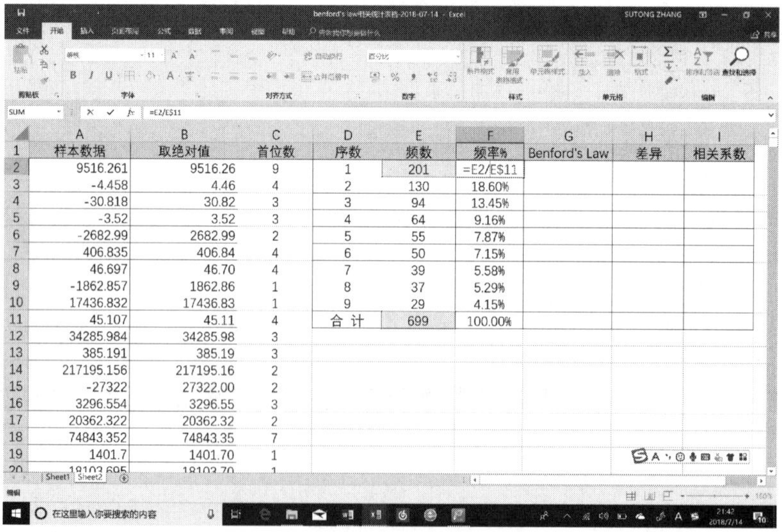

=E2/E$11

样本数据	取绝对值	首位数	序数	频数	频率%	Benford's Law	差异	相关系数
9516.261	9516.26	9	1	201	=E2/E$11			
-4.458	4.46	4	2	130	18.60%			
-30.818	30.82	3	3	94	13.45%			
-3.52	3.52	3	4	64	9.16%			
-2682.99	2682.99	2	5	55	7.87%			
406.835	406.84	4	6	50	7.15%			
46.697	46.70	4	7	39	5.58%			
-1862.857	1862.86	1	8	37	5.29%			
17436.832	17436.83	1	9	29	4.15%			
45.107	45.11	4	合 计	699	100.00%			
34285.984	34285.98	3						
385.191	385.19	3						
217195.156	217195.16	2						
-27322	27322.00	2						
3296.554	3296.55	3						
20362.322	20362.32	2						
74843.352	74843.35	7						
1401.7	1401.70	1						
18103.695	18103.70	1						

图 5-25 统计频率

第六步：在理论值一栏中填入奔福德定律的计算公式：LG10（1+1/D2），计算奔福德定律理论值，如图 5-26 所示。

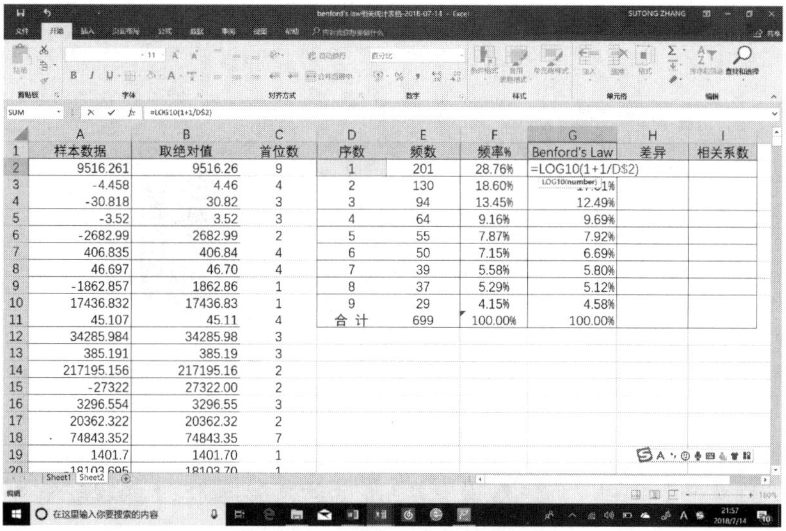

=LOG10(1+1/D$2)

	A	B	C	D	E	F	G	H	I
1	样本数据	取绝对值	首位数	序数	频数	频率%	Benford's Law	差异	相关系数
2	9516.261	9516.26	9	1	201	28.76%	=LOG10(1+1/D$2)		
3	-4.458	4.46	4	2	130	18.60%	[illegible]		
4	-30.818	30.82	3	3	94	13.45%	12.49%		
5	-3.52	3.52	3	4	64	9.16%	9.69%		
6	-2682.99	2682.99	2	5	55	7.87%	7.92%		
7	406.835	406.84	4	6	50	7.15%	6.69%		
8	46.697	46.70	4	7	39	5.58%	5.80%		
9	-1862.857	1862.86	1	8	37	5.29%	5.12%		
10	17436.832	17436.83	1	9	29	4.15%	4.58%		
11	45.107	45.11	4	合 计	699	100.00%	100.00%		
12	34285.984	34285.98	3						
13	385.191	385.19	3						
14	217195.156	217195.16	2						
15	-27322	27322.00	2						
16	3296.554	3296.55	3						
17	20362.322	20362.32	2						
18	74843.352	74843.35	7						
19	1401.7	1401.70	1						

图 5-26　计算奔福德定律理论值

第七步：计算频率与理论值的差异，如图 5-27 所示。

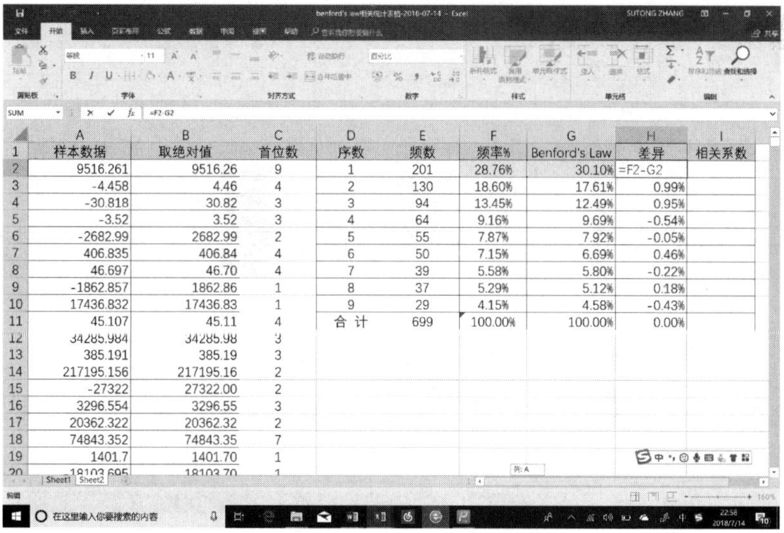

=F2-G2

	A	B	C	D	E	F	G	H	I
1	样本数据	取绝对值	首位数	序数	频数	频率%	Benford's Law	差异	相关系数
2	9516.261	9516.26	9	1	201	28.76%	30.10%	=F2-G2	
3	-4.458	4.46	4	2	130	18.60%	17.61%	0.99%	
4	-30.818	30.82	3	3	94	13.45%	12.49%	0.95%	
5	-3.52	3.52	3	4	64	9.16%	9.69%	-0.54%	
6	-2682.99	2682.99	2	5	55	7.87%	7.92%	-0.05%	
7	406.835	406.84	4	6	50	7.15%	6.69%	0.46%	
8	46.697	46.70	4	7	39	5.58%	5.80%	-0.22%	
9	-1862.857	1862.86	1	8	37	5.29%	5.12%	0.18%	
10	17436.832	17436.83	1	9	29	4.15%	4.58%	-0.43%	
11	45.107	45.11	4	合 计	699	100.00%	100.00%	0.00%	
12	34285.984	34285.98	3						
13	385.191	385.19	3						
14	217195.156	217195.16	2						
15	-27322	27322.00	2						
16	3296.554	3296.55	3						
17	20362.322	20362.32	2						
18	74843.352	74843.35	7						
19	1401.7	1401.70	1						

图 5-27　计算频率与理论值的差异

第八步：在相关系数栏，选择函数“CORREL”分别填入“实测值”“理论值”的数据范围，即可计算出相关系数，如图 5-28 所示。

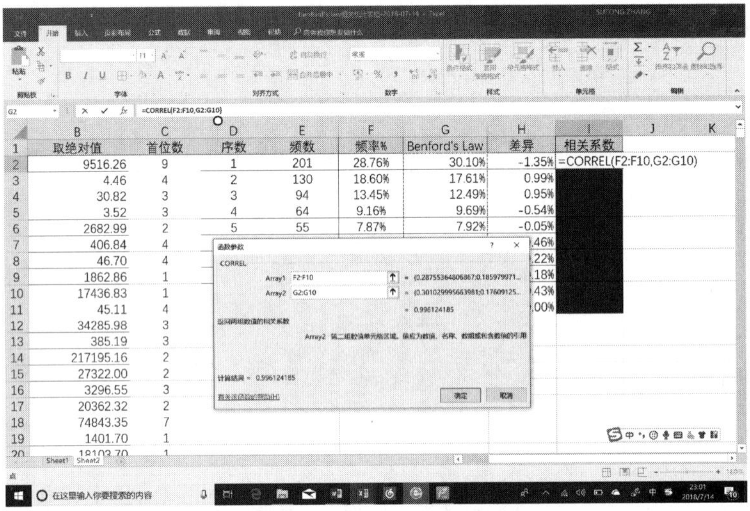

图 5-28　计算相关系数

第九步：绘制柱形图，完成分析过程，写出分析报告，如图 5-29 所示。

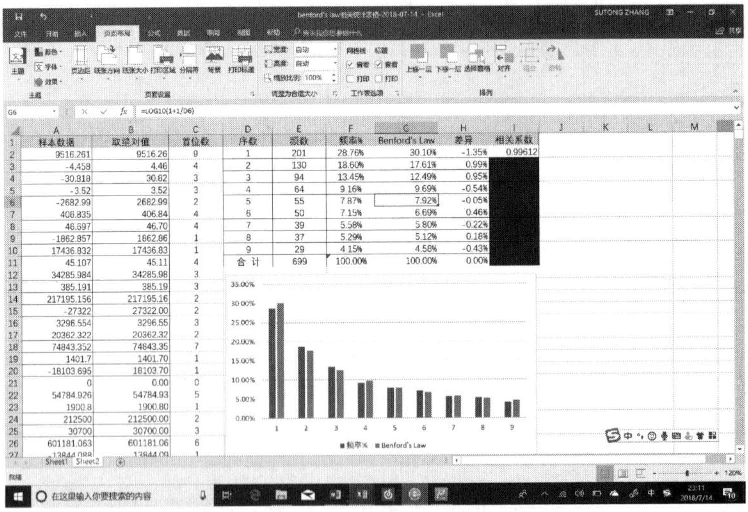

图 5-29　绘制柱形图

经过上述步骤,我们制作出一个基于 Excel 电子表格的奔福德定律的统计模板。以后遇到其他案例的数据需要进行测试时,只需更换第一列的“样本数据”便可完成有关的统计工作。

第二节　财产净值法

财产净值法(以下简称“净值法”)始于美国,是一种查明未知来源收入的有效方法。此方法原本是美国税务部门防范纳税人避税和偷漏税所采用的一种税务调查方法。这种方法根据纳税人提供的资产负债表,计算出净资产以及净资产的增加,在此基础上加上不可扣除的费用,减去非应税所得,得出应税的总收入。用应税的总收入减除已申报的应税收入,由此推算出纳税人未申报的应纳税所得额。近年来,伴随着法务会计的兴起,净值法被引入经济犯罪调查领域。美国联邦调查局的调查人员经常运用此方法确定犯罪嫌疑人的赃款数额,美国毒品执法局也使用这种方法确定毒贩是否从非法毒品交易中获得了收益。在美国,净值法作为一种专门用于查明各类经济犯罪嫌疑人非法所得的一种简单、实用、稳健、有效的方法,深受法务调查人员和检察官的青睐。研究净值法及其在我国的适用,对于当前我国的反商业贿赂与反职务犯罪的斗争具有重要意义。本节将介绍净值法的原理、适用的条件以及主要优缺点,并就如何对个人资产、负债、收入与支出项目进行恰当界定与计价进行论述,最后,通过一个案例说明净值法在查明经济犯罪嫌疑人非法收入方面的具体应用。

一、净值法及其原理

净值法作为一种查明与计算当事人是否存在未知来源收入的方法,是依据会计等式“资产净值=资产-负债”的原理,通过计算当事人的个人财产的净值,在考虑到正常消费支出的基础上,计算出当事人特定期间的总收入,在扣除其已知来源收入以及其他来源收入之后,推算出当事人未知来源收入的数额。

运用净值法推算未知来源收入有如下推导过程:

$$\text{本期总收入}=\text{合法来源收入}+\text{其他资金来源}+\text{未知来源收入} \tag{5-1}$$

$$\text{本期总收入}=\text{本期资产净增加额}+\text{本期正常消费支出} \tag{5-2}$$

$$\text{本期资产净增加额}=\text{期末资产净值}-\text{期初资产净值} \tag{5-3}$$

$$资产净值=资产-负债 \tag{5-4}$$

由式(5-1)移项可得：

$$未知来源收入=本期总收入-合法来源收入-其他资金来源 \tag{5-5}$$

将式(5-2)、式(5-3)、式(5-4)代入式(5-5)：

$$\begin{aligned}未知来源收入&=本期资产净增加额+本期正常消费支出-合法来源收入-其他资金来源\\&=期末资产净值-期初资产净值+本期正常消费支出-合法来源收入-\\&\quad其他资金来源\\&=(期末资产-期末负债)-(期初资产-期初负债)+本期正常消费支出-\\&\quad合法来源收入-其他资金来源\end{aligned} \tag{5-6}$$

式(5-1)中的“其他资金来源”是指当事人在计算期所取得的遗产继承、受赠、赌彩等合法的偶然收入；“合法来源收入”是指当事人的工资薪金等来源收入。

式(5-2)中的“本期正常消费支出”是指与当事人合法收入水平相当的年日常消费支出，包括当事人本人和赡养人口的日常基本生活消费支出。

式(5-4)中的“资产”是指当事人所拥有的各类财产，包括住宅、家具、家用电器、汽车、古玩字画以及奢侈消费品等财产的原始价值，股票债券等金融资产的成本，信用卡、银行存款和现金等货币性资产；“负债”是指当事人所承担的各类债务，包括购房贷款、汽车贷款等。

显然，当事人的未知来源收入与其本期的资产的增加数及消费支出正相关，与本期的负债的增加数、当期的合法来源收入以及其他资金来源负相关。

在计算过程中，我们可以采用列表法进行计算，如表5-19所示。

表5-19　净值法计算表

第 N 年	第 N+1 年
资产$_{第N年}$ 减：负债$_{第N年}$ 净资产$_{第N年}$	资产$_{第N+1年}$ 减：负债$_{第N+1年}$ 净资产$_{第N+1年}$ 减：净资产$_{第N年}$ 净资产的增加$_{第N+1年}$ 加：正常消费支出$_{第N+1年}$ 总收入$_{第N+1年}$ 减：已知来源收入$_{第N+1年}$ 　　其他资金来源$_{第N+1年}$ 未知来源收入$_{第N+1年}$

显然,欲计算出未知来源收入,需要知道当事人当年的家庭正常消费支出、当年的已知来源收入和其他资金来源、当年与上年的家庭总资产与总负债。

二、家庭资产、负债、收入与费用支出的界定与计价

运用净值法计算当事人的未知来源收入需要计算家庭净资产与总收入,因此也就无法回避对家庭资产、负债、收入与费用支出的界定与计价等问题。在会计学中,对这些要素的界定与计价问题早有定论,但是从家庭财产净值计算的角度来看,以家庭为单位的资产、负债、收入以及支出的界定与计价问题还有探讨的必要。

(一)家庭资产

家庭资产是指家庭成员通过过去的事项取得的、由其自主拥有或自由支配的,能给其带来精神与物质享受的财产物资。

家庭资产具有四个特点:①家庭资产的本质是财产物资;②该财产物资是由过去的事项(包括合法与非法的)取得的;③该财产物资能够为家庭成员拥有或支配;④该财产物资能够为家庭成员带来精神与物质享受或经济利益的流入。

家庭资产可以分为六类:货币性资产、金融资产、不动产、耐用消费品、收藏品和奢侈品。为了稳健起见,对家庭资产应采用取得成本与市价孰低的原则进行计价,以确保计价的结果客观公正、有据可查、稳健可靠。在确实无法取得能够证明有关资产的取得成本有效凭证的情况下,可以参考同类资产在形成或取得时的市场价值进行估算。

货币性资产是指现金、银行存款等能够随时动用与支配的货币资金。货币性资产应按照其名义币值计价。

金融资产是指保单、股票、股权、债券、基金和理财产品等资产项目。在计算家庭净资产时,金融资产应按照取得时的成本与报告日市价孰低的原则进行计价。

不动产主要是指家庭所拥有的住宅或住房。在计算财产净值时,不动产应该按照其购入时的原始成本计价,即买价加上相关的税费、佣金与手续费以及装修的成本。不动产在持有期间的升值或贬值不宜计入净值计算。

耐用消费品是指使用周期较长,一次性投资较大的消费品,如汽车、家具和家用电器等。耐用消费品应该按照当初购买时支付的买价(含有关的税费)扣除折旧损耗的价值后的差额进行计价。

收藏品是指出于爱好或投资而收集保存的物品,如字画、瓷器 、玉器、珠宝、邮品、钱币、古籍和古董等。收藏品的价值存在较大的变化空间与不确定性。在对财产的净值进行计算时,如果当事人可以出具能够反映收藏品的原始价值的凭证,则应该按照成

本计价,如果当事人无法出具上述凭证,则应该按照市价进行计价。这里的市价是指同类藏品在收藏品交易市场中形成的公平市价。

奢侈品是指那些非日常生活必需且价值与品质关系比值较高或无形价值与有形价值关系比值较高的物品,如珠宝首饰、名牌服饰、贵金属和高级手表等。对于奢侈品应该按照其取得时的成本计价,如果当事人无法出具购买奢侈品的原始凭证,则应参照同类奢侈品的市价进行计价。

(二)家庭负债

家庭负债是指家庭成员由于过去的交易或事项所形成的现时的义务,这种义务的清偿需要经济利益的付出。家庭负债具有三个特点:①家庭负债的本质是一种义务;②家庭负债是由于过去的交易或事项所形成的;③家庭负债的清偿需要个人经济利益的付出。

家庭负债可以分为个人消费贷款、住房抵押贷款、住房公积金贷款、应付与暂收款、信用卡透支和其他负债。在计算财产净值时,家庭负债应该按照其形成时的本金减除截至特定基准日累计已经偿还的本金之后的差额进行计算。与负债相关的利息支出应列为费用支出。

(三)个人收入

个人收入是指个人由于付出智力或体力劳动、让渡财产使用权或因为其他事项而带来的经济利益的流入。

个人收入可以分为已知来源收入、未知来源收入和其他资金来源。已知来源收入是指个人的合法收入,包括工资薪金收入(含奖金、补贴、津贴)、劳务报酬收入、特许权使用费收入、投资收入(含利息、股息、红利收入)和让渡财产收入(转让财产所有权与使用权收入);未知来源收入是指局外人无从知晓其来源的灰色收入;其他资金来源是指个人取得的偶然所得,如继承财产所得以及接受赠予、中奖与中彩所得等。

在净值法下,个人收入要在有足够的证据能够证明与收入相关的经济利益能够流入当事人支配与控制的范围,而且能够可靠地加以计价的情况下确认。净值法下的收入应该按年度进行归集与计算,对那些跨年度的收入要在不同的年度间进行适当的分配。

(四)家庭费用支出

家庭费用支出是指一个家庭为维持与其收入水平与社会地位相当的正常生活水准而必须发生的经济利益的流出。

在净值法下，考察家庭费用支出一般需要考虑 10 个项目：食品与外出餐饮；家用日常开销（水、电、煤气、供热等）；住房及维护；通信费用；度假与旅游；教育支出；赡养费支出；医疗费用支出（不含医疗保险支出）；利息支出、各类税费支出、礼物及赠予支出和个人坏账支出。

三、净值法的主要优缺点与适用条件

（一）净值法的主要优缺点

净值法最为显著的优点在于它的稳健性。在净值法的计算过程中，由于未将当事人超出正常消费水平的奢侈消费计入净资产，所以净值法计算的结果通常是趋于保守与稳健的。这样的计算结果易于被当事人供认和法庭采信。除此以外，净值法的原理可以为科学设计“个人财产申报表”提供依据，为构建公职人员家庭财产申报与公示制度提供重要的理论基础。

净值法的主要缺点在于没有考虑当事人将更多的非法所得用于类似购买食品、珠宝和豪华度假等难以调查取证的奢侈消费，即没有将当事人奢侈消费计入财产净值。如果某个当事人将非法所得的款项大部分用于奢侈消费，而不是购买豪宅、高级汽车等有形财产，那么采用净值法计算的结果就无法客观反映当事人的真实收入情况。

（二）净值法的适用条件

运用净值法查明当事人未知来源收入时需要满足以下适用条件：

第一，当事人的合法收入水平与其奢华的生活方式显著不相称。

第二，有证据表明当事人所拥有的个人财富近期显著增加，添置了大量可察觉的资产，如房产、汽车、游艇、高档家具、豪华家电和古玩字画等。

第三，当事人没有将非法所得通过购买高档食品、豪华度假旅游等难以查证的奢侈消费将其挥霍。

第四，当事人所在地区实行了家庭财产申报与公示制度。如果没有实行这一制度，则需要当事人所在地区具有比较完备的社会公共信息系统，调查人员有条件通过查阅各类公共记录和数据库获取必需的资料，比如，调查人员可以通过走访银行、保险公司、券商、房地产开发商、装修公司、汽车供应商、家具店、电器经销商及珠宝商，从它们那里取得有关资料。

四、净值法在我国反腐败领域适用问题的探讨

净值法作为专门用于查明各类经济犯罪嫌疑人未知来源收入的一种简单、实用、稳

健和有效的方法在我国有很好的适用性。这是因为以下三方面的原因：

第一，我国有置业的传统习俗，多数国人在个人收入积累到一定程度以后都会想方设法购买房产、汽车等耐用消费品，而不是通过吃喝玩乐游将其尽快挥霍。

第二，多数贪污腐败分子在获得大额非法收入以后，由于担心露富，往往不敢过多地将非法所得用于奢侈消费，而是选择不太张扬的置办房产、添置耐用消费品、古董及艺术品收藏等的方式获取收入提高带来的愉悦与享受。

第三，近些年来我国在社会公共信息数据库建设方面有了很大的进展，为净值法的运用提供了可能。我们可以在房地产信息数据库找到某人购买房产的信息数据；可以在各商业银行客户数据库中找到某人存取款和贷款的记录；可以通过公安车辆管理信息系统或保险公司找到某人的汽车购买、保有与转让的信息；可以通过券商的客户信息数据库查找到某人持有与转让金融资产的信息；可以通过家电与家具供应商的客户三包服务系统查找到某人购买豪华家电与家具的信息。

当然，净值法在我国运用的最大障碍是我国没有实行公职人员家庭财产申报与公示制度，但是这一障碍并不妨碍通过对当事人家庭财产的特别调查和当事人的特别申报获取有关的数据，进而计算出当事人的未知来源收入。

五、净值法下的“公职人员家庭财产申报表”

近年来，人们对在我国实行公职人员财产申报制度的呼声日益高涨。这一制度的核心要件是通过设置适当的申报程序，让当事人填报其家庭的财产、负债、收入与费用支出，并通过这些要素的核查与计算，了解当事人是否存在非法来源的收入。净值法的基本原理及其计算“未知来源收入”的思路可以为构建我国公职人员家庭财产申报制度、设计公职人员净值法的基本原理及其计算以及设计“官员个人财产申报表”提供参考。下面结合净值法的原理，就如何设计我国“公职人员家庭财产申报表”给出参考范式。

根据净值法的原理计算当事人的未知来源收入，需要当事人申报其家庭的各资产项目、负债项目、收入项目和费用与支出项目的基本状况与数额、家庭的日常开支情况以及家庭成员已知来源收入和其他来源收入的数额。

（一）资产项目

对于资产项目，需要考虑如何填报货币性资产、金融资产、不动产、耐用消费品、收藏品与奢侈品五大类别，得到我们需要的有关这类资产项目的原始价值、取得时间和取得方式等数据信息。

1. 货币性资产。对于现金，需要当事人填报在某一报告时点上留存在家中的人民币现钞和各种外币现钞的数额；对于银行存款，需要得到各类存款的开户银行、户名、截至报告时点的账户本金余额等信息。表 5-20 为财产申报表上货币性资产应该填报的单元要素。

表 5-20　货币性资产项目

现金				
			外币金额	人民币金额
1. 人民币				
2. 外币				
	小计：			A1
银行存款				
	开户银行	户名	外币金额	人民币金额
1. 活期存款				
2. 定期存款				
3. 理财账户存款				
4. 证券投资账户存款				
5. 信用卡存款				
6. 其他存款				
	小计：			A2
货币性资产总计：				A1+A2

2. 金融资产。对于金融资产，需要取得保单、股票、股权、债券、基金和理财产品等资产项目的持有数量、取得时的成本、报告日现值等要素。表 5-21 为财产申报表上金融资产应该填报的单元要素。

表 5-21　金融资产项目

预付保单				
	投保公司	保险金额	报告日保单价值	已交保费
1. ×××				
2. ×××				

续表

预付保单				
	投保公司	保险金额	报告日保单价值	已交保费
…				
小计：			¥	A3
股票				
	股票代码	持股数量	报告日市价	取得成本
1. ×××				
2. ×××				
…				
小计：			¥	A4
股权				
	被投资公司	持股比例	持股数量	取得成本
1. ×××				
2. ×××				
…				
小计：			A5	
债券				
	债券面值	票面年利率	持有时间	取得成本
1. ×××				
2. ×××				
…				
小计：			A6	
基金与理财产品				
	取得日期	持有份额	报告日市值	取得成本
1. ×××				
2. ×××				
…				
小计：			A7	
金融资产总计：				A3+A4+A5+A6+A7

3. 不动产。对于不动产，需要得到有关不动产项目的建筑面积、取得成本与评估现值等信息。其中，取得成本应该包括不动产的买价、装修的总成本以及在购买过程中发生的有关税费。表 5-22 为财产申报表上不动产应该填报的单元要素。

表 5-22　不动产项目

不动产					
	房屋所在地址	产权人姓名	建筑面积	取得时间	取得成本
1. ×××					
2. ×××					
…					
小计：					A8

4. 耐用消费品。对于耐用消费品，需要当事人申报其家庭所拥有的家用汽车及其他交通工具、家具、家用电器这三类资产项目的基本状况与取得成本。表 5-23 为财产申报表上耐用消费品应该填报的单元要素。

表 5-23　耐用消费品项目

汽车及其他交通工具					
	所有人	型　号	牌照号	购买日期	购买成本
1. ×××					
2. ×××					
…					
小计：					A9
家具					
家具名称	状　况	数　量	单　价	购买日期	购买成本
1. ×××					
2. ×××					
…					
小计：					A10

续表

家用电器					
家用电器名称	状　况	数　量	单　价	购买日期	购买成本
1. ×××					
2. ×××					
…					
小计：					A11

5. 收藏品与奢侈品。对于收藏品与奢侈品，需要了解其来源渠道、取得日期与取得成本。如果当事人无法提供取得成本，则应参照同类或类似物品的市价进行计价。表 5-24 为财产申报表上收藏品与奢侈品应该填报的单元要素。

表 5-24　收藏品与奢侈品项目

品　名	来源渠道			收藏或购买日期	取得成本
	购　买	受　赠	其　他		
1. ×××					
2. ×××					
…					
小计：					A12

(二) 负债项目

对于负债项目，需要申报人填报个人消费贷款、住房抵押贷款、住房公积金贷款、信用卡透支负债和其他债务等负债项目的债权人、债务起止时间、债务的本金与利息以及债务余额等内容。表 5-25 列出了负债项目在财产申报表上应该设置的单元要素。

表 5-25　负债项目

项　目	债权人	债务起始时间	债务本金	债务利息	债务余额
消费贷款					L1
汽车贷款					L2

续表

项　目	债权人	债务起始时间	债务本金	债务利息	债务余额
住房抵押贷款					L3
信用卡透支					L4
其他债务					L5
小计：					∑L

(三)收入项目

就收入而言,需要申报人以家庭为单位,填报其全部家庭成员的已知来源收入和其他资金来源。已知来源收入是指个人的合法收入,包括工资薪金收入(含奖金、补贴、津贴)、劳务报酬收入、稿酬收入、特许权使用费收入、投资收益(含利息、股息、红利收入)和让渡财产收入(指财产租赁收入和财产转让收入);其他资金来源是指个人取得的偶然所得,如继承财产所得、接受赠予、中奖与中彩所得等。对于收入项目,我国可以要求申报人填写如表 5-26 所示的收入项目表。

表 5-26　收入项目

项　目	申报人	申报人配偶	家庭成员 1	家庭成员 2	……	家庭成员 N	合　计
已知来源收入							
工资薪金							I1
劳务报酬							I2
稿酬							I3
特许权使用费							I4
利息、股息、红利							I5
财产租赁							I6
财产转让							I7
其他							I8
小计：							∑I
其他资金来源							
继承财产							R1
接受赠予							R2

续表

项　目	申报人	申报人配偶	家庭成员 1	家庭成员 2	……	家庭成员 N	合　计
中奖							R3
中彩							R4
其他							R5
小计:							ΣR

(四)费用与支出项目

对于费用与支出项目,同样需要以申报人家庭为单位,获取申报人家庭全年的费用与支出项目的相关信息。这些信息可以要求申报人如实填报,也可以参考申报人所在地区的与申报人合法收入水平相当的家庭日常消费支出情况进行填报。表 5-27 为财产申报表上需要设置的费用与支出项目的单元要素。

表 5-27　费用与支出项目

支出项目	第一季度	第二季度	第三季度	第四季度	合　计
食品与餐饮					E1
家用开销(水电费、物业费)					E2
旅游度假					E3
通信费用(电话、手机、网络)					E4
赡养					E5
教育					E6
医疗(自费部分)					E7
交通					E8
利息					E9
税费					E10
礼品与赠予					E11
坏账损失					E12
其他					E13
合计					ΣE

至此,我们给出了在家庭财产申报表上应该设置的全部资产、负债、收入、费用与支出项目设计单元要素。依据这些要素所提供的数据,可以很方便地计算出申报人在第 $N+1$ 年的"未知来源收入(Income from Unknown Source,IUS)"的数据:

$$IUS_{N+1} = (\sum_{1}^{12} Ai - \sum_{1}^{5} Li)_{N+1} - (\sum_{1}^{12} Ai - \sum_{1}^{5} Li)_{N} + \sum_{1}^{13} Ei_{N+1} - (\sum_{1}^{8} Ii + \sum_{1}^{5} Ri)_{N+1}$$

六、应用案例

李某是某政府部门的主要负责人。据群众反映,李某及其家人存在消费水平明显高于其合法收入水平的情况,有权钱交易、收受贿赂的重大嫌疑。调查人员根据其本人申报和通过其他渠道收集到了如表 5-28 所示的李某在 2020—2022 年的家庭财产、负债、收入、费用与支出的资料。

表 5-28　李某 2020—2022 年的家庭财产、负债、收入、费用与支出

单位:元

项　目	2020 年	2021 年	2022 年
资　产			
银行存款	156 800	367 000	536 000
股票	590 000	860 000	930 000
债券	250 000	250 000	250 000
家用电器	135 000	186 000	213 000
收藏品	—	300 000	500 000
汽车	256 800	256 800	848 600
住宅	1 200 000	1 200 000	2 680 000
资产合计(ΣA):	2 588 600	3 419 800	5 957 600
负　债			
住房抵押贷款	400 000	300 000	800 000
汽车消费贷款	120 000	100 000	500 000
应付款	—	5 000	12 000
负债合计(ΣL):	520 000	405 000	1 312 000
收　入			
工资、津贴及奖金		160 000	180 000
劳务报酬		60 000	87 000

续表

项　目	2020 年	2021 年	2022 年
投资		32 000	68 000
租金		18 000	21 000
接受赠予		12 000	41 000
收入合计(∑I+∑R):		282 000	397 000
食品与餐饮		32 000	43 000
家用开销		20 000	20 000
旅游度假		24 000	32 000
通信费用		12 000	18 000
赡养		15 000	21 000
教育		21 000	21 000
医疗		26 800	13 400
利息		12 000	63 600
礼品		10 000	10 000
费用支出合计(∑E):		172 800	242 000

利用上述资料,可以运用净值法原理列表计算出李某未知来源收入的数额。具体的计算过程如表 5-29 所示。

表 5-29　李某 2020—2022 年未知来源收入的计算

单位:元

项　目	2020 年	2021 年	2022 年
资产	2 588 600	3 419 800	5 957 600
减:负债	520 000	405 000	1 312 000
净资产	2 068 600	3 014 800	4 645 600
净资产的增加	—	946 200	1 630 800
加:费用支出合计		172 800	242 000
总收入	—	1 119 000	1 872 800
减:已知来源收入合计		282 000	397 000
未知来源收入(IUS)	—	837 000	1 475 800

通过上述计算可以确定李某在 2021 年和 2022 年至少分别有 83.7 万元和 147.58 万元的未知来源的收入。我们可以要求李某就上述未知来源的收入举证说明其来源的合法性，如果李某无法举证说明这些收入来源的合法性，就可以认定这些未知来源收入为非法所得。

七、结语

净值法最初作为一种查明未申报应税收入的税务调查方法，曾经被广泛运用于美国税务系统。运用该方法的基本原理，可以通过要求当事人申报其家庭资产、负债、收入以及费用与支出等基础数据，在其家庭净资产增加的数值上加上正常的消费支出计算出家庭年度总收入，进而用家庭年度总收入减除其已知来源收入的方法推算出当事人的未知来源收入。此方法具有稳健、简单、实用、其计算结果易于被当事人认可和被法庭采信的优点，但是在运用时要注意其适用条件与局限性。净值法的基本原理及其计算“未知来源收入”的思路可以为构建我国公职人员家庭财产申报制度、设计“官员个人财产申报表”提供参考。净值法在我国反腐败领域有特殊用途，本书希望净值法会对催生我国公职人员家庭财产申报与公示制度起到助推作用。

第三节　Excel 电子表格作为舞弊调查工具的运用

Excel 电子表格是一种成本低、效率高、使用方便的计算机应用软件。Excel 软件因其快捷的制表功能、强大的函数运算功能和简便的操作方法成为法务会计人员从事舞弊审计的好帮手。操作者无须掌握高深的计算机专业知识，只需熟悉本专业的知识，通过灵活运用 Excel 就可以解决许多实际问题，大大提高审计工作的质量与工作效率。利用 Excel 软件强大而灵活的数据处理能力，法务会计人员只需掌握基本的操作方法，不必编程就可以对大量的财务可疑数据进行分析与处理。因此，掌握 Excel 软件对法务会计专业人员来说是非常必要的。本节在介绍运用 Excel 软件进行与舞弊调查相关的基本运算与操作的基础上，重点介绍综合运用 Excel 软件进行舞弊调查的技术方法。

一、Excel 电子表格简介

（一）Excel 的主要特点

1. 分析能力。Excel 除了可以进行一般的计算工作外，还有 400 多个函数用于统计、财务、数学和字符串等操作以及各种工程上的分析与计算,并专门提供了一组现成的数据分析工具,称为“分析工具库”。这些分析工具为我们开展和完成复杂的统计或财务数据分析工作带来极大的方便。

2. 操作简便。当需要将工作表上某个范围内的数据移到工作表上的另一个位置时,只需用按鼠标键,选定要移动的资料,将该范围资料拖动至所需的位置,松开鼠标即可。如果要将公式或数据复制到邻近的单元格内,可以拖动“填充柄”,公式或数据就会被复制到目标单元格中。此外,在使用 Excel 时,可以单击鼠标右键,屏幕上将出现相应的“快捷菜单”,它将帮助用户尽快地寻找到所需要的常用命令。

3. 图表能力。在 Excel 中,系统大约有 100 多种不同格式的图表可供选用,用户只要做几个简单的按键动作,就可以制作精细的图表。

4. 数据库管理能力。在 Excel 中提供了类似的数据库管理功能,保存在工作表内的数据都是按照相应的行和列存储的,这种数据结构再加上 Excel 提供的有关处理数据库的命令和函数,使得 Excel 具备了组织和管理大数据的能力。

5. 宏语言功能。利用 Excel 中的宏语言功能,用户可以将经常要执行的操作的全过程记录下来,并将此过程用一个简单的组合按键或工具按钮保存起来。这样,在下一次操作中,只需按下所定义的宏功能的相应按键或工具按钮即可,而不必重复整个过程。

6. 样式功能。在 Excel 中,用户可以利用各种文字格式化的工具和制图工具,制作出美观的报表。Excel 工作表里的资料,在打印以前可将其放大或缩小进行观察,用户可以对要打印的文件进行微调。用户可将格式制作好,并存储成样本,以后可以读取此样本文件,还可依据样本文件的格式打印出美观的报表。Excel 的专业文书处理程序具有样式工具。所谓样式,就是将一些格式化的组合用一个名称来表示,以后要使用这些格式化的组合时,只要使用此名称即可,因可大幅度节省报表格式化的时间。

7. 对象连接和嵌入功能。利用对象连接和嵌入功能,用户可将其他软件(如画笔)制作的图形插入 Excel 的工作表中。当需要更改图案时,只要在图案上双击鼠标键,制作该图案的程序就会自动打开,图案将出现在该图形编辑软件内,修改、编辑后的图形会在 Excel 内显示出来,也可以将一个声音文件或动画文件嵌入 Excel 工作表中,使工作表变得更加生动多样。

8. 连接和合并功能。通常,每项工作在一张工作表上执行即可,早期的工作表软件都只能在一张工作表上执行。但有时需要同时用到多张工作表,例如,公司内各个分公司每月都会有会计报表,要将各分公司的资料汇总,就需要用到连接和合并功能。利用 Excel 可很容易地将工作表连接起来,并进行汇总。Excel 内一个工作簿可以存放许多工作表、图形等,每个工作簿文件最多可以由 255 张工作表组成。

(二)使用 Excel 作为舞弊审计工具的优势与局限性

1. 使用 Excel 作为舞弊审计工具的优势:

(1)大多数计算机使用者拥有 Excel 软件。

(2)许多人已经掌握了使用 Excel 的基本操作技能。

(3)易于获得软件的支持与培训。

(4)易于从客户处获得 Excel 或文本格式的数据。

2. 使用 Excel 作为舞弊审计工具的局限性:

(1)Excel 最多只能处理 65 536 行的数据,这样的限制使其不能适用一些组织的数据库管理的需要。

(2)Excel 只能处理单一的数据格式。

(3)不是以“只读”方式处理数据,处理数据的过程无法保持数据的“原件”。

二、运用 Excel 软件发现舞弊的基本运算与操作

(1)计算数据的绝对值。利用函数 ABS(　)可以计算某列数值的绝对值。例如,利用函数 ABS(　)可以非常方便地求出带有负数的样本数据的绝对值,如图 5-30 所示。

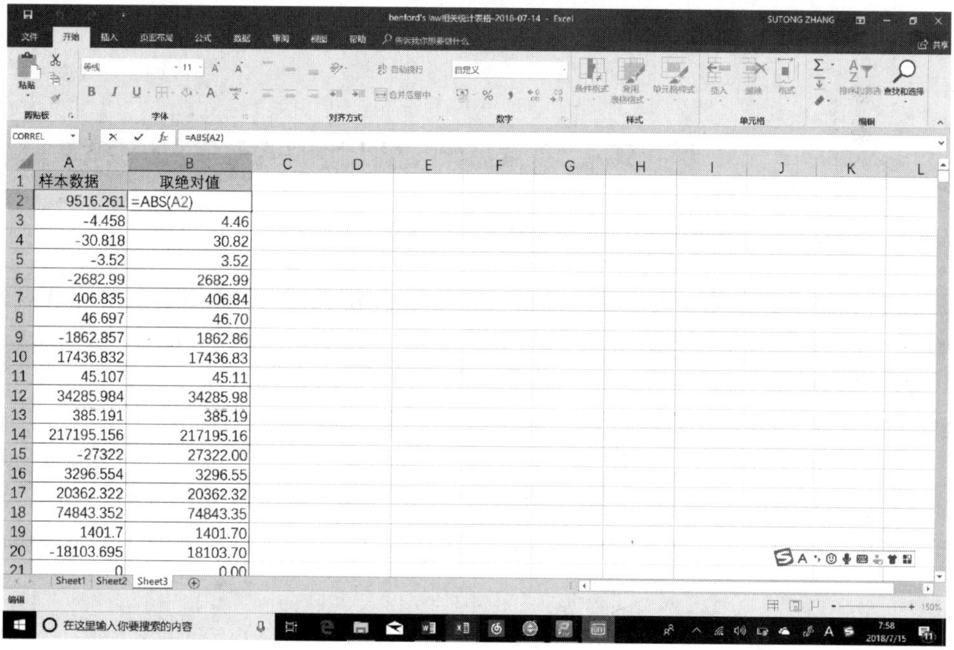

图 5-30　计算样本数据的绝对值

（2）对数据进行“四舍五入”处理。在对财务数据的处理过程中，时常需要对一些金额数据进行四舍五入的运算，运用函数 ROUND（ ）可以非常方便地对一组数据进行四舍五入运算，如图 5-31 所示。

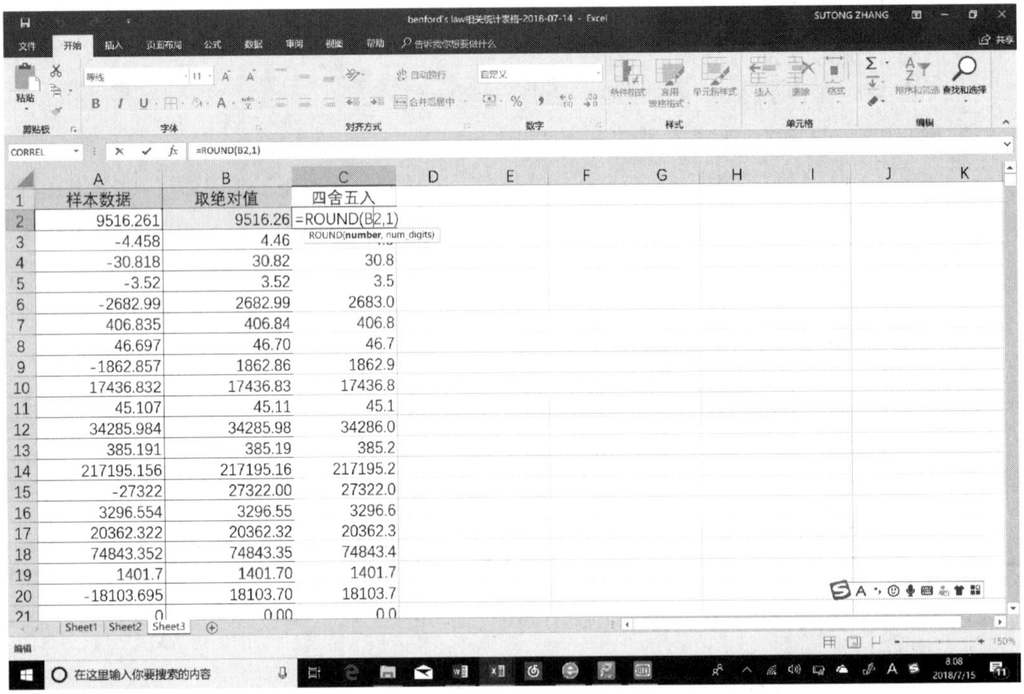

	A	B	C
1	样本数据	取绝对值	四舍五入
2	9516.261	9516.26	=ROUND(B2,1)
3	-4.458	4.46	[illegible]
4	-30.818	30.82	30.8
5	-3.52	3.52	3.5
6	-2682.99	2682.99	2683.0
7	406.835	406.84	406.8
8	46.697	46.70	46.7
9	-1862.857	1862.86	1862.9
10	17436.832	17436.83	17436.8
11	45.107	45.11	45.1
12	34285.984	34285.98	34286.0
13	385.191	385.19	385.2
14	217195.156	217195.16	217195.2
15	-27322	27322.00	27322.0
16	3296.554	3296.55	3296.6
17	20362.322	20362.32	20362.3
18	74843.352	74843.35	74843.4
19	1401.7	1401.70	1401.7
20	-18103.695	18103.70	18103.7
21	0	0.00	0.0

图 5-31 对样本数据进行“四舍五入”处理

（3）计算样本数据的平均值、最大值和最小值。利用函数 AVERAGE（ ）、MAX（ ）和 MIN（ ）可以非常方便地求出数据的平均值、最大值和最小值，如图 5-32 所示。

（4）提取数据中的某一位数。利用函数 LEFT（ ）和 RIGHT（ ）可以提取出给定数据的左边或右边的某一位数，如图 5-33 所示。

（5）查找出现频率最高的数字。利用函数 MODE（X）可以在给定数据中找出出现频率最高的任意某一位数。例如，可以利用函数 MODE（X）非常方便快捷地求出交易频率最高的销售员、交易频率最高的顾客以及交易频率最高的产品，如图 5-34 所示。

（6）日期、时间代码转换运算。利用函数 DATE（ ）可以将分别按年、月、日输入的日期格式转换为电子表格能够处理的标准日期格式，并且可以运用函数 *N*（ ）计算

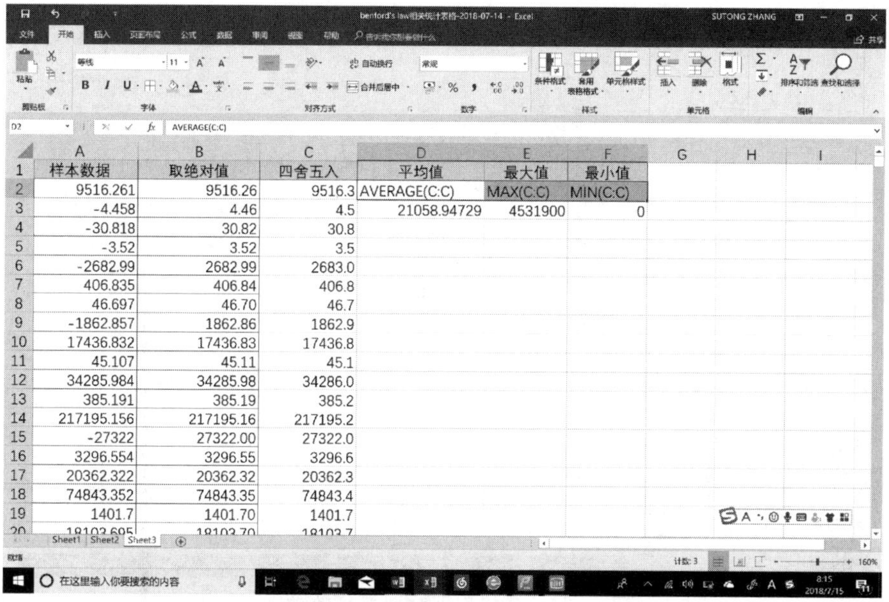

	A	B	C	D	E	F
1	样本数据	取绝对值	四舍五入	平均值	最大值	最小值
2	9516.261	9516.26	9516.3	AVERAGE(C:C)	MAX(C:C)	MIN(C:C)
3	-4.458	4.46	4.5	21058.94729	4531900	0
4	-30.818	30.82	30.8			
5	-3.52	3.52	3.5			
6	-2682.99	2682.99	2683.0			
7	406.835	406.84	406.8			
8	46.697	46.70	46.7			
9	-1862.857	1862.86	1862.9			
10	17436.832	17436.83	17436.8			
11	45.107	45.11	45.1			
12	34285.984	34285.98	34286.0			
13	385.191	385.19	385.2			
14	217195.156	217195.16	217195.2			
15	-27322	27322.00	27322.0			
16	3296.554	3296.55	3296.6			
17	20362.322	20362.32	20362.3			
18	74843.352	74843.35	74843.4			
19	1401.7	1401.70	1401.7			
20	18103.695	18103.70	18103.7			

图 5-32　计算样本数据的平均值、最大值和最小值

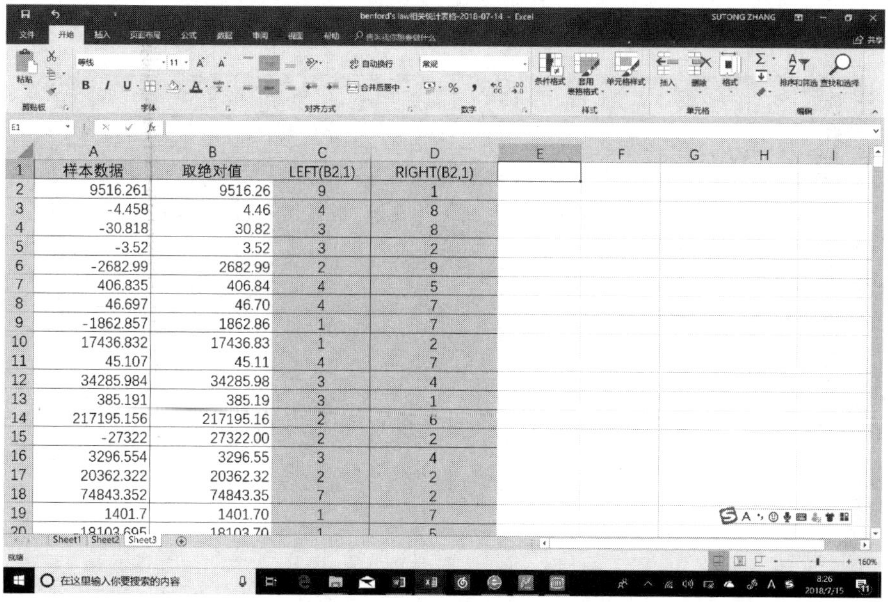

	A	B	C	D
1	样本数据	取绝对值	LEFT(B2,1)	RIGHT(B2,1)
2	9516.261	9516.26	9	1
3	-4.458	4.46	4	8
4	-30.818	30.82	3	8
5	-3.52	3.52	3	2
6	-2682.99	2682.99	2	9
7	406.835	406.84	4	5
8	46.697	46.70	4	7
9	-1862.857	1862.86	1	7
10	17436.832	17436.83	1	2
11	45.107	45.11	4	7
12	34285.984	34285.98	3	4
13	385.191	385.19	3	1
14	217195.156	217195.16	2	6
15	-27322	27322.00	2	2
16	3296.554	3296.55	3	4
17	20362.322	20362.32	2	2
18	74843.352	74843.35	7	2
19	1401.7	1401.70	1	7
20	18103.695	18103.70	1	5

图 5-33　提取数据的左边数字或右边数字

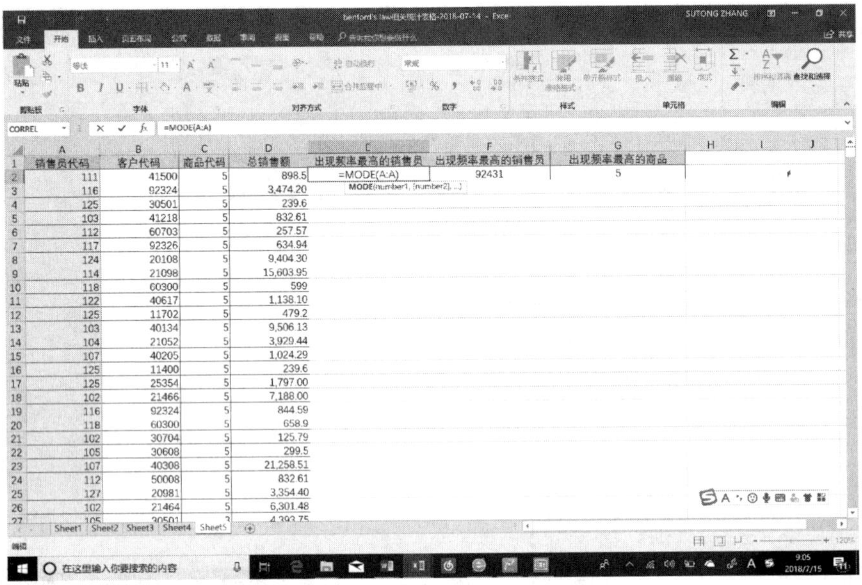

图 5-34　查找出现频率最高的数字

出任何一天与 1900 年 1 月 1 日相差的天数，进而可以计算出任意两天之间相差的天数。具体操作如图 5-35 所示。

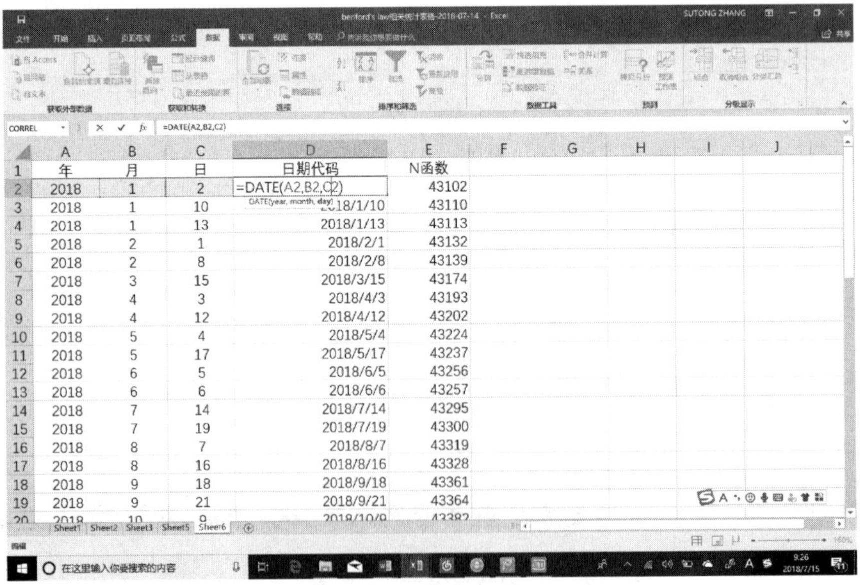

图 5-35　日期格式转换以及 *N* 函数

(7)计算任意两个日期之间的工作日。利用函数 NETWORKDAYS(　)可以计算任意两个日期之间的工作日,甚至可以非常方便地扣除其中的法定假日,如图 5-36 所示。

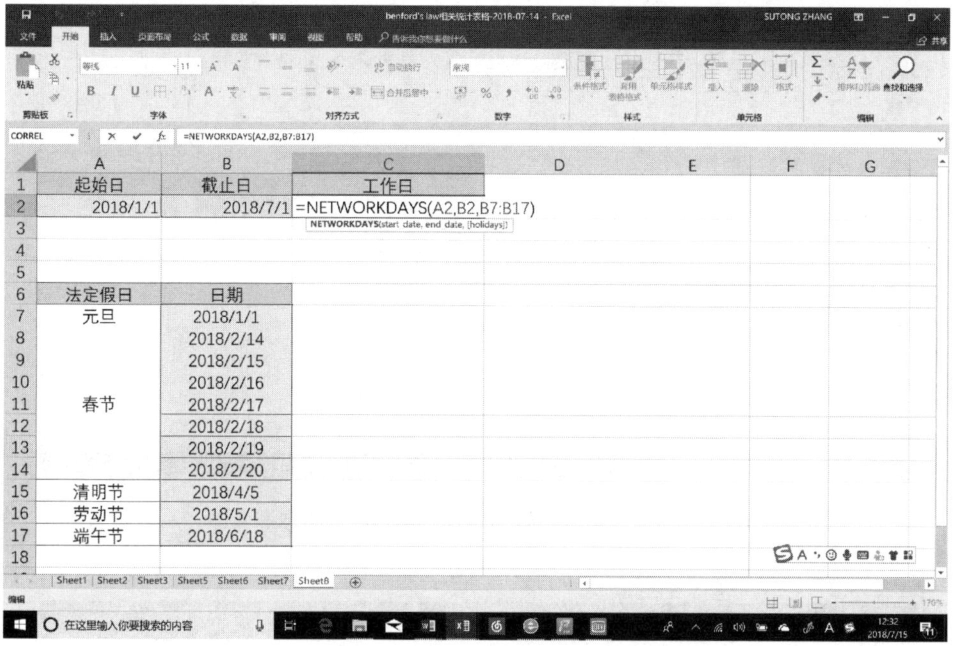

图 5-36　计算任意两个日期之间的工作日

(8)计算任意两个日期之间的天数、月数和年数。利用函数 DATEDIF(　)可以非常方便地计算任意两个日期之间的天数、月数和年数,如图 5-37 所示。

其中,参数 1 为起始日,参数 2 为截止日,设参数 3 为"D"可计算日数;设参数 3 为"M"可计算月数;设参数 3 为"Y"可计算年数。

(9)计算满足给定条件的单元格的个数:计算销售员的交易次数。利用函数 COUNTIF(Range, Criteria)可以计算满足特定条件下的某一数值的个数。Range 为需要计算其中满足条件的单元格数目的单元格区域;Criteria 为确定哪些单元格将被计算在内的条件,其形式可以为数字、表达式或文本。图 5-38 是利用 COUNTIF 函数计算各个销售人员交易次数的示例。

(10)根据指定条件对若干单元格求和。利用函数 SUMIF(Range, Criteria, Sum Range)可以计算在满足特定条件下的某一数值的合计数。Range 为用于条件判断的单元格区域;Criteria 为确定哪些单元格将被相加求和的条件,其形式可以为数字、表达式或文本;Sum Range 为在给定条件下的求和数值的单元格区域。图 5-39 是计算各个销

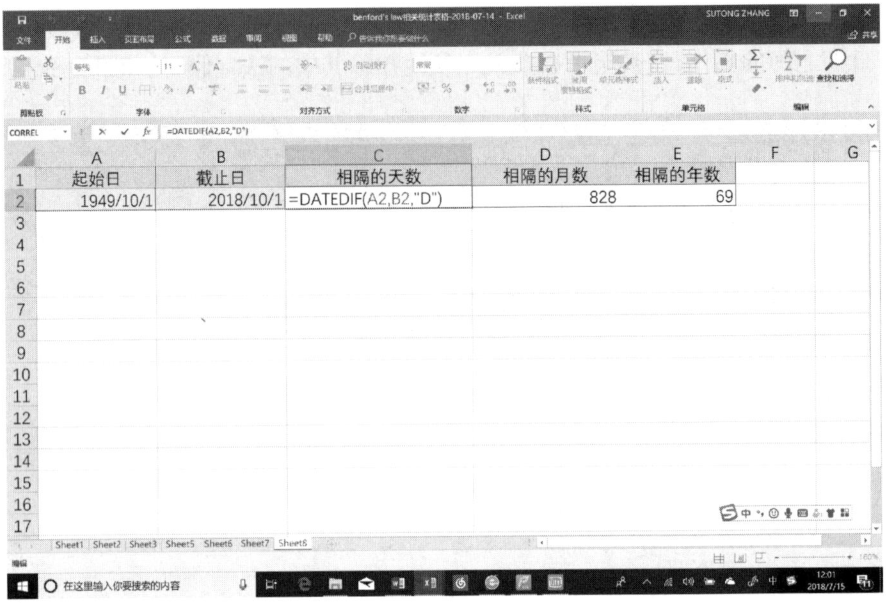

	A	B	C	D	E
1	起始日	截止日	相隔的天数	相隔的月数	相隔的年数
2	1949/10/1	2018/10/1	=DATEDIF(A2,B2,"D")	828	69

图 5-37　计算任意两个日期之间的天数、月数和年数

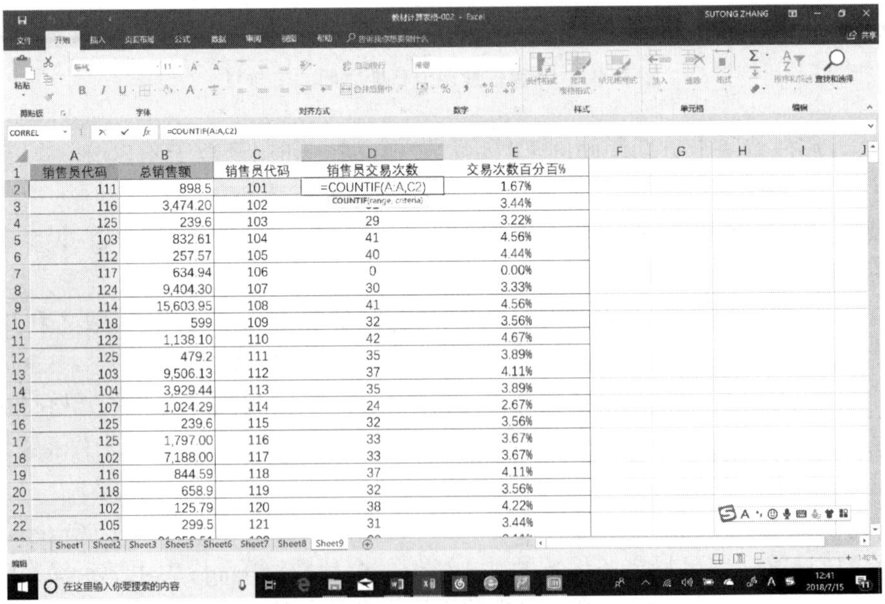

	A	B	C	D	E
1	销售员代码	总销售额	销售员代码	销售员交易次数	交易次数百分百%
2	111	898.5	101	=COUNTIF(A:A,C2)	1.67%
3	116	3,474.20	102	COUNTIF(range, criteria)	3.44%
4	125	239.6	103	29	3.22%
5	103	832.61	104	41	4.56%
6	112	257.57	105	40	4.44%
7	117	634.94	106	0	0.00%
8	124	9,404.30	107	30	3.33%
9	114	15,603.95	108	41	4.56%
10	118	599	109	32	3.56%
11	122	1,138.10	110	42	4.67%
12	125	479.2	111	35	3.89%
13	103	9,506.13	112	37	4.11%
14	104	3,929.44	113	35	3.89%
15	107	1,024.29	114	24	2.67%
16	125	239.6	115	32	3.56%
17	125	1,797.00	116	33	3.67%
18	102	7,188.00	117	33	3.67%
19	116	844.59	118	37	4.11%
20	118	658.9	119	32	3.56%
21	102	125.79	120	38	4.22%
22	105	299.5	121	31	3.44%

图 5-38　计算满足给定条件的单元格的个数

售人员交易金额合计数的示例。

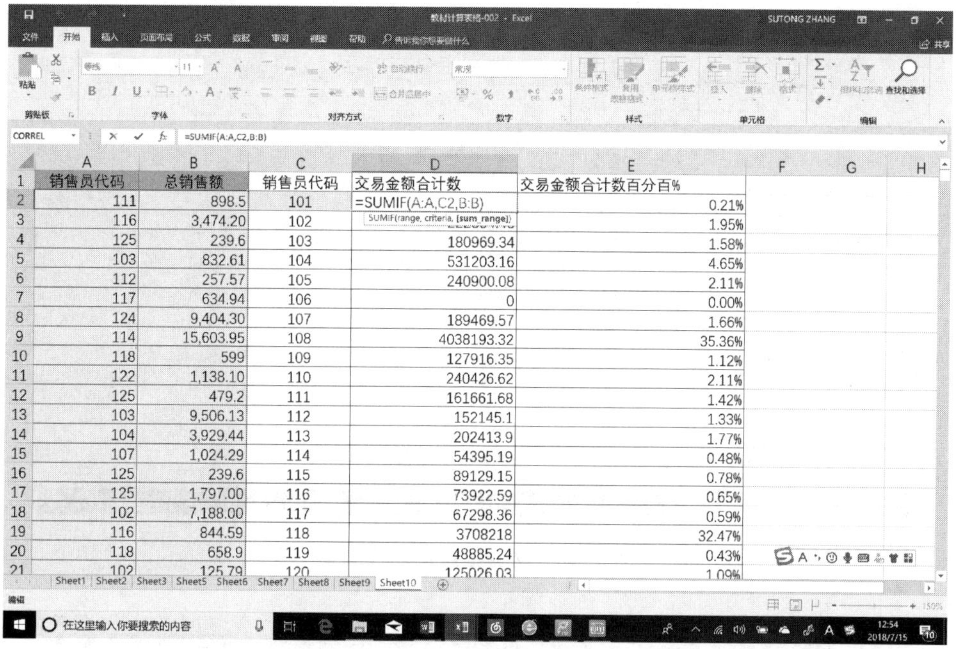

	A	B	C	D	E
1	销售员代码	总销售额	销售员代码	交易金额合计数	交易金额合计数百分百%
2	111	898.5	101	=SUMIF(A:A,C2,B:B)	0.21%
3	116	3,474.20	102	[illegible]	1.95%
4	125	239.6	103	180969.34	1.58%
5	103	832.61	104	531203.16	4.65%
6	112	257.57	105	240900.08	2.11%
7	117	634.94	106	0	0.00%
8	124	9,404.30	107	189469.57	1.66%
9	114	15,603.95	108	4038193.32	35.36%
10	118	599	109	127916.35	1.12%
11	122	1,138.10	110	240426.62	2.11%
12	125	479.2	111	161661.68	1.42%
13	103	9,506.13	112	152145.1	1.33%
14	104	3,929.44	113	202413.9	1.77%
15	107	1,024.29	114	54395.19	0.48%
16	125	239.6	115	89129.15	0.78%
17	125	1,797.00	116	73922.59	0.65%
18	102	7,188.00	117	67298.36	0.59%
19	116	844.59	118	3708218	32.47%
20	118	658.9	119	48885.24	0.43%
21	102	125.79	120	125026.03	1.09%

图 5-39 根据指定条件对若干单元格求和

(11)财务数据重复性测试:检查数据项目是否存在重复。在财务检查与分析中,经常会遇到检查财务数据是否存在重复,比如,检查是否存在重复记账,检查是否存在重复的发票或支票号,利用 Excel 的 IF[AND(….)]函数可以快捷地检查数据项目是否存在重复。图 5-40 即为财务数据重复性测试的示例。

(12)发票号与支票号重复性与空缺测试。在财务分析与检查中,经常需要检查在特定数据序列(如支票号或发票号)中是否存在重复与空缺,借助于 IF( )函数就可以非常容易地检查出数值之间的空缺以及空缺的个数。图 5-41 是利用函数 IF(X)检查发票号是否存在重复与空缺的示例。

需要注意的是,检查在特定数据序列中是否存在 Gaps 时,需要事先将数据按照升序进行排列。

(13)对金额数据进行分层分析。利用 Excel 可以对财务数据进行分层分析,即将某项财务数据按照不同的数值区间进行统计,从中可以发现数值分布的情况。图 5-42 是对某公司发票金额样本数据进行分层分析的示例。

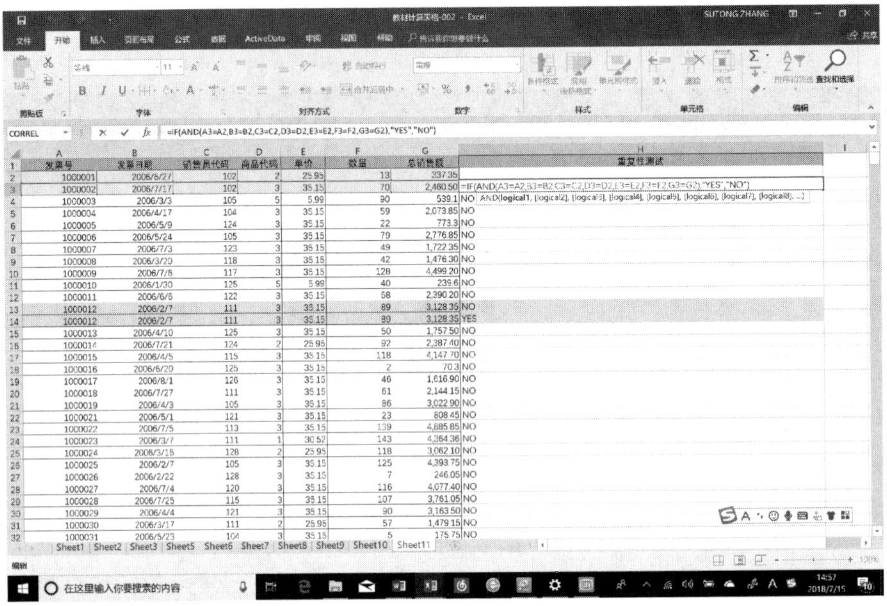

图 5-40　财务数据重复性测试

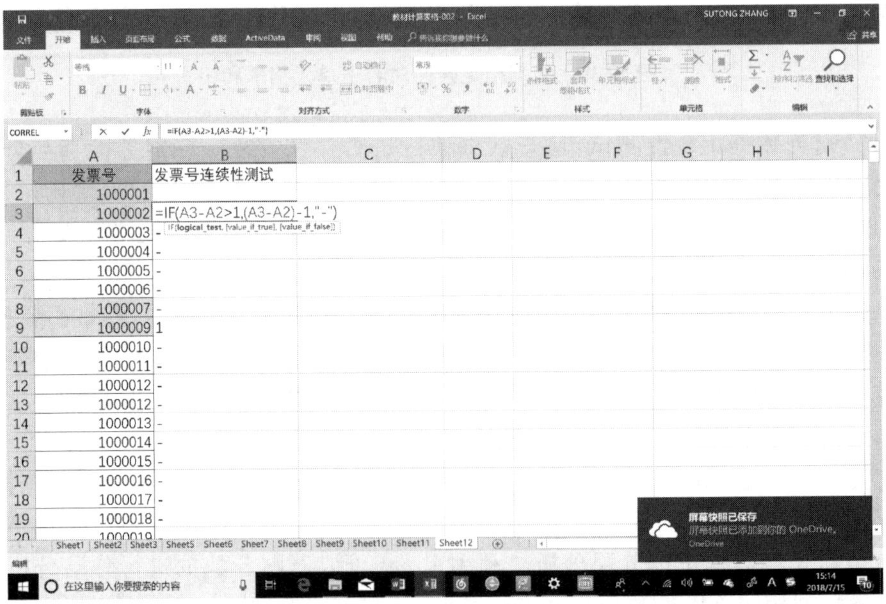

图 5-41　发票号重复性与空缺测试

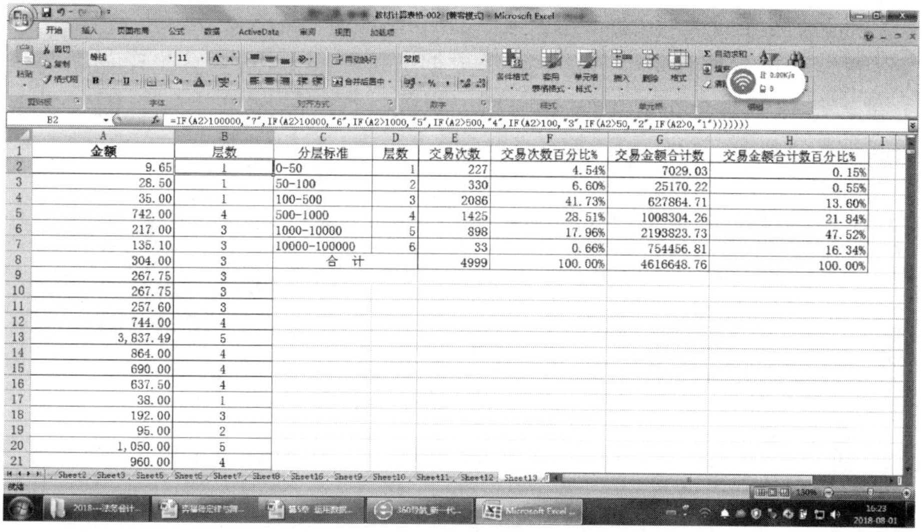

B2　=IF(A2>100000,"7",IF(A2>10000,"6",IF(A2>1000,"5",IF(A2>500,"4",IF(A2>100,"3",IF(A2>50,"2",IF(A2>0,"1")))))))

金额	层数	分层标准	层数	交易次数	交易次数百分比%	交易金额合计数	交易金额合计数百分比%
9.65	1	0-50	1	227	4.54%	7029.03	0.15%
28.50	1	50-100	2	330	6.60%	25170.22	0.55%
35.00	1	100-500	3	2086	41.73%	627864.71	13.60%
742.00	4	500-1000	4	1425	28.51%	1008304.26	21.84%
217.00	3	1000-10000	5	898	17.96%	2193823.73	47.52%
135.10	3	10000-100000	6	33	0.66%	754456.81	16.34%
304.00	3	合　计		4999	100.00%	4616648.76	100.00%
267.75	3						
267.75	3						
257.60	3						
744.00	4						
3,837.49	5						
864.00	4						
690.00	4						
637.50	4						
38.00	1						
192.00	3						
95.00	2						
1,050.00	5						
960.00	4						

图 5-42　对发票金额样本数据进行分层分析

（14）以“星期数”为参数对财务金额数据进行分层分析。借助于函数WEEKDAY（　）可以星期数为参数对财务金额数据进行分层分析，计算出交易量与交易金额合计数在星期一至星期日的分布情况，从中分析出可能存在的异常。图 5-43 是对发票金额数据按照星期数进行分层分析的示例。

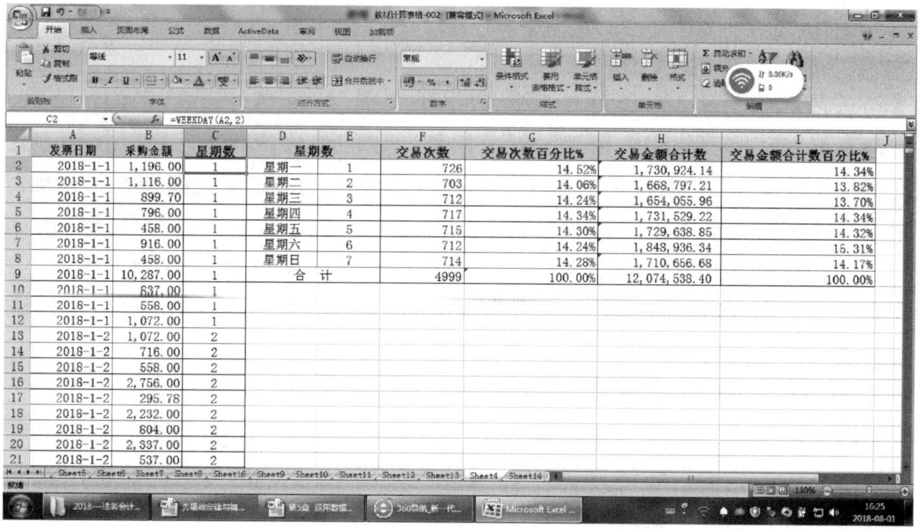

C2　=WEEKDAY(A2,2)

发票日期	采购金额	星期数	星期数		交易次数	交易次数百分比%	交易金额合计数	交易金额合计数百分比%
2018-1-1	1,196.00	1	星期一	1	726	14.52%	1,730,924.14	14.34%
2018-1-1	1,116.00	1	星期二	2	703	14.06%	1,668,797.21	13.82%
2018-1-1	899.70	1	星期三	3	712	14.24%	1,654,055.96	13.70%
2018-1-1	796.00	1	星期四	4	717	14.34%	1,731,529.22	14.34%
2018-1-1	458.00	1	星期五	5	715	14.30%	1,729,638.85	14.32%
2018-1-1	916.00	1	星期六	6	712	14.24%	1,848,936.34	15.31%
2018-1-1	458.00	1	星期日	7	714	14.28%	1,710,656.68	14.17%
2018-1-1	10,287.00	1	合　计		4999	100.00%	12,074,538.40	100.00%
2018-1-1	637.00	1						
2018-1-1	558.00	1						
2018-1-1	1,072.00	1						
2018-1-2	1,072.00	2						
2018-1-2	716.00	2						
2018-1-2	558.00	2						
2018-1-2	2,756.00	2						
2018-1-2	295.78	2						
2018-1-2	2,232.00	2						
2018-1-2	804.00	2						
2018-1-2	2,337.00	2						
2018-1-2	537.00	2						

图 5-43　对发票金额数据按照星期数进行分层分析

(15)以“周数”为参数对财务金额数据进行分层分析。借助于函数 WEEKNUM( )可以按照周数对财务金额数据进行分层分析，计算出交易量与交易数在第 1 周至第 52 周的分布情况，从中分析出可能存在的异常。图 5-44 是对发票金额数据按照周数进行分层分析的示例。

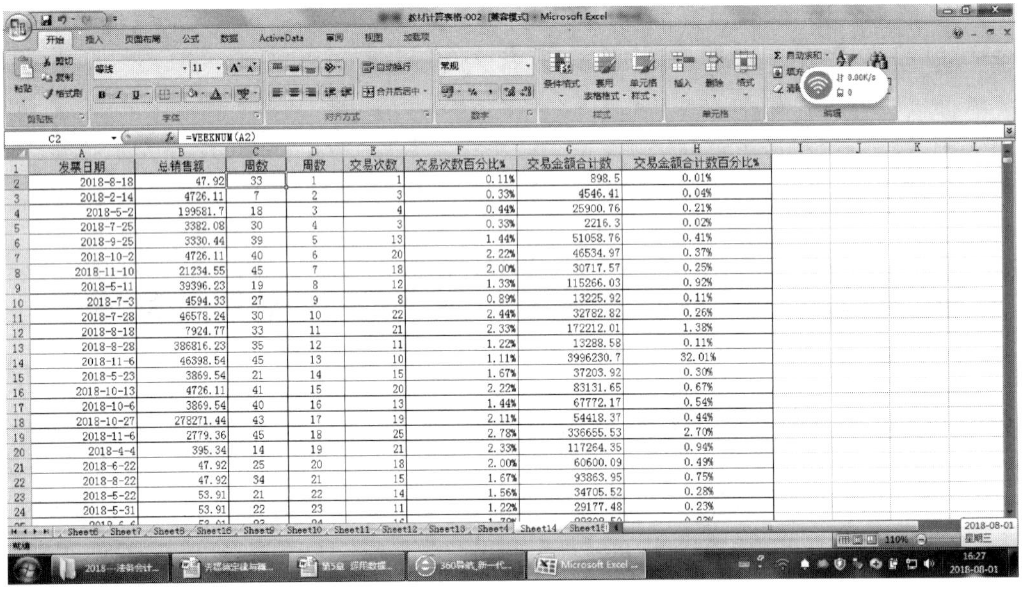
C2 =WEEKNUM(A2)

发票日期	总销售额	周数	周数	交易次数	交易次数百分比%	交易金额合计数	交易金额合计数百分比%
2018-8-18	47.92	33	1	1	0.11%	898.5	0.01%
2018-2-14	4726.11	7	2	3	0.33%	4546.41	0.04%
2018-5-2	199581.7	18	3	4	0.44%	25900.76	0.21%
2018-7-25	3382.08	30	4	3	0.33%	2216.3	0.02%
2018-9-25	3330.44	39	5	13	1.44%	51058.76	0.41%
2018-10-2	4726.11	40	6	20	2.22%	46534.97	0.37%
2018-11-10	21234.55	45	7	18	2.00%	30717.57	0.25%
2018-5-11	39396.23	19	8	12	1.33%	115266.03	0.92%
2018-7-3	4594.33	27	9	8	0.89%	13225.92	0.11%
2018-7-28	46578.24	30	10	22	2.44%	32782.82	0.26%
2018-8-18	7924.77	33	11	21	2.33%	172212.01	1.38%
2018-8-28	386816.23	35	12	11	1.22%	13288.58	0.11%
2018-11-6	46398.54	45	13	10	1.11%	3996230.7	32.01%
2018-5-23	3869.54	21	14	15	1.67%	37203.92	0.30%
2018-10-13	4726.11	41	15	20	2.22%	83131.65	0.67%
2018-10-6	3869.54	40	16	13	1.44%	67772.17	0.54%
2018-10-27	278271.44	43	17	19	2.11%	54418.37	0.44%
2018-11-6	2779.36	45	18	25	2.78%	336655.53	2.70%
2018-4-4	395.34	14	19	21	2.33%	117264.35	0.94%
2018-6-22	47.92	25	20	18	2.00%	60600.09	0.49%
2018-8-22	47.92	34	21	15	1.67%	93863.95	0.75%
2018-5-22	53.91	21	22	14	1.56%	34705.52	0.28%
2018-5-31	53.91	22	23	11	1.22%	29177.48	0.23%

图 5-44　对发票金额数据按照周数进行分层分析

(16)关注那些能被 100 整除的招待费报销金额(Even Amounts)：MOD 余数测试。舞弊调查人员总是比较关注内部控制经常出现问题的招待费或差旅费的报销。正常的招待费或差旅费报销，单据金额一般都应该在十位数上有“零头”，如图 5-45 所示。

如果舞弊调查人员发现，运用“MOD(金额,100)= 0”，则说明金额是能够被 100 整除，数据有可能是编造的假数据。在 Excel 表分析中，运用求余函数“MOD( )”可以非常方便地检测出这种特殊的数据。比如，MOD(测试数据,100)= 0，则表示被测试的金额数据能够被 100 整除。

图 5-46 中，22 笔 MOD 余数测试值为“0”的费用报销人员都应该纳入重点关注的人群。这些人的报销金额都是能够被 100 整除的数字，是涉嫌虚报费用、窃取公司财产的重点怀疑对象。我们需要特别关注费用报销代码 10527，此人有五笔费用报销的发票金额都是能够被 100 整除的。

北京增值税电子普通发票

机器编号：499923937876

发票代码：011001800211
发票号码：21979286
开票日期：2018年06月29日
校 验 码：06533 02850 01156 40581

购买方	名 称：中国政法大学 纳税人识别号：12100000400001117G 地 址、电 话： 开户行及账号：	密码区	0311<1/1/46*9</1*+>/4>0*77+2 8/*11049/0-5*5-926/<++/7>7*+ /73-2*43<>2+6<36574<*99+757* 5-*<+>28/>0162*+19-2079-*/92

货物或应税劳务、服务名称	规格型号	单位	数量	单价	金额	税率	税额
*餐饮服务*餐饮服务			1.000000	705.660377	705.66	6%	42.34
合 计					¥ 705.66		¥ 42.34
价税合计（大写）	柒佰肆拾捌元整				（小写）		¥ 748.00

销售方	名 称：北京鱼羊传说餐饮管理有限公司 纳税人识别号：91110108554861013P 地 址、电 话：北京市海淀区北三环中路40号商业楼楚天扬宾馆310室010-62021089 开户行及账号：中国农业银行股份有限公司北京科学园支行 11251101040002554	备注	

收款人：杜金城　复核：黄敏　开票人：杨辉良　销售方：（章）

航空运输电子客票行程单
ITINERARY/RECEIPT OF E-TICKET FOR AIR TRANSPORT

印刷序号：4128596508 1
SERIAL NUMBER

旅客姓名 NAME OF PASSENGER	有效身份证件号码	签注 ENDORSEMENTS/RESTRICTIONS(CARBON)
沙 璋	3040196	不得签转

HDF127	承运人 CARRIER	航班号 FLIGHT	座位等级 CLASS	日期 DATE	时间 TIME	客票级别/客票类别 FARE BASIS	客票生效日期 NOT VALID BEFORE	有效截止日期 NOT VALID AFTER	免费行李 ALLOW
自 FROM 北京首都PEK	HU	7251	X	04APR	0850	X			20K
至 TO 温州 WNZ		VOID							
至 TO VOID									
至 TO									
至 TO									

票价 FARE	机场建设费 AIRPORT TAX	燃油附加费 FUEL SURCHARGE	其他税费 OTHER TAXES	合计 TOTAL
CNY780.00	CN50.00	YQ90.00	EXEMPT	CNY920.00

电子客票号码 E-TICKET NO. 880-2124814511　验证码 CK. 8888　提示信息 INFORMATION　保险费 INSURANCE XXX

销售单位代号 AGENT CODE PEK888 08622222　填开单位 ISSUED BY 999oki　填开日期 DATE OF ISSUE 2011-3-25

验真网址：WWW.TRAVELSKY.COM　服务热线：400-815-8888　短信验真：发送JP至10669018

打印　关闭　下载所需字体

图 5-45　招待费和差旅费发票

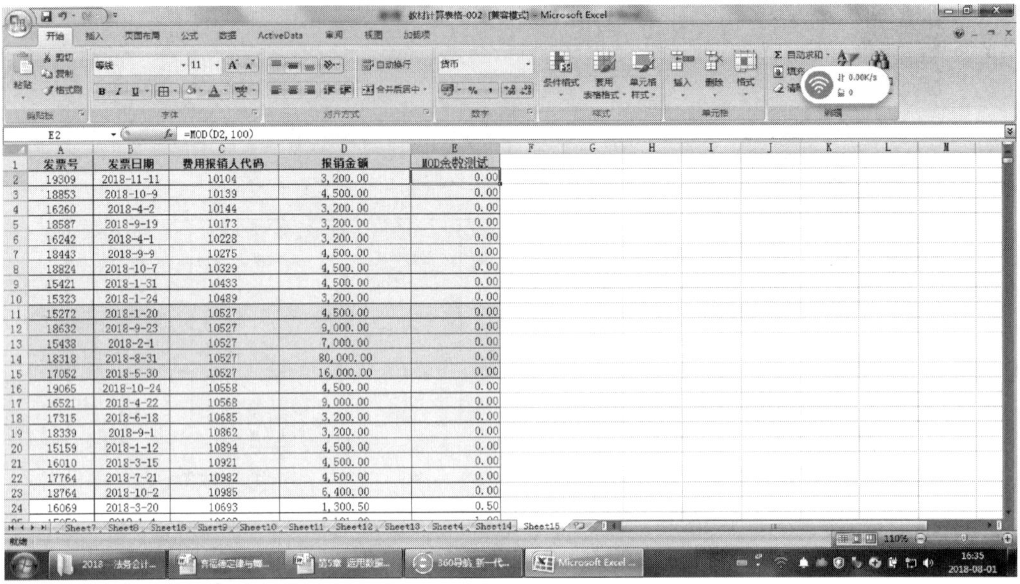

E2 =MOD(D2,100)

	A	B	C	D	E
1	发票号	发票日期	费用报销人代码	报销金额	MOD余数测试
2	19309	2018-11-11	10104	3,200.00	0.00
3	18853	2018-10-9	10139	4,500.00	0.00
4	16260	2018-4-2	10144	3,200.00	0.00
5	18587	2018-9-19	10173	3,200.00	0.00
6	16242	2018-4-1	10228	3,200.00	0.00
7	18443	2018-9-9	10275	4,500.00	0.00
8	18824	2018-10-7	10329	4,500.00	0.00
9	15421	2018-1-31	10433	4,500.00	0.00
10	15323	2018-1-24	10489	3,200.00	0.00
11	15272	2018-1-20	10527	4,500.00	0.00
12	18632	2018-9-23	10527	9,000.00	0.00
13	15438	2018-2-1	10527	7,000.00	0.00
14	18318	2018-8-31	10527	80,000.00	0.00
15	17052	2018-5-30	10527	16,000.00	0.00
16	19065	2018-10-24	10558	4,500.00	0.00
17	16521	2018-4-22	10568	9,000.00	0.00
18	17315	2018-6-18	10685	3,200.00	0.00
19	18339	2018-9-1	10862	3,200.00	0.00
20	15159	2018-1-12	10894	4,500.00	0.00
21	16010	2018-3-15	10921	4,500.00	0.00
22	17764	2018-7-21	10982	4,500.00	0.00
23	18764	2018-10-2	10985	6,400.00	0.00
24	16069	2018-3-20	10693	1,300.50	0.50

图 5-46 MOD 余数测试

第四节 运用 Active Data for Excel 软件工具进行舞弊调查

Active Data for Excel 是嵌入 Excel 内部的扩展性软件，它能够帮助 Excel 表进行更高级的数据处理与分析，简单易用、成本低廉，且节省更多时间。它至少增加了超过 70 种强大的功能，任何人都可以方便地用其处理账目、会计计算、金融和数据分析、假账觉察、财务管理、信息系统监测及其他更多事项，特别适合法务会计人员实施舞弊检查与审计。

一、Active Data for Excel 的主要特点

（一）Active Data 可以嵌入 Excel（要求 Excel 2000 以上版本）的扩展性软件包

安装 Active Data 以后，就会在 Excel 主菜单“数据”的旁边出现一个“Active Data”

下拉菜单。该软件通过网站 http://www.informationactive.com 可以免费下载 30 天试用版，花费 249 美元可以买到单机使用的注册码。图 5-47 是 Active Data for Excel 软件的界面。

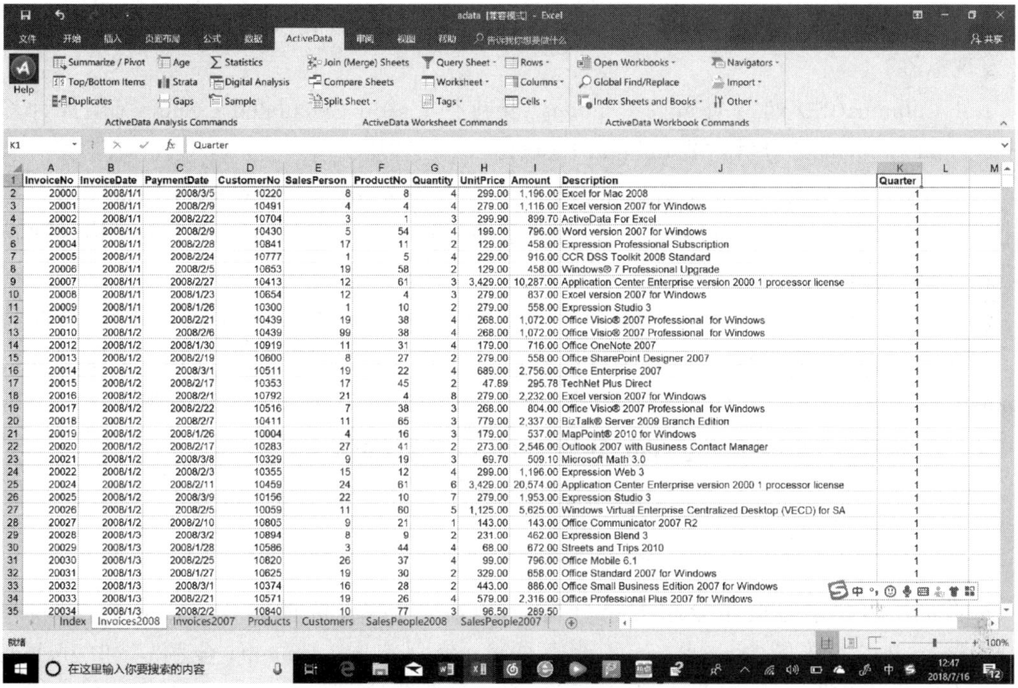

图 5-47　**Active Data for Excel 软件界面**

（二）运用 Active Data for Excel 可以非常简便而快捷地进行数据的分析与处理

我们可以进行加入（Join）、合并（Merge）、匹配（Match）、查询（Query）、汇总（Summarize）、分类（Categorize）、查找重复和缺失的项目（Locate Duplicate and Missing Items）、合并（Combine）、拆分（Split）、拼接（Splice）和切片（Slice）等多种针对 Excel 表格数据的操作。

（三）Active Data for Excel 具备多项功能

1. WorkBook（工作表）：Navigator（导航），Global Find/Replace（寻找/替代），

History/Favorites（历史的/收藏的）,Index（索引）,Revert Import（恢复输入）。

2. Sheets（表格）:Merge(合并),Match（对比）,Compare（比较）,Query（查询）,Split（分离）,Sort（分类）,Sample（抽样）,Index（索引）。

3. Rows（行处理）:Tag Rows(标签行),Clear Tags(醒目标签), Invert Tags(逆变标签),Copy Tags(复制标签),Move Tags(移动标签),Delete Tags(删除标签),Find Tags（发现标签）。

4. Columns(栏/列):Arrange Columns(安排栏),Add Calculated Column（增加计算栏）,Split Columns（分拆栏）,Column Properties（栏性质）。

5. Cells(单元格):Select Tagged Cells(选择签单元格),Fill Selected Cells（填充选定单元格）,Convert Selected Cells（转换选定单元格）,Format Selected Cells（格式化选定单元格）,Selection Navigator（选择性导航）。

6. Analysis(分析):Group Summary(分组汇总),Top/Bottom Items（最高/最低项目）,Age（时效分析）,Strata（分层分析）,Duplicates（重复性测试）,Gaps（空缺测试）,Sampling(抽样),Digital Analysis（数值分析）,Descriptive Statistics（描述性统计）。

二、Active Data for Excel 分析功能的应用举例

(一)分组汇总

我们可以对销售员作分组汇总分析:打开样本数据,选择命令“Summary/Pivot”。在“Group By”下选择“SalesPerson(销售员)”,分别勾选“Amount(金额)”和“Include Grand Totals(包括合计数)”“Include Statistics(包括统计)”和“Mean(平均数)”“Median(中位数)”和“Mode(众数)”,如图 5-48 所示。这样便可以非常快速地计算出每个销售员的交易次数、交易金额合计数以及每个销售员交易金额的平均数、中位数和众数。此外,也可以分别计算出每个销售员分季度的销售情况的汇总数据,如图 5-49 所示。

我们同样可以利用“分组汇总”计算出不同的销售员分季度的销售数量及其统计的数据。如图 5-50 所示。

(二)最高/最低项目

我们可以利用 Top/Bottom Items（最高/最低项目）计算出每个销售员或客户最高或最低的交易金额,如图 5-51 所示。

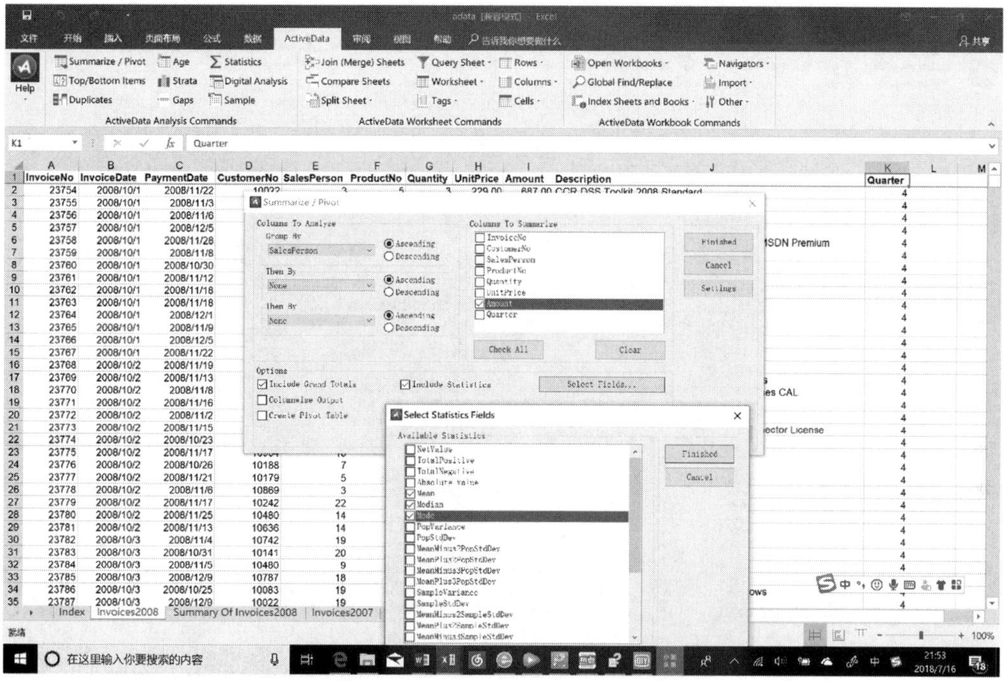

SalesPerson	Count	Amount.Total	Amount.Mean	Amount.Median	Amount.Mode
1	100	189493.36	1894.9336	716	558
2	202	432967.59	2143.403911	950	358
3	203	419241.81	2065.230591	848.5	597
4	180	468563.73	2603.131833	886	1116
5	195	378014.07	1938.533692	897	537
6	217	448933.24	2068.816774	796	916
7	189	353037.03	1867.920794	892	398
8	171	300969.86	1760.057661	796	995
9	201	398553.49	1982.853184	796	597
10	196	401475.48	2048.344286	807.5	687
11	206	431883.95	2096.524029	837	1145
12	225	430065.03	1911.400133	916	1116
13	217	399084.55	1839.099309	716	458
14	210	524024.52	2495.354857	809	1999.6
15	179	334878.83	1870.831453	819	598
16	204	460860.85	2259.121814	837	458
17	184	346677.18	1884.115109	694.875	458
18	223	534510.1	2396.906278	897	358
19	209	389831.35	1865.22177	779	443
20	218	587328.83	2694.168945	910	458
21	212	914789.73	4315.045896	1640	995
22	186	579574.62	3115.992581	1598	916
23	189	581837.85	3078.507143	1572	1393
24	185	627891.19	3394.006432	1432	1145
25	204	900783.51	4415.605441	1618.375	558
26	92	235648.65	2561.39837	907.75	916
27	1	2546	2546	2546	0
99	1	1072	1072	1072	0
Totals	**4999**	12074538.4			

图 5-48 对销售员的分组汇总

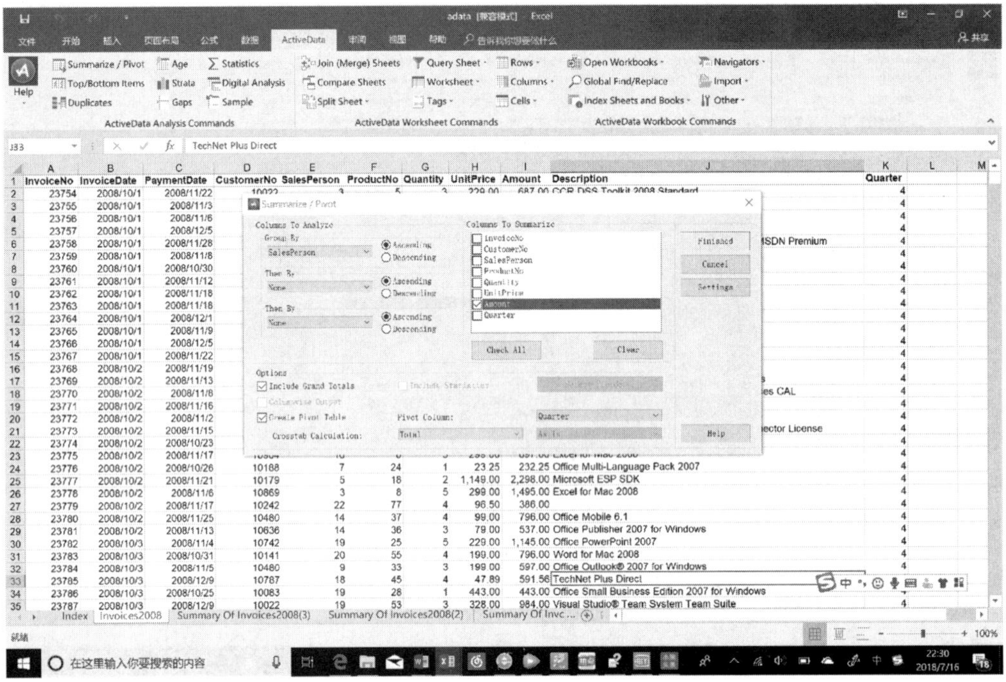

求和项:Amount	Quarter				
SalesPerson	1	2	3	4	总计
1	40327.1	30635.56	67821.8	50708.9	189493.36
2	128633.35	116887.49	100380.3	87066.45	432967.59
3	110476.56	63587.2	131805.95	113372.1	419241.81
4	166690.28	107428.5	130230.79	64214.16	468563.73
5	96086.3	70197.3	132805.37	78925.1	378014.07
6	90931.35	114202.28	196224.11	47575.5	448933.24
7	100563.2	70436.42	71349.5	110687.91	353037.03
8	71399.85	55725.35	105262.21	68582.45	300969.86
9	88314.35	103250.83	122304.41	84683.9	398553.49
10	139316.27	70062.85	99447.57	92648.79	401475.48
11	113561.88	99265.8	150975.2	68081.07	431883.95
12	62130.15	149025.59	82814.04	136095.25	430065.03
13	62023.8	150153.65	80777.8	106129.3	399084.55
14	105982.01	88531.9	164989.35	164521.26	524024.52
15	72886.29	122778.34	39041.5	100172.7	334878.83
16	73547.6	107370.15	125023.4	154919.7	460860.85
17	110583.53	73722.7	45404.8	116966.15	346677.18
18	102057.4	154252.06	126479.2	151721.44	534510.1
19	102860.57	56523.25	130695.53	99752	389831.35
20	155878.25	101291.98	151721.4	178437.2	587328.83
21	302030	185566.8	248933.85	178259.08	914789.73
22	223418.22	100338.3	167277	88541.1	579574.62
23	124115.35	124056.4	126968.9	206697.2	581837.85
24	136655.4	125590.33	221390.8	144254.66	627891.19
25	296124.7	276328.95	109452.98	218876.88	900783.51
26	59171.98	96089.97	32670.3	47716.4	235648.65
27	2546				2546
99	1072				1072
总计	3139383.74	2813299.95	3162248.06	2959606.65	12074538.4

图 5-49　对销售员销售情况的分季度汇总

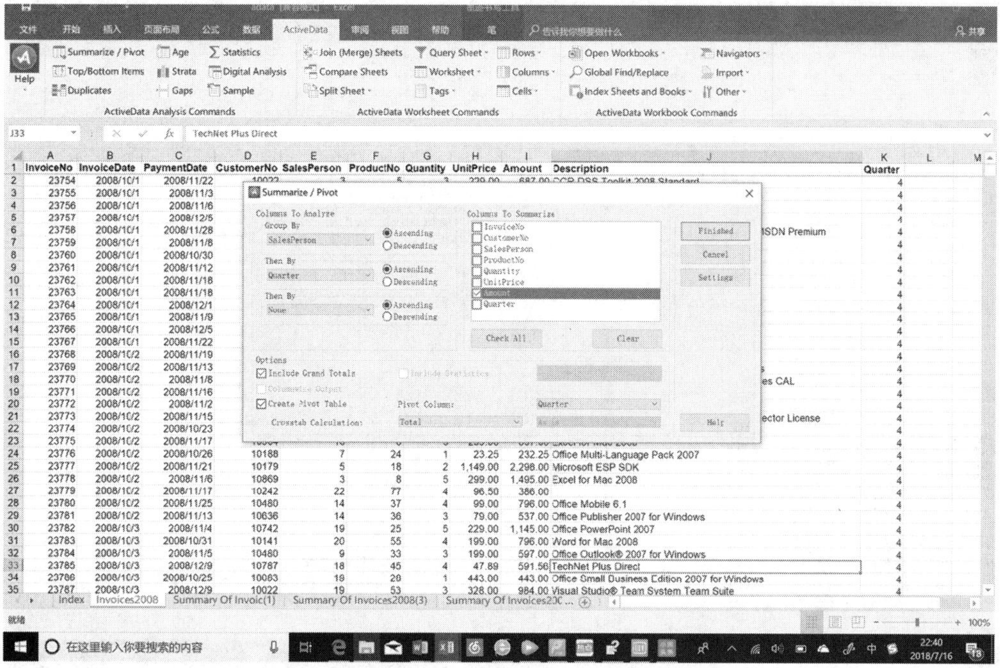

求和项:Quantity	_Quarter				
SalesPerson	1	2	3	4	总计
1	96	62	165	122	445
2	157	266	189	181	793
3	159	165	338	217	879
4	366	214	200	188	968
5	258	186	295	154	893
6	185	250	372	122	929
7	130	163	113	274	680
8	218	120	275	129	742
9	126	227	299	205	857
10	310	173	228	177	888
11	281	231	243	211	966
12	141	199	154	274	768
13	178	290	232	256	956
14	237	148	352	413	1150
15	151	227	125	177	680
16	152	149	311	424	1036
17	287	150	134	202	773
18	141	253	175	286	855
19	209	145	216	140	710
20	279	228	212	421	1140
21	769	375	498	338	1980
22	458	258	324	240	1280
23	289	312	334	533	1468
24	302	350	350	424	1426
25	265	419	281	703	1668
26	144	158	48	112	462
27	2				2
99	4				4
总计	6294	5718	6463	6923	25398

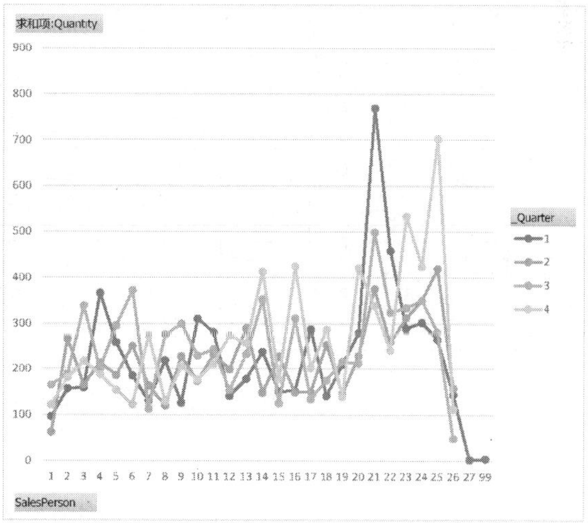

图 5-50 销售员分季度的销售数量及其统计数据

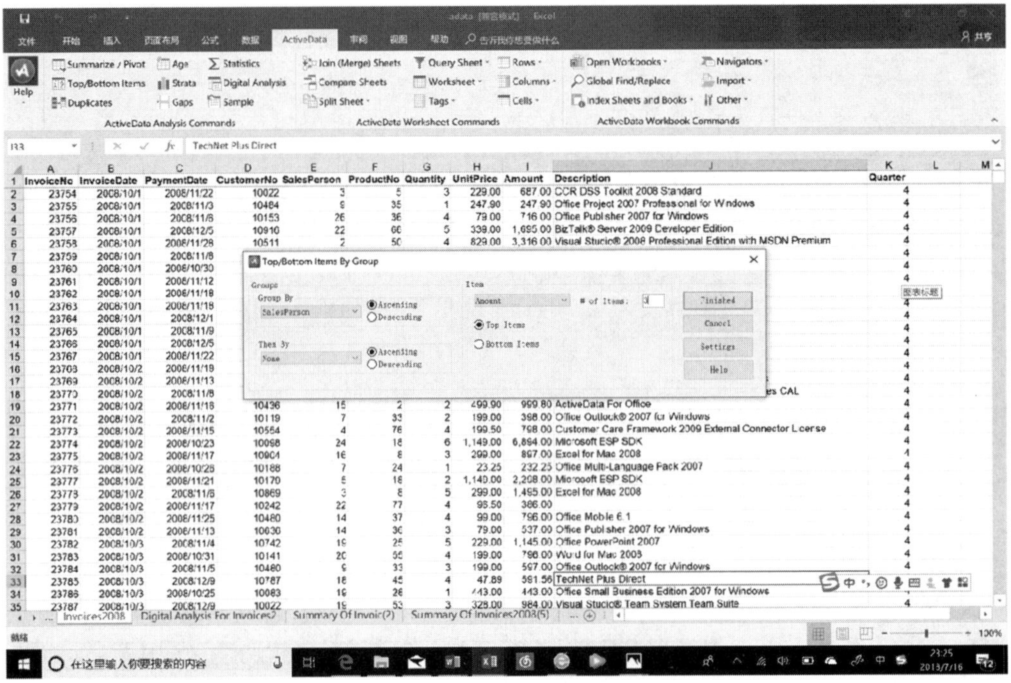

SalesPerson	Amount	InvoiceNo	InvoiceDate	PaymentDate	CustomerNo	ProductNo	Quantity	UnitPrice	Description	Quarter
1	27890.7	23297	2008/8/28	2008/9/19	10066	1	93	299.9	ActiveData For Excel	3
1	17145	22567	2008/7/6	2008/7/26	10371	61	5	3429	Application Center Enterprise version 2000 1 processor license	3
1	15894.7	24416	2008/11/18	2009/1/3	10046	1	53	299.9	ActiveData For Excel	4
2	22360	21120	2008/3/22	2008/5/22	10823	72	4	5590	Commerce Server Enterprise Edition 2009	1
2	21592.8	22032	2008/5/28	2008/7/10	10422	1	72	299.9	ActiveData For Excel	2
2	20450	23039	2008/8/9	2008/9/13	10721	71	5	4090	Commerce Server Standard Edition 2009	3
3	19193.6	23284	2008/8/27	2008/10/4	10577	1	64	299.9	ActiveData For Excel	3
3	16360	23466	2008/9/9	2008/10/19	10366	71	4	4090	Commerce Server Standard Edition 2009	3
3	15294.9	23843	2008/10/7	2008/11/28	10064	1	51	299.9	ActiveData For Excel	4
4	24591.8	21075	2008/3/19	2008/4/18	10258	1	82	299.9	ActiveData For Excel	1
4	24291.9	22820	2008/7/24	2008/9/12	10451	1	81	299.9	ActiveData For Excel	3
4	22360	20411	2008/1/31	2008/3/25	10763	72	4	5590	Commerce Server Enterprise Edition 2009	1
5	23392.2	22993	2008/8/6	2008/9/24	10943	1	78	299.9	ActiveData For Excel	3
5	22792.4	20893	2008/3/6	2008/4/24	10818	1	76	299.9	ActiveData For Excel	1
5	20450	22748	2008/7/19	2008/8/12	10233	71	5	4090	Commerce Server Standard Edition 2009	3
6	29690.1	21452	2008/4/15	2008/5/24	10394	1	99	299.9	ActiveData For Excel	2
6	27950	23302	2008/8/29	2008/9/22	10734	72	5	5590	Commerce Server Enterprise Edition 2009	3
6	22360	23394	2008/9/4	2008/11/8	10461	72	4	5590	Commerce Server Enterprise Edition 2009	3
7	22492.5	24905	2008/12/24	2009/1/19	10642	1	75	299.9	ActiveData For Excel	4
7	22360	20364	2008/1/27	2008/2/22	10022	72	4	5590	Commerce Server Enterprise Edition 2009	1
7	16770	22808	2008/7/23	2008/9/19	10685	72	3	5590	Commerce Server Enterprise Edition 2009	3
8	27890.7	20152	2008/1/12	2008/2/23	10841	1	93	299.9	ActiveData For Excel	1
8	24291.9	23441	2008/9/8	2008/10/5	10190	1	81	299.9	ActiveData For Excel	3
8	14690	24265	2008/11/7	2008/12/16	10682	62	5	2938	Application Virtualization 4.5 for Terminal Services CAL	4
9	24891.7	22946	2008/8/3	2008/9/9	10131	1	83	299.9	ActiveData For Excel	3
9	19193.6	23939	2008/10/14	2008/11/13	10654	1	64	299.9	ActiveData For Excel	4
9	16494.5	21998	2008/5/25	2008/6/30	10318	1	55	299.9	ActiveData For Excel	2
10	22360	24359	2008/11/14	2008/12/29	10441	72	4	5590	Commerce Server Enterprise Edition 2009	4

图 5-51　交易金额最高或最低的销售员

(三)账龄分析

我们可以利用 Active Data for Excel 的账龄分析功能非常快捷地进行分析,如图 5-52 所示。

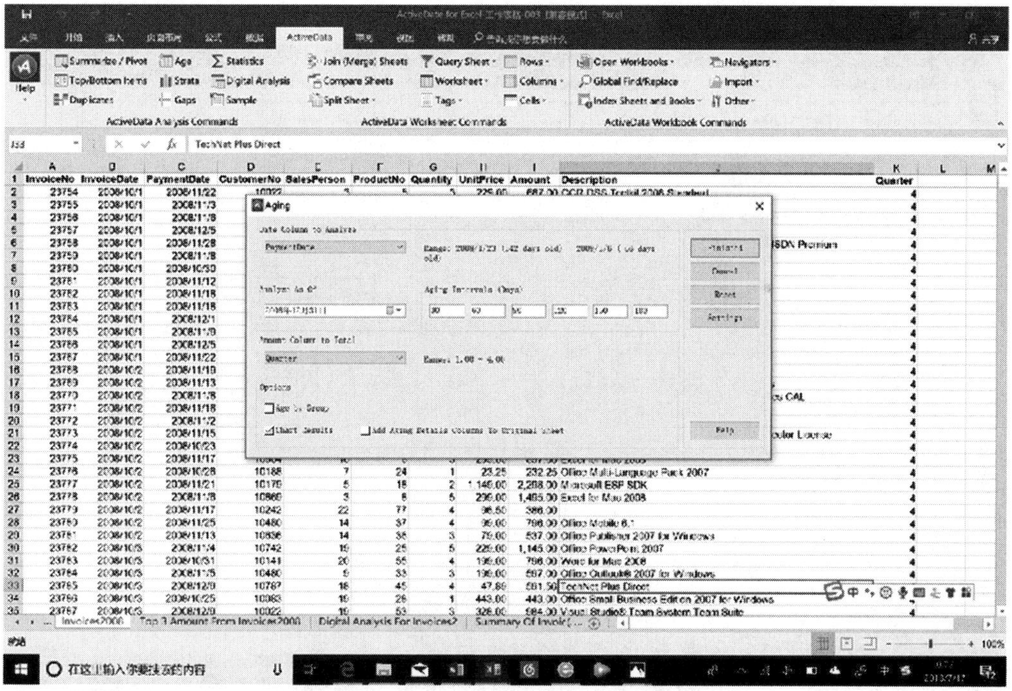

Interval	# Items	% Total	Quarter	% Total	# +ve Items	% Total	# -ve Items	% Total
<= 0	603	12.06	2,412.00	19.29	2,412.00	19.29	0.00	0.00
<= 30	388	7.76	1,543.00	12.34	1,543.00	12.34	0.00	0.00
<= 60	442	8.84	1,574.00	12.59	1,574.00	12.59	0.00	0.00
<= 90	399	7.98	1,210.00	9.68	1,210.00	9.68	0.00	0.00
<= 120	415	8.30	1,236.00	9.88	1,236.00	9.88	0.00	0.00
<= 150	415	8.30	1,061.00	8.49	1,061.00	8.49	0.00	0.00
<= 180	399	7.98	829.00	6.63	829.00	6.63	0.00	0.00
180+	1,918	38.37	2,595.00	20.75	2,595.00	20.75	0.00	0.00
Errors/Blanks	20	0.40	44.00	0.35	44.00	0.35	0.00	0.00
Totals	**4,999**	**100.00**	**12,504.00**	**100.00**	**12,504.00**	**100.00**	**0.00**	**0.00**

图 5-52　账龄分析

（四）重复性测试

我们可以利用 Active Data for Excel 的重复性测试功能检查支票号或发票号是否存在重复，具体操作如图 5-53 所示。

从图 5-53 可见，发票号 20010 出现了重复，但是两张发票的出票日期、付款日期、客户代码和销售员代码都不相同，由此存在明显的舞弊嫌疑。

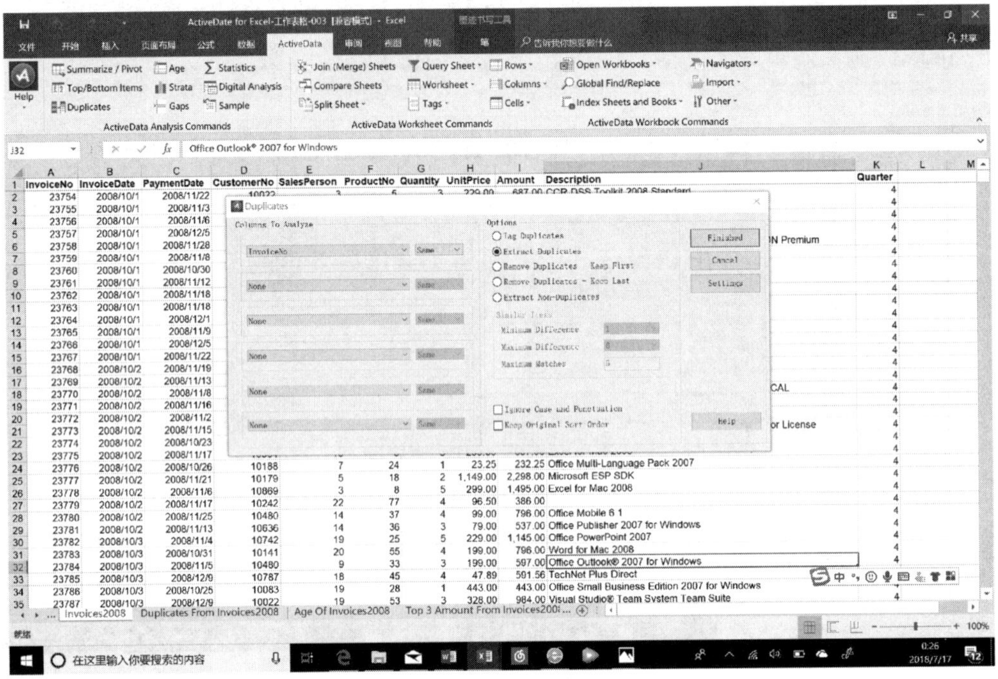

InvoiceNo	InvoiceDate	PaymentDate	CustomerNo	SalesPerson	ProductNo	Quantity	UnitPrice	Amount	Description	Quarter	OriginalRow	DupSequence	
20010	2008-1-1	2008-2-21	10439	19	38	4	268	1072	Office Visio® 2007 Professional for Windows	1	3,765	1	
20010	2008-1-2	2008-2-6	10439	99	38	4	268	1072	Office Visio® 2007 Professional for Windows	1	3,766	1	

图 5-53　发票号的重复性测试

（五）分层分析

我们可以利用 Active Data for Excel 的分层分析功能非常方便地对数据进行分层分析。比如，可以对金额数据手动分成四层，Active Data for Excel 会自动计算出每层的交易次数及百分比和每层交易金额及百分比，具体操作如图 5-54 所示。

（六）抽样分析

我们可以利用 Active Data for Excel 的抽样功能，按照需要随机抽取样本数据进行分析。比如，我们可以非常方便地随机抽取 10 个样本数据，如图 5-55 所示。

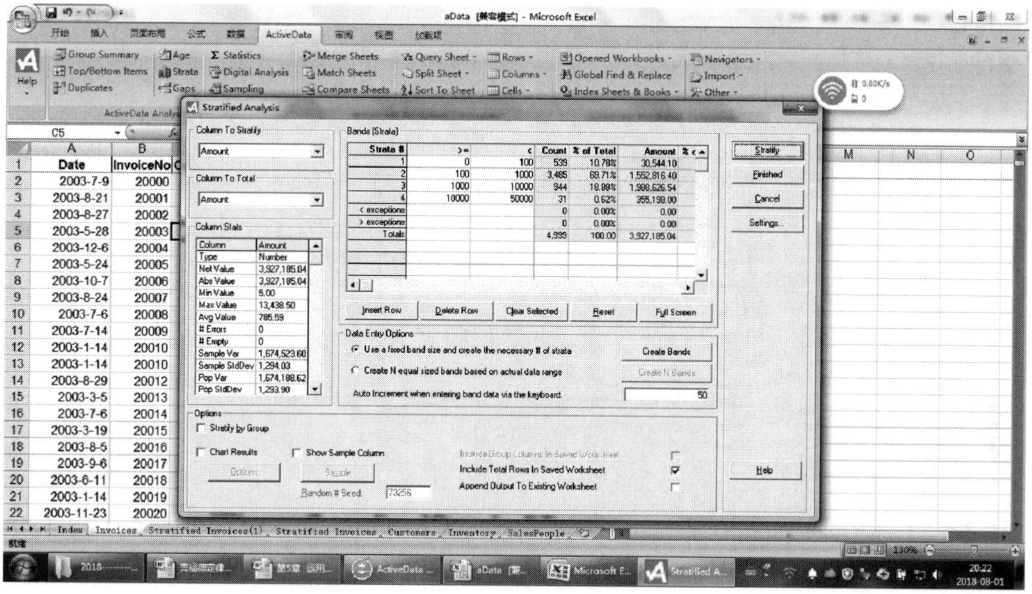

Strata #	>=	<	Count	% of Total	Amount	% of Total	Min Value	Max Value	Avg Value	Sample Var
1	0	100	539	10.78%	30,544.10	0.78%	5	99	56.67	673.21
2	100	1000	3,485	69.71%	1,552,816.40	39.54%	100	999.75	445.57	55,347.79
3	1000	10000	944	18.88%	1,988,626.54	50.64%	1,007.00	9,749.50	2,106.60	2,415,109.35
4	10000	50000	31	0.62%	355,198.00	9.04%	10,013.00	13,438.50	11,458.00	1,036,257.67
< exceptions			0	0.00%	0	0.00%	0	0	0	0
> exceptions			0	0.00%	0	0.00%	0	0	0	0
Totals			**4,999**	**100**	**3,927,185.04**	**100.00%**	**5**	**13,438.50**	**785.59**	**1,674,523.60**

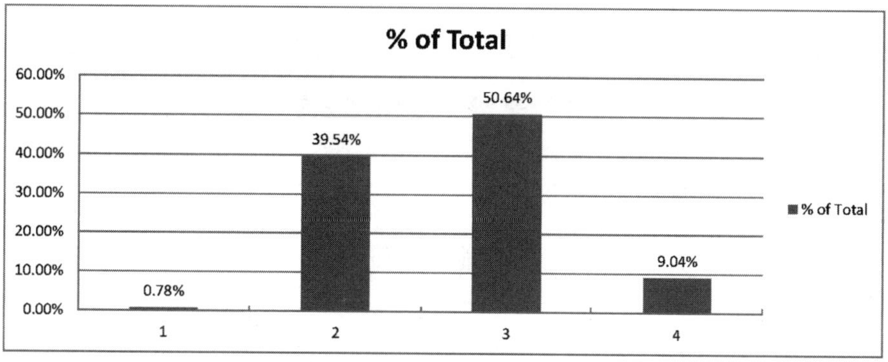

图 5-54　分层分析

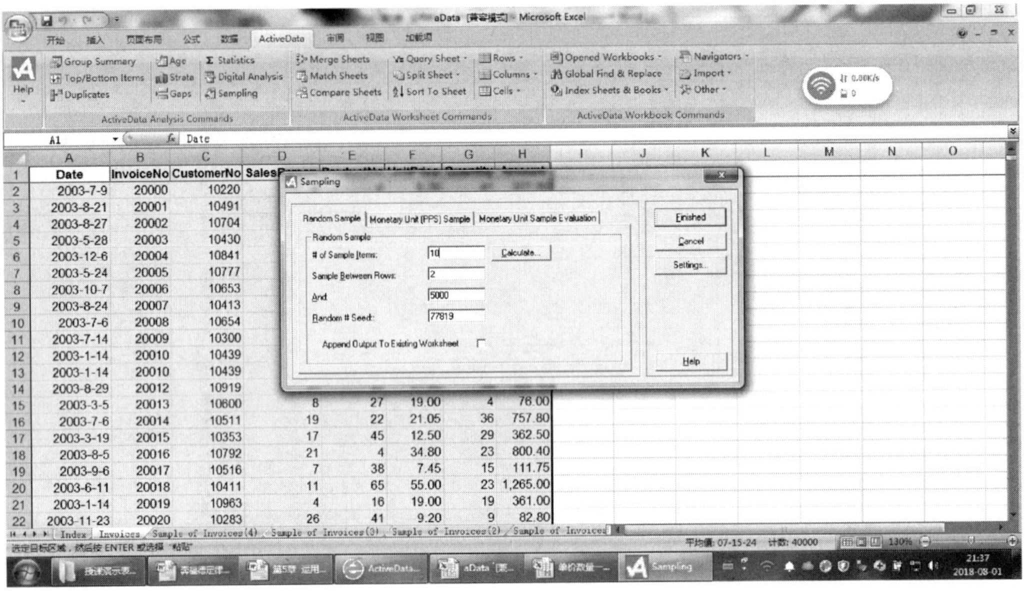

Date	InvoiceNo	CustomerNo	SalesPerson	ProductNo	UnitPrice	Quantity	Amount	SampleSequence	OriginalRow
2003-10-5	24639	10592	3	61	31.00	25	775.00	1	4,640
2003-9-9	20961	10803	4	16	19.00	5	95.00	2	962
2003-2-18	22519	10113	2	57	19.00	42	798.00	3	2,520
2003-8-4	20965	10790	6	5	12.50	46	575.00	4	966
2003-1-25	22201	10614	24	2	43.90	50	2,195.00	5	2,202
2003-5-2	20956	10034	23	10	49.30	4	197.20	6	957
2003-11-25	20738	10714	10	42	7.00	24	168.00	7	739
2003-6-9	22944	10895	9	19	30.00	20	600.00	8	2,945
2003-10-29	22601	10377	22	65	55.00	51	2,805.00	9	2,602
2003-11-15	21989	10845	7	53	6.00	18	108.00	10	1,990

图 5-55　随机抽取样本数据

(七)奔福德定律的数值分析

Active Data for Excel 的数值分析功能特别强大,图 5-56 显示了有关奔福德定律测试的操作和结果。

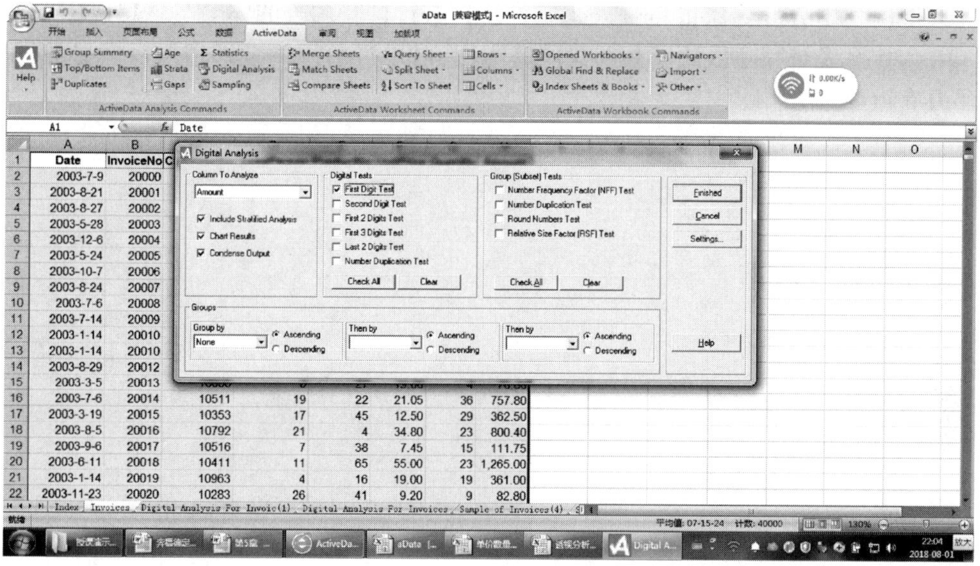

Digital Analysis: Data Profile for Amount
4999 items

Details	# of Items	% of Total	Total Value	% of Total
Items >= 10.00	4,984	99.70%	3,927,074.19	100.00%
Items from 0.01 to 9.99	15	0.30%	110.85	0.00%
Items = 0.00	0	0.00%	0	0.00%
Items from -0.01 to -9.99	0	0.00%	0	0.00%
Items <= -10.00	0	0.00%	0	0.00%
Totals	4,999	100.00%	3,927,185.04	100.00%
Items <= 50.00	224	4.48%	6,827.73	0.17%

Digital Analysis: First Digit Test for Amount
4999 items

Digit	Actual	Benford	Difference
1	0.26005	0.30103	0.04098
2	0.15863	0.17609	0.01746
3	0.13323	0.12494	0.00829
4	0.10402	0.09691	0.00711
5	0.09082	0.07918	0.01164
6	0.08742	0.06695	0.02047
7	0.06841	0.05799	0.01042
8	0.04621	0.05115	0.00494
9	0.05121	0.04576	0.00545
		MAD:	0.0140846

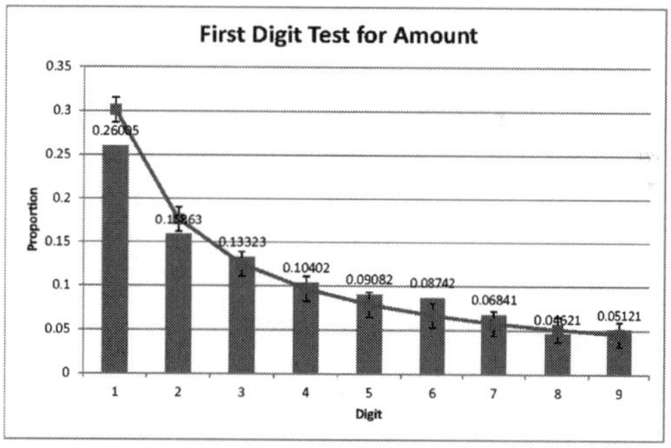

图 5-56　奔福德定律相关的数值分析

本章思考题

1. 为什么可以将奔福德定律(Benford's Law)作为检查财务数字信息是否真实的检验器？运用奔福德定律在检查财务数字信息是否真实的过程有何局限性？

2. 为什么说净值法的原理可以为科学设计个人财产申报表提供依据，为构建公职人员家庭财产申报与公示制度提供参考?

3. 谈谈利用 Active Data for Excel 软件工具进行舞弊调查的体会与感想。

4. 为什么说研究净值法及其在我国的运用,对于当前反商业贿赂与反职务犯罪的斗争具有重要意义?

第六章

法务会计诉讼支持：司法会计鉴定

本章要点

诉讼支持是法务会计研究的重要领域之一。在英美法系国家,法务会计的诉讼支持主要体现在法务会计专业人员以专家证人的身份出庭就案件中涉及的会计专业问题提出自己的意见。在大陆法系国家,法务会计的诉讼支持主要体现在司法会计鉴定人出具司法会计鉴定意见并出庭作为“有专门知识的人”和其他诉讼参与人进行质证。

本章重点阐述我国的司法鉴定管理制度和“有专门知识的人”的出庭质证制度;在此基础上,重点论述我国诉讼活动中司法会计鉴定意见存在的问题,并通过实际案例说明如何有效质证庭审中的司法会计鉴定意见。

第一节 司法鉴定概述

一、司法鉴定及其特点

司法是指国家司法机关及其司法人员依照法定职权和法定程序，具体运用法律处理案件的专门活动。司法是实施法律的一种方式，对实现立法目的、发挥法律的功能具有重要的意义。正如人们常说的，司法是社会公平正义的最后一道防线。

鉴定是指具有相应能力和资质的专业人员或机构，受具有相应权力或管理职能部门或机构的委托，根据相应的数据或证据，运用鉴定人的专业知识和经验，对某一事物提出客观、公正和具有权威性的技术仲裁意见。这种意见往往会作为委托方处理相关矛盾或纠纷的证据或依据。

司法鉴定是指在诉讼过程中，对案件中的专门性问题，由司法机关或当事人委托法定鉴定单位，由司法鉴定人运用专业知识和技术，依照法定程序和技术规范作出鉴别和判断，并出具司法鉴定意见的一项诉讼活动。

司法鉴定具有如下特点：

(1)司法鉴定是诉讼活动的一部分。诉讼活动之所以需要司法鉴定是因为诉讼活动经常会涉及某些专业问题，比如，案件会涉及医学问题、工程质量问题与工程造价问题、会计问题与资产评估问题等。这些专业问题往往超出了法官、检察官、律师以及当事人等诉讼参与人的知识与经验的范围。为了协助法官、检察官、律师等诉讼参与人审理案件，就需要作为“有专门知识的人”的司法鉴定人参与到诉讼活动中来，帮助其他诉讼参与人搞清楚案件中涉及的专业问题。这样，作为法官助手的司法鉴定人的司法鉴定活动便构成了诉讼活动的一部分。

(2)司法鉴定主体是具有相应资质与资格的司法鉴定人。司法鉴定的主体是“有专门知识的人”，司法鉴定是专业性极强的工作，除了要求司法鉴定人必须具备其所在专业领域的理论与实践经验外，还需要掌握诉讼法学和证据法学相关领域的知识以及司法鉴定专业的知识与经验。司法鉴定并不是任何专业人员都能胜任的工作，只有那些受过特殊训练的专业人才才能胜任。

(3)司法鉴定对象是鉴定材料。鉴定材料分为检材和样本。检材是有疑问的材料，样本是已经确认的用来比对的材料。检材是澄清事件真相和查清案件的重要物证。

检材是多种多样的,不同类型的鉴定对应的检材是不同的。比如,法医鉴定的检材是血液、毛发、唾液和器官组织等;司法会计鉴定的检材是会计凭证、会计账簿和会计报表等会计资料。某一类型的司法鉴定要针对特定类型的检材,以保证司法鉴定的客观真实性。

(4)司法鉴定的依据是司法鉴定的法定程序和相应的技术标准与规范。司法鉴定最终的结果是出具鉴定意见,鉴定意见具有强烈的主观色彩。鉴定意见的正确与否会将影响诉讼案件能否得到公正的判决。所以,司法鉴定必须按照严格的程序进行,并且必须依据严格的技术标准与规范进行鉴定。我国司法鉴定的主管部门(即司法部)针对司法鉴定的需要,制定并颁布了以《司法鉴定程序通则》为代表的一系列有关司法鉴定的法律法规、技术标准与规范。这些规范性文件是指导我国司法鉴定业务的重要依据。

(5)司法鉴定的目的是出具鉴定意见,通过提供鉴定意见帮助法官、检察官、律师以及其他诉讼参与人解决诉讼案件中的专门性问题。鉴定意见是我国三大诉讼法都明确规范的法定证据形式,被人们称为"证据之王"和"科学的证据",在一些涉及某些专业领域的专门性问题的诉讼案件的审理中,鉴定意见往往会成为关键证据。鉴定意见可以帮助法官、检察官、律师以及其他诉讼参与人正确理解案件中的专业性问题,帮助法官作出客观公正的裁决。

二、司法鉴定的执业分类

为了加强对面向社会服务的司法鉴定工作的管理,规范司法鉴定执业活动,根据面向社会服务的司法鉴定工作的实际需要,司法部根据我国司法鉴定的专业设置情况、学科发展方向、技术手段、检验和鉴定内容,并参考国际惯例制定了司法鉴定执业分类的规定。

(一)法医病理鉴定

法医病理鉴定是指运用法医病理学的理论和技术,通过尸体外表检查、尸体解剖检验、组织切片观察、毒物分析和书证审查等,对涉及与法律有关的医学问题进行鉴定或推断。其主要内容包括死亡原因鉴定、死亡方式鉴定、死亡时间推断、致伤(死)物认定、生前伤与死后伤鉴别和死后个体识别等。

(二)法医临床鉴定

法医临床鉴定运用法医临床学的理论和技术,对涉及与法律有关的医学问题进行鉴定和评定。其主要内容包括人身损伤程度鉴定、损伤与疾病关系评定、道路交通事故受伤人员伤残程度评定、职工工伤与职业病致残程度评定、劳动能力评定、活体年龄鉴定、性功能鉴定、医疗纠纷鉴定、诈病（伤）及造作病（伤）鉴定、致伤物和致伤方式推断等。

（三）法医精神病鉴定

法医精神病鉴定是指运用司法精神病学的理论和方法，对涉及与法律有关的精神状态、法定能力（如刑事责任能力、受审能力、服刑能力、民事行为能力、监护能力、被害人自我防卫能力及作证能力等）、精神损伤程度、智能障碍等问题进行鉴定。

（四）法医物证鉴定

法医物证鉴定是指运用免疫学、生物学、生物化学和分子生物学等的理论和方法，利用遗传学标记系统的多态性对生物学检材的种类、种属及个体来源进行鉴定。其主要内容包括个体识别、亲子鉴定、性别鉴定、种族和种属认定等。

（五）法医毒物鉴定

法医毒物鉴定是指运用法医毒物学的理论和方法，结合现代仪器分析技术，对体内外未知毒（药）物、毒品及代谢物进行定性、定量分析，并通过对毒物毒性、中毒机理、代谢功能的分析，结合中毒表现、尸检所见，综合作出毒（药）物中毒的鉴定。

（六）司法会计鉴定

司法会计鉴定是指运用会计学、审计学的专门知识，判断、检验和鉴别经济案件所涉及的会计证据，解决经济案件中有关的会计专门性问题。通过鉴定作出实事求是、客观公正的鉴定意见，以揭示案件的经济性质和作案手段，确定经济犯罪和经济纠纷的数额，为诉讼活动提供科学依据。

（七）文书司法鉴定

文书司法鉴定是指运用文件检验学的原理和技术，对文书的笔迹、印章、印文、文书的制作及工具、文书形成时间等问题进行鉴定。

（八）痕迹司法鉴定

痕迹司法鉴定是指运用痕迹学的原理和技术，对有关人体、物体形成痕迹的同一性及分离痕迹与原整体相关性等问题进行鉴定；运用枪械学、弹药学和弹道学的理论和技术，对枪弹及射击后残留物、残留物形成的痕迹、自制枪支和弹药及杀伤力进行鉴定。

(九)微量物证鉴定

微量物证鉴定是指运用物理学、化学的专门知识和仪器分析等方法,通过对有关物质材料的成分及其结构进行定性、定量分析,对检材的种类、检材和嫌疑样本的同类性和同一性进行鉴定。

(十)计算机司法鉴定

计算机司法鉴定是指运用计算机理论和技术,对通过非法手段使计算机系统内数据的安全性、完整性或系统正常运行造成的危害行为及其程度等进行鉴定。

(十一)建筑工程司法鉴定

建筑工程司法鉴定是指运用建筑学理论和技术,对与建筑工程相关的问题进行鉴定。其主要内容包括建筑工程质量评定、工程质量事故鉴定、工程造价纠纷鉴定等。

(十二)声像资料司法鉴定

声像资料司法鉴定是指运用物理学和计算机学的原理和技术,对录音带、录像带、磁盘、光盘和图片等载体上记录的声音、图像信息的真实性、完整性及其所反映的情况过程进行鉴定;并对记录的声音、图像中的语言、人体、物体作出种类或同一认定。

(十三)知识产权司法鉴定

知识产权司法鉴定是指根据技术专家对本领域公知技术及相关专业技术的了解,并运用必要的检测、化验和分析手段,对被侵权的技术和相关技术的特征是否相同或者等同进行认定;对技术转让合同标的是否成熟、实用,是否符合合同约定标准进行认定;对技术开发合同履行失败是否属于风险责任进行认定;对技术咨询、技术服务以及其他各种技术合同履行结果是否符合合同约定,或者有关法定标准进行认定;对技术秘密是否构成法定技术条件进行认定;对其他知识产权诉讼中的技术争议进行鉴定。

(十四)环境损害司法鉴定

环境损害司法鉴定是指在诉讼活动中鉴定人运用环境科学的技术或者专门知识,采用监测、检测、现场勘察、实验模拟或者综合分析等技术方法,对环境污染或者生态破坏诉讼涉及的专门性问题进行鉴别和判断并提供鉴定意见。环境诉讼中需要解决的专门性问题包括确定污染物的性质,确定生态环境遭受损害的性质、范围和程度;评定因果关系,评定污染治理与运行成本以及防止损害扩大、修复生态环境的措施或方案等。

第二节　我国有关司法鉴定的管理制度

我国已经建立起了一整套司法鉴定的管理制度,主要包括以下法律法规:

(1)2005 年 2 月 28 日第十届全国人民代表大会常务委员会第十四次会议通过的《全国人民代表大会常务委员会关于司法鉴定管理问题的决定》。

(2)2005 年 9 月司法部颁布实施的《司法鉴定人登记管理办法》。

(3)2005 年司法部颁布实施的《司法鉴定机构登记管理办法》。

(4)2015 年 7 月 31 日最高人民检察院发布的《人民检察院司法会计工作细则(试行)》。

(5)2016 年 1 月 6 日最高人民法院、最高人民检察院和司法部发布的《关于将环境损害司法鉴定纳入统一登记管理范围的通知》。

(6)2016 年 3 月 2 日司法部颁布的《司法鉴定程序通则》,自 2016 年 5 月 1 日起施行。

(7)2017 年 2 月 16 日公安部发布的《公安机关鉴定规则》。

(8)2016 年 11 月 21 日司法部发布的《司法鉴定文书格式》。

(9)2017 年 12 月 13 日司法部发布的《关于严格准入、严格监管、提高司法鉴定质量和公信力的意见》(司发〔2017〕11 号)。

一、《关于司法鉴定管理问题的决定》

2005 年 2 月 8 日,全国人民代表大会常务委员会发布了《关于司法鉴定管理问题的决定》(以下简称《2. 28 决定》)。《2. 28 决定》是我国第一个规范司法鉴定活动的重要法律性文件,也是迄今为止我国有关司法鉴定最高层级的法律规范。《2. 28 决定》针对我国司法鉴定现状,确立了新型的统一管理体制,首次以立法形式明确了司法鉴定的主管部门及其职责,标志着我国的司法鉴定管理工作开始走上统一、规范和法制化的轨道。这无疑具有重要的现实意义和深远的历史意义。

(一)《2. 28 决定》出台的背景

我国现行的司法鉴定管理制度是在多年的司法实践中形成的,存在着较多的问题,主要表现在三个方面:①立法缺失。司法鉴定工作在法律定位、管理体制、鉴定程序和鉴定标准等方面缺乏具体可行的相关规定。②鉴定机构设置重复,管理分散。法院、检察院、公安机关内部分别设有鉴定机构，一些科研院所、高校也设有面向社会的鉴定机构，政府部门指定的医院也进行司法鉴定。多头鉴定、重复鉴定、法院自审自鉴现象突出，不同鉴定结论往往相互矛盾。③鉴定人资格认定混乱，缺乏对鉴定人资格条件的规定和专门管理机构。多年来，最高人民法院、司法部及一些省市人大分别制定了关于司法鉴定的规定、规章和地方性法规，对规范鉴定工作起了一定的积极作用，但并没有解决根本问题。这些问题的存在，严重影响了鉴定的客观性、科学性、合法性和严肃性，并在一定程度上妨碍了司法公正和诉讼效率，对人力、物力、财力造成了极大浪费。为此，人民群众和社会各界反映强烈，许多全国人大代表提出议案，要求尽快立法，规范司法鉴定工作。《2.28决定》的制定颁布，正是为了解决上述问题，加强对司法鉴定的管理。

（二）《2.28决定》的主要内容

1. 明确了司法鉴定活动的性质。不论是在实务界还是在理论界，对司法鉴定的性质一直存在不同的认识。有学者认为，鉴定是侦查破案的重要手段，是侦查工作的组成部分；也有学者认为，鉴定是法院审判职能的一部分，各级法院都应建立鉴定机构。

为了明确界定司法鉴定的性质，《2.28决定》第一条规定："司法鉴定是指在诉讼活动中鉴定人运用科学技术或者专门知识对诉讼涉及的专门性问题进行鉴别和判断并提供鉴定意见的活动。"我国三大诉讼法都规定，鉴定结论是证据种类之一。刑事诉讼中，侦查机关为了发现犯罪、查证犯罪而进行的自主鉴定，犯罪嫌疑人、被告人、辩护人申请进行的鉴定，或者民事诉讼、行政诉讼中当事人委托进行的鉴定，其目的都是为了获取相关证据，都是鉴定人运用科学技术或者专门知识对某一专门性问题进行检验、鉴别和判断的活动。这一活动，既不是行政行为，也不属于检察和审判职权的范畴。需要注意的是，《2.28决定》调整的范围是"诉讼活动"中的鉴定，包括刑事诉讼、民事诉讼和行政诉讼中的鉴定，不包括仲裁案件的鉴定以及其他日常生活中的鉴定。

2. 确立了我国司法鉴定的管理体制。在《2.28决定》出台之前，我国司法鉴定管理政出多门，管理主体多元化，相互之间存在冲突。司法部曾于2000年分别颁布了《司法鉴定人管理办法》和《司法鉴定机构登记管理办法》，规定面向社会服务的司法鉴定机构一律由司法行政机关核准设立并进行管理，司法鉴定人的执业资格和执业活动由司法行政机关进行指导和监督。最高人民法院于2001年、2002年分别印发了《人民法院司法鉴定工作暂行规定》和《人民法院对外委托和组织司法鉴定管理办法》，规定凡需要进行司法鉴定的案件，应当由人民法院司法鉴定机构鉴定，或者由人民法院司法鉴定机构统一对外委托鉴定。各级人民法院司法鉴定工作管理部门建立社会鉴定机构和鉴定人名册，并对经其批准入册的机构和人员进行监督管理。

针对上述问题,《2. 28 决定》规定,国家对从事司法鉴定业务的鉴定人和鉴定机构实行登记管理制度,并明确规定国务院司法行政部门和省级人民政府司法行政部门负责对鉴定人和鉴定机构进行登记和管理的工作。

考虑到诉讼活动中的鉴定事项范围非常广泛,而我国现行的一些法律、法规对建筑工程质量等事项的检验鉴定,在鉴定机构设立、监督管理等方面已经有了规范,不可能将所有涉及诉讼鉴定的机构和人员都纳入司法行政部门统一登记管理的范围。《2. 28 决定》对鉴定人和鉴定机构实行统一登记管理的鉴定事项,限定于诉讼活动中常见的三大类,即法医类鉴定、物证类鉴定和声像资料类鉴定,以及根据诉讼需要由国务院司法行政部门商最高人民法院、最高人民检察院确定的其他事项。对其他类鉴定,只需要依照有关法律、法规的规定执行即可,不纳入司法行政部门登记管理的范围。

3. 鉴定业务人员和鉴定机构的条件。《2. 28 决定》要求,申请登记从事司法鉴定业务的人员,必须具备下列条件之一:具有与所申请从事的司法鉴定业务相关的高级专业技术职称;具有与所申请从事的司法鉴定业务相关的专业执业资格或者高等院校相关专业本科以上学历,从事相关工作五年以上;具有与所申请从事的司法鉴定业务相关工作 10 年以上经历,具有较强的专业技能。但是因故意犯罪或者职务过失犯罪受过刑事处罚的,受过开除公职处分的,以及被撤销鉴定人登记的人员,不得从事司法鉴定业务。

申请从事司法鉴定业务的法人或者其他组织,应当具备下列条件:有明确的业务范围;有在业务范围内进行司法鉴定所必需的仪器、设备;有在业务范围内进行司法鉴定所必需的依法通过计量认证或者实验室认可的检测实验室;每项司法鉴定业务有三名以上鉴定人。

这些条件为申请从事司法鉴定的人员和机构设定了明确的资质标准,有利于推动司法鉴定工作的统一规范管理。

4. 有关鉴定机构的设立及执业要求。《2. 28 决定》要求,除侦查机关为侦查犯罪提供技术鉴定支持而在内部设立的鉴定部门外,其他从事司法鉴定业务的机构都应当独立于审判机关、司法行政部门之外。法院是国家的审判机关,职责是审查判断包括鉴定结论在内的案件证据、依据案件事实和法律进行裁判,不宜自行进行司法鉴定。司法行政机关作为司法鉴定的行政管理部门,为了保证执法公正,也不应设立鉴定机构。因此,《2. 28 决定》特别规定:人民法院和司法行政部门不得设立鉴定机构。

在侦查过程中,鉴定是调查取证的重要手段,是准确、及时查明案件的重要保障。因此,侦查机关根据侦查工作的需要在内部设立鉴定机构是必要的。这里的侦查机关是指行使侦查权的机关,包括公安机关、人民检察院等。

为了保证诉讼的公正性,同时考虑到政法机关不得从事经营性活动的规定,《2. 28

决定》又强调:“侦查机关根据侦查工作的需要设立的鉴定机构,不得面向社会接受委托从事司法鉴定业务。”这里有两点需要注意:①不得面向社会提供鉴定业务的是“侦查机关根据侦查工作的需要设立的鉴定机构”,指的是侦查机关内部直接为侦查工作服务而设立的鉴定机构,不包括有关机关所属的事业单位。这些事业单位不是侦查机关为了侦查工作的需要而设立的,是独立的事业单位,它们经过《2.28决定》规定的登记手续后,在国家司法行政部门的管理监督下,可以面向社会接受委托提供鉴定业务。②“侦查机关根据侦查工作的需要设立的鉴定机构”,只是不得面向社会接受委托,但并不意味着只能办理自行侦查的案件。这些侦查机关内部的鉴定机构,可以接受其他国家机关的委托,对有关事项进行鉴定。鉴定是一项专业性很强、技术要求很高的活动,不同侦查机关的鉴定机构,在人员、设备等方面存在差异,技术特长也不一样,如公安部门的鉴定机构对弹痕、毒物等方面的鉴定能力很强,检察机关的鉴定机构对文件类的鉴定能力较强。为侦查工作的需要,侦查机关内部设立的鉴定机构可以接受其他国家机关的委托进行鉴定。

关于鉴定机构之间的关系,《2.28决定》规定:各鉴定机构之间没有隶属关系。这意味着各鉴定机构都是依法设立、可以依法接受委托为他人提供鉴定意见的独立组织。各鉴定机构之间法律地位平等,互不隶属,没有高低之分,所作出的鉴定意见也无高低之分。鉴定是运用技术或专门知识进行鉴别和判断的活动,其性质上是一种科学实证活动,鉴定结论只是证据的一种,都需要法院最终审查判断其可采性和证明力,不存在级别高低之分。

5. 司法鉴定实行鉴定人负责制度,鉴定人负有出庭的义务。司法鉴定活动是鉴定人运用科学技术或自己掌握的专业知识对专门性问题进行鉴别和判断并提供鉴定意见的活动,属于个人行为。为了强化鉴定人的责任意识,提高鉴定结论的公正性、准确性,便于法庭查明案件事实,《2.28决定》规定:司法鉴定实行鉴定人负责制度。鉴定人应当独立进行鉴定,对鉴定意见负责。多人参加的鉴定,对鉴定意见有不同意见的,应当注明。当事人对鉴定意见有异议的,经人民法院通知,鉴定人应当出庭作证。

6. 司法鉴定工作的监督管理措施。为了加强对司法鉴定工作的管理,《2.28决定》明确了鉴定人、鉴定机构的法律责任。《2.28决定》规定:鉴定人或者鉴定机构有违反本决定规定行为的,由省级人民政府司法行政部门予以警告,责令改正。有下列情形之一的,给予停止从事司法鉴定业务三个月以上一年以下的处罚;情节严重的,撤销登记:因严重不负责任给当事人合法权益造成重大损失的;提供虚假证明文件或者采取其他欺诈手段,骗取登记的;经人民法院依法通知,拒绝出庭作证的;法律、行政法规规定的其他情形。鉴定人故意作虚假鉴定,构成犯罪的,依法追究刑事责任。司法行政部门工作人员在登记管理工作中，滥用职权、玩忽职守，造成严重后果的，追究直接责任人员相应的法律责任。

二、《司法鉴定人登记管理办法》

2005 年 9 月，司法部颁布实施的《司法鉴定人登记管理办法》。

（一）司法鉴定人的定义

司法鉴定人是指运用科学技术或者专门知识对诉讼涉及的专门性问题进行鉴别和判断并提出鉴定意见的人员。

司法鉴定人应当具备《司法鉴定人登记管理办法》规定的条件，经省级司法行政机关审核登记，取得《司法鉴定人执业证》，按照登记的司法鉴定执业类别，从事司法鉴定业务。司法鉴定人应当在一个司法鉴定机构中执业。

（二）我国司法鉴定管理制度

我国司法鉴定管理实行行政管理与行业管理相结合的管理制度。司法行政机关对司法鉴定人及其执业活动进行指导、管理和监督、检查，司法鉴定行业协会依法进行自律管理。全国实行统一的司法鉴定机构及司法鉴定人审核登记、名册编制和名册公告制度。

（三）司法鉴定人登记管理工作的主管机关

司法部负责全国司法鉴定人的登记管理工作，依法履行下列职责：①指导和监督省级司法行政机关对司法鉴定人的审核登记、名册编制和名册公告工作；②制定司法鉴定人执业规则和职业道德、职业纪律规范；③制定司法鉴定人诚信等级评估制度并指导实施；④会同国务院有关部门制定司法鉴定人专业技术职称评聘标准和办法；⑤制定和发布司法鉴定人继续教育规划并指导实施；⑥法律、法规规定的其他职责。

各省级司法行政机关负责木行政区域内司法鉴定人的登记管理工作，依法履行下列职责：①负责司法鉴定人的审核登记、名册编制和名册公告；②负责司法鉴定人诚信等级评估工作；③负责对司法鉴定人进行监督、检查；④负责对司法鉴定人违法违纪执业行为进行调查处理；⑤组织开展司法鉴定人专业技术职称评聘工作；⑥组织司法鉴定人参加司法鉴定岗前培训和继续教育；⑦法律、法规和规章规定的其他职责。

（四）司法鉴定人应当具备的条件

个人申请从事司法鉴定业务，应当具备下列条件：①拥护中华人民共和国宪法，遵守法律、法规和社会公德，品行端正；②具有相关的高级专业技术职称，或者具有相关的行业执业资格或者高等院校相关专业本科以上学历，从事相关工作五年以上；③申请从事经验鉴定型或者技能鉴定型司法鉴定业务的，应当具备相关专业工作10年以上经历和较强的专业技能；④所申请从事的司法鉴定业务，行业有特殊规定的，应当符合行业规定；⑤拟执业机构已经取得或者正在申请《司法鉴定许可证》；⑥身体健康，能够适应司法鉴定工作需要。

有下列情形之一的，不得申请从事司法鉴定业务：①因故意犯罪或者职务过失犯罪受过刑事处罚的；②受过开除公职处分的；③被司法行政机关撤销司法鉴定人登记的；④所在的司法鉴定机构受到停业处罚，处罚期未满的；⑤无民事行为能力或者限制行为能力的；⑥法律、法规和规章规定的其他情形。

（五）关于司法鉴定人执业证

司法鉴定人执业证由司法部统一监制。司法鉴定人执业证是司法鉴定人的执业凭证。司法鉴定人执业证使用期限为五年，自颁发之日起计算。

司法鉴定人执业证应当载明下列内容：①姓名；②性别；③身份证号码；④专业技术职称；⑤行业执业资格；⑥执业类别；⑦执业机构；⑧使用期限；⑨颁证机关和颁证时间；⑩证书号码。

司法鉴定人执业证使用期限届满后，需要继续执业的，司法鉴定人应当在使用期限届满30日前通过所在司法鉴定机构，向原负责登记的司法行政机关提出延续申请，司法行政机关依法审核办理。不申请延续的司法鉴定人，司法鉴定人执业证使用期限届满后，由原负责登记的司法行政机关办理注销登记手续。

（六）司法鉴定人应享有的权利与义务

司法鉴定人应享有如下权利：①了解、查阅与鉴定事项有关的情况和资料，询问与鉴定事项有关的当事人、证人等；②要求鉴定委托人无偿提供鉴定所需要的检材、样本；③进行鉴定所必需的检验、检查和模拟实验；④拒绝接受不合法、不具备鉴定条件或者超出登记的执业类别的鉴定委托；⑤拒绝解决、回答与鉴定无关的问题；⑥鉴定意见不一致时，保留不同意见；⑦接受岗前培训和继续教育；⑧获得合法报酬；⑨法律、法规规定的其他权利。

司法鉴定人应当履行下列义务：①受所在司法鉴定机构指派，按照规定时限独立完成鉴定工作，并出具鉴定意见；②对鉴定意见负责；③依法回避；④妥善保管送鉴的检材、样本和资料；⑤保守在执业活动中知悉的国家秘密、商业秘密和个人隐私；⑥依法出庭作证，回答与鉴定有关的询问；⑦自觉接受司法行政机关的管理和监督、检查；⑧参加司法鉴定岗前培训和继续教育；⑨法律、法规规定的其他义务。

三、《司法鉴定机构登记管理办法》

2005 年 9 月司法部颁布实施的《司法鉴定机构登记管理办法》。

（一）司法鉴定机构开展司法鉴定活动应当遵循的原则

司法鉴定机构开展司法鉴定活动应当遵循合法、中立、规范、及时的原则。

司法鉴定机构统一接受委托，组织所属的司法鉴定人开展司法鉴定活动，遵守法律、法规和有关制度，执行统一的司法鉴定实施程序、技术标准和技术操作规范。

（二）司法鉴定机构登记管理工作的主管部门

司法部负责全国司法鉴定机构的登记管理工作，依法履行下列职责：①制定全国司法鉴定发展规划并指导实施；②指导和监督省级司法行政机关对司法鉴定机构的审核登记、名册编制和名册公告工作；③制定全国统一的司法鉴定机构资质管理评估制度和司法鉴定质量管理评估制度并指导实施；④组织制定全国统一的司法鉴定实施程序、技术标准和技术操作规范等司法鉴定技术管理制度并指导实施；⑤指导司法鉴定科学技术研究、开发、引进与推广，组织司法鉴定业务的中外交流与合作；⑥法律、法规规定的其他职责。

各省级司法行政机关负责本行政区域内司法鉴定机构的登记管理工作，依法履行下列职责：①制定本行政区域司法鉴定发展规划并组织实施；②负责司法鉴定机构的审核登记、名册编制和名册公告工作；③负责司法鉴定机构的资质管理评估和司法鉴定质量管理评估工作；④负责对司法鉴定机构进行监督、检查；⑤负责对司法鉴定机构违法违纪的执业行为进行调查处理；⑥组织司法鉴定科学技术开发、推广和应用；⑦法律、法规和规章规定的其他职责。

四、《人民检察院司法会计工作细则(试行)》

2015 年 7 月 31 日，最高人民检察院发布的《人民检察院司法会计工作细则(试行)》是我国迄今为止法律层级最高的有关司法会计鉴定的规范性文件，意义非同一般。该细则全文有六章 38 条。其章节包括：总则、技术协助、鉴定、技术性证据审查、鉴定人出庭和附则。以下简述其主要内容：

(一)检察院系统司法会计工作的主要内容

检察院系统司法会计工作的主要内容包括协助案件承办部门发现案件线索、确定侦查范围、收集相关证据;进行司法会计鉴定,并根据办案需要参与法庭审理活动;对案件涉及的相关技术性证据材料进行审查以及其他相关工作。

(二)司法会计工作的原则

司法会计工作应当遵循客观、公正、科学、独立四项原则。

(三)司法会计人员的保密与回避规定

司法会计人员应当具备相应资格或专门知识,遵守保密规定,依法保守秘密。司法会计人员应当遵照《中华人民共和国刑事诉讼法》和《人民检察院刑事诉讼规则(试行)》等关于鉴定人回避的规定。

(四)司法会计的技术协助工作

司法会计技术协助工作主要包括三方面的内容:协助案件承办人员发现、提取、固定相关证据;协助案件承办人员对财务会计资料及相关财物进行检查;对案件相关问题提供分析意见,根据需要参加案件讨论以及其他需要进行司法会计技术协助的事项。

(五)司法会计人员参加勘验检查、搜查、扣押、调取证据的规定

司法会计人员参加勘验检查、搜查、扣押、调取证据的,应当在案件承办人员的主持下,按照相关规定进行,必要时可制作相关工作说明等。

(六)司法会计鉴定及其范围

司法会计鉴定是指在诉讼活动中,为了查明案情,由具有专门知识的人员,对案件中涉及的财务会计资料及相关材料进行检验,对需要解决的财务会计问题进行鉴别判断,并提供意见的一项活动。

司法会计鉴定的范围包括:资产历史成本的确认;资产应结存额及结存差异的确认;财务往来账项的确认;经营损益、投资损益的确认;会计处理方法及结果的确认;其他需要通过检验分析财务会计资料确认的财务会计问题。

(七)司法会计鉴定业务委托

委托单位或部门需要进行司法会计鉴定的,应当填写委托鉴定书。人民检察院各

业务部门向上级人民检察院或者对外委托鉴定时，应当通过本院或者上级人民检察院检察技术部门统一协助办理。未设置检察技术部门的，由承担检察技术工作的部门协助办理。

（八）委托鉴定应当提供的鉴定材料

委托鉴定应当提供的材料为：鉴定涉及的财务会计资料及相关材料，如会计报表、总分类账、明细分类账、记账凭证及所附原始凭证、银行对账单等；与鉴定有关的勘验检查笔录、扣押清单、调取证据通知书等以及鉴定所需的其他相关材料。

（九）鉴定机构不能受理鉴定委托的情形

经鉴定机构审查，司法会计鉴定遇到下列情形之一的，鉴定委托不予受理：送检材料来源不可靠或虚假的；鉴定要求超出鉴定范围的；技术、人员条件不能满足鉴定要求的以及其他不具备受理条件的。

鉴定机构对不予受理的鉴定委托，应当及时退回送检材料并说明理由，必要时可以出具不予受理通知书。

（十）鉴定机构应当中止鉴定的情形

鉴定过程中遇有下列情形之一的，应当中止鉴定：送检材料不足需要补充才能继续鉴定的；委托单位或部门要求中止鉴定的；其他需要中止鉴定的情形。若中止鉴定，鉴定人应就中止鉴定的原因向委托人出具书面说明。

（十一）鉴定机构应当终止鉴定的情形

鉴定过程中遇有下列情形之一的，应当终止鉴定：送检材料不足，无法补充的；委托单位或部门要求终止鉴定的；其他需要终止鉴定的情形。若终止鉴定，鉴定人应就终止鉴定的原因向委托人出具书面说明。

（十二）聘请其他鉴定机构的鉴定人或具有专门知识的人员参与鉴定的情形

鉴定人遇有重大、疑难、复杂技术问题的，经委托单位或部门同意，可以聘请其他鉴定机构的鉴定人或具有专门知识的人员参与鉴定。

（十三）对鉴定意见的限制性规定

鉴定意见不得超出委托要求范围；鉴定意见不得依据犯罪嫌疑人供述、被害人陈述、证人证言等非财务会计资料形成；鉴定意见不应涉及对定罪量刑等法律问题的判断。

(十四)鉴定人出庭的有关规定

人民法院通知鉴定人出庭的，鉴定人应当出庭。确因特殊情况无法出庭的，应当及时向法庭书面说明理由。

鉴定人出庭，应当做好充分准备，熟悉鉴定意见和案件相关情况等，针对可能遇到的问题拟定解答提纲，并准备必要的材料：委托书或者聘请书、受理检验鉴定登记表、送检材料照片或者复印件、检验记录、鉴定文书；与该鉴定意见有关的学术著作和技术资料；鉴定机构及鉴定人资格证明，能够反映鉴定人专门知识水平与能力的有关材料以及其他相关材料。

鉴定人出庭时，应当回答审判人员、检察人员、当事人、辩护人和诉讼代理人等依照法定程序提出的有关检验鉴定的问题；对与检验鉴定无关的问题，可以拒绝回答。

鉴定人出庭时，有关保密、鉴定人保护等相关问题，遵照相关法律规定执行。

五、关于将环境损害司法鉴定纳入统一登记管理范围的通知

2016年1月8日最高人民法院、最高人民检察院和司法部发布的关于将环境损害司法鉴定纳入统一登记管理范围的通知。

为满足环境损害诉讼要求，加强环境发展、环境保护和环境修复工作，推进生态文明建设，根据《全国人民代表大会常务委员会关于司法鉴定管理问题的决定》和最高人民法院、最高人民检察院《关于办理环境污染刑事案件适用法律若干问题的解释》等有关规定，将环境损害司法鉴定纳入统一登记管理范围。环境损害司法鉴定管理的具体办法由司法部会同生态环境部制定。

至此，最高人民法院、最高人民检察院和司法部将对鉴定人和鉴定机构纳入统一登记管理范围的司法鉴定类型由原先的三大类增加至四大类：法医类鉴定、物证类鉴定、声像资料类鉴定和环境损害类鉴定。

六、《司法鉴定程序通则》

司法部于2016年颁布实施的《司法鉴定程序通则》是在2007年颁布实施的《司法鉴定程序通则》的基础上修订而成的。党的十八届四中全会提出的健全统一司法鉴定管理体制、完善以审判为中心的诉讼制度等改革举措对司法鉴定工作提出了新的要求。修改后的三大诉讼法在鉴定程序的启动、鉴定人的确定以及鉴定人出庭作证等方面作出了新的规定。随着司法鉴定工作的不断发展，司法鉴定执业活动中出现了重复鉴定

较多、因鉴定程序问题被投诉较多等新情况、新问题，2007年《司法鉴定程序通则》已不能完全适应新的要求。为进一步规范司法鉴定执业活动，提高司法鉴定公信力，根据司法部2015年制度建设工作计划安排，司法部司鉴局、法制司在广泛调研、深入论证的基础上，共同对原《司法鉴定程序通则》进行了修订。经多次征求中央政法部门、各省(区、市)司法厅(局)、鉴定协会、鉴定机构和鉴定人代表的意见建议，形成了目前的2016年《司法鉴定程序通则》(以下简称《程序通则》)。

(一)《程序通则》的主要内容

《程序通则》共六章50条，新增10条。其章节包括总则、司法鉴定的委托与受理、司法鉴定的实施、司法鉴定意见书的出具、司法鉴定人出庭作证和附则。

(二)关于"司法鉴定"及"司法鉴定程序"的定义

司法鉴定是指在诉讼活动中鉴定人运用科学技术或者专门知识对诉讼涉及的专门性问题进行鉴别和判断并提供鉴定意见的活动。

司法鉴定程序是指司法鉴定机构和司法鉴定人进行司法鉴定活动的方式、步骤以及相关规则的总称。

(三)对司法鉴定机构和鉴定人的基本要求

1. 司法鉴定机构和司法鉴定人进行司法鉴定活动，应当遵守法律、法规、规章，遵守职业道德和执业纪律，尊重科学，遵守技术操作规范。

2. 司法鉴定实行鉴定人负责制度。司法鉴定人应当依法独立、客观、公正地进行鉴定，并对自己作出的鉴定意见负责。司法鉴定人不得违反规定会见诉讼当事人及其委托人。

3. 司法鉴定机构和司法鉴定人应当保守在执业活动中知悉的国家秘密、商业秘密，不得泄露个人隐私。

4. 司法鉴定机构和司法鉴定人进行司法鉴定活动应当依法接受监督。对于有违反有关法律、法规、规章规定行为的，由司法行政机关依法给予相应的行政处罚；对丁有违反司法鉴定行业规范行为的，由司法鉴定协会给予相应的行业处分。

5. 司法鉴定机构应当加强对司法鉴定人执业活动的管理和监督。司法鉴定人违反本通则规定的，司法鉴定机构应当予以纠正。

(四)司法鉴定的委托与受理

1. 司法鉴定机构应当统一受理办案机关的司法鉴定委托。

2. 委托人委托鉴定的,应当向司法鉴定机构提供真实、完整、充分的鉴定材料,并对鉴定材料的真实性、合法性负责。鉴定材料包括生物检材和非生物检材、比对样本材料以及其他与鉴定事项有关的鉴定资料。司法鉴定机构应当核对并记录鉴定材料的名称、种类、数量、性状、保存状况和收到时间等。

3. 司法鉴定机构应当自收到委托之日起七个工作日内作出是否受理的决定。对于复杂、疑难或者特殊鉴定事项的委托,司法鉴定机构可以与委托人协商决定受理的时间。

4. 司法鉴定机构应当对委托鉴定事项、鉴定材料等进行审查。对属于本机构司法鉴定业务范围,鉴定用途合法,提供的鉴定材料能够满足鉴定需要的,应当受理。对于鉴定材料不完整、不充分,不能满足鉴定需要的,司法鉴定机构可以要求委托人补充;经补充后能够满足鉴定需要的,应当受理。

5. 司法鉴定机构决定受理鉴定委托的,应当与委托人签订司法鉴定委托书。司法鉴定委托书应当载明委托人名称、司法鉴定机构名称、委托鉴定事项、是否属于重新鉴定、鉴定用途、与鉴定有关的基本案情、鉴定材料的提供和退还、鉴定风险以及双方商定的鉴定时限、鉴定费用及收取方式、双方权利义务等其他需要载明的事项。

6. 司法鉴定机构决定不予受理鉴定委托的,应当向委托人说明理由,退还鉴定材料。

(五)鉴定机构不得受理鉴定的情形

具有下列情形之一的鉴定委托,司法鉴定机构不得受理:①委托鉴定事项超出本机构司法鉴定业务范围的;②发现鉴定材料不真实、不完整、不充分或者取得方式不合法的;③鉴定用途不合法或者违背社会公德的;④鉴定要求不符合司法鉴定执业规则或者相关鉴定技术规范的;⑤鉴定要求超出本机构技术条件或者鉴定能力的;⑥委托人就同一鉴定事项同时委托其他司法鉴定机构进行鉴定的;⑦其他不符合法律、法规、规章规定的情形。

(六)司法鉴定的实施

1. 司法鉴定机构受理鉴定委托后,应当指定本机构具有该鉴定事项执业资格的司法鉴定人进行鉴定。委托人有特殊要求的,经双方协商一致,也可以从本机构中选择符合条件的司法鉴定人进行鉴定。委托人不得要求或者暗示司法鉴定机构、司法鉴定人按其意图或者特定目的提供鉴定意见。

2. 司法鉴定机构对同一鉴定事项,应当指定或者选择两名司法鉴定人进行鉴定;对复杂、疑难或者特殊鉴定事项,可以指定或者选择多名司法鉴定人进行鉴定。

3. 司法鉴定机构应当建立鉴定材料管理制度，严格监控鉴定材料的接收、保管、使用和退还。司法鉴定机构和司法鉴定人在鉴定过程中应当严格依照技术规范保管和使用鉴定材料，因严重不负责任造成鉴定材料损毁、遗失的，应当依法承担责任。

（七）司法鉴定的工作时限

司法鉴定机构应当自司法鉴定委托书生效之日起30个工作日内完成鉴定。鉴定事项涉及复杂、疑难、特殊技术问题或者鉴定过程需要较长时间的，经本机构负责人批准，完成鉴定的时限可以延长，延长时限一般不得超过30个工作日。鉴定时限延长的，应当及时告知委托人。司法鉴定机构与委托人对鉴定时限另有约定的，从其约定。

（八）司法鉴定的回避制度

1. 司法鉴定人本人或者其近亲属与诉讼当事人、鉴定事项涉及的案件有利害关系，可能影响其独立、客观、公正进行鉴定的，应当回避。

2. 司法鉴定人曾经参加过同一鉴定事项鉴定的，或者曾经作为专家提供过咨询意见的，或者曾被聘请为有专门知识的人参与过同一鉴定事项法庭质证的，应当回避。

3. 司法鉴定人自行提出回避的，由其所属的司法鉴定机构决定；委托人要求司法鉴定人回避的，应当向该司法鉴定人所属的司法鉴定机构提出，由司法鉴定机构决定。

4. 委托人对司法鉴定机构作出的司法鉴定人是否回避的决定有异议的，可以撤销鉴定委托。

（九）司法鉴定依据的技术标准与规范

司法鉴定人进行鉴定，应当依下列顺序遵守和采用该专业领域的技术标准、技术规范和技术方法：①国家标准；②行业标准和技术规范；③该专业领域多数专家认可的技术方法。

（十）司法鉴定机构可以终止鉴定的情形

司法鉴定机构在鉴定过程中，有下列情形之一的，可以终止鉴定：①发现有本通则第十五条第二项至第七项规定情形的；②鉴定材料发生耗损，委托人不能补充提供的；③委托人拒不履行司法鉴定委托书规定的义务、被鉴定人拒不配合或者鉴定活动受到严重干扰，致使鉴定无法继续进行的；④委托人主动撤销鉴定委托，或者委托人、诉讼当事人拒绝支付鉴定费用的；⑤因不可抗力致使鉴定无法继续进行的；⑥其他需要终止鉴定的情形。

(十一)司法鉴定机构可以进行补充鉴定的情形

司法鉴定机构在有下列情形之一时,可以根据委托人的要求进行补充鉴定:①原委托鉴定事项有遗漏的;②委托人就原委托鉴定事项提供新的鉴定材料的;③其他需要补充鉴定的情形。

补充鉴定是原委托鉴定的组成部分,应当由原司法鉴定人进行。

(十二)司法鉴定机构可以进行重新鉴定的情形

有下列情形之一的,司法鉴定机构可以接受办案机关委托进行重新鉴定:①原司法鉴定人不具有从事委托鉴定事项执业资格的;②原司法鉴定机构超出登记的业务范围组织鉴定的;③原司法鉴定人应当回避没有回避的;④办案机关认为需要重新鉴定的;⑤法律规定的其他情形。

重新鉴定应当委托原司法鉴定机构以外的其他司法鉴定机构进行;因特殊原因,委托人也可以委托原司法鉴定机构进行,但原司法鉴定机构应当指定原司法鉴定人以外的其他符合条件的司法鉴定人进行。接受重新鉴定委托的司法鉴定机构的资质条件应当不低于原司法鉴定机构,进行重新鉴定的司法鉴定人中应当至少有一名具有相关专业高级专业技术职称。

(十三)司法鉴定意见书的出具

1. 司法鉴定机构和司法鉴定人应当按照统一规定的文本格式制作司法鉴定意见书。

2. 司法鉴定意见书应当由司法鉴定人签名。多人参加的鉴定,对鉴定意见有不同意见的,应当注明。

3. 司法鉴定意见书应当加盖司法鉴定机构的司法鉴定专用章。

4. 司法鉴定意见书应当一式四份,三份交委托人收执,一份由司法鉴定机构存档。司法鉴定机构应当按照有关规定或者与委托人约定的方式,向委托人发送司法鉴定意见书。

5. 委托人对鉴定过程、鉴定意见提出询问的,司法鉴定机构和司法鉴定人应当给予解释或者说明。

(十四)关于司法鉴定人的出庭作证

司法鉴定人有出庭作证的义务。经人民法院依法通知,司法鉴定人应当出庭作证,回答与鉴定事项有关的问题。司法鉴定机构应当支持司法鉴定人出庭作证,为司法鉴定人依法出庭提供必要条件。司法鉴定机构接到出庭通知后，应当及时与人民法院确认司法鉴定人出庭的时间、地点、人数、费用、要求等。司法鉴定人出庭作证，应当举止文明，遵守法庭纪律。

七、《公安机关鉴定规则》

为了规范公安机关的司法鉴定工作，保证司法鉴定质量，维护司法公正，适应司法改革对公安司法鉴定工作的新要求，公安部于2017年发布了《公安机关鉴定规则》(以下简称《鉴定规则》)。这是除司法部以外，我国部级单位颁布的第一部有关司法鉴定的法规文件。现将其主要内容阐述如下：

(一)《鉴定规则》对司法鉴定的定义

"司法鉴定是指为解决案(事)件调查和诉讼活动中某些专门性问题，公安机关鉴定机构的鉴定人运用自然科学和社会科学的理论成果与技术方法，对人身、尸体、生物检材、痕迹、文件、视听资料、电子数据及其他相关物品、物质等进行检验、鉴别、分析、判断，并出具鉴定意见或检验结果的科学实证活动。"

《鉴定规则》中，公安部将司法鉴定定义为"科学实证活动"；将鉴定过程界定为"检验、鉴别、分析、判断，并出具鉴定意见或检验结果"。

(二)关于鉴定机构和鉴定人

《鉴定规则》这样定义鉴定机构和鉴定人：鉴定机构是指根据《公安机关鉴定机构登记管理办法》，经公安机关登记管理部门核准登记，取得鉴定机构资格证书并开展鉴定工作的机构。鉴定人是指根据《公安机关鉴定人登记管理办法》，经公安机关登记管理部门核准登记，取得鉴定人资格证书并从事鉴定工作的专业技术人员。

(三)关于司法鉴定的原则

《鉴定规则》要求鉴定机构及其鉴定人应当遵循合法、科学、公正、独立、及时、安全的工作原则。

(四)鉴定人的权利与义务

《鉴定规则》规定鉴定人享有下列权利：①了解与鉴定有关的案(事)件情况，开展与鉴定有关的调查、实验等；②要求委托鉴定单位提供鉴定所需的检材、样本和其他材料；③在鉴定业务范围内表达本人的意见；④与其他鉴定人的鉴定意见不一致时，可以保留意见；⑤对提供虚假鉴定材料或者不具备鉴定条件的，可以向所在鉴定机构提出拒绝鉴定;⑥发现违反鉴定程序,检材、样本和其他材料虚假或者鉴定意见错误的,可以向所在鉴定机构申请撤销鉴定意见;⑦法律、法规规定的其他权利。

《鉴定规则》规定鉴定人应当履行下列义务:①遵守国家有关法律、法规;②遵守职业道德和职业纪律;③遵守鉴定工作原则和鉴定技术规程;④按规定妥善接收、保管、移交与鉴定有关的检材、样本和其他材料;⑤依法出庭作证;⑥保守鉴定涉及的国家秘密、商业秘密和个人隐私;⑦法律、法规规定的其他义务。

(五)鉴定人的回避制度

《鉴定规则》规定具有下列情形之一的,鉴定人应当自行提出回避申请;没有自行提出回避申请的,有关公安机关负责人应当责令其回避;当事人及其法定代理人也有权要求其回避:①是本案当事人或者当事人的近亲属的;②本人或者其近亲属与本案有利害关系的;③担任过本案证人、辩护人、诉讼代理人的;④担任过本案侦查人员的;⑤是重新鉴定事项的原鉴定人的;⑥担任过本案专家证人,提供过咨询意见的;⑦其他可能影响公正鉴定的情形。

(六)鉴定委托的受理与不受理

《鉴定规则》规定鉴定机构应当在公安机关登记管理部门核准的鉴定项目范围内受理鉴定事项。鉴定机构可以受理下列委托鉴定:①公安系统内部委托的鉴定;②人民法院、人民检察院、国家安全机关、司法行政机关、军队保卫部门,以及监察、海关、工商、税务、审计、卫生计生等其他行政执法机关委托的鉴定;③金融机构保卫部门委托的鉴定;④其他党委、政府职能部门委托的鉴定。

鉴定机构接受鉴定委托时,鉴定机构应当与送检人共同填写鉴定事项确认书,一式两份,鉴定机构和委托鉴定单位各持一份。鉴定事项确认书应当包括下列内容:①鉴定事项确认书编号;②鉴定机构全称和受理人姓名;③委托鉴定单位全称和委托书编号;④送检人姓名、职务、证件名称及号码和联系电话;⑤鉴定有关案(事)件名称、案件编号;⑥案(事)件情况摘要;⑦收到的检材和样本的名称、数量、性状、包装,检材的提取部位和提取方法等情况;⑧鉴定要求;⑨鉴定方法和技术规范;⑩鉴定机构与委托鉴定单位对鉴定时间以及送检检材和样本等使用、保管、取回事项进行约定,并由送检人和受理人分别签字。

鉴定委托具有下列情形之一的,鉴定机构可以不受理鉴定委托:①超出本规则规定的受理范围的;②违反鉴定委托程序的;③委托其他鉴定机构正在进行相同内容鉴定的;④超出本鉴定机构鉴定项目范围或者鉴定能力的;⑤检材、样本不具备鉴定条件的或危险性未排除的;⑥法律、法规规定的其他情形。

鉴定机构对委托鉴定不受理的，应当经鉴定机构负责人批准，并向委托鉴定单位出具《不予受理鉴定告知书》。

（七）关于终止鉴定的规定

《鉴定规则》规定具有下列情形之一的，鉴定机构及其鉴定人应当终止鉴定：①因存在技术障碍无法继续进行鉴定的；②需补充鉴定材料无法补充的；③委托鉴定单位书面要求终止鉴定的；④因不可抗力致使鉴定无法继续进行的；⑤委托鉴定单位拒不履行鉴定委托书规定的义务，被鉴定人拒不配合或者鉴定活动受到严重干扰，致使鉴定无法继续进行的。

（八）关于补充鉴定的规定

《鉴定规则》规定对有关人员提出的补充鉴定申请，经审查，发现有下列情形之一的，经县级以上公安机关负责人批准，应当补充鉴定：①鉴定内容有明显遗漏的；②发现新的有鉴定意义的证物的；③对鉴定证物有新的鉴定要求的；④鉴定意见不完整，委托事项无法确定的；⑤其他需要补充鉴定的情形。

（九）关于重新鉴定的规定

《鉴定规则》规定对有关人员提出的重新鉴定申请，经审查，发现有下列情形之一的，经县级以上公安机关负责人批准，应当重新鉴定：①鉴定程序违法或者违反相关专业技术要求的；②鉴定机构、鉴定人不具备鉴定资质和条件的；③鉴定人故意作出虚假鉴定或者违反回避规定的；④鉴定意见依据明显不足的；⑤检材虚假或者被损坏的；⑥其他应当重新鉴定的情形。

进行重新鉴定，可以另行委托其他鉴定机构进行鉴定。鉴定机构应当从列入鉴定人名册的鉴定人中，选择与原鉴定人专业技术资格或者职称同等以上的鉴定人实施。

（十）关于司法鉴定文书

公安系统认可的司法鉴定文书分为《鉴定书》和《检验报告》两种格式。能够客观反映鉴定的由来、鉴定过程，经过检验和论证可以得出鉴定意见的，出具《鉴定书》；能够客观反映鉴定的由来、鉴定过程，经过检验直接得出检验结果的，可以出具《检验报告》。

鉴定文书应当包括：①标题；②鉴定文书的唯一性编号和每一页的标识；③委托鉴定单位名称、送检人姓名；④鉴定机构受理鉴定委托的日期；⑤案件名称或者与鉴定有关的案（事）件情况摘要；⑥检材和样本的描述；⑦鉴定要求；⑧鉴定开始日期和实施鉴定的地点；⑨鉴定使用的方法；⑩鉴定过程；⑪《鉴定书》中应当写明必要的论证和鉴定意见，《检验报告》中应当写明检验结果；⑫ 鉴定人的姓名、专业技术资格或者职称、签名；⑬完成鉴定文书的日期；⑭鉴定文书必要的附件；⑮鉴定机构必要的声明。

鉴定文书的制作应当符合以下要求：①鉴定文书格式规范、文字简练、图片清晰、资料齐全、卷面整洁、论证充分、表述准确；使用规范的文字和计量单位。②鉴定文书正文使用打印文稿，并在首页唯一性编号和末页成文日期上加盖鉴定专用章。鉴定文书内页纸张两页以上的，应当在内页纸张正面右侧边缘中部骑缝加盖鉴定专用章。③鉴定文书制作正本、副本各一份。正本交委托鉴定单位，副本由鉴定机构存档。④鉴定文书存档文件包括鉴定文书副本、审批稿、检材和样本照片或者检材和样本复制件、检验记录、检验图表、实验记录、鉴定委托书、鉴定事项确认书、鉴定文书审批表等资料。⑤补充鉴定或者重新鉴定的，应当单独制作鉴定文书。

鉴定机构应当指定授权签字人、实验室负责人审核鉴定文书。审批签发鉴定文书，应当逐一审验下列内容：①鉴定主体是否合法；②鉴定程序是否规范；③鉴定方法是否科学；④鉴定意见是否准确；⑤文书制作是否合格；⑥鉴定资料是否完备。

八、《司法鉴定文书格式》

司法部于 2016 年 11 月 21 日发布了《司法鉴定文书格式》。在这份文件中，给出了七种司法鉴定文书的标准格式：①司法鉴定委托书；②司法鉴定意见书；③延长鉴定时限告知书；④终止鉴定告知书；⑤司法鉴定复核意见；⑥司法鉴定意见补正书；⑦司法鉴定告知书。

图 6-1 为司法部规定的标准格式的《司法鉴定意见书》。

《司法鉴定意见书》的主要内容有如下七项：

(1)标题。标准的司法鉴定意见书的标题不再采用“鉴定机构名称+委托鉴定事项+司法鉴定意见书”的格式，而修改为“鉴定机构名称+司法鉴定意见书”的格式。

(2)封二“声明”。封二的内容较 2007 年版有了较大的调整，强调了司法鉴定机构和司法鉴定人根据法律、法规和规章的规定，按照鉴定的科学规律和技术操作规范，依法独立、客观、公正进行鉴定并出具鉴定意见，不受任何个人或者组织的非法干预。不再强调委托人应当向鉴定机构提供真实、完整、充分的鉴定材料，并对鉴定材料的真实性、合法性负责的说法。鉴定意见属于鉴定人的专业意见。当事人对鉴定意见有异议，应当通过庭审质证或者申请重新鉴定、补充鉴定等方式解决。

(3)基本情况。基本情况的内容较之前有了简化，要求简要说明委托人、委托事项、受理日期和鉴定材料等情况。

(4)资料摘要。要求摘录与鉴定事项有关的鉴定资料，如法医鉴定的病史摘要等。

×××司法鉴定中心（所）
司法鉴定意见书

司法鉴定机构许可证号：×××签字【20××】

地址：××省××市××路××号（邮政编码：000000）
联系电话：××××－××××××××

声　明

1. 司法鉴定机构和司法鉴定人根据法律、法规和规章的规定，按照鉴定的科学规律和技术操作规范，依法独立、客观、公正进行鉴定并出具鉴定意见，不受任何个人或者组织的非法干预。

2. 司法鉴定意见书是否作为定案或者认定事实的根据，取决于办案机关的审查判断，司法鉴定机构和司法鉴定人无权干涉。

3. 使用司法鉴定意见书，应当保持其完整性和严肃性。

4. 鉴定意见属于鉴定人的专业意见。当事人对鉴定意见有异议，应当通过庭审质证或者申请重新鉴定、补充鉴定等方式解决。

×××司法鉴定中心（所）
司法鉴定意见书

编号：（司法鉴定专用章）

一、基本情况
二、基本案情
三、资料摘要
四、鉴定过程
五、分析说明
六、鉴定意见
七、附件

司法鉴定人签名《打印文本和亲笔签名》及《司鉴定人执业证》证号（司法鉴定专用章）

××××年××月××日

共　页第　页

图6－1 《司法鉴定意见书》的标准格式

（5）鉴定过程。要求客观、翔实、有条理地描述鉴定活动发生的过程，包括人员、时间、地点、内容、方法，鉴定材料的选取、使用，采用的技术标准、技术规范或者技术方法，检查、检验、检测所使用的仪器设备、方法和主要结果等。

（6）分析说明。要求详细阐明鉴定人根据有关科学理论知识，通过对鉴定材料和检查、检验、检测结果以及鉴定标准、专家意见等进行鉴别、判断、综合分析、逻辑推理，得出鉴定意见的过程。要求有良好的科学性、逻辑性。

（7）鉴定意见书的用印规定。司法鉴定意见书各页之间应当加盖司法鉴定专用章红印，作为骑缝章。司法鉴定专用章制作规格为直径四厘米，中央刊五角星，五角星上方刊司法鉴定机构名称，自左向右呈环行；五角星下方刊"司法鉴定专用章"字样，自左向右横排。印文中的汉字应当使用国务院公布的简化字，字体为宋体。民族自治地区司法鉴定机构的司法鉴定专用章印文应当并列刊汉字和当地通用的少数民族文字。司法鉴定机构的司法鉴定专用章应当经登记管理机关备案后启用。

九、司法部关于严格准入 严格监管 提高司法鉴定质量和公信力的意见（司发〔2017〕11号）

（一）严格准入、严格监管的必要性

2005年2月28日全国人民代表大会常务委员会《关于司法鉴定管理问题的决定》（以下简称《2.28决定》）颁布实施以来，各级司法行政机关认真履行司法鉴定登记管理工作职责，不断健全完善管理制度和标准体系，司法鉴定行业由小变大，由弱变强，司法鉴定工作逐步纳入规范化、法治化、科学化的发展轨道，在保障司法公正、维护人民群众合法权益方面发挥了重要作用。但同时也要看到，司法鉴定管理工作中存在的问题不少，突出表现在"两不严"，即"把关不严、监管不严"。"把关不严"导致鉴定机构总体布局不合理，不少鉴定机构规模小、能力差、仪器设备配置水平低，有的鉴定人法律素质、职业道德或者技术能力达不到应有的要求。"监管不严"导致少数鉴定机构鉴定质量差，有的还存在"拉案源、给回扣、乱收费"现象，影响了司法公正和效率，损害了人民群众的切身利益，在一定程度上对司法鉴定行业良好形象造成不利影响。强化对鉴定机构和鉴定人的严格准入、严格监管，是健全司法鉴定管理体制改革的必然要求，是保障鉴定质量和维护司法鉴定行业公信力的必然要求。各级司法行政机关要从全面推进依法治国的高度，从维护党的执政地位和人民群众合法权益的高度，充分认识实施严格准入、严格监管的重要性和紧迫性，采取有效措施，整顿司法鉴定执业不规范行为，在全行业形成从严治鉴、严格监管的态势，全面提升司法鉴定质量和公信力。

(二)严格准入

1. 严格登记范围。根据《2.28 决定》规定，司法行政机关审核登记管理范围为从事法医类、物证类、声像类资料，以及根据诉讼需要由国务院司法行政部门商最高人民法院、最高人民检察院确定的其他应当实行登记管理的鉴定事项(环境损害司法鉴定)的鉴定机构和鉴定人。对没有法律、法规依据的，一律不予准入。

2. 严格准入条件。司法部将针对不同执业类别(专业领域)的鉴定机构、鉴定人分别制定准入条件基本标准，对人员、场地、资金、仪器设备等作出明确规定。各地要从严把握现行《司法鉴定机构登记管理办法》和《司法鉴定人登记管理办法》规定的各项条件。

对鉴定机构准入登记，申请人必须自有必备的、符合使用要求的仪器设备，自有开展司法鉴定业务必须依法通过计量认证或者实验室认可的检测实验室；鼓励、引导综合性大型、中型鉴定机构的准入登记，对申请从事单项鉴定业务的鉴定机构，要从严把握，加强准入审核。

对鉴定人准入登记，申请人年龄超过 60 周岁的要从严审核，核查体检记录，确保申请人身体健康，能够胜任鉴定活动和出庭作证工作任务。要严格审核申请人的行业执业资格、相关专业学历、相关工作经历。

根据《公务员法》规定，中国共产党机关、人大常委会机关、行政机关、政协机关、审判机关、检察机关、民主党派机关的工作人员，因工作需要在鉴定机构兼职的，应当经有关机关批准，并不得领取兼职报酬。辞职的公务员或者公务员退休的，原系领导班子的公务员以及其他担任县处级以上职务的公务员辞去公职未满三年，其他公务员未满二年的，不得接受原管辖地区和业务范围内的鉴定机构的聘任。

3. 严格准入程序。司法行政机关内部负责审核登记和负责鉴定管理的部门要加强沟通协调，审核登记部门的准入登记应当听取鉴定管理部门意见，防止准入和监管脱节。对鉴定机构准入和申请扩大业务范围的，司法行政机关应当组织专家、专业人员对其技术条件、仪器设备、业绩和管理水平等进行综合考核评审。对鉴定人准入，司法行政机关应当根据申请人资质能力水平，组织以法律相关专业知识和司法鉴定管理制度为主要内容的培训、考核，应当组织专家对其专业技能和执业能力等进行考核、评价。评审、考核、评价未达到要求的不得准入。评审、考核、评价所需相关费用，应当列入财政预算，不得向申请人收取任何费用。

(三)严格管理

1. 科学制定司法鉴定行业发展规划。省级司法行政机关要根据本地诉讼活动实际需要和人民群众对鉴定服务需求的特点,统筹规划司法鉴定机构布局,在鉴定服务需求大的城市引导设立规模较大的鉴定中心,在中小城市引导设立服务能力相适应的鉴定机构,或者推进鉴定机构进驻县(市、区)公共法律服务中心。既要防止一个地区鉴定资源不足,不能满足鉴定需要,又要避免鉴定机构过多,导致恶性竞争。

2. 鼓励制度健全、管理规范的大、中型鉴定机构发展。争取财政、科技、税务等部门的支持,鼓励高资质、高水平鉴定机构建设,推动鉴定机构规模化、规范化、专业化发展。支持依托大专院校、科研院所设立集教学、科研、鉴定于一体的鉴定机构的发展。支持大、中型鉴定机构加大投入、扩大规模、做大做强。引导小、微型鉴定机构兼并重组,发展专科特色、填补空白、做精做优,大幅度降低鉴定人数少于五人的鉴定机构数量。

3. 严格落实培训要求。司法部将进一步完善鉴定人培训制度,组织开展规范化培训,加强培训基地建设,推进网络教学,统一教育培训内容、师资,制定年度培训计划。按规定,鉴定人每年应参加40学时的继续教育培训,司法行政机关要严格考核鉴定人参加继续教育培训情况,对于鉴定人无正当理由未达到规定的年度继续教育学时要求的,或者拒绝参加司法行政机关、司法鉴定协会组织的必修内容的培训,或者重要培训内容考核不合格,情节严重的,暂停执业资格,符合注销条件的,注销执业资格。

(四)严格监督

1. 完善退出机制。加强司法鉴定事中事后监管,建立“双随机、一公开”的监管机制。司法鉴定管理干部要采取明察暗访等形式,经常性地到鉴定机构开展实地检查,同时利用信息化手段,动态了解掌握鉴定机构的人员、场地、仪器、设备和内部管理、执业情况,发现鉴定机构、鉴定人不再符合申请条件或执业条件的,应当予以注销;设立鉴定机构的法人或者其他组织依法终止的,应当注销其司法鉴定许可。未经省级司法行政机关批准,鉴定机构、鉴定人不得擅自停业、歇业,对长期(如超过一年)无正当理由拒绝接受鉴定委托、不具体从事鉴定业务的鉴定机构、鉴定人,应当责令限期改正,限期整改后仍拒不执业的,符合注销登记条件的,依法予以注销;发现存在不符合其他有关规定的,根据情节给予相应处理,符合注销登记条件的,依法予以注销。

2. 开展规范整改。根据司法鉴定行业发展阶段特征和需要,各地对不符合相关规定的鉴定机构和鉴定人进行整改,限期整改后仍不符合相关规定,符合注销登记条件的,依法予以注销。鉴定机构在业务范围内进行司法鉴定应当具备而不具备必要的仪器设备、依法通过计量认证或者实验室认可的检测实验室的,注销该执业类别。对执业鉴定人实际少于三人的鉴定机构,予以注销。经评价认为执业鉴定人因健康原因不能胜任鉴定活动和出庭作证要求的,予以注销。对年龄超过65周岁、具有正高职称的执业鉴定人,以及其他年龄超过 60 周岁的执业鉴定人进行一次全面核查,对健康状况不能适应鉴定工作需要或者一年内未具体从事鉴定业务的,予以注销。

司法行政机关应当每年对年龄超过 65 周岁、具有正高职称的执业鉴定人,以及其他年龄超过 60 周岁的执业鉴定人的健康状况、执业状况进行核查,杜绝有的鉴定人只挂名、不具体从事鉴定业务工作的情况。

3. 开展能力评估。司法行政机关应当组织开展司法鉴定第三方评价工作,对鉴定机构和鉴定人进行能力评估,评估内容包括鉴定机构内部管理、鉴定人能力水平、执业场所、仪器设备、开展鉴定业务等方面。能力评估结果要以适当的方式通报。对经评估不符合要求的鉴定机构和鉴定人限期整改,整改后仍不能满足基本能力要求的,予以注销。完善认证认可和验证工作规定,提高司法鉴定质量管理水平。

4. 开展文书质量评查。定期组织专家对随机抽取的司法鉴定意见书进行评查。评查要覆盖到每一个鉴定机构和每一名鉴定人,每两年要对所有鉴定人随机抽取至少两份司法鉴定意见书进行评查。对投诉较多的鉴定机构和小型、微型鉴定机构加大文书评查工作力度。文书评查工作应当符合司法管理与使用制度要求。文书评查结果要以适当的方式公开、通报。通过评查发现鉴定人能力水平严重不足,经专家评审认为不能胜任司法鉴定工作的,予以注销。

5. 严惩违规执业行为。将司法鉴定监督管理权限下放至地(市)级司法行政机关,完善行业协会自律监督管理工作机制,提高监督管理总体效能。制定司法鉴定违法违规行为处罚规则,细化处罚情形,加大处罚力度,对关系鉴定、人情鉴定、金钱鉴定或者鉴定意见存在严重质量问题,严重损害司法鉴定行业形象和公信力的行为,要坚决追究责任,严肃处理。发现鉴定机构、鉴定人存在严重违法违规行为的,依法撤销登记。严格对鉴定机构、鉴定人执业活动的监督,对违反《司法鉴定程序通则》等有关规定的,依法给予处罚。加强司法鉴定社会信用体系建设,将鉴定机构、鉴定人的行政处罚信息,依托司法行政机关官方网站,向社会公开披露。

6. 严查违规收费行为。各省(区、市)要认真贯彻落实新制定的司法鉴定收费标准和收费管理规定,对鉴定机构执行新标准情况进行重点检查。对高于收费标准收费、扩大收费范围、分解收费项目、重复收费、变相乱收费等违规收费行为,要会同价格主管部门依法调查核实、及时整顿、坚决严厉处罚。

第三节 “有专门知识的人”出庭质证制度

我国刑诉法规定了“有专门知识的人”出庭制度，但是由于“有专门知识的人”的法律性质、诉讼地位、权利义务及出庭制度都没有相关明确规定，在司法实践中容易出现争议。所以，本节将全面介绍我国“有专门知识的人”制度，为完善刑诉中的司法鉴定制度提供理论思路。

一、我国“有专门知识的人”的法律性质

（一）我国“有专门知识的人”的法律性质——专家辅助人

我国2012年修订的刑诉法增加了对“有专门知识的人”的相关规定。第一百九十七条规定：“公诉人、当事人和辩护人、诉讼代理人可以申请法庭通知有专门知识的人出庭，就鉴定人作出的鉴定意见提出意见。”“有专门知识的人出庭，适用鉴定人的有关规定。”

理论界对“有专门知识的人”的法律性质的界定存在争议。有些学者将其界定为“非鉴定专家”，也有学者将其界定为“专家证人”，但是在理论研究的层面，一般都接受“有专门知识的人”为“专家辅助人”的说法。而这里的专家辅助人包括了“专家”的当事人主义色彩和“辅助人”的职权主义色彩。

一方面，“有专门知识的人”借鉴了英美法系国家的专家证人制度。刑诉法规定了“有专门知识的人”可以针对鉴定意见进行质证，并提出意见。这有助于增强鉴定意见质证的对抗性。由于法官与当事人知识的局限性，很难针对鉴定意见展开充分的质证。借鉴英美法系国家的专家证人制度，让“有专门知识的人”帮助案件的控辩双方了解鉴定意见，并针对鉴定意见的主要问题展开争辩，可以解决我国职权主义模式下司法鉴定对抗性差的问题。“有专门知识的人”出庭质证还能提高鉴定人对鉴定意见的责任感。鉴定人与无专业知识的人对质时，很难展开有效的质证。由于控辩双方和法官知识的有限性，其一般无法对鉴定意见的技术部分提出有效质疑。而“有专门知识的人”作为内行人，可以与鉴定人在科学领域针锋相对，实现质证的激烈对抗。而这必然会提高鉴定人对鉴定意见的责任感，提高鉴定意见的质量水准。

另一方面，“有专门知识的人”保留了大陆法系国家的鉴定人制度。在刑诉法中，

"有专门知识的人"只是针对鉴定意见提出意见，并不能像英美法系国家的专家证人一样，提出自己的专家意见，并争取被法庭采纳。其"在法庭上的任务是专门就对方的鉴定意见挑毛病、提问题，用以指出对方鉴定意见在科学性方面的破绽和问题，或者就对方提出的专门性问题进行回答，以此加强庭审质证"。因此，"有专门知识的人"提出的建议只是对专业意见的弹劾，并不能视为证据，这也说明了我国仍然坚持职权主义模式的鉴定制度。另外，刑诉法规定在无合法鉴定人的情况下，"有专门知识的人"可以作出检验报告，作为定罪量刑的参考。而这也表明了"有专门知识的人"即便作出检验报告，也并不具备英美法系国家的专家报告的效力。

综上所述，我国"有专门知识的人"的法律性质应该是专家辅助人，是在保留我国鉴定制度的基础上，借鉴了英美法系国家的专家证人制度。虽然法律上采用了"有专门知识的人"的表述，但是在理论研究层面，一般使用"专家辅助人"的称谓，这样可以清楚地体现其法律性质①。

(二)英美法系国家专家证人制度与我国专家辅助人制度的特点和区别

虽然我国的专家辅助人制度是借鉴了英美法系国家的专家证人制度，但这并不意味着我国的专家辅助人制度就等同于专家证人制度。由于我国职权主义模式的要求，我们不能也不必完全采用专家证人制度。

1. 专家证人制度。专家证人制度作为当事人主义的产物，强调专家证人的强烈对抗。由于专家证人是由双方当事人自己选任的，所以专家证人能够在法庭上积极地表达当事人的诉求，使当事人的意志得到最大限度的体现。在这种情况下，法官只需保持中立、被动的态度，对当事人提供的信息进行审查评价，而不需要像职权主义模式下的法官一样——需要积极主动地查明案件真相。

在诉讼地位与权利义务方面，专家证人与普通证人之间并无实质区别。专家证人也需要经过交叉询问，才能实现专家报告被法庭所接受。会计与财务领域的专家证人是法务会计师，他们通过对案件的财务与会计情况展开充分的对抗，体现出自身专家报告的专业性。同时，法务会计师能主动考虑委托人的利益，在庭审时尽量作出有利于委托人的解释说明。因此，专家证人，包括法务会计师，在英美法系国家受到了极大的推崇。

但是专家证人制度也存在先天的弱点。最大的问题就在于专家证人的过分对抗造成了诉讼程序的拖延与诉讼资源的浪费。当事人可能为了实现案件的胜诉聘请过多的专家证人，而这从专家报告的开示、出庭的准备、交叉询问的开展等方面造成诉讼程序的拖延。另外，专家证人作为"律师口中的萨克斯风"，只提供有利于委托人的专家报告，而

① 本章以下对"有专门知识的人"的论述都采纳"专家辅助人"的称谓展开。

并不是中立地为法庭展示案件的相关情况,这影响了法庭对案件真实的了解。

2. 专家证人制度与我国专家辅助人制度的区别。虽然我国的专家辅助人呈现出一定的专家证人的特点,但是二者存在根本的区别。

首先,二者是两种不同诉讼模式的产物。专家证人制度是当事人主义诉讼模式的产物,配套的诉讼制度强调当事人的实质平等与程序公正,因此,在质证的过程中注重对抗性。而专家辅助人制度则是职权主义诉讼模式的产物,配套的诉讼制度强调法官对案件真实的查明,因此,在质证的过程中强调鉴定意见的中立性,强调鉴定人包括专家辅助人对法庭的诚信义务。

其次,二者的诉讼地位和诉讼权利存在差异。专家证人作为证人,可以在法庭上与对方专家证人对质,并提出自己的专家报告。而我国的专家辅助人只能作为诉讼参与人,对鉴定意见提出存在的问题,且不具备证据效力,即专家辅助人的建议不得直接作为定案依据,只能作为案件定罪量刑的参考。

(三)我国的选择——专家辅助人制度

根据我国的司法实践情况,刑诉法采取的改革方式是保留原有的司法鉴定模式,并借鉴专家证人制度。

我国不直接照搬照抄英美法系国家的专家证人制度的原因是多方面的。首先,英美法系国家的专家证人制度与我国的司法鉴定制度并不完全兼容,如果直接采纳,专家证人得出的专家报告与鉴定人得出的司法鉴定意见之间会存在效力冲突,并难以调和。其次,专家证人制度需要配套的诉讼制度得以落实。在英美法系国家,专家证人需要经过复杂的交叉询问,积极主动向法庭展示自己的专家证言,才能使专家报告的证据能力与证明力得到认可。在我国,还未形成完善的交叉询问规则,贸然引进专家证人制度只能形式化地质证,达不到实效。再次,专家辅助人制度符合我国职权主义诉讼模式的要求,体现了职权主义在程序中的决定性作用,对于防止当事人滥用专家辅助人权利具有抑制作用,甚至可以消除这一制度使用中专家不中立影响诉讼公正的疑虑。最后,专家证人制度本身存在缺陷并难以克服。专家证人制度的实行会在一定程度上造成诉讼程序的拖延与诉讼资源的浪费,专家证人之间的过分对抗也会影响法官对案件真实的查明,不符合我国诉讼法追求的价值。

二、"有专门知识的人"制度存在的问题

(一)"有专门知识的人"的诉讼地位不明确

我国刑诉法中对"有专门知识的人"的诉讼地位并未明确规定,仅表明适用鉴定人

的相关规定。仅对此法条进行理解，“有专门知识的人”和鉴定人地位相同，但是结合刑诉法的其他相关规定进行考察，可以得出“有专门知识的人”并不是鉴定人。那么，在司法实践中，到底应该如何看待“有专门知识的人”的诉讼地位，理论界存在证人说、独立的诉讼参与人说和诉讼代理人说三种主要主张。

（二）“有专门知识的人”的选任不规范

刑诉法规定了“有专门知识的人”由控辩双方提请法庭通知出庭，同时新的刑诉法解释还规定申请有专门知识的人出庭，不得超过二人。但是对“有专门知识的人”的选任条件及选任的程序并没有详细规定。如果“有专门知识的人”不需要任何资质就可以进入法庭质证，很可能会造成“有专门知识的人”的滥用。所以，要尽快对“有专门知识的人”的选任作出规定，引导“有专门知识的人”真正能够看出鉴定意见存在的问题，并提出有价值的意见。

（三）“有专门知识的人”的出庭质证程序不完善

“有专门知识的人”是否能够参与庭前鉴定意见开示程序，法律未予以明确的规定。针对“有专门知识的人”的出庭规则与质证规则也无相关法律规定。刑诉法简略表达其应适用鉴定人的出庭规则，但是“有专门知识的人”的法律性质与诉讼地位决定，在庭审时，其只能对鉴定意见提出意见，削弱鉴定意见的科学性，而不能通过提出自己的观点替代鉴定意见。这决定了不能随意适用鉴定人出庭的相关规定。“有专门知识的人”制度作为对鉴定制度的补充完善，必须细化具体的出庭质证程序，从而提高案件庭审的对抗程度。

三、“有专门知识的人”制度的完善

（一）明确“有专门知识的人”的诉讼地位

1. 应该明确“有专门知识的人”不是鉴定人。在刑事诉讼中，由于“有专门知识的人”受控辩双方的委托，存在一定的经济联系，所以其诉讼地位一定低于案件中的司法鉴定人。司法鉴定人在案件中不偏向任何一方当事人，具有中立性，从这一点来说，鉴定人的影响力必然高于“有专门知识的人”。

2. “有专门知识的人”也不是诉讼代理人，因为我国刑事诉讼法没有规定“有专门知识的人”可以代理当事人的任何法律行为，只是允许其参与到鉴定意见的质证程序中，提出自己的建议，以解决我国司法鉴定对抗性不足的问题。

3.“有专门知识的人”应该是独立的诉讼参与人。“有专门知识的人”出庭具有独立的工作任务，可以针对鉴定意见提出意见，同时刑事诉讼法规定了“有专门知识的人”适用鉴定人的相关规定，也体现了立法者对“有专门知识的人”的诉讼地位的重视。所以，“有专门知识的人”的诉讼地位应该是诉讼参与人。

（二）完善“有专门知识的人”的选任规定

“有专门知识的人”需要具备一定的资质，才能参与到案件的质证中来。而针对启动司法鉴定的案件而言，“有专门知识的人”应该细化为高等院校的教授、科研院所的研究员以及实务界具有高级技术职称的人士。

在我国高校从事教学与科研、具有高级职称的教授和科研院所的研究员一般都具有多年教学科研经验，当然具备专门知识。对他们需要在进行诉讼程序的专项培训的基础上，经过专业考查后就可以赋予他们“有专门知识的人”的资格。

我国司法资源有限，不能随意吸收其他类别的人员参与法庭质证，因为他们的专业水平参差不齐，并没有统一的资格认证，对鉴定意见存在的问题不一定能及时发现，会影响诉讼庭审的有效开展。

虽然“有专门知识的人”是基于当事人的委托选任出来的，但也要保障“有专门知识的人”对法庭的义务。“有专门知识的人”不能单纯变成当事人的“雇用枪手”，完全忽视质证内容的客观真实，而应该本着诚实与公正的原则辅助法官查明案件所涉及的会计专业问题，这也是“有专门知识的人”的法律性质提出的必然要求。“有专门知识的人”作为专家辅助人，必须以对法庭的义务为首要义务。

（三）完善“有专门知识的人”的出庭质证程序

为了真正实现“有专门知识的人”制度设计的初衷，就应当赋予其参与庭前司法鉴定意见开示程序的权利，同时也应赋予其直接参与庭审、对司法鉴定人进行质询的权利。由于控辩双方与法官都未必完全了解财务与会计知识，因此，当对鉴定意见进行质证时，就需要“有专门知识的人”参与进来，有效地分析鉴定意见，并提出专业的意见。

一方面，应该规定“有专门知识的人”同鉴定人一样，可以参与到鉴定意见的庭前开示程序。只有这样，“有专门知识的人”才能作为专家对鉴定意见进行专业的审查，向委托人说明鉴定意见存在的问题，从而向法官提出适格的“异议”。

另一方面，通过对“有专门知识的人”的质证规则的设计，保障其拥有充分的质证权。“有专门知识的人”的功能主要是对鉴定意见进行纠错。如果缺乏质证的权利，则根本无法实现对鉴定意见证据能力与证明力的削弱。在质证时，首先，应规定“有专门知识的人”可以针对鉴定人实施询问，深刻了解鉴定人的鉴定意见。其次，应保障质询的权利。这两方面的权利是杂糅交叉的，并不需要单独展开。再次，对询问与质询的次数不能进行限制。不能只是单纯地保障“有专门知识的人”一次性的权利，而是应该借鉴英美法系国家的交叉询问规则，实现“有专门知识的人”与鉴定人之间的反复往来的对抗与答辩。当然，在“有专门知识的人”提出引诱性质询或者与鉴定意见不相关的问题时，法官要及时地加以制止。

第四节　司法会计鉴定概述

一、司法会计鉴定及其特点

司法会计鉴定是指司法机关及相关当事人为了查明案件涉及的会计专门性问题，指派或聘请具有司法鉴定资质的司法鉴定人对涉案的会计资料进行检验、鉴别、论证和判断，并出具司法鉴定意见的一种司法鉴定活动。

司法会计鉴定具有以下五个方面的特点：

第一，司法会计鉴定是司法会计鉴定活动的一个门类，是在侦查或诉讼过程中展开的，是侦查或诉讼活动的一部分。

第二，司法会计鉴定的主体是具有执业资质的司法会计鉴定人，按照目前我国诉讼法律的规定，注册会计师或会计学及审计学的高校教师等，只要具有司法会计鉴定人的资质，就可以实施司法会计鉴定。

第三，司法会计鉴定对象是诉讼案件中涉及的会计专门性问题。

第四，司法会计鉴定需要通过对检材的检验获取鉴别判定专门性问题所需的信息。司法会计鉴定中的检材主要包括案件涉及的财务会计资料（如会计凭证、会计账簿、会计报表和其他财务会计资料）。

第五，司法会计鉴定是一种主观判断活动，该活动要求在检验与结论性意见之间必须有一个严密的论证过程。在论证过程中，鉴定人须对检材来源的合法性和检材的真实有效性进行鉴别，在对检材进行充分检验和逻辑分析的基础上才能推断出鉴定意见。

二、司法会计鉴定的方法

司法会计鉴定是针对经济案件或经济纠纷所涉及的特定会计资料进行鉴定，它不是针对全部的会计资料。因此，司法会计鉴定往往是寻迹查证，是建立在办案人员已经获取的大部分会计证据的基础上，针对案件已有的线索而展开的。下面介绍司法会计鉴定的10种方法：

（一）证据汇总链接法

证据汇总链接法是根据委托人提供的已经查账收集到案的会计证据进行核实综合，对会计证据进行汇总、固定与链接，利用会计原理将相关的经济业务连贯地表述出来，形成证据链，再经过综合分析后得出鉴定意见的方法。这种方法适用于案件所涉及的事实基本查清，所涉及的会计证据已经基本收集齐全的情况。

（二）寻迹追踪法

寻迹追踪法是司法机关已经查实部分犯罪事实，需要针对与案件相关的部分会计资料进行追溯审查，使涉案当事人的犯罪行为能够得到彻底清查的方法。这种方法一般是循着已经查证属实的犯罪线索进行，具有由会计凭证到会计账簿、再到会计报告纵向延伸的特点。

（三）横向扩大法

横向扩大法是将一定时期和范围的会计资料以犯罪事实为基点进行横向扩大，将与之相关的全部会计凭证与会计账簿逐一进行审查的方法。这种方法是由点到面、变抽查为详查的一种鉴定方法。

（四）复记鉴别法

复记鉴别法是根据一个单位的一定时期的支票、发票、收据、发货单等原始凭证的存根或多联次凭证的其他联次，重新编制记账凭证或重新登记银行存款账，然后与可疑的账册进行比较核对，以较快、较完整地查实被侵占资产的全貌的方法。这种方法适用于原始凭证保持完整的单位。

（五）控制计算法

控制计算法是利用账面资料上的两种相关数据，采取控制一方可靠的数据来证实另一方数据是否正确的方法。比如，常用到的以产计销、以耗计产、以收计出、以进计出等都属于此类方法。在查验中，如果发现明显的销大于产、产大于耗、支出大于收入等反常现象，就要进一步查明原因。

（六）比较鉴别法

比较鉴别法是指以正确的会计处理方法以及处理的结构为参照物，将其与需要鉴别分析的会计处理方法及结果进行比较，以鉴别可疑的会计处理方法以及处理结果是否正确、真实的一种方法。这种方法主要适用于对会计分录、账户余额、会计报表项目数据和计算结果的正确性以及会计记录真实性的鉴别。

（七）平衡分析法

平衡分析法是根据资金或数值的量的平衡关系，通过验证平衡，推导并确认某项资金或数据客观情况的一种法务会计鉴定的方法。这种方法是以资金运动的规律性及其平衡关系作为鉴定原理的。它是基于资金数据之间的平衡关系，将需要确认或推导的某项资金量或某一数据量作为分析量。同时，将与分析量有关的资金量或数据设定为参照量，根据参照量与分析量之间的平衡关系，运用参照量的值推导出分析量的值，并据以分析和证明有关会计处理的结果以及相关记录的真实性。这种方法主要用于对会计资料所反映的会计业务以及有关财务数据真实性进行鉴定的情况。

（八）因素递增法

因素递增法是指在鉴定过程中逐步增加鉴别分析因素的一种司法会计鉴定的方法。采用这种方法时，先将需要进行鉴定的各种因素按照对其实施鉴别分析的难易程度由易到难进行排序，然后逐步将各个因素纳入鉴别分析的范围。这种方法用于鉴定证据不全或对证据的真实性、可靠性有异议的情况。

（九）因素排除法

因素排除法是指在一些涉及财务会计错误关系的鉴定中，通过检验、鉴别和分析，逐步排除与结论有关的其他可能性，从而确认其中一种原因或结果的一种鉴定方法。采用这种方法进行鉴定时，首先应该将能够导致某一财务后果产生的所有原因或某一财务会计现象能够产生的全部后果都列示出来，然后通过检验、鉴别和分析会计资料和其他有关证据，排除其他因素的作用或导致其他后果的可能，最终确定导致某一后果的真正原因或某一现象实际产生的确切后果。这种方法主要适用于对会计因果关系问题进行司法会计鉴定的情况。

（十）还原法

还原法是以原始凭证记载的经济业务的发生时间为准，对会计核算资料进行调整并重新计算各期的核算结果,以还原各期财务状况与财务成果真实情况的一种司法会计鉴定方法。这种方法适用于对财务状况与经营成果的确认,也可以用于某个时期连续各月账户余额正确性鉴定中的参照客体的制作。

三、司法会计鉴定意见在我国诉讼案件审理中的运用

为了全面了解司法会计鉴定在我国诉讼案件审理中运用的情况,本书利用裁判文书网的数据资料对司法会计鉴定意见在我国诉讼案件审理中的运用情况进行了调查(相当于一次抽样调查)。调查的结果如下:

(一)运用到司法会计鉴定意见的诉讼案件数量统计:法庭受理的年份为 2001—2023 年

图 6-2 为我国 2001—2023 年运用司法会计鉴定意见的诉讼案件情况。

裁判年份	案例数	百分比(%)
2001	1	0.00
2002	3	0.01
2003	2	0.01
2004	4	0.01
2005	1	0.00
2006	1	0.00
2007	2	0.01
2008	7	0.02
2009	13	0.04
2010	14	0.04
2011	51	0.14
2012	107	0.30
2013	421	1.18
2014	2 211	6.21
2015	3 067	8.62
2016	3 516	9.88
2017	4 535	12.74
2018	5 678	15.95
2019	6 306	17.72
2020	5 483	15.40
2021	2 599	7.30
2022	832	2.34
2023	742	2.08
合计	35 596	100.00

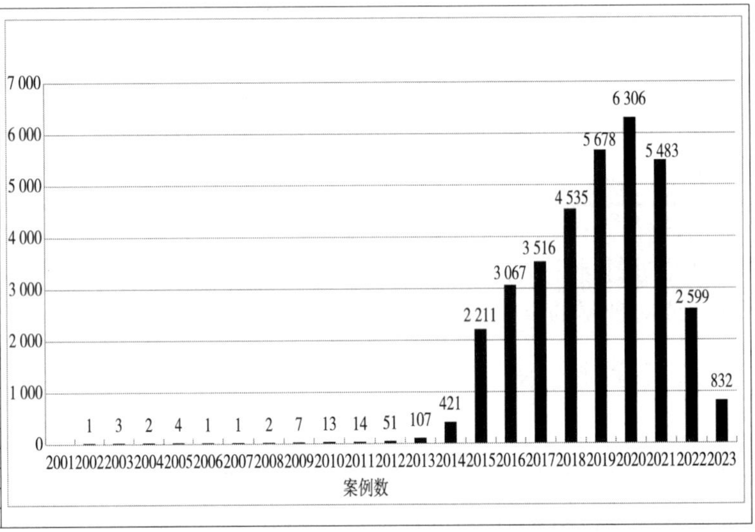

图 6-2　我国 2001—2023 年运用到司法会计鉴定意见的诉讼案件数量统计

由图 6-2 可见:

(1)司法会计鉴定自 2014—2020 年在我国的诉讼案件审理中被运用的数量逐年增加。

(2)2001—2023 年有 35 596 个样本案例在庭审中运用到了司法会计鉴定。

(3)新冠疫情对司法会计鉴定在庭审中的运用影响非常大。

(二)案件审理法院所在地

图 6-3 为案件审理法院所在地。

排序	所在地	案例数（件）	百分比（%）
1	上海	2 860	18.29
2	河南	2 208	14.12
3	广东	1 994	12.75
4	湖南	832	5.32
5	河北	817	5.23
6	广西	712	4.55
7	黑龙江	623	3.98
8	四川	615	3.93
9	湖北	512	3.27
10	云南	504	3.22
11	陕西	421	2.69
12	北京	332	2.12
13	吉林	322	2.06
14	江西	308	1.97
15	安徽	231	1.48
16	浙江	229	1.46
17	贵州	223	1.43
18	福建	207	1.32
19	新疆	206	1.32
20	江苏	173	1.11
21	山东	153	0.98
22	山西	150	0.96
23	海南	145	0.93
24	甘肃	142	0.91
25	青海	132	0.84
26	最高法院	129	0.83
27	重庆	121	0.77
28	辽宁	77	0.49
29	内蒙	75	0.48
30	宁夏	61	0.39
31	铁路法院	59	0.38
32	天津	43	0.28
33	海事法院	9	0.06
34	西藏	6	0.04
35	知识产权法院	5	0.03
合 计		15 636	100.00

图 6-3　案件审理法院所在地

由图 6-3 可见：

(1)上海、河南和广东三省市庭审中运用司法会计鉴定意见的数量最多，占样本总数的 34.05%。

(2)西藏、天津和新疆生产建设兵团庭审中运用司法会计鉴定意见的数量最少,占样本总数的 0.53%。

图 6-4 为案件审理法院的地区分布。

地　区		案例数(件)	百分百(%)
华东地区	沪、鲁、苏、皖、赣	7 640	21.80
华中地区	豫、湘、鄂	6 589	18.80
华南地区	粤、桂、海、闽	5 857	16.71
西南地区	川、云、渝、黔、藏	5 337	15.23
华北地区	京、津、冀、晋、蒙	4 478	12.78
西北地区	陕、甘、宁、青、疆	3 067	8.75
东北地区	辽、吉、黑	2 084	5.95
合　计		35 052	100.00

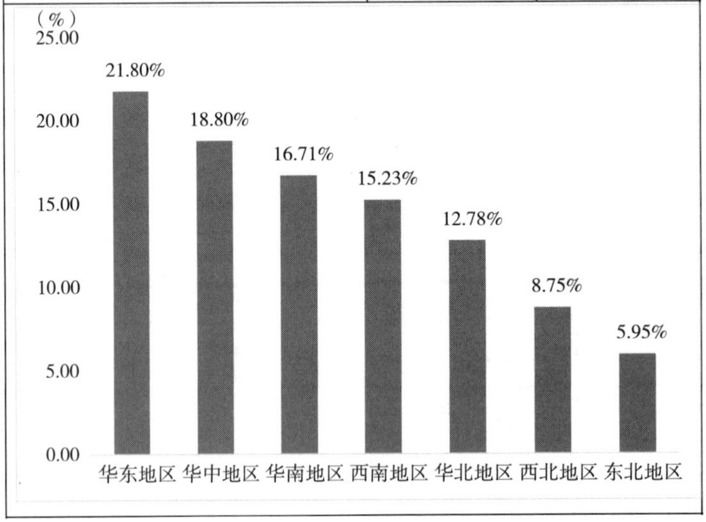

图 6-4　案件审理法院的地区分布

由图 6-4 可见:

(1)我国华东地区庭审中运用司法会计鉴定意见的数量最多,占样本总数的 21.8%。

(2)我国东北和西北地区庭审中运用司法会计鉴定意见的数量最少,分别占样本总数的 5.95%和 8.75%。

(3)华东、华中、华南地区庭审中运用司法会计鉴定意见的数量占样本总数的 57.30%,其中华东地区占比最高,达 21.8%。

(4)华北、东北、西北地区庭审中运用司法会计鉴定意见的数量占样本总数的 27.47%。

（三）司法会计鉴定的案由

图 6-5 为司法会计鉴定的案由。由图 6-5 可见：

（1）刑事案件审理中运用司法会计鉴定意见的数量最多，占样本案例的 68.47%。

（2）民事案件审理中运用司法会计鉴定意见的数量次之，占样本案例的 30.05%。

（3）行政诉讼案件审理中运用司法会计鉴定意见的数量较少，仅占样本案例的 0.54%。

案由类型	刑事案由	民事案由	执行案由	国家赔偿案由	行政案由	合计
案例数（件）	22 380	9 821	290	17	176	32 684
占比（%）	68.47	30.05	0.89	0.05	0.54	100.00

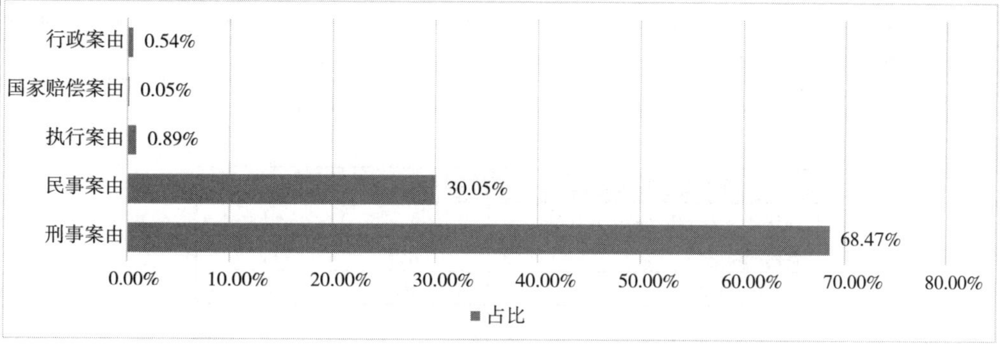

图 6-5 司法会计鉴定的案由

（四）司法会计鉴定意见在不同的审判程序中的运用

图 6-6 为司法会计鉴定意见在审判程序中的占比。

由图 6-6 可见：

（1）司法会计鉴定意见更多地出现在刑事诉讼案和民事诉讼案件中，其占比分别为 65.87%和 32.36%。行政案件、国家赔偿与司法求助案件和强制清算与破产案件中运用的情况较少，其占比分别为 0.48%、0.08%和 0.02%。

（2）司法会计鉴定意见在“再审”“复核”“刑罚变更”等审判程序的法律文书中提及得较少。

（五）司法会计鉴定意见在刑事案件审理中所涉及的罪名类型（按照刑法分则分类）

图 6-7 为司法会计鉴定意见在刑事案件审理中所涉及的罪名类型。

审判程序	管辖案件	刑事案件	民事案件	行政案件	国家赔偿与司法救助案件	执行案件	强制清算与破产案件	其他案件	合计
案例数（件）	5	23 231	11 413	170	27	412	8	1	35 267
占比（%）	0.01	65.87	32.36	0.48	0.08	1.17	0.02	0.00	100.00

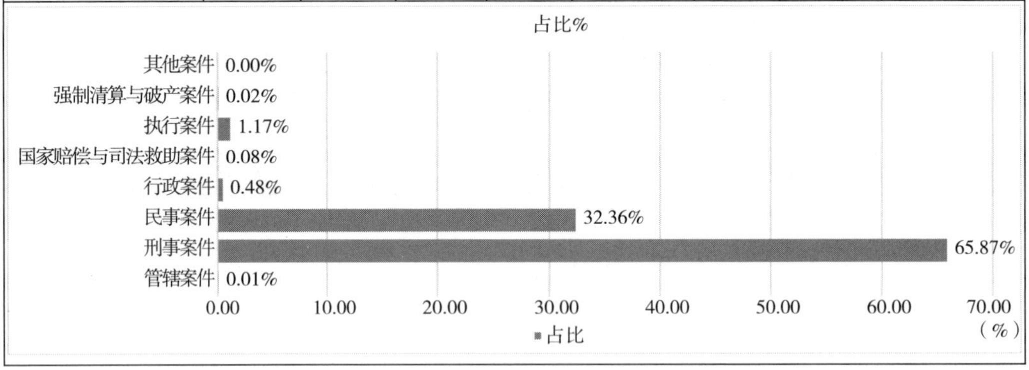

图 6-6 司法会计鉴定意见在审判程序中的占比

刑事案件罪名类型	案例数（件）	百分比（%）
破坏社会主义市场经济秩序罪	16 248	47.25
贪污贿赂罪	7 638	22.21
侵犯财产罪	7 204	20.95
渎职罪	1 554	4.52
妨碍社会管理秩序罪	1 732	3.99
侵犯公民人身权利民主权利罪	244	0.71
危害公共安全罪	127	0.37
危害国防利益罪	3	0.01
合 计	34 388	100.00

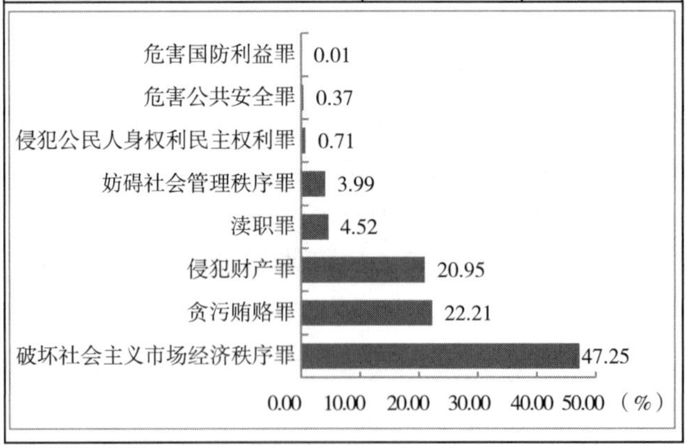

图 6-7 司法会计鉴定意见在刑事案件审理中所涉及的罪名类型

由表 6-1 可见：司法会计鉴定意见在“破坏社会主义市场经济秩序罪”的庭审中运用最多，占样本总数的 47.25%；其次是“贪污贿赂罪”，占样本总数的 22.21%；排位第三的是“侵犯财产罪”，占样本总数的 20.95%。这三类经济犯罪在庭审中运用到司法会计鉴定意见的案例数占样本总数的 90.41%。

表 6-1　“贪污贿赂罪”的案例数及占比

刑事案件罪名类型	案例数(件)	百分比(%)
破坏社会主义市场经济秩序罪	16 248	47.25
贪污贿赂罪	7 638	22.21
侵犯财产罪	7 204	20.95
渎职罪	1 554	4.52
妨碍社会管理秩序罪	1 732	3.99
侵犯公民人身权利民主权利罪	244	0.71
危害公共安全罪	127	0.37
危害国防利益罪	3	0.01
合　计	34 388	100.00

（六）司法会计鉴定意见在“破坏社会主义市场经济秩序罪”庭审中的运用情况分析

图 6-8 为“破坏社会主义市场经济秩序罪”中的罪名细分。

破坏社会主义市场经济秩序罪	案例数（件）	百分比(%)
破坏金融管理秩序罪	6 577	40.48
扰乱市场秩序罪	2 837	17.46
危害税收征管罪	1 982	12.20
金融诈骗罪	1 758	10.82
侵犯知识产权罪	1 687	10.38
妨碍对公司、企业的管理秩序罪	864	5.32
生产、销售伪劣商品罪	340	2.09
走私罪	203	1.25
合 计	16 248	100.00

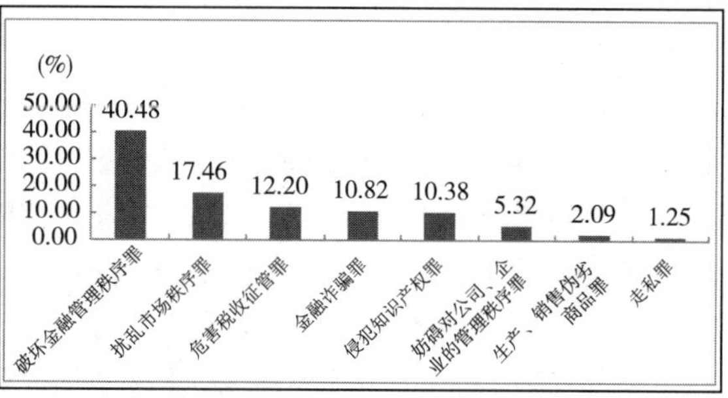

图 6-8　“破坏社会主义市场经济秩序罪”中的罪名细分

由图 6-8 可见,司法会计鉴定意见在“破坏社会主义市场经济秩序罪”这一类别的罪名中运用最多的罪名是“破坏金融管理秩序罪”(40.48%);其次是“扰乱市场秩序罪”(17.46%);排位第三的是“危害税收征管罪”(12.20%)。

对“破坏金融管理秩序罪”再做进一步的分析,见图 6-9。

破坏金融管理秩序罪	案例数(件)	百分比(%)
非法吸收公众存款罪	6 409	97.45
违法发放贷款罪	57	0.86
对违法票据承兑、付款、保证罪	26	0.39
高利转贷罪	20	0.31
伪造、变造金融票证罪	20	0.31
内幕交易、泄露内幕信息罪	16	0.24
非法出售金融票证罪	8	0.12
擅自设立金额机构罪	5	0.08
擅自发行股票、公司企业债券罪	5	0.08
伪造货币罪	3	0.04
出售、购买、运输假币罪	3	0.04
骗购外汇罪	3	0.04
用账外客户资金非法拆借、发放贷款罪	3	0.04
合 计	6 577	100.00

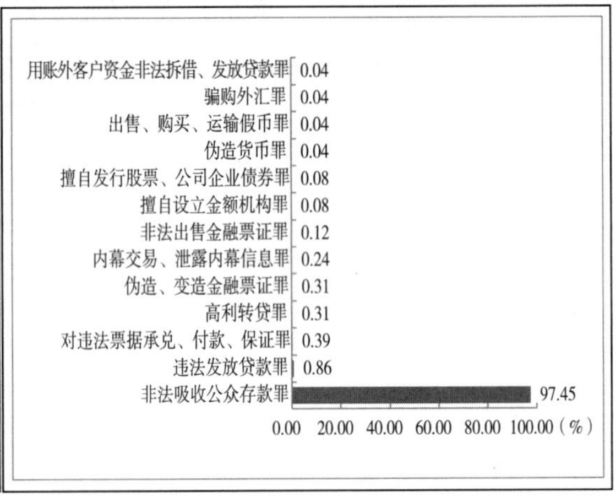

图 6-9 “破坏金融管理秩序罪”中的罪名细分

由图 6-9 可见,在“破坏金融管理秩序罪”这一类别的罪名中,司法会计鉴定意见在“非法吸收公众存款罪”的庭审中运用最多,其案例数占到“破坏金融管理秩序罪”这一类别罪名总数(2 205)的 97.45%。这种情况与我国近年来非法吸收公众存款的犯罪案件日益增多的情况是吻合的。

对于“非吸”罪的立案标准取决于当事人有无涉嫌以下三种情形之一:

一是从非法吸收或者变相吸收公众存款的数额上来看,个人非法吸收或者变相吸收公众存款,数额在 20 万元以上的;单位非法吸收或者变相吸收公众存款,数额在 100 万元以上的。

二是从非法吸收或者变相吸收公众存款的户数上来看,个人非法吸收或者变相吸收公众存款 30 户以上的;单位非法吸收或者变相吸收公众存款 150 户以上的。

三是从造成的经济损失上来看,个人非法吸收或者变相吸收公众存款对存款人造成直接经济损失数额在 10 万元以上的;单位非法吸收或者变相吸收公众存款对存款人造成直接经济损失数额在 50 万元以上的。

另外,需要将合法借贷与非法吸收公众存款罪加以区分,计算存款的利率是否超出或超过了法律规定的利率最高限额,即银行同期贷款利率的四倍之内。所以,对“非吸”罪的认定涉及复杂的会计专业问题,需要司法会计鉴定的介入。

对于“非吸”罪,一般在公安经侦部门的侦查阶段就启动了司法会计鉴定,需要司法会计鉴定意见认定非法吸收公众存款的数额以及对存款人造成的直接经济损失。

实践中经常可以看到,司法会计鉴定人接受委托连同“非法吸收或者变相吸收公众存款的户数”也一并鉴定出来了。这属于“超范围鉴定”。

(七)司法会计鉴定意见在“贪污贿赂罪”庭审中的运用情况分析

由表 6-1 可见,司法会计鉴定意见在“贪污贿赂罪”的审理中得到运用的案例占样本案例总数的 22.21%。

我们对“贪污贿赂罪”再作进一步的分析(见图 6-10)。

贪污贿赂罪	案例数(件)	百分比(%)
贪污罪	3 552	46.52
挪用公款罪	1 615	21.15
受贿罪	1 473	19.28
私分国有资产罪	398	5.21
行贿罪	261	3.42
单位行贿罪	127	1.66
单位受贿罪	92	1.20
巨额财产来源不明罪	79	1.04
对单位行贿罪	22	0.29
介绍贿赂罪	10	0.13
利用影响力受贿罪	8	0.11
合　计	7 638	100.00

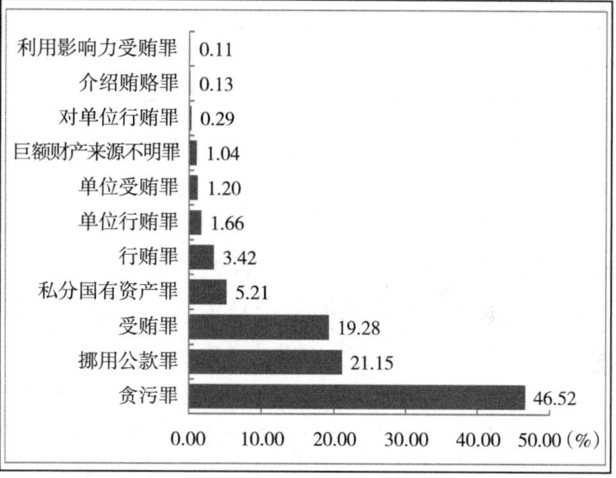

图 6-10　“贪污贿赂罪”中的罪名细分

如图 6-10 所示,在“贪污贿赂罪”的罪名类型中,司法会计鉴定意见较多地运用于“贪污罪”(46.52%)、“挪用公款罪”(21.15%)和“受贿罪”(19.28%)。这种情况与我国在党的十八大以来加大反腐败惩处力度,更多的贪官受审的情况是吻合的。

我国《刑法》对上述三个罪名量刑标准中的“数额较大”“数额巨大”“数额特别巨大”的相关金额的计算都需要司法会计鉴定介入并形成证据。

(八)司法会计鉴定意见在“侵犯财产罪”庭审中的运用情况分析

由图 6-11 可见,在“侵犯财产罪”中,“职务侵占罪”(46.79%)、“挪用资金罪”(23.63%)和“诈骗罪”(21.88%)三类罪名对司法会计鉴定意见的运用排位靠前。

侵犯财产罪	案例数（件）	百分比（%）
职务侵占罪	3 371	46.79
挪用资金罪	1 704	23.63
诈骗罪	1 576	21.88
盗窃罪	245	3.40
敲诈勒索罪	76	1.06
拒不支付劳动报酬罪	62	0.86
侵占罪	42	0.58
破坏生产经营罪	42	0.58
抢劫罪	35	0.48
故意损坏财物罪	32	0.45
挪用特点款物罪	17	0.24
抢夺罪	2	0.03
合　计	7 204	100.00

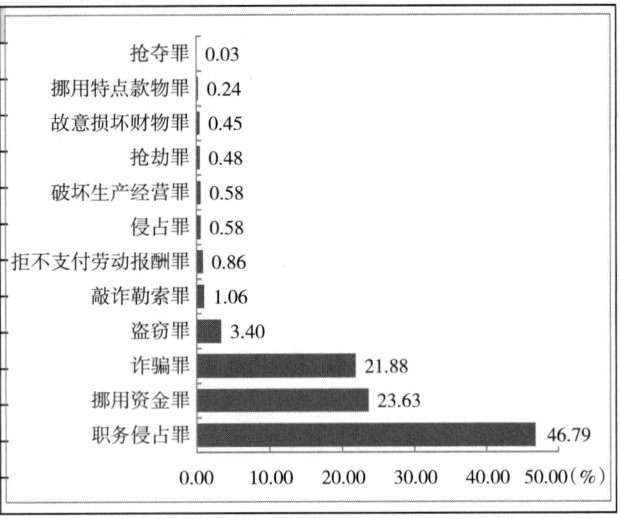

图 6-11　“侵犯财产罪”中的罪名细分

“职务侵占罪”是指公司、企业或者其他单位的人员，利用职务上的便利，将本单位的财物非法占为己有、数额较大的行为。这里“职务侵占罪”的认定需要司法会计鉴定计算出侵占本单位财物的金额是否达到“数额较大”的程度。职务侵占 6 万元以上 100 万元以下为“数额较大”；100 万元以上为“数额巨大”。

“挪用资金罪”是指公司、企业或者其他单位的人员，利用职务上的便利，挪用本单位资金归个人使用或者借贷给他人，数额较大、超过三个月未还的，或者虽未超过三个月，但数额较大、进行营利活动的，或者进行非法活动的行为。对于“挪用资金罪”的认定需要司法会计鉴定计算出挪用本单位资金的数额与时间。但是我们发现，经常有鉴定人在鉴定意见书上认定当事人“利用职务上的便利”，这同样属于“超范围鉴定”。

“诈骗罪”是指以非法占有为目的，用虚构事实或者隐瞒真相的方法，骗取数额较大的公私财物的行为。对骗取财物的金额是否达到“数额较大”“数额巨大”“数额特别巨大”，均需要司法会计鉴定。

（九）关于司法会计鉴定意见在民事纠纷案件审理中运用的情况分析

由表 6-2 可见，司法会计鉴定意见在民事纠纷案件审理中运用最多的类型是“合同、无因管理、不当得利纠纷”（69. 97%）；其次是“与公司、证券、保险、票据等有关的民事纠纷”(10.36%)和“物权纠纷”(7.46%)。

表 6-2 司法会计鉴定意见在民事纠纷案件审理中的运用

民事纠纷	案例数(件)	百分比(%)
合同、无因管理、不当得利纠纷	7 651	69.97
与公司、证券、保险、票据等有关的民事纠纷	1 133	10.36
物权纠纷	816	7.46
劳动争议、人事争议	566	5.18
侵权责任纠纷	467	4.27
其他纠纷	136	1.24
婚姻家庭、继承纠纷	89	0.81
海事海商纠纷	58	0.53
人格权纠纷	20	0.18
合　计	10 935	100.00

对“合同、无因管理、不当得利纠纷”作进一步分析的情况见表 6-3。

表 6-3 “合同、无因管理、不当得利纠纷”的细分

合同、无因管理、不当得利纠纷	案例数(件)	百分比(%)
合同纠纷	6 831	89.28
其他合同、无因管理、不当得利纠纷	708	9.25
不当得利纠纷	112	1.47
合　计	7 651	100.00

由表 6-3 可见，司法会计鉴定意见在“合同纠纷”民事纠纷案件审理中运用最多(89.92%)，在民事纠纷样本案例总数 4 958 件中占比 69.97%。

对司法会计鉴定意见在“合同纠纷”这类民事纠纷案件审理中运用的情况作进一步分析的结果如表 6-4 所示。

表 6-4 “合同纠纷”的细分

合同纠纷	案例数(件)	百分比(%)
合伙协议纠纷	1 389	20.34

续表

合同纠纷	案例数(件)	百分比(%)
借款合同纠纷	1 269	18.58
房屋买卖合同纠纷	771	11.29
买卖合同纠纷	765	11.20
建设工程合同纠纷	760	11.13
服务合同纠纷	344	5.04
租赁合同纠纷	263	3.85
承揽合同纠纷	254	3.72
房地产开发经营合同纠纷	147	2.15
委托合同纠纷	136	1.99
债权人撤销权纠纷	120	1.76
保证合同纠纷	92	1.35
劳务合同纠纷	83	1.22
储蓄存款合同纠纷	53	0.77
追偿权纠纷	46	0.67
债权人代位权纠纷	38	0.55
债权转让合同纠纷	35	0.51
运输合同纠纷	31	0.45
确认合同效力纠纷	29	0.42
供用电合同纠纷	24	0.35
债务转移合同纠纷	18	0.26
委托理财合同纠纷	18	0.26
房屋拆迁安置补偿合同纠纷	15	0.22
建设用地使用权合同纠纷	13	0.19
仓储合同纠纷	11	0.19
缔约过失责任纠纷	11	0.16
抵押合同纠纷	11	0.16

续表

合同纠纷	案例数(件)	百分比(%)
经纪合同纠纷	11	0.16
广告合同纠纷	11	0.16
林业承包合同纠纷	9	0.13
银行卡纠纷	7	0.10
种植、养殖回收合同纠纷	7	0.10
探矿权转让合同纠纷	4	0.06
供用气合同纠纷	4	0.06
供用热力合同纠纷	4	0.06
融资租赁合同纠纷	4	0.06
居间合同纠纷	4	0.06
债权债务概括转移合同纠纷	2	0.03
招标投标买卖合同纠纷	2	0.03
采矿权转让合同纠纷	2	0.03
供用水合同纠纷	2	0.03
赠予合同纠纷	2	0.03
定金合同纠纷	2	0.03
进出口押汇纠纷	2	0.03
保管合同纠纷	2	0.03
农村土地承包合同纠纷	2	0.03
合　　计	6 831	100.00

由表6-4可见，司法会计鉴定意见在合伙协议纠纷(20.31%)、借款合同纠纷(18.58%)、房屋买卖合同纠纷(11.29%)、买卖合同纠纷(11.20%)和建设工程合同纠纷(11.13%)四类合同纠纷的诉讼案中运用较多。

第五节　我国诉讼活动中司法会计鉴定意见存在的问题

为了帮助司法会计鉴定人更好地提高司法会计鉴定质量，本书总结“有专门知识的人”在出庭质证诉讼案件司法会计鉴定意见过程中积累的大量资料，归纳出目前我国诉讼活动中司法会计鉴定意见方面存在的问题。

一、司法会计鉴定意见书的标题不规范

我国的许多司法会计鉴定意见书仅标题就存在大量的问题。按照《司法鉴定程序通则》的规范要求，2017 年 3 月以前的规范合规标题应为：“司法鉴定机构的名称+委托鉴定事项+司法鉴定意见书”；2017 年 3 月以后的合规标题应为：“ 司法鉴定机构的名称+司法鉴定意见书”，如图 6-12 所示。

×××司法鉴定中心（所）

司法鉴定意见书

图 6-12　标准的司法鉴定意见书标题

但是，在我国的诉讼实践中，常常可以看到司法会计鉴定人将司法会计鉴定意见书的标题写得五花八门。常见的不规范的标题有：“专项审计报告”“司法审计报告”“司法会计查证报告”“司法会计审查报告”“审计鉴证意见书”。

本书就为什么不能用“专项审计报告”替代“司法鉴定意见书”提出如下原因：

（1）我国三大诉讼法都无一例外地明确规定了“鉴定意见”是法定证据形式。迄今为止，我国没有任何一部法律法规提及“专项审计报告”能够作为诉讼证据。鉴定人用“专项审计报告”替代“司法会计鉴定意见书”是没有任何法律依据的。

(2)“专项审计报告”与“司法会计鉴定意见书”二者存在显著的差异。

专项审计是审计的一个类别，是指注册会计师根据中国注册会计师审计准则的规定，针对被审计单位的某一个具体事项所实施的专门审计。专项审计的事项主要有国家财经法律、法规、规章和政策的执行情况、行业经济活动情况、有关资金的筹集、分配和使用情况等。“专项审计报告”是指注册会计师在实施专项审计工作后发表审计意见的书面文件。

司法会计鉴定是司法鉴定的一个类别，是指司法机关为了查明涉及会计专门性问题的案件，指派或聘请具有司法会计鉴定资质的司法会计鉴定人对涉案的会计凭证、会计账簿、会计报表和其他会计资料等检材进行检验、鉴别、论证和判断，并出具司法会计鉴定意见的一种司法鉴定活动。“司法会计鉴定意见书”是指司法会计鉴定人在实施司法会计鉴定之后出具的记录司法会计鉴定人鉴定意见的文书。

(3)出具“专项审计报告”的主体一般都是注册会计师，注册会计师之所以用“专项审计报告”替代“司法会计鉴定意见书”的原因不外乎有以下两种情况：

其一，注册会计师知道自己不具有司法会计鉴定人的资质，没有能力出具规范的司法会计鉴定意见，但是为了获得经济利益，用“专项审计报告”来敷衍搪塞委托人的司法会计鉴定委托。

其二，注册会计师鉴定人认为司法会计鉴定等同于专项审计，搞不清楚“司法会计鉴定”与“审计”的区别，不懂怎样做司法会计鉴定，习惯性地沿用审计的思维与方法做司法会计鉴定。

事实上，司法会计鉴定与审计有着显著的差异。审计是由独立于被审计单位的机构和人员，依据相关法律法规对被审计单位的财政资金、财务收支及其有关经济活动的真实性、合法性和经济效益情况进行检查、评价、鉴证的一项监督活动，审计的本质是一项具有独立性的经济监督活动。而司法会计鉴定是司法鉴定的一个门类，其本质是诉讼活动的一部分。

二、在鉴定意见书标题中对案件的实体法律适用问题妄下断言

在诉讼活动中经常可以发现，有些司法会计鉴定人在鉴定意见书“标题”中对案件的实体法律适用问题妄下断言。图 6-13 列示了五个实际案例中司法会计鉴定意见的标题。

鉴定人在司法会计鉴定意见的标题中对案件的实体法律适用问题妄下断言。这种违规越权为案件法律定性或为被告人定罪的做法说明鉴定人不懂法，缺乏作为一名合格的司法鉴定人的基本训练与基本常识。这种在鉴定意见的标题中就为当事人定罪的做法有可能是为了迎合委托方的要求，取悦委托方；也有可能是故意以先入

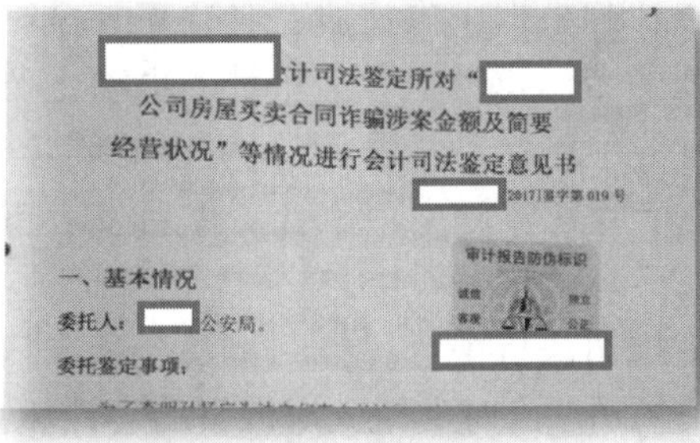
[redacted]计司法鉴定所对"[redacted]公司房屋买卖合同诈骗涉案金额及简要经营状况"等情况进行会计司法鉴定意见书

[redacted]2017]鉴字第019号

审计报告防伪标识

一、基本情况

委托人：[redacted]公安局。

委托鉴定事项：

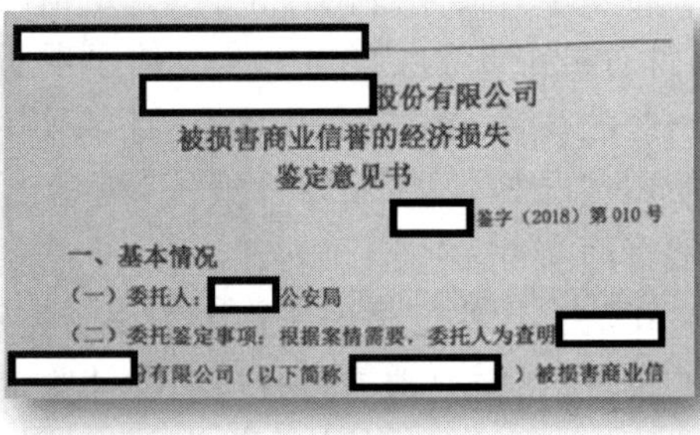
[redacted]

[redacted]股份有限公司被损害商业信誉的经济损失鉴定意见书

[redacted]鉴字（2018）第010号

一、基本情况

（一）委托人：[redacted]公安局

（二）委托鉴定事项：根据案情需要，委托人为查明[redacted]份有限公司（以下简称[redacted]）被损害商业信

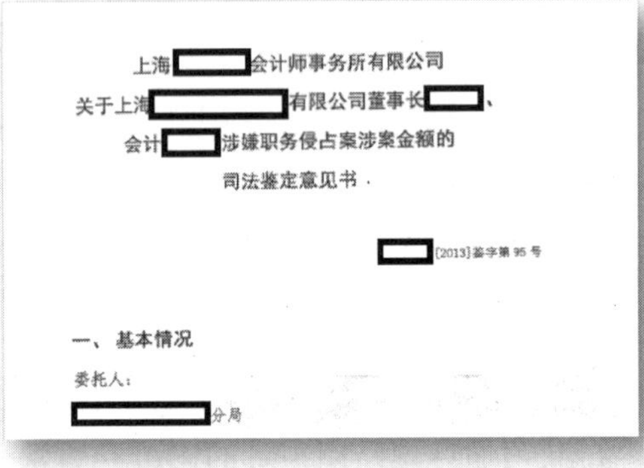
上海[redacted]会计师事务所有限公司

关于上海[redacted]有限公司董事长[redacted]、会计[redacted]涉嫌职务侵占案涉案金额的司法鉴定意见书

[redacted][2013]鉴字第95号

一、基本情况

委托人：

[redacted]分局

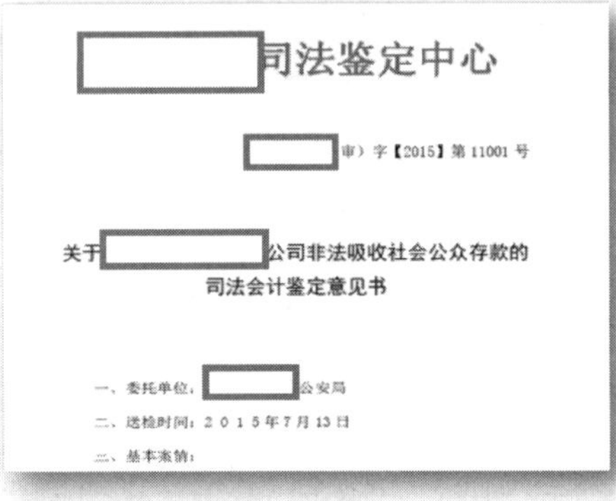
[redacted]司法鉴定中心

[redacted]审）字【2015】第11001号

关于[redacted]公司非法吸收社会公众存款的司法会计鉴定意见书

一、委托单位：[redacted]公安局

二、送检时间：2015年7月13日

三、基本案情：

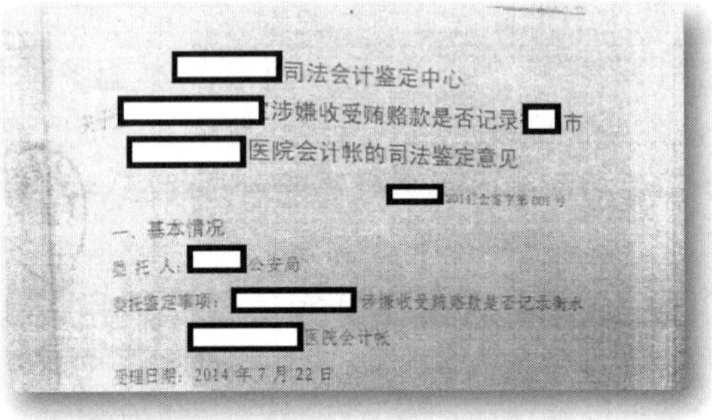
[redacted]司法会计鉴定中心

[redacted]涉嫌收受贿赂款是否记录[redacted]市[redacted]医院会计帐的司法鉴定意见

[redacted]2014]

一、基本情况

委托人：[redacted]公安局

委托鉴定事项：[redacted]涉嫌收受贿赂款是否记[illegible]

[redacted]医院会计帐

受理日期：2014年7月22日

图 6-13　鉴定意见书标题不规范的案例

为主的法律定性的文字试图影响审判人员对案件的公正判决。

出现这种在标题里为案件作出法律定性问题的另一原因是司法部在 2017 年 3 月以前要求鉴定意见书的标题格式为："司法鉴定机构的名称+委托鉴定事项+司法鉴定意见书"，鉴定人往往不加思考地将公安机关的"委托鉴定事项"直接写到标题之中。

三、司法会计鉴定意见书的落款与用印不规范

司法部颁布的《司法鉴定文书规范》对司法鉴定文书的落款和签字用印都有详细和具体的要求。这些规范性的要求体现在三个方面。

(1)司法鉴定意见的落款处应由司法鉴定人签名或者盖章,并写明司法鉴定人的执业证号,同时加盖司法鉴定机构的司法鉴定专用章,并注明文书制作日期等内容。

(2)司法鉴定文书应当同时加盖司法鉴定机构的司法鉴定专用章红印和钢印两种印模。司法鉴定文书正文标题下方编号处应当加盖司法鉴定机构的司法鉴定专用章钢印;司法鉴定文书各页之间应当加盖司法鉴定机构的司法鉴定专用章红印,作为骑缝章;司法鉴定文书制作日期处应当加盖司法鉴定机构的司法鉴定专用章红印。

(3)司法鉴定机构的司法鉴定专用章红印和钢印为圆形,制作规格应当为直径四厘米,中央刊五角星,五角星上方刊司法鉴定机构名称,自左而右环行;五角星下方刊“司法鉴定专用章”字样,自左而右横排。

但是,我国诉讼案中的司法会计鉴定意见书常常能够看到不规范的落款与用印的情况。常见的问题主要是两个方面。

其一,落款处由不具有司法会计鉴定资格的注册会计师签字盖章。需要注意的是,在司法部发布“关于严格准入、严格监管,提高司法鉴定质量和公信力的意见”(司发〔2017〕11号)之前(2017年11月22日),不具有司法会计鉴定资格的注册会计师是无权出具司法会计鉴定意见书的,只有那些取得了司法鉴定资格证书的人才能够在司法会计鉴定意见书落款处签字盖章。2017年11月22日司法部发布了“关于严格准入、严格监管,提高司法鉴定质量和公信力的意见”,之后司法部仅要求有法律法规条文明确规定的四大类司法鉴定(法医类鉴定、物证类鉴定、声像资料类鉴定和环境损害司法鉴定)纳入统一的准入登记。司法会计鉴定并没有纳入统一登记的范围,但这并不意味着任何会计人员都可以做司法会计鉴定,并有权在司法会计鉴定意见书上签字。司法会计鉴定的专业性极强,而且司法会计鉴定意见往往事关经济案件诉讼的司法公正,需要经过严格的专业培训与考核的会计专业人士担任司法会计鉴定人。遗憾的是,我国司法行政管理部门目前对司法会计鉴定人的准入与选聘制度是缺失的,这势必引起司法会计鉴定领域出现一段时间的混乱。这一问题应当引起有关方面的重视,尽快完善司法会计鉴定人的相关制度建设。

其二,鉴定机构在司法鉴定意见书正文标题下方编号处和司法鉴定意见书的落款处加盖公章或由会计师事务所加盖报告专用章。

图6-14是在诉讼实践中见到的司法鉴定意见书用印不规范的案例。

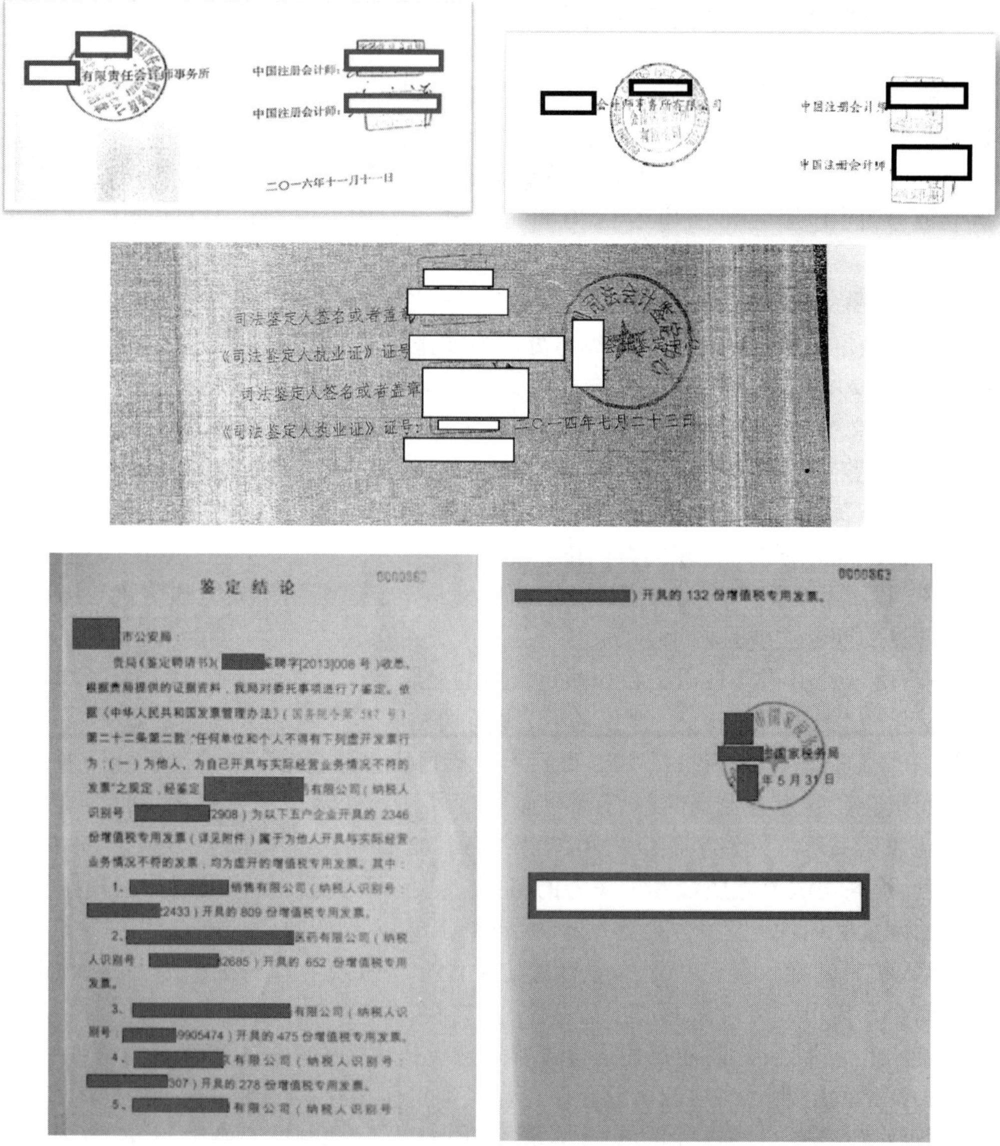
[redacted]有限责任会计师事务所

中国注册会计师：[redacted]

中国注册会计师：[redacted]

二〇一六年十一月十一日

[redacted]会计师事务所有限公司

中国注册会计师[redacted]

中国注册会计师[redacted]

司法鉴定人签名或者盖章[redacted]

《司法鉴定人执业证》证号[redacted]

司法鉴定人签名或者盖章[redacted]

《司法鉴定人执业证》证号[redacted]　二〇一四年七月二十三日

鉴定结论

[redacted]市公安局：

贵局《鉴定聘请书》([redacted]鉴聘字[2013]008号)收悉。根据贵局提供的证据资料，我局对委托事项进行了鉴定。依据《中华人民共和国发票管理办法》(国务院令第587号)第二十二条第二款“任何单位和个人不得有下列虚开发票行为：(一)为他人、为自己开具与实际经营业务情况不符的发票”之规定，经鉴定[redacted]有限公司(纳税人识别号：[redacted]2908)为以下五户企业开具的2346份增值税专用发票(详见附件)属于为他人开具与实际经营业务情况不符的发票，均为虚开的增值税专用发票。其中：

1. [redacted]销售有限公司(纳税人识别号：[redacted]2433)开具的809份增值税专用发票。

2. [redacted]医药有限公司(纳税人识别号：[redacted]2685)开具的652份增值税专用发票。

3. [redacted]有限公司(纳税人识别号：[redacted]9905474)开具的475份增值税专用发票。

4. [redacted]有限公司(纳税人识别号：[redacted]307)开具的278份增值税专用发票。

5. [redacted]有限公司(纳税人识别号：

[redacted])开具的132份增值税专用发票。

[redacted]国家税务局

[redacted]年5月31日

[redacted]

图 6-14　司法鉴定意见书用印不规范的案例

出现类似上述在司法会计鉴定意见书上不规范用印情况的原因不外乎两种情况：一是鉴定机构不具有司法会计鉴定资格，为了获取鉴定收益而违规出具鉴定意见；二是鉴定机构和鉴定人不了解有关的法律规范。

四、鉴定人未按规范的格式出具鉴定意见书

《司法鉴定程序通则》第三十六条规定：司法鉴定机构和司法鉴定人应当按照统一规定的文本格式制作司法鉴定意见书。

表 6-5 为司法部发布的现行司法鉴定意见书的标准文本格式和 2017 年 3 月 1 日以前实行的司法鉴定意见书的标准文本格式。

表 6-5　2017 年 3 月 1 日前后司法鉴定意见书的格式比较

现行的《司法鉴定意见书》格式 （2017 年 3 月 1 日以后）	原《司法鉴定意见书》格式 （2017 年 3 月 1 日以前）
一、基本情况 委托人： 委托事项： 受理日期： 鉴定材料： 二、基本案情 三、资料摘要 四、鉴定过程 五、分析说明 六、鉴定意见 七、附件	一、基本情况 委托人： 委托鉴定事项： 受理日期： 鉴定材料： 鉴定期间： 鉴定地点： 在场人员： 被鉴定人： 二、检案摘要 三、检验过程 四、分析说明 五、鉴定意见 六、落款
声明（封二） 1. 司法鉴定机构和司法鉴定人根据法律、法规和规章的规定，按照鉴定的科学规律和技术操作规范，依法独立、客观、公正进行鉴定并出具鉴定意见，不受任何个人或者组织的非法干预。 2. 司法鉴定意见书是否作为定案或者认定事实的根据，取决于办案机关的审查判断，司法鉴定机构和司法鉴定人无权干涉。 3. 使用司法鉴定意见书，应当保持其完整性和严肃性。 4. 鉴定意见属于鉴定人的专业意见。当事人对鉴定意见有异议，应当通过庭审质证或者申请重新鉴定、补充鉴定等方式解决	声明（封二） 1. 委托人应当向鉴定机构提供真实、完整、充分的鉴定材料，并对鉴定材料的真实性、合法性负责。 2. 司法鉴定人按照法律、法规和规章规定的方式、方法和步骤，遵守和采用相关技术标准和技术规范进行鉴定。 3. 司法鉴定实行鉴定人负责制度。司法鉴定人依法独立、客观、公正地进行鉴定，不受任何个人和组织的非法干预。 4. 使用本鉴定文书应当保持其完整性和严肃性

但是，在我国诉讼实践中，经常可以看到鉴定人根据审计报告的格式自创司法会计鉴定意见书的格式；也可以经常看到鉴定人在 2017 年 3 月 1 日以后出具的司法会计鉴定意见书依然采用以前的格式的情况。许多注册会计师对司法鉴定相关法律法规的变化漠不关心，习惯于一成不变地沿用审计报告或以前的司法鉴定报告书的模板或者自创格式。图 6-15 即鉴定人自创鉴定意见书文本格式的典型代表。

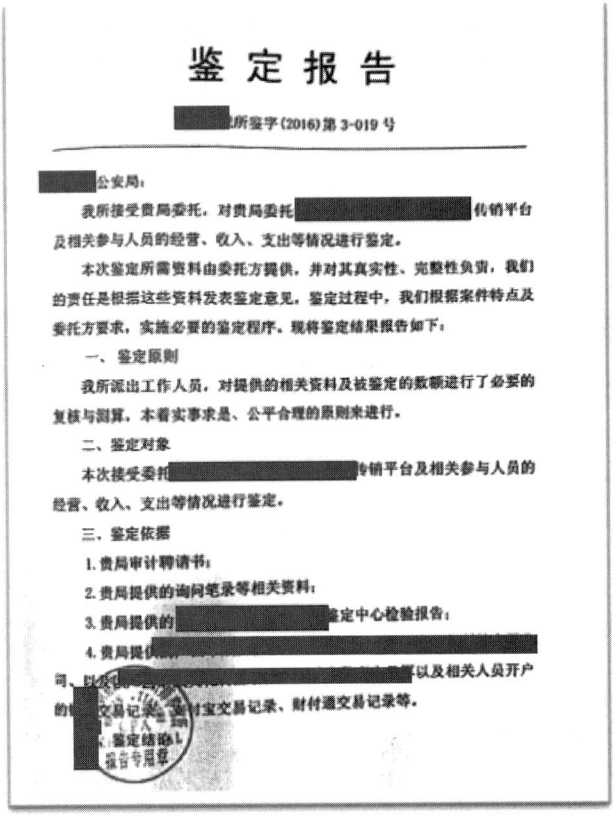

鉴 定 报 告

[redacted]所鉴字（2016）第 3-019 号

[redacted]公安局：

我所接受贵局委托，对贵局委托[redacted]传销平台及相关参与人员的经营、收入、支出等情况进行鉴定。

本次鉴定所需资料由委托方提供，并对其真实性、完整性负责，我们的责任是根据这些资料发表鉴定意见，鉴定过程中，我们根据案件特点及委托方要求，实施必要的鉴定程序。现将鉴定结果报告如下：

一、鉴定原则

我所派出工作人员，对提供的相关资料及被鉴定的数额进行了必要的复核与测算，本着实事求是、公平合理的原则来进行。

二、鉴定对象

本次接受委托[redacted]传销平台及相关参与人员的经营、收入、支出等情况进行鉴定。

三、鉴定依据

1. 贵局审计聘请书；

2. 贵局提供的询问笔录等相关资料；

3. 贵局提供的[redacted]鉴定中心检验报告；

4. 贵局提供[redacted]

司、以及[redacted]以及相关人员开户的[redacted]交易记录、付宝交易记录、财付通交易记录等。

图 6-15　鉴定人自创鉴定意见书文本格式的案例

我国司法部对司法鉴定文书的格式与内容有明确、具体而统一的要求，并且要求司法鉴定机构和鉴定人应当按照统一规定的文本格式制作司法鉴定意见书。这样的要求凸显了司法鉴定活动实体与程序并重的特征。司法鉴定意见书的形式要件关乎鉴定意见本身的合法性，关乎鉴定人对我国司法鉴定法律法规的遵循与依法鉴定的职业精神。

五、检材不规范

司法会计鉴定之所以有别于其他类型的司法鉴定就在于司法会计鉴定的检材只能是“涉案财务会计资料，即指会计凭证、会计账簿、会计报表和其他相关会计资料”。

最高人民检察院于 2015 年 7 月发布的《人民检察院司法会计工作细则(试行)》(高检发技字〔2015〕27 号)第二十四条第二款规定：鉴定意见不得依据犯罪嫌疑人供述、被害人陈述、证人证言等非财务会计资料形成。

“检材”，也称为“鉴定材料”，是司法会计鉴定人据以作出鉴定意见的证据或依据。司法会计鉴定的目的是查明诉讼活动中的“会计专门性问题”。对会计专门性问题的解决只能借助于会计的钩稽关系检查相关资金的流向和结果，对涉案会计资料进行一系列的检验、鉴别、分析、论证和判断，进而才能得出司法会计鉴定意见。

如果某司法会计鉴定人依据非会计资料得出了司法会计鉴定意见，如同厨师用非食材烹调出一道菜，其结果定会让人感到匪夷所思。

《司法鉴定程序通则》第十五条规定：发现鉴定材料不真实、不完整、不充分或者取得方式不合法的，司法鉴定机构不得受理鉴定委托。现实中，某些鉴定机构为了经济利益或是为了迎合委托方的需要，常常在检材不完整、不充分的情况下接受鉴定委托。

图 6-16 是我们发现的用“询问笔录”和“证人证言”作为司法会计鉴定检材的案例。

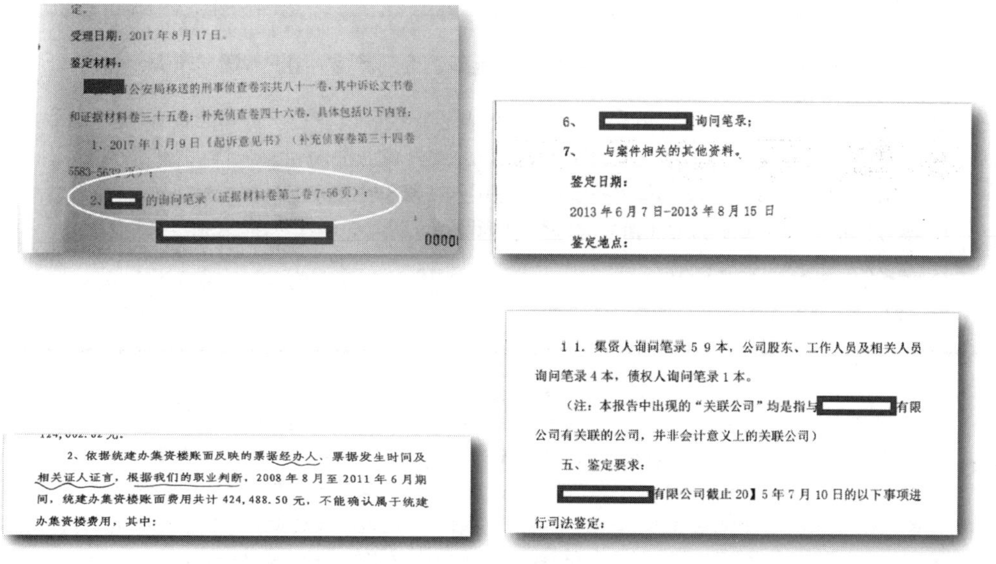
定。

受理日期：2017 年 8 月 17 日。

鉴定材料：

[redacted]公安局移送的刑事侦查卷宗共八十一卷，其中诉讼文书卷和证据材料卷三十五卷；补充侦查卷四十六卷，具体包括以下内容：

1、2017 年 1 月 9 日《起诉意见书》（补充侦察卷第三十四卷 5583-5639 页）；

2、[redacted]的询问笔录（证据材料卷第二卷 7-56 页）；

[redacted]

0000

6、[redacted]询问笔录；

7、与案件相关的其他资料。

鉴定日期：

2013 年 6 月 7 日-2013 年 8 月 15 日

鉴定地点：

2、依据统建办集资楼账面反映的票据经办人、票据发生时间及相关证人证言，根据我们的职业判断，2008 年 8 月至 2011 年 6 月期间，统建办集资楼账面费用共计 424,488.50 元，不能确认属于统建办集资楼费用，其中：

11. 集资人询问笔录 59 本，公司股东、工作人员及相关人员询问笔录 4 本，债权人询问笔录 1 本。

（注：本报告中出现的“关联公司”均是指与[redacted]有限公司有关联的公司，并非会计意义上的关联公司）

五、鉴定要求：

[redacted]有限公司截止 20】5 年 7 月 10 日的以下事项进行司法鉴定：

图 6-16 以“询问笔录”和“证人证言”作为检材的案例

六、鉴定人对案件所涉及的法律定性问题妄下断言

最高人民检察院于 2015 年 7 月发布的《人民检察院司法会计工作细则(试行)》(高检发技字〔2015〕27 号)第二十四条第三款规定:鉴定意见不应涉及对定罪量刑等法律问题的判断。

但是,在我国诉讼活动中,司法会计鉴定意见集中出现较多的问题是,鉴定人在司法会计鉴定意见书中对案件所涉及的法律定性问题妄下断言。比如,在司法会计鉴定意见书中经常能够看到鉴定人用涉及刑事犯罪的词汇(贪污、受贿、侵占、侵吞、挪用、传销、非法集资、非法占有、非法吸收公众存款等)就案件的法律定性给出自己的判断。

图 6-17 为作者在裁判文书网案例库中检索到的有关案例。这些案例中的司法会计鉴定意见书都出现了法律定性的文字。

林××等贪污案

14．海南省人民检察院检察技术鉴定书。结论为：侦查机关所提取相关的２０张完税证上的笔迹均为董××本人所写；相关的借款单、现金支票存根、记帐凭证、收条、协议书、支票、付款券别登记表上的签名，“林××”笔迹是林××本人所写，“毛勇”签名笔迹是毛×本人所写。

15．司法会计鉴定书。结论为：董××于１９９３年１２月至１９９８年１２月共侵吞截留税款１６４３９９元；林××于１９９３年１２月至１９９８年１２月共侵吞税款６０３０００元。

16．儋州市人民检察院的收据。证明案发后，林××退赃款３７５５０元；董××退赃款３００００元。

桑粤春等贪污、组织、领导黑社会性质组织、合同诈骗、组织卖淫、非法...

期借给吉港集团500万元的借款合同，将吉港集团在吉港房地产公司投资的450万元股本金转移到桑某某1名下，以抵偿桑某某1的“债权”。使得吉港房地产公司开发的吉港花园小区一期工程已建成的商品住宅251套，建筑面积44739.41平方米；地下车库118套，建筑面积3549.04平方米；用于商品房开发的17800.00平方米土地，全部被桑粤春据为己有。上述财产案发后被依法扣押。经司法会计鉴定及文证审查意见书确认，桑粤春非法占有吉港房地产公司资金为人民币122422401.65元。

综上，桑粤春贪污共计人民币128576921.41元。

林×贪污案

上述事实，有下列证据予以证实：昭通市土地管理局报案笔录；提取林坤保管的财金字收款收据第一联存根1147张，金额639435．09元，经林×辨认核对属收款未交单位入帐；提取了租房户保存的财金字收款收据第二联交缴款人发票410张，经林×辨认属实，且有租房户李××、李××等二百余人均证实其应交纳的房租费全部交清给林×；司法会计鉴定证明，被告人林×在任房管员期间，贪污房屋租赁费1147笔，金额人民币639435．09元；

(2013)佛三法刑初字第459号林玉金职务侵占案

计。公司在生产水泥的时候，乐某一会向公司提供生产水泥的原材料石灰石。公司共向乐某一付款41次。

四、鉴定意见。

广东诚安信司法会计鉴定所（2013）会鉴字第4号鉴定意见书。鉴定意见：（一）从2007年7月至2012年9月期间，林××利用104张支票，从中国农业银行佛山三水大塘支行444423＊＊＊＊＊＊＊1792账户提取现金合计4740124.47元，截止至2012年9月30日台某公司会计记录未记载上述104张支票提取现金4740124.47元的事实。（二）从2007年7月至2012年5月期间，林××利用41张支票，从中国农业银行佛山三水大塘支行444423＊＊＊＊＊＊＊1792账户提取现金合计3532814.4元。截止至2012年9月30日，台某公司会计记录记载上述41张支票入账金额合计1638413.34元，账实差异金额1894401.06元。（三）从2007年7月至2011年12月期间，台某公司银行对账单记录从中国农业银行佛山三水大塘支行444423＊＊＊＊＊＊＊1792账户提取现金合计82笔，金额3847650.00元，而台某公司账载记录和反映为支付供应商货款和银行转账款，截止至2012年9月30日台某公司会计记录未记载上述82笔支票提取现金3847650元的事实。（四）从2007年7月至2012年9月期间，林××利用5张支票，从中国交通银行佛山三水支行4462682700＊＊＊＊＊＊267账户转出金额合计175000元，截止至2012年9月30日台某公司会计记录未记载上述5笔转账资金175000元的事实。综上，林××共提取、挪用台某公司资金共计10657175.53元。

张××、李××、曹××集资诈骗，沈××非法吸收公众存款、伪证，侵...

7.《河南求实会计师事务所有限责任公司司法会计鉴定意见书》[（2011）司法鉴字第001号]司法鉴定结论。证实2010年3月至2011年3月，被告人张××、李××利用隆达公司、诚泰公司非法集资总额为32255.5982万元。至案发尚未兑付12695.8万元。截至2010年12月30日前，被告人曹××参与非法集资总额为27300万元，至案发尚未兑付8137万元。该结论与上述被告人供述、证人证言、借款合同等证据相印证，并有银行交易记录在卷佐证，进一步证明了被告人张××、李××、曹××利用隆达公司、诚泰公司集资诈骗的事实。

图 6-17　鉴定人给出法律定性的案例

司法会计鉴定的鉴定人不能就案件的法律定性给出自己的判断，其理由如下：

第一，有资格作出司法会计鉴定意见的主体是司法会计鉴定人，司法会计鉴定人只有鉴定权，没有侦查权或检察权或审判权。他们只能以“有专门知识的人”的身份对案件中的会计专门性问题进行鉴定，其鉴定意见是行使鉴定权的结果，所体现的也是鉴定人个人的意见。所以，司法会计鉴定人无权对案件的法律性质进行认定。

第二，司法会计鉴定意见是一种诉讼证据，不是判决。司法会计鉴定意见所依据的鉴定材料是会计资料，这些会计资料往往也是案件中书证或电子数据证据，这些会计资料只是案件中全部证据中的一部分，并非全部证据，它所反映的也只是案件中的部分事实,并非全部事实。这也就决定了司法会计鉴定人不能"以偏概全",从而对整个案件涉及的法律性质给出自己的判断。事实上,不同的主观动机,在会计资料中的反映有时会出现相同的账务结果。例如,犯罪嫌疑人出于贪污、挪用或行贿等三种主观动机,都可以"采取收入不入账"的相同的会计处理办法。司法会计鉴定人仅凭"收入不入账"的财务事实显然无法判定犯罪嫌疑人制造这一会计行为的目的,从而也无法对案件的性质进行认定。

第三,从时间上看,在案件的侦查阶段、审查起诉阶段和审判阶段,司法会计鉴定人都可以接受司法会计鉴定的委托,启动对案件中的财务会计事实进行鉴定(包括初始鉴定、补充鉴定或重新鉴定)。在刑事案件中,我国的司法会计鉴定活动大多在公安部门的侦查阶段就启动了,而案件的法律定性只能在最后的审判阶段,由审判机关依据已查明的案件事实判明案件的性质并对当事人量刑定罪。而在侦查阶段就启动的司法会计鉴定意见不应为案件定性,为当事人定罪。

第四,从表述方式上看,案件定性作为一种司法结论,它的表述必须符合法律的有关规定。例如,在刑事案件中,我国的刑法对犯罪构成要件有明确的规定(主体特征、客体特征、主观特征、客观特征),办案人员在其表述时不能随意杜撰。而司法会计鉴定意见只是就案件中的会计专门性问题作出回答,不可能论及犯罪的各个构成要件。

事实上,许多鉴定人并非有意对案件的法律性质给出自己的判断,只是觉得收取了鉴定费,不替委托人说话、说到位,似乎没有尽到责任。当然,也有一些鉴定人在接受鉴定委托时揣摩或了解到委托人的意愿,用对案件的法律定性来迎合委托人的需要。

七、超范围鉴定问题

最高人民检察院于 2015 年 7 月发布的《人民检察院司法会计工作细则(试行)》(高检发技字〔2015〕27 号)第二十四条第一款规定:鉴定意见不得超出委托要求范围。

在诉讼实践中经常能够发现司法会计鉴定人"超范围鉴定"的问题。最常见的超范围鉴定的例证是:司法会计鉴定人在对涉嫌职务侵占罪和贪污罪的司法会计鉴定中试图说明当事人"利用职务之便"侵占本单位财物或侵吞、盗窃、骗取公共财物的行为。

图 6-18 为鉴定人作出超范围鉴定的案例。

"利用职务之便"是贪污罪和职务侵占罪的客观方面必须具备的要件。贪污罪是指国家工作人员和受国家机关、国有公司、企业、事业单位、人民团体委托管理、经营国有财产的人员,利用职务上的便利,侵吞、窃取、骗取或者以其他手段非法占有公共财物的行为。职务侵占罪是指公司、企业或者其他单位的人员,利用职务上的便利,将本单位财物非法占为己有,数额较大的行为。

"利用职务之便",是指利用职务上主管、管理、经营、经手公共财物的权利及方便

蔡某雄职务侵占案（(2013)汕阳法刑二初字第200号）

用场地的情况。

18．广东嘉信司法会计鉴定所出具的粤嘉会鉴字[2013]第006号司法会计鉴定意见书，证明被告人蔡某雄于2012年12月间，利用职务之便，先后经办收取各租户租金共50份，合计金额人民币98257元，没有按该公司规定，将收到的款项上交该公司财务入账，而被其侵占私用。

符××贪污案

（7）提取到的昌化建公司原始帐本记载９５年５月２６日该公司支出２万元，９５年６月１９日入帐２万元，从而证实符××所借走的公款２万元已作帐冲平；

（8）海南省检察院琼检技会字（２０００）１８号司法会计鉴定书，结论为：符××利用职务之便，采取虚报冒领的非法手段，将其下属公司昌化公司公款２万元占为已有的财务事实存在。

以上证据经法庭当庭质证核实，证据之间能互相印证，本院予以采信。

陈××挪用公款案

10．被告人陈××所挪用的库款现金缴款单为N03456521、N03222616、N03261369、N03281302、N02506733、N02506735、N03260479。上述缴款单经交证人王某某、被告人陈××、证人陈某某5辨认均无异议。

11．司法会计鉴定书证实，农行琼山支行清算中心管库员陈××自2001年12月4日至10日，利用职务上的便利多次占用下属营业网点的上缴115万元，以上财务事实存在。

12．常住人口登记表证实，被告人陈××出生于1965年2月6日。

麦××等贪污案

（4）证人杨××（卢××妻子）证言证实，2000年6月份，卢××交3万元给她开私彩，她交彩票给阿萍卖。

（5）证人许××证言证实，2000年5－6月份，她帮杨××卖私彩。

4．司法会计鉴定书证实，麦××从1998年5月至2000年7月期间，利用职务之便，采取多收少交的手段占用公款人民币712194．50元。卢××虚挂医疗应收款数额为619455．21元。

5．检察技术鉴定书证实，21张署名“卢亚鹏”的借条上的笔迹均是卢××所写，21张借条金额共54280元。

王××贪污案

（6） 海南省人民检察院的笔迹鉴定书。证实本案有关的存款凭条、支款凭条、挂失申请书、付出传票、定期存单等44份各类银行凭条上和笔迹内容均为王××本人所写。

（7） 海南省人民检察院的司法会计鉴定书。结论为：王××任中国农业银行澄迈县支行桥头营业所储蓄代办员期间，利用工作之便，以修改伪造客户存款信息，提前支取转存持卡的方法，透支客户存款人民币484，411元（其中利息411元）。从中国农业银行海南省分行网络中心提供的有关资料表明，被告人王××将多名储户的存

图 6-18 鉴定人作出超范围鉴定的案例

条件。鉴定人在鉴定意见书中指出当事人“利用职务之便”实际上是超出了司法会计鉴定只能对“会计专门性问题”进行鉴定的范围。当事人是否“利用职务之便”不是会计问题，司法会计鉴定人无法用会计资料证明当事人是否利用了职务上的便利。

此外，另一种超范围鉴定的情况是鉴定人在鉴定意见书中超范围计算“加倍支付延迟履行债务期间利息”。

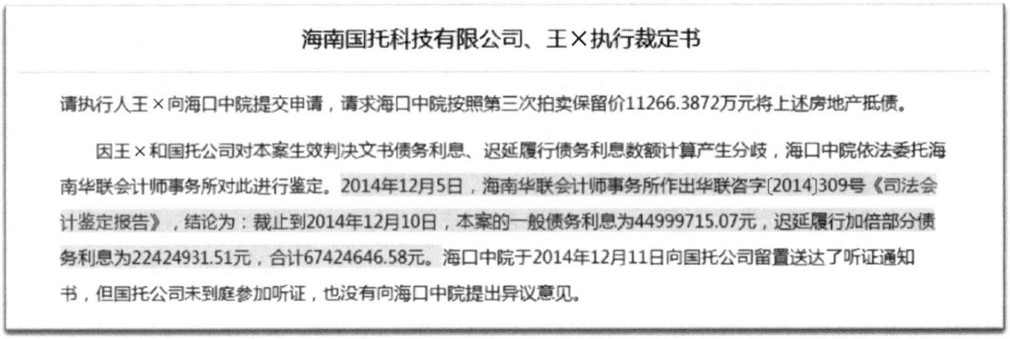
海南国托科技有限公司、王×执行裁定书

请执行人王×向海口中院提交申请，请求海口中院按照第三次拍卖保留价11266.3872万元将上述房地产抵债。

因王×和国托公司对本案生效判决文书债务利息、迟延履行债务利息数额计算产生分歧，海口中院依法委托海南华联会计师事务所对此进行鉴定。2014年12月5日，海南华联会计师事务所作出华联咨字[2014]309号《司法会计鉴定报告》，结论为：截止到2014年12月10日，本案的一般债务利息为44999715.07元，迟延履行加倍部分债务利息为22424931.51元，合计67424646.58元。海口中院于2014年12月11日向国托公司留置送达了听证通知书，但国托公司未到庭参加听证，也没有向海口中院提出异议意见。

图 6-19　鉴定人超范围计算“加倍支付延迟履行债务期间利息”的案例

图 6-19 中，海口中院委托会计师事务所计算“加倍支付迟延履行债务期间利息”是错误的，该项计算不属于司法会计鉴定的范围。计算确定加倍支付迟延履行债务期间的利息，涉及如何针对具体案件的实际情况正确适用法律问题，属于人民法院才能行使的职权，鉴定人不能越权对此进行预测性的计算。

八、鉴定人将司法会计鉴定与审计混为一谈

我国的司法会计鉴定业务多数情况是由注册会计师完成的。这些从事司法会计鉴定业务的注册会计师缺乏系统的司法会计鉴定业务训练，通常认为鉴定与审计是一回事，习惯用审计的思维方式与方法进行司法会计鉴定。其中，最常见的问题是在鉴定意见书中习惯性地使用审计报告的形式（见图 6-20）。

司法会计鉴定属于鉴定业务，而审计属于鉴证业务，二者在目的、职能、技术方法、实施的步骤与程序、依据的法规标准、意见的表达方式以及证据的效力等方面均有显著的差别。

司法会计鉴定是指在诉讼中为了查明案情，指派或聘请司法会计鉴定人员，运用审计学、会计学和法学的专门知识，对案件中涉及的有关财务会计专门性问题进行鉴别和判断并提供鉴定意见的一项司法诉讼活动。

张××、毕××、刘××职务侵占一审刑事判决书

经查，（1）致同会计师事务所（特殊普通合伙）吉林分所，具有法定的司法鉴定资质，接受侦查机关的委托对委托事项进行鉴定，由具有司法鉴定资质的鉴定人进某某、修某某，依据《中国注册会计师审计准则》及司法鉴定的有关法律、法规的规定，计划和组织实施审计工作，实施了包括对债券交易资料进行查阅，对涉案资金账户的银行对账单及资金流转凭证资料进行审计，采用了检查、审阅、核对等鉴定方法，并由两位具有司法鉴定资质的鉴定人签某某、盖某某，符合司法鉴定的形式要求；鉴定的过程、依据的法规、鉴定的方法符合司法会计鉴定的规范要求，鉴定意见及时告知了被告人，且鉴定人根某某的通知依法出庭并就该鉴定的相关情况向法庭作出了说明；鉴

西宁五环房地产开发有限公司、青海三田雍泓房地产开发有限公司等与西...

元，已经超出西宁市房产局裁定数额，不存在剩余或者欠款问题。三、虽然宁房裁（2004）1号行政裁决已经被法院撤销，但是，五环公司没有主张对五环国际大厦项目实际投资额另行认定，因此，该裁决对补偿款总额的内容应当予以确认。

2007年6月18日，青海高院作出（2007）青执字第7号民事裁定，对该案提级执行。执行过程中，青海高院委托青海省大正司法会计鉴定所对五环国际大厦直接发生用于工程的各项费用进行了专项审计。审计报告认定，五环国际大厦前期投资金额为28475272.53元。2007年10月18日，青海高院作出（2007）青执字第7－1号民事裁定，认为青海投资公司、三田公司已在接受五环公司财产的范围内向其他债权人承担了全部责任。遂裁定终结东阳三建

宁夏路星物资有限公司与宁夏齐天园公墓有限公司合同、无因管理、不当...

齐天园公司答辩称：（一）8-3号裁定与2号异议裁定终结强制管理和驳回异议申请的主要理由，在于高×所持银川中院的拍卖裁定，证明案涉817亩土地承包经营权归其所有，导致托管经营出现障碍，而申请人路星公司提出复议理由全部是对债权债务的表述，与前述两个裁定的依据毫不相干。（二）路星公司早已知道托管土地不属于齐天园公司，却仍然大肆续建工程，由此所造成的所谓资金损失600余万元，齐天园公司坚决不认可。（三）宁夏天华司法会计鉴定所（以下简称天华所）出具的审计报告显示，路星公司托管齐天园公司期间销售收入近4000万元，但是路星公司将齐天园公司的销售收入全部重复投入，变相算作路星公司自己的投入，导致5年来案涉债务不

图 6-20 鉴定人用审计报告替代司法会计鉴定意见书的案例

审计是由独立于被审计单位的机构和人员，依据相关法律法规对被审计单位的财政、财务收支及其有关的经济活动的真实、合法和效益进行检查、评价、公证的一种监督活动。审计的本质是一项具有独立性的经济监督活动。

司法会计鉴定与审计的区别可以从以下方面进行比较：

第一，二者的目的不同。司法会计鉴定的目的是帮助司法机关查明案情，为解决案件中的专门性问题提供法定证据；审计的目的是维护财经纪律，改善经营管理，提高经

济效益，促进廉政建设，保障国民经济健康发展。

第二，二者的职能不同。司法会计鉴定的职能主要是为证明案件事实提供证据或为案件侦查指明方向；审计的职能主要是监督、评价和鉴证。

第三，二者所采用的技术方法不尽相同。审计可以实施抽样法、函证法及询问法等方法；司法会计鉴定方法主要采用比对鉴别法和平衡分析法，而不得采用抽样法、函证法及询问法。

第四，二者所实施的程序步骤不同。司法会计鉴定按委托单位的要求，需要先设定委托鉴定事项，然后针对该事项查找、检验相应财务会计资料及相关证据，最后对涉案财务会计事实及结果进行确认；审计是从全部财务会计资料着手，全方位查找管理、评价等需要的信息或违反财经纪律、舞弊账项等信息，向管理部门或社会公众等会计信息使用者披露相关信息，因而事先无须设定具体的审计事项。

第五，二者的主体权力不同。依据《审计法》的规定，审计机关进行审计时，审计人员有权就审计事项的有关问题向有关单位和个人进行调查，并取得有关证明材料，根据该项规定，审计人员拥有审计调查权；就鉴定人的权力而言，根据我国《刑诉法》规定的侦鉴分离的原则，即担任过某案的证人、鉴定人、辩护人和诉讼代理人的应该自行回避担任案件的审判人员、检察人员和侦查人员。可见，在刑事案件中，司法会计鉴定人无侦查权，不能开展案件侦查取证。

第六，二者的证据效力不同。按照我国《刑事诉讼法》第四十八条的规定，可以用于证明案件事实的材料都是证据。证据包括：物证，书证，证人证言，被害人陈述，犯罪嫌疑人、被告人供述和辩解，鉴定意见，勘验、检查、辨认、侦查实验等笔录，视听资料、电子数据共八项。由此可见，司法会计鉴定意见是法定证据形式之一，审计报告被排除在法定八项列举证据之外，只能作为“可以用于证明案件事实的材料”的一般性证据，其证据能力与证明力显然比司法会计鉴定意见要弱。

第七，二者依据的规范标准不同。司法会计鉴定意见是法定证据之一，必须体现证据的“三性”，即客观性、关联性、合法性，无论哪个鉴定环节都必须严格按照诉讼法律规范标准实施；审计报告并不一定作证据使用，只需执行审计准则等规范标准即可，相对于诉讼法律规范标准，审计标准相对较为宽松。

第八，当审计的范围受到限制或被审计单位的审计资料不完整时，审计依然可以进行，此时审计师可以出具保留意见或无法表示意见的审计报告；对于司法会计鉴定而言，当检材不完整、不充分时，鉴定人应该要求委托人补充提供必要的检材，如果委托人无法或拒绝提供补充的检材，鉴定人应该拒绝接受鉴定委托。

第六节 有效质证庭审中的司法会计鉴定意见(案例)

近年来,“有专门知识的人(专家辅助人)”在庭审中对司法会计鉴定意见质证的情况越来越多见。研究如何有效质证庭审中的司法会计鉴定意见,对于控辩双方以及司法会计鉴定人和审判人员都有着重要的意义。

本书作者近年来以“有专门知识的人(专家辅助人)”的身份质证了几十起案件中的司法会计鉴定意见,积累了大量的案例资源与质证经验。在此精选了三个典型案例,通过案例来说明如何有效质证庭审中的司法会计鉴定意见。

一、案例一:关于某精神病医院院长董某涉嫌“非国家工作人员受贿罪”一案的司法会计鉴定意见

(一)案情简介

2012年6月至2013年10月间,由H市JD精神病医院院长董某(该院唯一的出资者)和财务人员魏某经手收到两家药品供应公司分别提供的现金利润分成收入人民币57 562.31元和赞助费现金收入人民币225 633.2元,共计人民币283 195.51元。此情况在H市公安局对民营医院的“骗取医疗保险”的例行检查中被查获并以董某和魏某涉嫌收受贿赂罪立案侦查。在侦查期间,H市公安局委托该市ZZ司法会计鉴定中心就董某和魏某涉嫌收受的贿赂款是否记录于JD精神病医院会计账簿进行了司法会计鉴定。

ZZ司法会计鉴定中心认为:董某和魏某涉嫌非国家工作人员受贿款于2013年10月31日在明细账中进行了反映,但是由于JD精神病医院的总账、明细账和日记账未按规定同步记账,所以在总账和日记账中没有该业务的记录。

据此司法会计鉴定意见,H市公安局认定当事人涉嫌非国家工作人员受贿罪,并移送该市人民检察院起诉(见图6-21)。H市人民检察院认为上述款项系董某和魏某利用职务之便非法收受他人的财物,数额巨大,应以非国家工作人员受贿罪追究二人的刑事责任。

上述司法会计鉴定意见作为H市人民检察院提起公诉并要求人民法院以非国家工作人员受贿罪追究董某和魏某刑事责任的主要证据之一,认定上述利润分成与赞助费现金收入共计人民币283 195.51元均未入账,由董某个人持有花费。

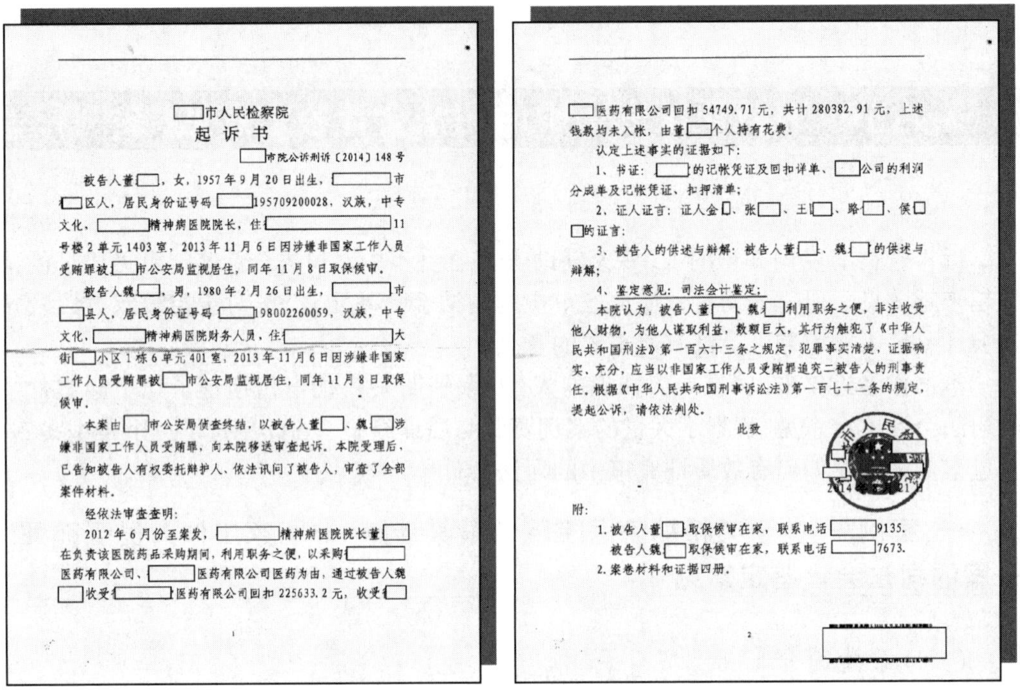

□市人民检察院
起 诉 书

□市院公诉刑诉〔2014〕148 号

被告人董□，女，1957 年 9 月 20 日出生，□市□区人，居民身份证号码□195709200028，汉族，中专文化，□精神病医院院长，住□11 号楼 2 单元 1403 室，2013 年 11 月 6 日因涉嫌非国家工作人员受贿罪被□市公安局监视居住，同年 11 月 8 日取保候审。

被告人魏□，男，1980 年 2 月 26 日出生，□市□县人，居民身份证号码□19800226059，汉族，中专文化，□精神病医院财务人员，住□大街□小区 1 栋 6 单元 401 室，2013 年 11 月 6 日因涉嫌非国家工作人员受贿罪被□市公安局监视居住，同年 11 月 8 日取保候审。

本案由□市公安局侦查终结，以被告人董□、魏□涉嫌非国家工作人员受贿罪，向本院移送审查起诉。本院受理后，已告知被告人有权委托辩护人、依法讯问了被告人，审查了全部案件材料。

经依法审查查明：

2012 年 6 月份至案发，□精神病医院院长董□在负责该医院药品采购期间，利用职务之便，以采购□医药有限公司、□医药有限公司医药为由，通过被告人魏□收受□医药有限公司回扣 225633.2 元，收受□医药有限公司回扣 54749.71 元，共计 280382.91 元，上述钱款均未入帐，由董□个人持有花费。

认定上述事实的证据如下：

1、书证：□的记帐凭证及回扣详单、□公司的利润分成单及记帐凭证、扣押清单；

2、证人证言：证人金□、张□、王□、路□、侯□的证言；

3、被告人的供述与辩解：被告人董□、魏□的供述与辩解；

4、鉴定意见：司法会计鉴定；

本院认为：被告人董□、魏□利用职务之便，非法收受他人财物，为他人谋取利益，数额巨大，其行为触犯了《中华人民共和国刑法》第一百六十三条之规定，犯罪事实清楚，证据确实、充分，应当以非国家工作人员受贿罪追究二被告人的刑事责任。根据《中华人民共和国刑事诉讼法》第一百七十二条的规定，提起公诉，请依法判处。

此致

2014 年 ? 月 21 日

附：

1. 被告人董□取保候审在家，联系电话□9135。
   被告人魏□取保候审在家，联系电话□7673。
2. 案卷材料和证据四册。

图 6-21　H 市人民检察院起诉书

(二) 案件中的《司法会计鉴定意见》

以下是 ZZ 司法会计鉴定中心出具的《司法会计鉴定意见》的全文。

ZZ 司法会计鉴定中心
关于董某、魏某涉嫌收受贿赂款
是否记录 JD 精神病医院会计账的司法鉴定意见

ZZ 司〔2014〕会鉴字第 001 号

一、基本情况

委托人：H 市公安局

委托鉴定事项：董某、魏某涉嫌收受贿赂款是否记录 JD 精神病医院会计账

受理日期：2014 年 7 月 22 日

鉴定材料：

1. H 市公安局提供的 JD 医院 2012 年度的总账、现金日记账及银行存款日记账。

2. H 市公安局提供的 JD 医院 2013 年 1—9 月的总账、现金日记账及银行存

款日记账。

3. H 市公安局提供的 H 市 JD 精神病医院 2013 年度的明细账。

4. H 市公安局提供的 H 市 JD 精神病医院 2013 年 10 月 31 日 10-1#、10-2#记账凭证及其所附的收款收据，××市仁和医药有限公司利润分成单等原始凭证。

5. H 市公安局提供的 H 市残疾人托管服务中心 2010 年 4 月至 2012 年 10 月的银行存款日记账。

鉴定日期：2014 年 7 月 23 日

鉴定地点：ZZ 司法会计鉴定中心

在场人员：H 市公安局经济犯罪侦查支队侦查人员及鉴定人员

被鉴定人：JD 精神病医院

二、检案摘要

H 市 JD 精神病医院，2012 年和 2013 年 1—9 月的收入主要来源于门诊收入、预收住院费收入、出院病人结算收入、各县农合回款收入、H 市区职工及居民医保款回款收入、残联救助资金收入及银行存款利息收入，没有发现有其他收入。

2012 年 6 月至 2013 年 10 月期间，H 市 JD 精神病医院工作人员董某、魏某收到 H 市 R 公司利润分成单 36 张，显示业务员分成收入合计 57 562.31 元；2012 年 2 月至 2013 年 8 月期间，董某、魏某收到 G 公司赞助费收入合计 225 633.2 元，两项收入共计 283 195.51 元。这两项收入在 2013 年 9 月 30 日前没有入账，涉嫌非国家工作人员受贿。

三、检验过程

2014 年 7 月 22—23 日，我司法鉴定中心派出两名司法鉴定人员，依据《司法鉴定程序通则》《企业会计制度》《中国注册会计师审计准则》的规定及要求，本着独立、客观、公正的原则，对委托人提供的鉴定材料进行了认真、仔细的核查，审查了相关的会计凭证，同时将会计记账凭证与现金日记账、银行存款日记账及明细账进行了账证核对，将总账与日记账及明细账进行了账账核对。

四、分析说明

《中华人民共和国会计法》第十五条规定：会计账簿包括总账、明细账、日记账和其他辅助性账簿。

我们审核了 H 市 JD 精神病医院 2012 年的总账、现金日记账及银行存款日记账；2013 年 1—9 月的总账、现金日记账及银行存款日记账；2013 年度的明细账；2013 年 10 月 31 日 10-1#、10-2#记账凭证及其所附的收款收据；H 市 R 公司利润分成单等原始凭证；H 市残疾人托管服务中心 2010 年 4 月至 2012 年 10 月的银行存款日记账，同时对委托人提供的其他证明材料进行了审查核实。

1. 我们审计了 H 市 JD 精神病医院 2012 年的总账、现金日记账及银行存款日记账，重点审核了 H 市 JD 精神病医院收入来源，现金收入分为门诊业务收入、预收住院费收入及出院病人结算收入三部分。现金日记账与总账现金余额相符。银行存款收入分为各县农合回款收入，H 市区职工及居民医保款结算回款收入，残联救助资金收入及银行存款利息收入，没有发现其他收入。

2. 我们审计了 H 市 JD 精神病医院 2013 年 1—9 月的总账、现金日记账及银行存款日记账，重点审核了 H 市 JD 精神病医院收入来源，现金收入分为门诊业务收入、预收住院费收入及出院病人结算收入三部分。现金日记账与总账现金余额相符。银行存款收入分为各县农合回款收入，H 市区职工及居民医保款结算回款收入，残联救助资金收入及银行存款利息收入，没有发现其他收入。

3. 我们审计了 H 市残疾人托管服务中心 2010 年 4 月至 2012 年 10 月的银行存款日记账，没有发现有赞助费收入的记录。

4. 我们审计了 H 市 JD 精神病医院 2013 年度的明细账，明细账中的“其他收入”账页显示，2013 年 10 月 31 日收到赞助费收入 283 195.51 元，由于明细账与总账及日记账没有按规定同步记账，所以我们未能在总账及日记账中发现此项收入的记录。

5. 我们审计了 H 市 JD 精神病医院 2013 年 10 月 31 日 10-1#、10-2#记账凭证及其所附的原始凭证，原始凭证中 H 市 RHYY 有限公司在 2012 年 6 月至 2013 年 10 月期间利润分成单 37 张，显示业务员分成合计 57 562.31 元，收款收据三张，显示 GYLR 有限公司分别在 2013 年 2 月、2013 年 5 月及 2013 年 8 月给付赞助费合计 225 633.2 元。对上述原始凭证，H 市 JD 精神病医院做出了“借记现金、贷记其他收入——赞助收入”的会计记账凭证，该会计记账凭证与明细账核对相符。

五、鉴定意见

董某、魏某涉嫌非国家工作人员受贿款于 2013 年 10 月 31 日在明细账中进行了反映，但由于 H 市 JD 精神病医院的总账、明细账及日记账未按规定同步记账，所以在总账及日记账中没有该业务的记录。

司法鉴定人签名或盖章　×××
《司法鉴定人执业证》证号：1311020 *****
司法鉴定人签名或盖章　×××
《司法鉴定人执业证》证号：1311020 *****
ZZ 司法会计鉴定中心
2014 年 7 月 23 日

（三）“有专门知识的人（专家辅助人）”的质证意见

1. 关于《鉴定意见书》结论性鉴定意见的看法。该意见认定涉案款项共计人民币283 195.51元已于2013年10月31日在该院的明细账中登记入账，但是由于JD精神病医院的总账、明细账和日记账未按规定同步记账，所以在总账和日记账中没有该业务的记录。我们认为《鉴定意见书》结论性鉴定意见客观地描述了涉案款项在当事人所在单位会计处理的实际情况，是符合客观事实的。但是对于非会计专业人士或者会计知识不足的人，可能无法完全读懂该结论或者对该结论产生误解误用。

事实上，任何具有会计学专业知识的人都不会从本案的事实中得出涉案款项未在当事人所在单位会计账册登记入账的结论，因为JD精神病医院的会计人员确实已经正确地填制了记账凭证并且已经在“其他收入”账户的明细账中完成了登记。存在的问题仅仅是当事人所在单位的会计人员未能按照会计核算规范的要求及时登记现金日记账和总账，这可能是被告所在单位的内部控制制度不健全，会计人员业务水平有限导致的，但这仅属于违反财会制度的问题。

在此种情况下，我们认为按照现行医院会计制度和财政部颁布的《会计基础工作规范》的规定，只要编制了记账凭证并登记到相关账户，即可视为该项业务在会计账册中已经得到了反映，即为入账。

2. 对H市公安局提供的鉴定材料的分析论证意见。撇开《鉴定意见书》，就H市公安局提供给鉴定机构的鉴定材料进行分析，我们认为完全可以得出该涉案款项已经在被告所在单位会计账册登记的结论。理由如下：

（1）从JD精神病医院2013年10月31日填制的会字10-1#和10-2#记账凭证可以看出，该记账凭证填制的内容完整，要件齐全，符合财政部颁布的《会计基础工作规范》第五十一条和第六十条的规定。该两张记账凭证所记载的“经济业务摘要”清楚地说明了JD精神病医院的会计人员魏某和渠某将涉案款项确认为单位的“赞助收入”；该记账凭证所记载的会计分录“借：现金；贷：其他收入—赞助收入”表明JD精神病医院的会计人员已经将涉案款项通过贷记“其他收入—赞助收入”账户确认为单位的“其他业务收入”。该项会计处理是符合会计核算规范的，反映了该项业务的客观事实。

（2）从会字10-1#和10-2#记账凭证上的登账符号“√”以及“其他业务”明细账的记载内容可以看出，当事人所在单位的会计人员已经将涉案款项共计人民币283 195.51元于2013年10月31日在“其他业务”明细账中进行了反映。按照正常会计处理程序，会计人员在登记明细账的同时应该平行登记现金日记账和总账。当事人所在单位的会计人员在登记明细账的同时没有登记现金日记账的做法是不符合会计核算规范的。但是,如果核算单位采取“科目汇总表账务处理程序”,会计规范允许业务量较少的单位每隔5天或10天或15天定期编制科目汇总表,然后根据科目汇总表登记总账。这样便会出现总账的登记日滞后于明细账和现金日记账登记日的情况。鉴于此,仅凭当事人所在单位的会计人员依据记账凭证登记了明细账,没有登记总账和现金日记账的情况,是不能得出涉案款项未入账的结论的。

3. 关于涉案款项的收付从会计业务角度属于个人行为还是单位行为的定性。通过对涉案会计业务,暨JD精神病医院收取赞助费收入和利润分成所附的原始会计凭证反映的客观事实的分析,我们认为涉案款项的收款方为JD精神病医院,而非两位自然人被告。JD精神病医院收到涉案款项后随即向付款方出具了加盖单位公章的收款收据及经JD精神病医院财务人员签字认可的利润分成单,而且在JD精神病医院的相关会计账册上做出了登记。鉴于此,我们认为涉案款项的收付从会计业务角度属单位行为而非当事人的个人行为。

4. 关于《鉴定意见书》的缺陷与瑕疵。我们认为,作为法定证据形式之一的《鉴定意见书》在本案对当事人的量刑定罪过程中具有主要的地位与作用,容不得有任何缺陷与瑕疵。鉴于此,我们有必要指出其存在的缺陷与瑕疵。

(1)尽管我们认为《鉴定意见书》所述的结论性“鉴定意见”是客观的,但是其在意思的表达上给人以模棱两可的感觉,没有明确回答委托方委托鉴定事项所提出的问题,让非会计专业人士在对本案涉案款项是否已经登记入账这样的关键问题上产生了歧义。司法会计鉴定属司法鉴定,司法会计鉴定意见是法定证据形式之一,其鉴定意见的表述必须直接而明确,似是而非易于引起误解的鉴定意见不是好的鉴定意见。

(2)《鉴定意见书》的标题不当。按照《司法鉴定文书规范》的要求,司法鉴定文书正文的标题应写明司法鉴定机构的名称和委托鉴定事项,鉴定人在阐明委托鉴定事项的标题文字中不能出现法律定性的文字。《鉴定意见书》的标题中出现了“涉嫌收受贿赂”的文字是不符合司法鉴定的基本常识与规范的。

(3)在《鉴定意见书》的“分析说明”部分中,先后出现了五处“我们审计了……”的文字。这样的写法是极不规范的,说明了本案的司法会计鉴定人沿用了审计的思路与方法在做司法会计鉴定,缺乏司法会计鉴定的专业训练。事实上,司法会计鉴定与审计在各自的证明方法、证明依据、结论以及文书表述等方面都存在较大差异。

(4)在《鉴定意见书》最后的结论性“鉴定意见”中我们同样看到了对本案当事人进行法律定性的文字,“涉嫌非国家工作人员受贿”。这是司法会计鉴定意见文书表述的大忌。司法会计鉴定人只有鉴定权,只能就本案涉及的会计专业问题回答委托人提出的委托事项,鉴定人无权越俎代庖替审判人员对当事人进行法律定性。

5. 结论性意见。综上所述,我们提出以下三点意见:

(1)该涉案款项已在JD精神病医院的记账凭证和明细账中做出了如实登记,虽未在总账和现金日记账中及时登记,但是按照现行医院会计制度和《会计基础工作规范》的规定,只要编制了记账凭证并登记到相关账户,虽不完整,仍可视为该项业务在会计账册中已经得到了反映,即为入账。

(2)通过对H市公安局提供的检材分析,我们认为记录涉案经济业务的记账凭证填制的内容完整,要件齐全,符合财政部颁布的《会计基础工作规范》,清楚地说明了当事人所在单位的会计人员将涉案款项确认为单位的"其他业务收入—赞助收入"并在"其他业务"明细账中进行了登记入账。

(3)根据涉案会计业务的相关会计资料所反映的事实,我们认为收取赞助费收入和利润分成的行为从会计业务角度属JD精神病医院的单位行为而非当事人的个人行为。

以上意见仅供有关部门在处理案件时参考。

中国政法大学法务会计研究中心

专家签名:张苏彤

2014年10月24日

(四)案件的审理结果

辩护人的无罪辩护意见被法庭采纳,被告人董某和魏某无罪(见图6-22)。

二、案例二:关于吕某"涉嫌组织、领导传销活动罪"一案的司法会计鉴定意见

(一)案情简介

犯罪嫌疑人吕某,男,系ZC文化传媒有限公司(以下简称"ZC公司")法定代表人。ZC公司于2015年5月6日在某市创办成立,主要从事的业务有国内各类广告设计、制作、发布、代理,以及企业形象策划、计算机网络技术研发、增值电信业务、网络技术研发及转让和互联网信息服务等。2015年5月16日,ZC公司新增对外广告业务。2016年1月,吕某通过申请微信公众号"WSYW",租用服务器,构建网络平台"WS商城"。2016年2月以来,ZC公司通过组织人员、发展人员和计酬返利等一系列制度设计,从事经营活动。2016年6月20日,某省HM县公安局以吕某涉嫌组织、领导传销活动罪为由,将吕某刑事拘留,同年7月29日,吕某经HM县人民检察院批准被逮捕。

该案在移送BZ市人民检察院后进行补充侦查的阶段,HM县公安局委托TZ会计

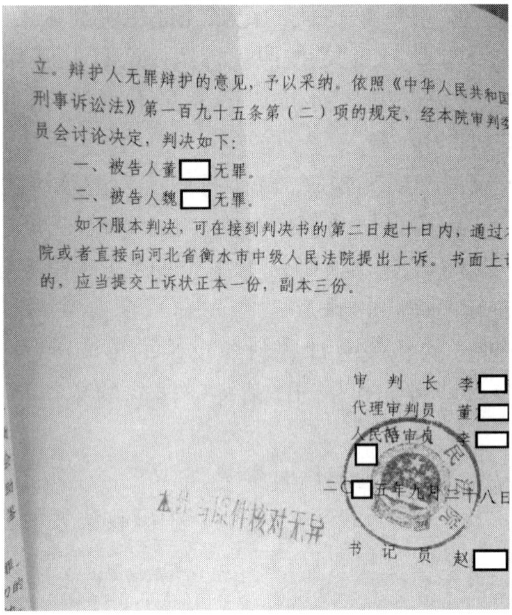
立。辩护人无罪辩护的意见，予以采纳。依照《中华人民共和国
刑事诉讼法》第一百九十五条第（二）项的规定，经本院审判委
员会讨论决定，判决如下：

一、被告人董[redacted]无罪。

二、被告人魏[redacted]无罪。

如不服本判决，可在接到判决书的第二日起十日内，通过
院或者直接向河北省衡水市中级人民法院提出上诉。书面上
的，应当提交上诉状正本一份，副本三份。

审判长 李[redacted]
代理审判员 董[redacted]
人民陪审员 李[redacted]
[redacted]
二〇[redacted]五年九月二十八日

本件与原件核对无异

书记员 赵[redacted]

图 6-22　案件审理结果

师事务所就吕某组织的“WS 商城”平台相关人员涉嫌参与“传销”的经营、收入与支出等方面的情况进行鉴定。

TZ 会计师事务所将其出具的报告称为《鉴定报告》，在阐述“鉴定原则”“鉴定对象”和“鉴定依据”之后直接给出了“鉴定结论”。

在“鉴定结论”的第一部分，报告人直接给出了“WS 商城”平台的营业总额为人民币 6 884 684 742.98 元及其在不同专区的订单数与金额的构成；第二部分直接给出了“WS 商城”实际的总收入为人民币 1 744 977 289.67 元，以及通过微信支付和支付宝支付的拍单的单数与金额和通过微信充值及支付宝充值的充值金额；第三部分直接给出了“WS 商城”的实际总支出金额为人民币 1 390 842 456.46 元及其支出的构成；第四部分直接列出了截至案发“WS 商城”货币资金的余额为 354 134 833.21 元；第五部分直接给出了截至案发“WS 商城”应支付尚未支付的负债余额为 1 018 104 445.78 元；第六、第七、第八部分分别给出了董某所持有的两个微信号完成的订单数及营业额的情况。

（二）TZ 会计师事务所出具的《鉴定报告》

图 6-23 是 TZ 会计师事务所出具的《鉴定报告》的影印件。

鉴　定　报　告

[redacted]所鉴字(2016)第 3-019 号

[redacted]会计师事务所

二〇一六年十一月十一日

鉴　定　报　告

[redacted]所鉴字(2016)第 3-019 号

[redacted]公安局：

我所接受贵局委托，对贵局委托的吕[redacted]组织的“[redacted]商城”传销平台及相关参与人员的经营、收入、支出等情况进行鉴定。

本次鉴定所需资料由委托方提供，并对其真实性、完整性负责，我们的责任是根据这些资料发表鉴定意见，鉴定过程中，我们根据案件特点及委托方要求，实施必要的鉴定程序。现将鉴定结果报告如下：

一、鉴定原则

我所派出工作人员，对提供的相关资料及被鉴定的数额进行了必要的复核与测算，本着实事求是、公平合理的原则来进行。

二、鉴定对象

本次接受委托对吕[redacted]组织的“[redacted]商城”传销平台及相关参与人员的经营、收入、支出等情况进行鉴定。

三、鉴定依据

1. 贵局审计聘请书；

2. 贵局提供的询问笔录等相关资料；

3. 贵局提供的中国刑事警察学院物证鉴定中心检验报告；

4. 贵局提供的[redacted]文化传媒有限公司、[redacted]科技有限公司、以及[redacted]文化传媒有限公司法定代表人吕[redacted]以及相关人员开户的银行交易记录、支付宝交易记录、财付通交易记录等。

四、鉴定结论

2016 年 1 月份，吕[redacted]通过申请微信公众号“[redacted]有我”，租用阿里云服务器，构建传销平台“[redacted]商城”，截止案发，该传销平台及相关参与人员的具体经营、收入、支出情况如下：

（一）“[redacted]商城”传销平台营业总额为人民币陆拾捌亿捌仟肆佰陆拾捌万肆仟柒佰肆拾贰元玖角捌分（¥6884684742.98）。

其中：1. 女性专区订单数 2586 单，订单金额 274192.47；

2. 超级股东订单数 150755 单，订单金额 29576120.00 元；

3. 男士专区订单数 25188 单，订单金额 63275778.06 元；

4. 进口零食订单数 79 单，订单金额 7762.90 元；

5. 日用百货订单数 2427 单，订单金额 173192.25 元；

6. 升级股东订单数 4 单，订单金额 273.90 元；

7. 童装/婴儿用品/玩具订单数 262 单，订单金额 36411.03 元；

8. 家纺家饰订单数 103 单，订单金额 12575.20 元；

9. 美妆日化订单数 469 单，订单金额 36355.28 元；

10. 汽车用品订单数 143 单，订单金额 9768.38 元；

11. 数码家电 2128 单，订单金额 3842421.90 元；

12. 食品饮料订单数 444 单，订单金额 52586.50 元；

13. 户外运动订单数 163 单，订单金额 24872.09 元；

14. 活动专区订单数 4091122 单，订单金额 6787346516.00 元；

15. 其他订单数 177 单，订单金额 151917.02 元。

（二）“[redacted]商城”实际总收入为人民币壹拾柒亿肆仟肆佰玖拾柒万柒仟贰佰捌拾玖元陆角柒分（¥1744977289.67）。

[redacted]其中：1. 微信支付拍单 1032313 单，拍单金额 957277977.19 元；

2. 支付宝拍单 63795 单，拍单金额 99038270.01 元；

3. 微信充值 23947 单，充值金额 26079479.97 元；

4. 后台充值 3189 条，充值金额 662581562.50 元；

（三）“[redacted]商城”实际总支出为人民币壹拾叁亿玖仟零捌拾肆万贰仟肆佰伍拾陆元肆角陆分（¥1390842456.46）。

其中：1. 会员提现 1528704 笔，提现金额 1296038735.53 元；

2. 网站所有推广佣金提现到微信记录 294282 条，提现金额 31855620.51 元；

3. 供应商提现 6570 笔，提现金额 734111.6 元；

4. 吕[redacted]直接或安排他人通过银行卡和支付宝支付货款 62213988.82 元。

（四）截止案发“[redacted]商城”货币资金余额为人民币叁亿伍仟肆佰壹拾叁万肆仟捌佰叁拾叁元贰角壹分（¥354134833.21）。

（五）截至案发“[redacted]商城”应支付尚未支付的负债金额为人民币壹拾亿壹仟捌佰壹拾万肆仟肆佰肆拾伍元柒角捌分（¥1018104445.78）。

其中：1. 未完成订单佣金为人民币伍仟贰佰贰拾伍万陆仟贰佰壹拾玖元（¥52256219.00）；

2. 未完成分红为人民币肆亿陆仟肆佰壹拾叁万柒仟捌佰贰拾叁元贰角柒分（¥464137823.27）；

3. 未完成退还金额为人民币叁亿玖仟伍佰伍拾贰万贰仟玖佰贰拾玖元（¥395522929.00）；

4. 积分余额为人民币壹亿零陆佰壹拾捌万柒仟肆佰柒拾肆元伍角壹分（¥106187474.51）。

（六）蒋[redacted]花所在“[redacted]商城”持有的微信号是“[redacted]5110”，该账[redacted]会员账户的下三层会员的营业总额为 14237473.98 元；其中该会员账户第一层下线会员共完成订单 665 个，营业额合计 1677615.00 元；第二层下线会员共完成订单 1256 个，营业额合计 3809278.98 元；第三层

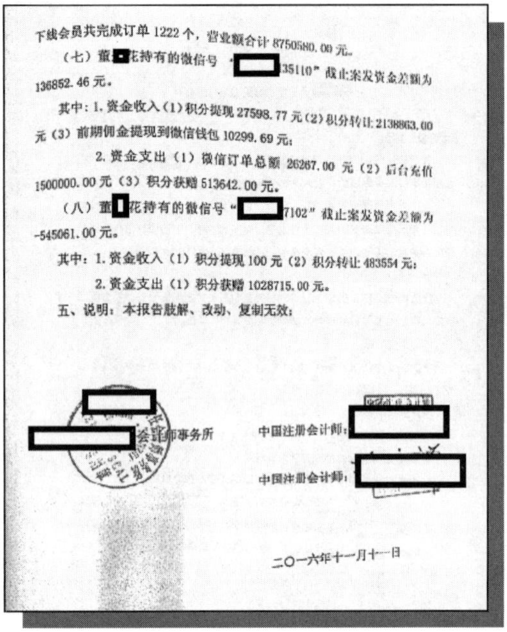

下线会员共完成订单 1222 个，营业额合计 8750580.00 元。

（七）董[redacted]花持有的微信号“[redacted]35110”截止案发资金差额为 136852.46 元。

其中：1. 资金收入（1）积分提现 27598.77 元（2）积分转让 2138863.00 元（3）前期佣金提现到微信钱包 10299.69 元；

2. 资金支出（1）微信订单总额 26267.00 元（2）后台充值 1500000.00 元（3）积分获赠 513642.00 元。

（八）董[redacted]花持有的微信号“[redacted]7102”截止案发资金差额为 -545061.00 元。

其中：1. 资金收入（1）积分提现 100 元（2）积分转让 483554 元；

2. 资金支出（1）积分获赠 1028715.00 元。

五、说明：本报告肢解、改动、复制无效；

[redacted]

[redacted]师事务所

中国注册会计师：[redacted]

中国注册会计师：[redacted]

二〇一六年十一月十一日

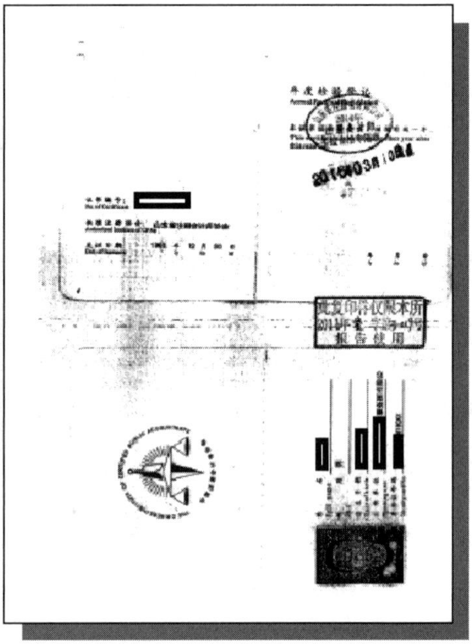

图 6-23　TZ 会计师事务所出具的《鉴定报告》

（三）“有专门知识的人（专家辅助人）”的质证意见

1. 出具《鉴定报告》的 TZ 会计师事务所不具有司法会计鉴定资格，其出具的《鉴定报告》不具有法定证据效力。

按照司法部颁布的《司法鉴定机构登记管理办法》第三条和第五条的规定：司法鉴定机构是司法鉴定人的执业机构，应当具备本办法规定的条件，经省级司法行政机关审核登记，取得《司法鉴定许可证》，在登记的司法鉴定业务范围内，开展司法鉴定活动。全国实行统一的司法鉴定机构及司法鉴定人审核登记、名册编制和名册公告制度。

按照司法部颁布的《司法鉴定人和司法鉴定机构名册管理办法》第四条的规定：《国家司法鉴定人和司法鉴定机构名册》是司法鉴定人和司法鉴定机构接受委托从事司法鉴定活动的法定依据。

按照《某省司法鉴定条例》第五条的规定：司法鉴定机构和司法鉴定人实行统一登记制度。未经司法行政部门登记并编入司法鉴定机构和司法鉴定人名册，任何组织和个人不得从事本条例第三条规定的司法鉴定业务。

经查阅《国家司法鉴定人和司法鉴定机构名册》（某省 2016 年度），我们未发现 TZ

会计师事务所被编入该名册之中。这就说明该会计师事务所未经司法行政部门登记并编入司法鉴定机构名册，未取得《司法鉴定许可证》，不具有从事司法会计鉴定的资格，其出具的《鉴定报告》不具有合法性。

2. 签署《鉴定报告》的“中国注册会计师”张某某和张某不具有“司法鉴定人”资格，其签署的《鉴定报告》不具有法定证据的效力。

按照司法部颁布的《司法鉴定人登记管理办法》第三条和第五条的规定：本办法所称的司法鉴定人是指运用科学技术或者专门知识对诉讼涉及的专门性问题进行鉴别和判断并提出鉴定意见的人员。司法鉴定人应当具备本办法规定的条件，经省级司法行政机关审核登记，取得《司法鉴定人执业证》，按照登记的司法鉴定执业类别，从事司法鉴定业务。此外，还规定：全国实行统一的司法鉴定机构及司法鉴定人审核登记、名册编制和名册公告制度。

按照某省司法鉴定条例第五条的规定，司法鉴定机构和司法鉴定人实行统一登记制度。未经司法行政部门登记并编入司法鉴定机构和司法鉴定人名册，任何组织和个人不得从事本条例第三条规定的司法鉴定业务。

经查，我们没有在《国家司法鉴定人和司法鉴定机构名册》(某省 2016 年度)中发现 TZ 会计师事务所以及二位签字的中国注册会计师的姓名。在《鉴定报告》的落款处我们也未发现二位签字的中国注册会计师注明其持有的《司法鉴定人执业证》证号。鉴于此我们认为，就职于 TZ 会计师事务所且在《鉴定报告》上签名的二位中国注册会计师张某某和张某(以下简称“报告人”)不具有“司法会计鉴定人”资格，其签署的《鉴定报告》不具有法定证据的效力，应当依法予以排除。

《中国注册会计师法》第十四条对注册会计师业务范围作出规定：注册会计师承办下列审计业务：①审查企业会计报表，出具审计报告；②验证企业资本，出具验资报告；③办理企业合并、分立、清算事宜中的审计业务，出具有关的报告；④法律、行政法规规定的其他审计业务。这里并没有规定注册会计师可以从事司法会计鉴定活动。事实上，审计与司法会计鉴定业务差异甚大，我国现行的法律法规并没有规定注册会计师可以理所当然地从事司法会计鉴定业务活动。

按照我国《司法鉴定人登记管理办法》的规定，注册会计师取得司法会计鉴定业务资格，须具备《司法鉴定人登记管理办法》规定的条件，经省级司法行政机关审核登记，取得《司法鉴定人执业证》，并且能够在一个司法鉴定机构中执业，方能从事会计司法鉴定业务。

鉴于此我们认为，由不具备“司法会计鉴定人”资格的二位“报告人”签署的《鉴定报告》不具有法定证据的效力，应当依法予以排除。

3. 关于《鉴定报告》缺失严密的检验与论证过程的问题。

从司法会计鉴定的基本原理来看，司法会计鉴定是指在诉讼活动中，鉴定人接受委托，依据对检材的检验，通过论证分析，对涉案的会计专门性问题作出专业性的鉴别与判断，并提出鉴定意见的一种司法鉴定。司法会计鉴定最本质的要求就是要有严格的检验过程，在检验与结论性意见之间必须有一个严密的论证过程。

反观本案的《鉴定报告》，整篇报告没有任何检验过程、没有任何分析说明过程，更没有对鉴定意见的严密论证过程。唯一能够看到的只是报告人将某物证鉴定中心出具的《检验报告》（××鉴字〔2016〕1601）（以下简称《检验报告》）中所列的数字进行简单的“拷贝搬家”或“汇总搬家”就直接得出了结论。我们没有看到报告人对这些数字的真实性、可靠性与准确性进行验证的过程，没有看到报告人利用会计的钩稽关系将这些数字与被鉴定单位的会计资料数据进行核对验证的过程，没有看到报告人将其列出的收入与支出的金额与相应的银行或支付宝的对账单数据进行核对检查的过程。报告人如此这般地“偷工减料”式的所谓“鉴定”，无法让报告阅读者信服其得出的结论具有可靠性，不能排除人们对报告人的计算过程是否存在差错、遗漏与重复计算的合理怀疑，故不能认为《鉴定报告》具有科学性与准确性。

图 6-24 是某物证鉴定中心出具的《检验报告》（××鉴字〔2016〕1601）（以下简称《检验报告》）部分内容的影印件。

[redacted]鉴字[2016]1601号

检验报告

[redacted]物证鉴定中心

The Institute of Forensic Science

[redacted]

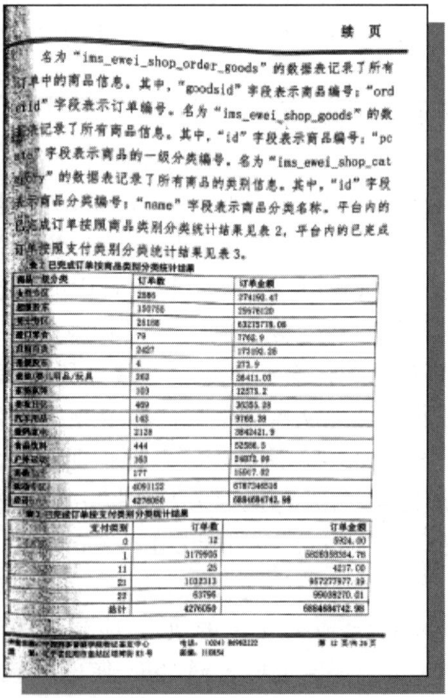
续 页

名为“ims_ewei_shop_order_goods”的数据表记录了所有订单中的商品信息。其中，“goodsid”字段表示商品编号；“orderid”字段表示订单编号。名为“ims_ewei_shop_goods”的数据表记录了所有商品信息。其中，“id”字段表示商品编号；“pcate”字段表示商品的一级分类编号。名为“ims_ewei_shop_category”的数据表记录了所有商品的类别信息。其中，“id”字段表示商品分类编号；“name”字段表示商品分类名称。平台内的已完成订单按照商品类别分类统计结果见表 2，平台内的已完成订单按照支付类别分类统计结果见表 3。

表 2 已完成订单按商品类别分类统计结果

商品一级分类	订单数	订单金额
[illegible]	2886	274190.47
[illegible]	150756	25976120
[illegible]	25188	63275778.08
[illegible]	79	3762.9
[illegible]	2427	173192.26
[illegible]	4	273.9
[illegible]/婴儿用品/玩具	262	36411.03
[illegible]	303	12573.2
[illegible]	409	30355.28
汽车用品	143	9768.28
[illegible]	2128	3842421.9
食品饮料	444	52588.5
户外运动	363	24872.89
[illegible]	177	15067.82
[illegible]	4093122	6787346536
[illegible]	4276060	6884684742.98

表 3 已完成订单按支付类别分类统计结果

支付类别	订单数	订单金额
0	12	5924.00
1	3179905	5828358384.78
11	25	4237.00
21	1032313	957277977.39
22	63796	99038270.01
总计	4276050	6884684742.98

电话：(024) 86962122　　第 12 页共 26 页

图 6-24　某物证鉴定中心出具的《检验报告》

4. 关于《鉴定报告》在形式要件方面存在的问题。

按照司法部颁布的《司法鉴定文书格式》的要求，《司法鉴定意见书》应当包括七部分内容：基本情况、基本案情、资料摘要、鉴定过程、分析说明、鉴定意见及附件。其中"鉴定过程"部分应当客观、翔实、有条理地描述鉴定活动发生的过程，包括人员、时间、地点、内容、方法，鉴定材料的选取、使用，采用的技术标准、技术规范或者技术方法，检查、检验、检测所使用的仪器设备、方法和主要结果等内容；"分析说明"部分应当详细阐明鉴定人根据有关科学理论知识，通过对鉴定材料的检查、检验、检测结果、鉴定标准和专家意见等进行鉴别、判断、综合分析、逻辑推理得出鉴定意见的过程，要求有良好的科学性、逻辑性。而本案的《鉴定报告》只简单地写了"鉴定原则""鉴定对象""鉴定依据""鉴定结论"四部分内容，这种自创式的体例结构完全背离与无视《司法鉴定文书格式》的规范性要求。

我国司法部颁布的《司法鉴定程序通则》第三十八条规定：司法鉴定意见书应当加盖司法鉴定机构的司法鉴定专用章。《司法鉴定文书格式》要求司法鉴定意见书各页之间应当加盖司法鉴定专用章红印，作为骑缝章。而本案的《鉴定报告》既没有加盖"司法鉴定专用章"（加盖的是会计师事务所常用的"报告专用章"），也没有在报告上加盖骑缝章。

此外，我国三大诉讼法早在 2012 年就将"鉴定结论"改为"鉴定意见"。而本案的报告人似乎对此毫无所知，依旧在报告中写上"鉴定结论"。

我们还注意到，报告人在《鉴定报告》中多次写到"截至案发"，但是又不写明具体的案发日期。这依然反映出报告人的不严谨、不专业的工作态度。

《鉴定报告》在形式要件方面存在的上述诸多问题说明报告人缺乏司法会计鉴定的基本常识与基本训练，缺乏作为一名合格的司法会计鉴定人所应有的科学、严谨、专业、合规与认真的工作态度。

5. 关于《鉴定报告》所涉及的法律定性用词的问题。

我们注意到，《鉴定报告》在行文中多次提到"传销"这一法律定性用词，这里存在明显的错误。"组织、领导传销活动犯罪"是我国《刑法》法定的罪名，认定此罪名需满足《刑法》规定的客体要件、客观要件以及主体要件。除了审判人员以外，任何人都无权对当事人进行法律定性。本案中的报告人在案件的侦查阶段就越俎代庖给予当事人"传销罪"的认定，此等低级错误的出现进一步说明报告人缺乏司法会计鉴定的基本常识与专业的训练。

6. 结论性意见。

鉴于上述分析我们认为，出具《鉴定报告》的 TZ 会计师事务所未取得《司法鉴定许可证》，未被录入编入司法鉴定机构名册，二位在《鉴定报告》上签字的"报告人"未取得《司法鉴定人执业证》，未被编入司法鉴定人名册，不具有进行司法会计鉴定的法定资格，其出具的《鉴定报告》不具有合法性。

从内容上看，《鉴定报告》缺失必要的检验与分析过程，报告人只是简单地将《检验报告》中所列的数字进行简单的“拷贝搬家”或“汇总搬家”就直接得出了结论，未利用会计的钩稽关系将这些数字与被鉴定单位的会计资料数据进行核对验证，未将所列的收入与支出的金额与相应的银行或支付宝的数据进行核对与检查，无法让报告阅读者信服其得出的结论具有可靠性，不能排除人们对报告人的计算过程是否存在差错、遗漏与重复计算的合理怀疑，故不能认为《鉴定报告》具有客观真实性。

此外，《鉴定报告》还存在诸多形式要件不符合我国司法鉴定的相关法律法规的规定，说明报告人缺乏司法会计鉴定的基本常识与基本训练，缺乏作为一名合格的司法会计鉴定人所应有的专业素养与严谨的工作态度，其出具的《鉴定报告》不具有规范性。

以上意见仅供有关部门在处理案件时参考。

中国政法大学法务会计研究中心

专家签名：张苏彤

2017 年 4 月 25 日

（四）BZ 市人民检察院出具的《司法会计检验报告》

在“有专门知识的人（专家辅助人）”向法庭出具了上述质证意见以后，HM 县公安局又委托 BZ 市人民检察院出具了一份《司法会计检验报告》，试图以该报告改变 TZ 会计师事务所鉴定人不具有法定资格的问题。图 6-25 是 BZ 市人民检察院出具的《司法会计检验报告》影印件。

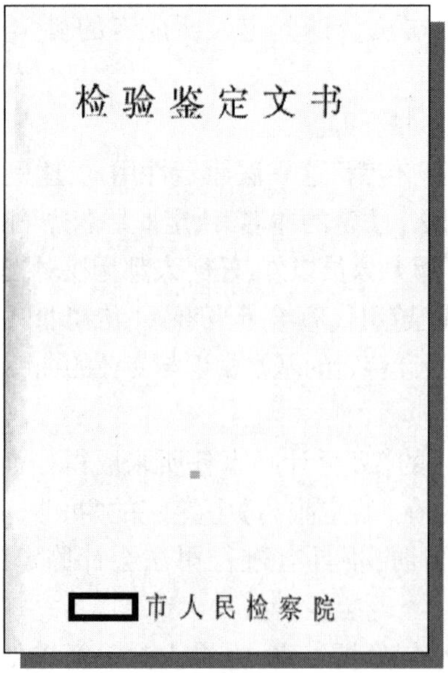
检验鉴定文书

[redacted]市人民检察院

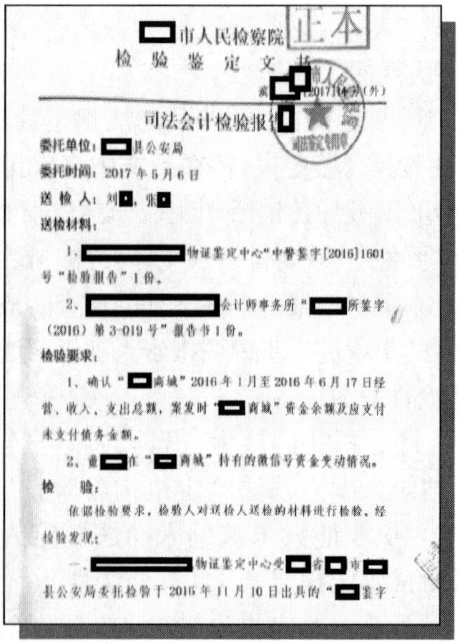
[redacted]市人民检察院

检验鉴定文书

[redacted][2017]14号(外)

司法会计检验报[redacted]

委托单位：[redacted]县公安局

委托时间：2017 年 5 月 6 日

送 检 人：刘[redacted]、张[redacted]

送检材料：

1、[redacted]物证鉴定中心“中警鉴字[2016]1601号“检验报告”1 份。

2、[redacted]会计师事务所“[redacted]所鉴字(2016) 第 3-019 号”报告书 1 份。

检验要求：

1、确认“[redacted]商城”2016 年 1 月至 2016 年 6 月 17 日经营、收入、支出总额，案发时“[redacted]商城”资金余额及应支付未支付债务金额。

2、曹[redacted]在“[redacted]商城”持有的微信号资金变动情况。

检 验：

依据检验要求，检验人对送检人送检的材料进行检验，经检验发现：

一、[redacted]物证鉴定中心受[redacted]省[redacted]市[redacted]县公安局委托检验于 2016 年 11 月 10 日出具的“[redacted]鉴字

[2016]1601号“检验报告”。经检验人审查后认为，该报告内容详实，检验充分，结论真实。

二、检验人对“检验报告”中列举的“[redacted]商城”在经营期间发生的经营、收入、支出等列示如下：

（一）“[redacted]商城”平台经营总额为6884684742.98元。

其中：1、女性专区订单数2586单，订单金额为274192.47元；

2、超级股东订单数150755单，订单金额为29576120.00元；

3、男士专区订单数25188单，订单金额为63275778.06元；

4、进口零食订单数79单，订单金额为7762.90元；

5、日用百货订单数2427单，订单金额为173192.25元；

6、升级股东订单数4单，订单金额为273.90元；

7、童装/婴儿用品/玩具订单数262单，订单金额为36411.03元；

8、家纺家饰订单数103单，订单金额为12575.20元；

9、美妆日化订单数469单，订单金额为36355.28元；

10、汽车用品订单数143单，订单金额为9768.38元；

11、数码家电订单数2128单，订单金额为3842421.90元；

12、食品饮料订单数444单，订单金额为52586.50元；

13、户外运动订单数163单，订单金额为24872.09元；

校对人：[redacted]　　第2页 /共5页

14、活动专区订单数4091122单，订单金额为6787346516.00元；

15、其他订单数177单，订单金额为15917.02元。

（二）“[redacted]商城”收入总额为1744977289.67元，其中：

1、微信支付拍单1032313单，拍单金额为957277977.19元；

2、支付宝拍单63795单，拍单金额为99038270.01元；

3、微信充值23947单，充值金额为26079479.97元；

4、后台充值3189单，充值金额为662581562.50元。

（三）“[redacted]商城”支出总额为1390842456.46元。其中：

1、会员提现1528704笔，提现金额为1296038735.53元；

2、网站所有推广佣金提现到微信记录294282条，提现金额为31855620.51元；

3、供应商提现6570笔，提现金额为734111.60元；

4、吕[redacted]提取或安排他人通过银行卡或支付宝支付货款62213988.82元。

（四）截止案发时，“[redacted]商城”资金余额为354134833.21元。

（五）截止案发时，“[redacted]商城”应支付未支付债务1018104445.78元。其中：

1、未完成订单佣金52256219.00元；

2、未完成分红金额464137823.27元；

校对人：[redacted]　　第3页 /共5页

3、未完成返现金额395522929.00元；

4、积分余额106187474.51元。

三、董[redacted]在“[redacted]商城”持有的微信号资金变动情况如下：

（一）董[redacted]在“[redacted]商城”持有的微信号“[redacted]35110”

对应会员账户的下三层会员的营业额为14237473.98元；其中，该会员账户第一层下线会员共完成订单665个，营业额为1677615.00元；第二层下线会员共完成订单1258个，营业额为3809278.98元；第三层下线会员共完成订单1222个，营业额为8750580.00元。

（二）董[redacted]有的微信号“[redacted]35110”截止案发时资金差额为136852.46元。其中：

1、资金收入：（1）积分提现27598.77元；（2）积分转让2138863.00元；（3）前期佣金提现到微信钱包10299.69元。

2、资金支出：（1）微信订单总额26267.00元。（2）后台充值1500000.00元；（3）积分获赠513642.00元。

（三）董[redacted]持有的微信号“[redacted]57102”截止案发时资金差额为-545061.00元。其中：

1、资金收入：（1）积分提现100.00元；（2）积分转让483554.00元。

2、资金支出：积分获赠1028715.00元。

校对人：[redacted]　　第4页 /共5页

检验意见：

1、[redacted]商城”2016年1月至2016年6月17日经营总额为6884684742.98元、收入总额为1744977289.67元、支出总额为1390842456.46元，案发时“[redacted]商城”资金余额为354134833.21元，应支付未支付债务金额为1018104445.78元。

2、董[redacted]在“无上商城”持有的微信号资金变动情况：董[redacted]在“[redacted]商城”持有的微信号“[redacted]35110”对应会员账户的下三层会员的营业额为14237473.98元；董[redacted]持有的微信号“[redacted]35110”截止案发时资金差额为136852.46元；董[redacted]持有的微信号“[redacted]57102”截止案发时资金差额为-545061.00元。

检验人：[redacted]

二〇一七年五月十二日

校对人：[redacted]　　第5页 /共5页

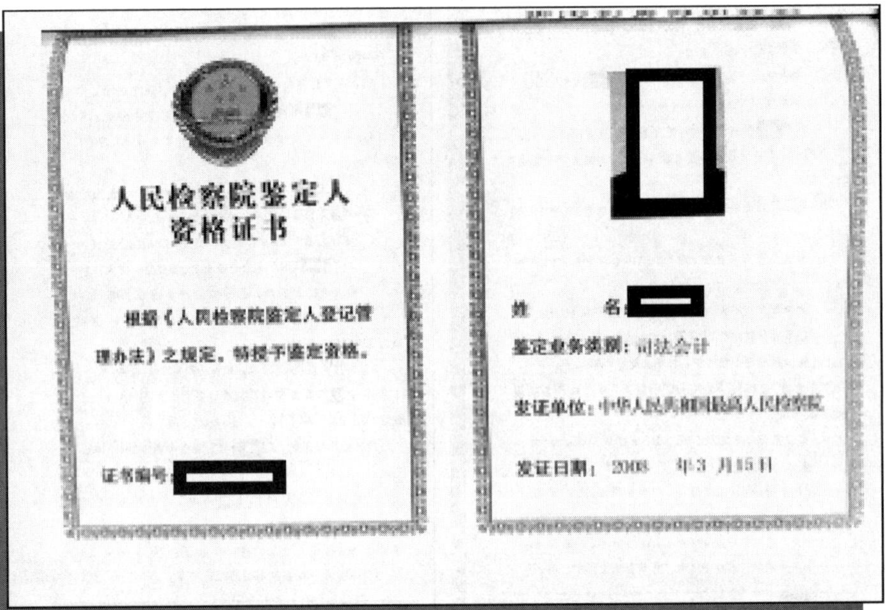

人民检察院鉴定人
资格证书

根据《人民检察院鉴定人登记管理办法》之规定，特授予鉴定资格。

证书编号：[redacted]

[redacted]

姓　　名：[redacted]

鉴定业务类别：司法会计

发证单位：中华人民共和国最高人民检察院

发证日期：2008　年3 月15日

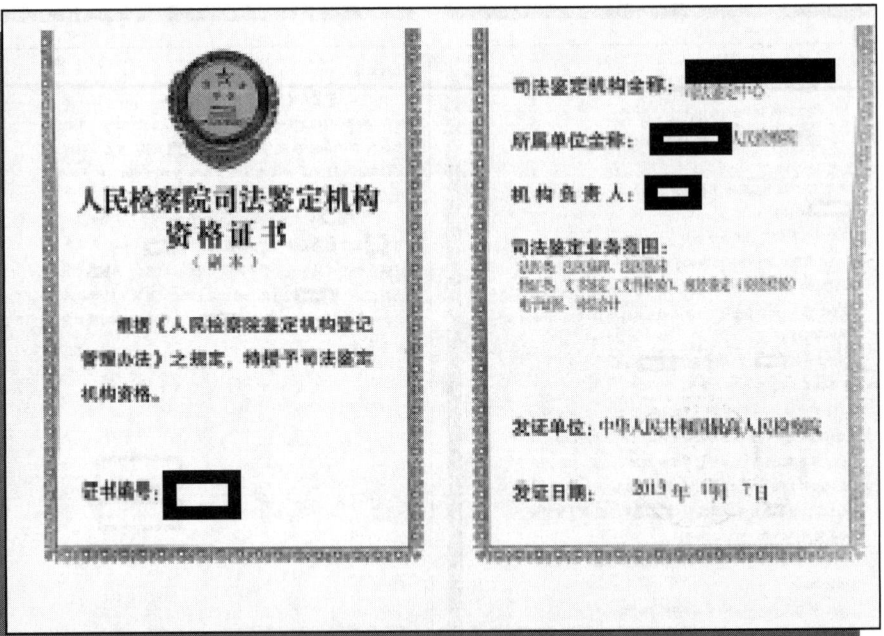

人民检察院司法鉴定机构
资格证书
（副本）

根据《人民检察院鉴定机构登记管理办法》之规定，特授予司法鉴定机构资格。

证书编号：[redacted]

司法鉴定机构全称：[redacted]

所属单位全称：[redacted]

机构负责人：[redacted]

司法鉴定业务范围：

发证单位：中华人民共和国最高人民检察院

发证日期：　2013 年 [illegible]月 7日

图 6-25　BZ 市人民检察院出具的《司法会计检验报告》

(五)"有专门知识的人(专家辅助人)"第二次质证意见

2017年5月16日,受BX律师事务所委托,中国政法大学法务会计研究中心主任张苏彤就吕某等人"涉嫌组织、领导传销活动罪"一案中由BZ市人民检察院出具的《司法会计检验报告》[BZ检技鉴〔2017〕14号(外),以下简称《检验报告-BZ检察院》]进行了专家论证分析,并提供如下专家质证意见:

1. 关于鉴定材料的问题。据《检验报告-BZ检察院》所述,检验人依据的"送检材料"是由中国XSJC学院物证鉴定中心出具的《检验报告》(XSJC鉴字〔2016〕1601,以下简称《检验报告-XSJC学院》)和TZ会计师事务所出具的《鉴定报告》[TZ所鉴字(2016)3-019号,以下简称《鉴定报告-会计师事务所》]。这两份送检材料是其他鉴定机构出具的鉴定意见,属间接的二手资料,不是涉案财务会计资料。BZ人民检察院的二位检验人依据非财务会计资料作出的所谓"检验报告"根本就不能说是"司法会计检验报告"。

依据最高人民检察院颁布的《人民检察院司法会计工作细则(试行)》(以下简称《工作细则》)第八条的规定:司法会计鉴定是指在诉讼活动中,为了查明案情,由具有专门知识的人员,对案件中涉及的财务会计资料及相关材料进行检验,对需要解决的财务会计问题进行鉴别判断,并提供意见的一项活动。

《工作细则》第十一条规定:财务会计资料及相关材料是指会计报表、总分类账、明细分类账、记账凭证及所附原始凭证、银行对账单等。

2. 关于司法会计鉴定的检验程序问题。从《检验报告-BZ检察院》的内容上看,检验人缺乏司法会计鉴定的"亲历性",他们根本就没有进行任何司法会计的检验过程,其所谓的检验过程其实就是一系列的"抄袭"过程。经仔细比对检查,我们发现《检验报告-BZ检察院》抄袭《鉴定报告-TZ会计师事务所》的内容,而《鉴定报告-TZ会计师事务所》又在抄袭《检验报告-XSJC学院》的内容。

比如,《检验报告-BZ检察院》第2页第五行"'WS商城'经营平台经营总额为6 884 684 742.98元……"直至第3页第四行"15. 其他订单数177单,订单金额为151 917.02元"均抄袭自《鉴定报告-TZ会计师事务所》第2页第四行至倒数第六行。而《鉴定报告-TZ会计师事务所》的这部分内容又抄袭自《检验报告-XSJC学院》第12页的表2。

又如,《检验报告-BZ检察院》第3页第四行"'WS商城'收入总额为1 744 977 289.67元,其中:"直至第4页第二行"4. 积分余额106 187 474.51元"均抄袭自《鉴定报告-TZ会计师事务所》第2页倒数第五行至第3页倒数第五行。

再如,《检验报告-BZ检察院》第4页第三行至第4页最后一行均抄袭自《鉴定报告-TZ 会计师事务所》第 3 页倒数第四行至第 4 页第十一行。

试问,检验人是如何进行检验的?难道这样的简单地“抄袭”一份出自不具有司法会计鉴定人资格的注册会计师之手,漏洞百出的《鉴定报告-TZ 会计师事务所》就是所谓的检验过程?

另外还发现,检验人自 2017 年 5 月 6 日(周六)接受委托至 2017 年 5 月 12 日出具报告只有五个工作日。本案涉案金额高达 114.07 亿元,检验人是如何在短短的五天时间内完成涉及如此之大涉案金额的委托检验事项的检验过程?

试问,检验人是如何检验“吕某提取或安排他人通过银行卡或支付宝支付货款 62 213 988.82 元”的(见图 6-26)?检验人是如何根据银行和支付宝的交易记录对该笔货款进行检验的?仅仅检验此笔巨额金额数字五个工作日的时间够用吗?

4、吕[redacted]提取或安排他人通过银行卡或支付宝支付货款 62213988.82 元。

图 6-26　认定吕某支付货款复印件

3. 关于超范围鉴定的问题。检验人是司法会计鉴定人,并非“电子物证数据司法鉴定人”。试问,检验人是否有资质,是否有能力对出自“电子物证数据司法鉴定人”之手的《检验报告-XSJC 学院》进行评价?检验人认为“《检验报告-XSJC 学院》该报告内容翔实,检验充分,结论真实”的意见是如何得出的(见图 6-27)?

一、[redacted]学院物证鉴定中心受[redacted]县公安局委托检验于 2016 年 11 月 10 日出具的“[redacted]鉴字

[2016]1601 号“检验报告”,经检验人审查后认为,该报告内容详实,检验充分,结论真实。

图 6-27　检验人认定意见的影印件

4，结论性意见。鉴于此，我们认为 BZ 人民检察院的二位检验人缺乏司法会计鉴定的基本常识，其出具的"四不像"的《检验报告-BZ 检察院》不符合最高检颁布的《工作细则》的相关规定，不符合司法会计鉴定的相关、独立、客观、公正、合法的原则，不能作为定案的依据。

中国政法大学法务会计研究中心
专家签名：张苏彤
2017 年 5 月 10 日

三、案例三：关于张某某"涉嫌损害商业信誉、商品声誉罪"一案的司法会计鉴定意见

（一）案情简介

犯罪嫌疑人张某某为上海籍的环保志愿者。2015 年，张某在赴 H 省 JZ 市 WZ 县出差时发现该县 JH 纸业股份有限公司（以下简称"JH 纸业公司"）偷埋废料造成地下水污染。随后，张某某便向各级环保部门进行举报。2017 年 3 月 23 日，张某某在上海被 WZ 县公安局"跨省抓捕"并刑拘；同年 4 月 28 日，WZ 县人民检察院认为"事实不清、证据不足"，不予批捕。2017 年 5 月 2 日，张某某因涉嫌犯有损害商业信誉、商品声誉罪，再次被 WZ 县公安局刑事拘留；5 月 16 日，经 WZ 县人民检察院批准，WZ 县公安局正式逮捕了张某某。2017 年 8 月，WZ 县人民检察院以"涉嫌损害商业信誉、商品声誉罪"起诉犯罪嫌疑人张某某。此案由 JZ 市 WZ 县公安局侦查终结。在侦查期间，WZ 县公安局委托 H 省 SJ 会计师事务所就 JH 纸业公司因被告人张某某的活动而损害商业信誉造成经济损失的相关金额进行司法会计鉴定。

SJ 会计师事务所出具的《司法鉴定意见书》以 JH 纸业公司的两家客户暂缓和暂停执行的 2 份订单的合同总金额 4 264 300 元乘以该公司 2014 年、2015 年和 2016 年损益表中反映的 3 年"平均主营业务毛利率"16.548% 得出了"JH 纸业公司销售合同损失利润金额 705 656.36 元"的鉴定意见。

上述司法会计鉴定意见作为 WZ 县人民检察院起诉书（WZ 检公诉刑诉〔2017〕446 号）提起公诉并要求 WZ 县人民法院以"损害商业信誉、商品声誉罪"追究被告人张某某刑事责任的主要证据之一，认定被告人张某某的行为对 JH 纸业公司造成的损失额为 705 656.36 元。

（二）本案中 WZ 县人民检察院的起诉书（WZ 检公诉刑诉〔2017〕446 号）

图 6-28 是本案中 WZ 县人民检察院的起诉书影印件。

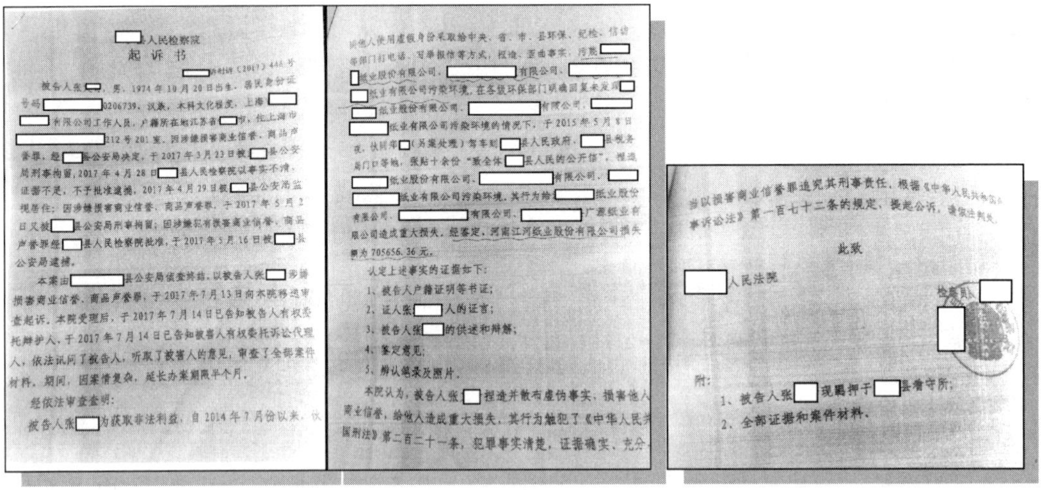

[redacted]县人民检察院

起诉书

[redacted]刑诉〔2017〕44号

被告人张[redacted]，男，1974年10月20日出生，居民身份证号码[redacted]0206739，汉族，本科文化程度，上海[redacted]有限公司工作人员，户籍所在地江苏省[redacted]市，住上海市[redacted]212号201室。因涉嫌损害商业信誉、商品声誉罪，经[redacted]县公安局决定，于2017年3月23日被[redacted]县公安局刑事拘留，2017年4月28日[redacted]县人民检察院以事实不清、证据不足，不予批准逮捕。2017年4月29日被[redacted]县公安局监视居住；因涉嫌损害商业信誉、商品声誉罪，于2017年5月2日又被[redacted]县公安局刑事拘留；因涉嫌犯有损害商业信誉、商品声誉罪经[redacted]县人民检察院批准，于2017年5月16日被[redacted]县公安局逮捕。

本案由[redacted]县公安局侦查终结，以被告人张[redacted]涉嫌损害商业信誉、商品声誉罪，于2017年7月13日向本院移送审查起诉。本院受理后，于2017年7月14日已告知被告人有权委托辩护人，于2017年7月14日已告知被害人有权委托诉讼代理人，依法讯问了被告人，听取了被害人的意见，审查了全部案件材料。期间，因案情复杂，延长办案期限半个月。

经依法审查查明：

被告人张[redacted]为获取非法利益，自2014年7月份以来，伙同他人使用虚假身份采取给中央、省、市、县环保、纪检、信访等部门打电话、写举报信等方式，捏造、歪曲事实，污蔑[redacted]纸业股份有限公司、[redacted]有限公司、[redacted]纸业有限公司污染环境。在各级环保部门明确回复未发现[redacted]纸业股份有限公司、[redacted]有限公司、[redacted]纸业有限公司污染环境的情况下，于2015年5月8日夜，伙同华[redacted]（另案处理）等专到[redacted]县人民政府、[redacted]县税务局门口等地，张贴十余份"致全体[redacted]县人民的公开信"，捏造[redacted]纸业股份有限公司、[redacted]有限公司、[redacted]纸业有限公司污染环境。其行为给[redacted]纸业股份有限公司、[redacted]有限公司、[redacted]广嘉纸业有限公司造成重大损失。经鉴定，河南江河纸业股份有限公司损失额为705656.36元。

认定上述事实的证据如下：

1、被告人户籍证明等书证；

2、证人张[redacted]人的证言；

3、被告人张[redacted]的供述和辩解；

4、鉴定意见；

5、辨认笔录及照片。

本院认为，被告人张[redacted]捏造并散布虚伪事实，损害他人商业信誉，给他人造成重大损失，其行为触犯了《中华人民共和国刑法》第二百二十一条，犯罪事实清楚，证据确实、充分，应当以损害商业信誉罪追究其刑事责任。根据《中华人民共和国刑事诉讼法》第一百七十二条的规定，提起公诉，请依法判处。

此致

[redacted]人民法院

检察员[redacted]

[redacted]

附：

1、被告人张[redacted]现羁押于[redacted]县看守所；

2、全部证据和案件材料。

图6-28　WZ县人民检察院的起诉书影印件

(三)本案中SJ会计师事务所出具的《司法鉴定意见书》

H省SJ会计师事务所司法鉴定意见书

编号:SJ会〔2017〕会鉴字第001号

一、基本情况

委托人:WZ县公安局

送检人:WZ县公安局

委托鉴定事项:根据案情需要,委托人为查明2017-03-14 WZ县JH纸业股份有限公司被损害商业信誉案,委托我所对JH纸业股份有限公司的经济损失相关金额进行司法会计鉴定。

受理日期:2017年5月2日。

鉴定材料:WZ县公安局提供的JH纸业股份有限公司的财务资料、销售合同和订货单资料以及其他相关资料。

鉴定日期:2017年5月2日至2017年5月8日。

鉴定地点:H省SJ会计师事务所。

在场人员:H省SJ会计师事务所(普通合伙)谭某某、张某某、岳某某。

鉴定对象:H省JH纸业股份有限公司的经济损失相关金额。

二、基本案情

根据案情需要，WZ 县公安局委托我所对 H 省 JH 纸业股份有限公司的经济损失相关金额进行司法会计鉴定。

三、资料摘要

WZ 县公安局提供的 H 省 JH 纸业股份有限公司的财务资料、销售合同和订货单资料以及其他有关资料，摘要如下：

(1) H 省 JH 纸业股份有限公司提供的财务资料。

(2) YY 县 JS 纸业有限公司与 JH 纸业股份有限公司签订的供销合同。

(3) NJ 人民印刷厂与 JH 纸业股份有限公司订购的购销合同。

四、鉴定过程

本所接受委托后，即委派有关的司法会计鉴定人员认真听取送检人员对案件情况的介绍，仔细审验送检材料，询问相关人员有关公司的情况，对案件的基本情况进行仔细分析。根据 WZ 县公安局提供的鉴定资料，鉴定人员实施了检查、核对、分析等司法检验鉴定程序，对委托鉴定事项进行检验鉴定。

我们的鉴定是依据《司法鉴定程序通则》《H 省司法鉴定管理条例》及相关法律法规进行的。

在鉴定过程中，我们根据该案件的实际情况，按照鉴定程序，依据相关法律法规文件及 WZ 县公安局提供的有关资料进行了逐笔审核，对送检材料采取了统计等鉴定方法，进行司法会计鉴定工作。

根据 WZ 县公安局提供的 H 省 JH 纸业股份有限公司的财务资料、销售合同和订货单资料以及其他有关资料，计算出 H 省 JH 纸业股份有限公司的经济损失相关金额。

五、分析说明

根据检验要求，司法鉴定人员认真听取相关人员对案件情况的介绍，对送检材料进行了比对和分析，按照委托人的要求及司法会计鉴定工作的实际需要进行相关业务资料统计、审核、计算、汇总。WZ 县公安局提供的 H 省 JH 纸业股份有限公司购销合同及订货单分别为：

(1) YY 县 JS 纸业有限公司于 2015 年 4 月 23 日向 H 省 JH 纸业股份有限公司增订双胶纸 440 吨（规格 765、870），此货物销售均价为 5 100 元/吨，合同金额合计 2 244 000 元；2016 年 5 月 15 日，YY 县 JS 纸业有限公司发函，因张某某张贴大字报而暂缓了订单。

(2) NJ 人民印刷厂于 2015 年 4 月 21 日向 H 省 JH 纸业股份有限公司订购彩纤纸 178 吨，此货物销售均价为 11 360 元/吨，合同金额合计 2 020 300 元；

2015 年 5 月 16 日 NJ 人民印刷厂发通知，因张某某张贴小字报和照片暂停了订单。

H 省 JH 纸业股份有限公司 2014 年的销售利润率 15.48%，2015 年销售利润率 16.08%，2016 年销售利润率 18.083%，3 年平均销售利润率 16.548%；WZ 县公安局提供的 H 省 JH 纸业股份有限公司两份销售合同金额总计 4 264 300 元，以此计算损失销售合同利润金额 705 656.36 元。

六、鉴定意见

经过以上鉴定过程及对有关资料的分析，H 省 JH 纸业股份有限公司销售合同损失利润金额 705 656.36 元。

七、落款

司法鉴定人签名：谭某某

《司法鉴定人执业证》证号：××××××××××××

司法鉴定人签名：张某某

《司法鉴定人执业证》证号：××××××××××××

H 省 SJ 会计师事务所（普通合伙）

（公章）

2017 年 5 月 8 日

（四）“有专门知识的人（专家辅助人）”出庭质证意见

1. 关于《司法鉴定意见书》鉴定对象的问题。我们认为，SJ 会计师事务所出具的《司法鉴定意见书》在鉴定对象的确定方面存在严重错误。《司法鉴定意见书》确定的鉴定对象是“JH 纸业股份有限公司的经济损失相关金额”。但是根据本案实际案情来看，JH 纸业公司受到被告人张某某的举报与张贴小字报等活动而引起的两家客户暂缓或暂停订单所造成的所谓经济损失是一种具有不确定性的未实现损失。按照司法鉴定的基本原理，司法鉴定只能对已经发生的事实进行鉴定。比如，法医对死因的鉴定，人必须在死亡之后才能做死因鉴定，人如果没有死根本就谈不上做死因鉴定；再如，法医对伤残的鉴定，当事人必须已经实际发生了伤残后才能做伤残鉴定。司法会计鉴定也一样，如果没有直接损失的实际发生就不能做损失额的司法会计鉴定。本案中 YY 县 JS 纸业有限公司和 NJ 人民印刷厂都是暂缓或暂停了订单，并没有给 JH 纸业公司造成可以准确计量的直接损失，因为 JH 纸业公司完全可以用腾出的产能接受其他客户的订单，而且合同双方可以在随后的月份里恢复订单的执行。

事实上，根据现有的证据也能够证明 JH 纸业公司在 2015 年并没有发生明显的经济损失。根据 JH 纸业公司的损益表可知，2015 年较 2014 年该公司的主营业务毛利润增长 3.3%，利润总额增长 20.77%，净利润增长 20.77%。

现有的证据也能够证明两家客户并没有因为被告人张某某的活动而终止与 JH 纸业公司的合作关系。JH 纸业公司 2017 年 2 月 23 日出具的证明显示：YY 县 JS 纸业公司 2015 年 5 月至 12 月共拉货 3 020 吨，总金额 1 540 万元；NJ 人民印刷厂 2015 年 5 月至 12 月共拉货 245 吨，总金额 278 万元。可见，YY 县 JS 纸业公司在案发后的 2015 年 5 月至 12 月期间，除了恢复暂缓的 440 吨双胶纸的订单之外，还追加了 2 580 吨的订单；NJ 人民印刷厂除了恢复暂停的 178 吨的彩纤纸订单外，也追加了 67 吨的订单。

本案司法会计鉴定人在这里犯了将具有不确定性的未实现损失作为鉴定对象的重大错误，其得出的结论性意见就不能称其为司法会计鉴定意见，充其量可以视为鉴定人对 JH 纸业公司在 2015 年因为被告人活动而可能发生损失的一种测算报告或评估报告。这种测算报告或评估报告不具有我国刑事诉讼法规定的法定证据的地位，其结果仅能供有关人员参考。

2. 关于《司法鉴定意见书》中损失额的计算问题。退一步讲，即使将鉴定人出具的《司法鉴定意见书》视为一种对损失额的测算报告，这样的测算报告也是存在多处明显缺陷和错误的。

《司法鉴定意见书》就本案损失额的计算方法是：

销售合同损失利润金额＝暂缓订单的商品订货数量×该商品的销售均价×JH 纸业公司最近三年平均销售利润率

但是，鉴定人在实际计算过程中却将“销售利润率（数额偏低，为 3.09%）”偷换成“主营业务毛利率（数额较高，为 16.548%）”。此处错误如果是鉴定人有意为之，则性质十分恶劣，有悖于司法鉴定人客观公正的职业操守。

鉴定人实际的计算过程如下：

销售合同损失利润金额＝（双胶纸 440 吨×销售均价 5 100 元/吨＋彩纤纸 178 吨×销售均价 11 359 元/吨）×3 年平均主营业务毛利率 16.548%
＝（440×5 100＋178×11 359）×16.548%＝705 656.36（元）

我们认为上述计算过程存在以下方面的问题：

（1）两种商品的销售均价均取自 JH 纸业公司销售部于 2017 年 2 月 23 日出具的一份证明。该证明列出的两种商品的销售均价是否与该公司的会计账簿以及原始凭证核对相符？此处未见鉴定人做必要的检验，未能排除人们对“销售均价”真实性的合理怀疑。

（2）计算过程用到的“三年平均主营业务毛利率”的数字取自附件所列 JH 纸业公

司 2014 年度、2015 年度和 2016 年度的损益表上的“主营业务毛利率”。其中存在的问题有以下三个：

第一，鉴定人所依据的三个会计年度的损益表不是原始会计凭证，该损益表是否与 JH 纸业公司的会计账簿做到“账表相符”？我们未见鉴定人对此做出必要的检验，此处存疑。

第二，鉴定人用“主营业务毛利率”计算暂停订单商品的利润损失额是完全错误的。主营业务毛利率反映企业主营业务在抵扣三大期间费用和流转税之前的利润水平，并不能反映企业真实的经营利润。正确的计算方法是用“销售利润率”（销售利润率=利润总额/主营业务收入）进行相关损失额的计算。表 6-6 列出了分别用“主营业务毛利率”和“销售利润率”计算出的利润损失额的差异比较。

表 6-6　损失额计算对照表（表中财务数据均取自《司法鉴定意见书》附件中的损益表）

项目＼年份	2014 年	2015 年	2016 年
主营业务收入	1 920 401 177. 61	1 910 275 770. 34	2 169 869 976. 36
主营业务成本	1 623 033 788. 81	1 603 092 212. 43	1 777 482 740. 83
主营业务毛利润	297 367 388. 80	307 183 557. 91	392 387 235. 53
利润总额	29 390 165. 30	35 495 214. 88	127 689 232. 64
净利润	22 042 646. 47	26 621 411. 16	95 766 924. 46
销售利润率（%）	1. 53	1. 86	5. 88
主营业务毛利率（%）	15. 48	16. 08	18. 08
平均销售利润率（%）	3. 091	—	—
平均主营业务毛利率（%）	16. 548	—	—
双胶纸	440	5 100	2 244 000. 00
彩纤纸	178	11 350	2 020 300. 00
合同金额合计	4 264 300. 00	—	—
按照平均主营业务毛利率计算损失额（元）			705 656. 36
按照平均销售利润率计算损失额（元）			131 812. 17

由表 6-6 可以看出，按照“平均销售利润率 3. 091%”计算出的利润损失额为 131 812. 17 元；按照“平均主营业务毛利率 16. 548%”计算出的利润损失额为

705 656.36 元，二者相差 5.35 倍。

第三，鉴定人用 JH 纸业公司的“三年平均主营业务毛利率”推算两种具体的商品——双胶纸和彩纤纸的利润损失额也是错误的。“主营业务毛利率”综合地反映了企业销售全部产品获取毛利润的情况。稍有商业知识的人都知道，每种商品赚取利润的水平是不同的。据我们了解，JH 纸业公司生产销售的产品品种很多，主要包括无碳复写纸、热敏纸、道林纸、证券纸、防伪彩纤纸、格拉辛原纸、离型原纸、胶带原纸和圣经纸等。这些不同的产品技术含量差异很大，每种产品的获利能力也是有明显差别的。笼统地用“平均主营业务毛利率”计算个别产品的利润水平是错误的。正确的做法应该是鉴定人要求委托方补充提供双胶纸和彩纤纸两种产品在案发期间的 2014 年和 2015 年销售数量、销售单价、结转的成本、缴纳的税金以及分担的期间费用等检材，据此计算出这两种产品的个别销售利润率，进而才能推算出两种产品客观准确的利润额。

3. 关于《司法鉴定意见书》在形式要件方面存在的问题。《司法鉴定意见书》在形式要件方面存在以下问题：

（1）《司法鉴定意见书》在落款处未加盖“司法鉴定机构的司法鉴定专用章”。按照司法部颁布的《司法鉴定程序通则》第三十八条的规定：司法鉴定意见书应当加盖司法鉴定机构的司法鉴定专用章。而《司法鉴定意见书》加盖的是“河南世纪联合会计师事务所（普通合伙）”的公章，未加盖“司法鉴定机构的司法鉴定专用章”。

（2）按照司法部发布的《司法鉴定文书格式》的要求，“司法鉴定意见书各页之间应当加盖司法鉴定专用章红印，作为骑缝章”。该《司法鉴定意见书》未见鉴定人加盖骑缝章。

（3）《司法鉴定意见书》上的送检人应该写明送检人的姓名，不能写“武陟县公安局”。

4. 专家论证意见结论：

（1）SJ 会计师事务所出具的《司法鉴定意见书》将 JH 纸业公司受到被告人张某某的举报与张贴小字报等活动而引起的两家客户暂缓或暂停订单所造成的具有不确定性的未实现损失作为鉴定对象是错误的。据此鉴定对象作出的结论性意见不能称其为司法会计鉴定意见，只可以将其视为一种测算报告或评估报告。这种测算报告或评估报告不具有我国刑事诉讼法规定的法定证据的地位，只能供有关人员参考。

（2）在将《司法鉴定意见书》视为一种测算报告或评估报告的情况下，我们也发现其中的相关计算过程存在以下明显错误与缺陷：

第一，鉴定人在损失额的计算过程中直接采用了被鉴定单位提供的两种涉案产品的销售均价，未见鉴定人对此销售均价做必要的检验，无法排除人们对其真实性的合理怀疑。

第二，鉴定人在损失额的计算过程中直接采用了被鉴定单位提供的 2014—2016 年损益表中所反映的数据，未见鉴定人对该损益表的真实性做必要的检验，无法排除人们对其真实性的合理怀疑。

第三，在损失额的计算过程中，鉴定人将原本应该用“平均销售利润率(3.09%)”偷换成“平均主营业务毛利率(数值较高，为 16.548%)”，导致其最终计算出的销售合同损失利润额由 131 812.17 元提高到 705 656.36 元，多计了 573 844.19 元。这一严重错误如果是鉴定人有意为之，则性质十分恶劣，有悖于司法鉴定人客观公正的原则和职业操守。

第四，鉴定人用损益表反映的三年综合平均利润率计算两种特定产品的利润额是错误的。

(3)《司法鉴定意见》在落款处和骑缝处未加盖鉴定机构的“司法鉴定专用章”，存在形式要件方面的差错，与司法部颁布的《司法鉴定程序通则》的有关规定不符。

以上意见仅供有关部门在处理案件时参考。

中国政法大学法务会计研究中心
专家：张苏彤
2017 年 11 月 3 日

(五)相关证据的影印件

图 6-29、图 6-30 和图 6-31 为案件相关证据的影印件。

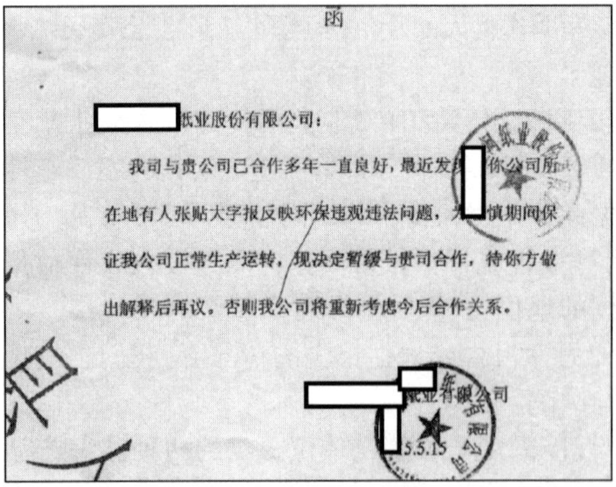

函

[redacted]纸业股份有限公司：

我司与贵公司已合作多年一直良好，最近发[redacted]你公司所在地有人张贴大字报反映环保违规违法问题，为[redacted]慎期间保证我公司正常生产运转，现决定暂缓与贵司合作，待你方做出解释后再议。否则我公司将重新考虑今后合作关系。

[redacted]纸业有限公司

[redacted]5.5.15

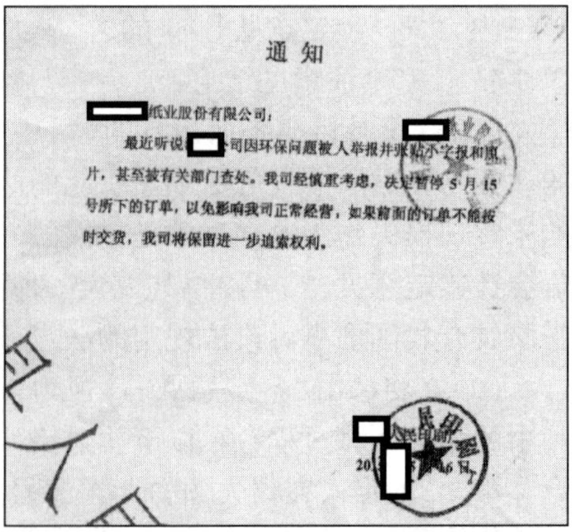

通知

[redacted]纸业股份有限公司：

最近听说[redacted]司因环保问题被人举报并张贴小字报和照片，甚至被有关部门查处。我司经慎重考虑，决定暂停 5 月 15 号所下的订单，以免影响我司正常经营，如果前面的订单不能按时交货，我司将保留进一步追索权利。

[redacted]人民印刷厂

20[redacted]6 日

图 6-29 两家客户(JS 纸业有限公司和 NJ 人民印刷厂)暂缓/暂停订单的证据

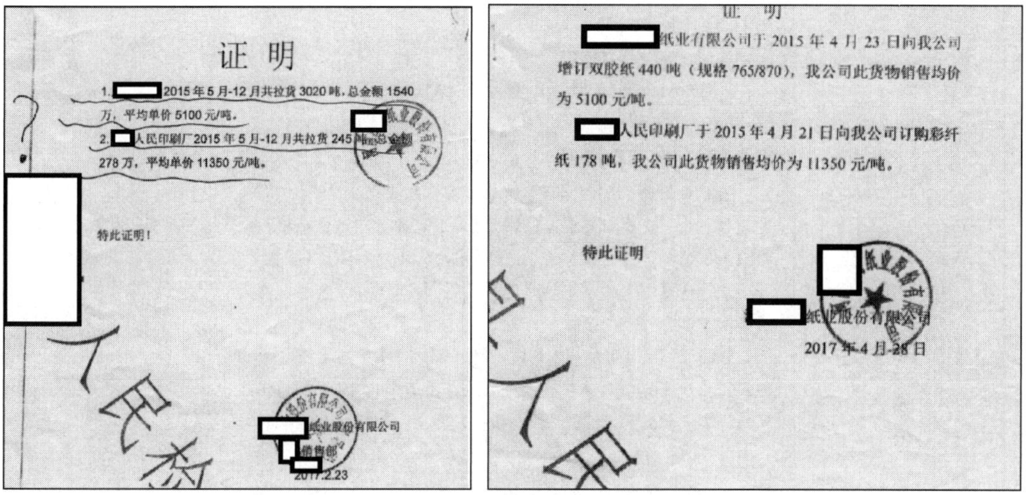
证明

1.[redacted]2015年5月-12月共拉货3020吨，总金额1540万，平均单价5100元/吨。

2.[redacted]人民印刷厂2015年5月-12月共拉货245[redacted]总金额278万，平均单价11350元/吨。

特此证明！

[redacted]纸业股份有限公司

[redacted]销售部

[redacted]

2017.2.23

证明

[redacted]纸业有限公司于2015年4月23日向我公司增订双胶纸440吨（规格765/870），我公司此货物销售均价为5100元/吨。

[redacted]人民印刷厂于2015年4月21日向我公司订购彩纤纸178吨，我公司此货物销售均价为11350元/吨。

特此证明

[redacted]纸业股份有限公司

2017年4月28日

图6-30　鉴定人计算损失额用到的两种产品的平均单价的证明

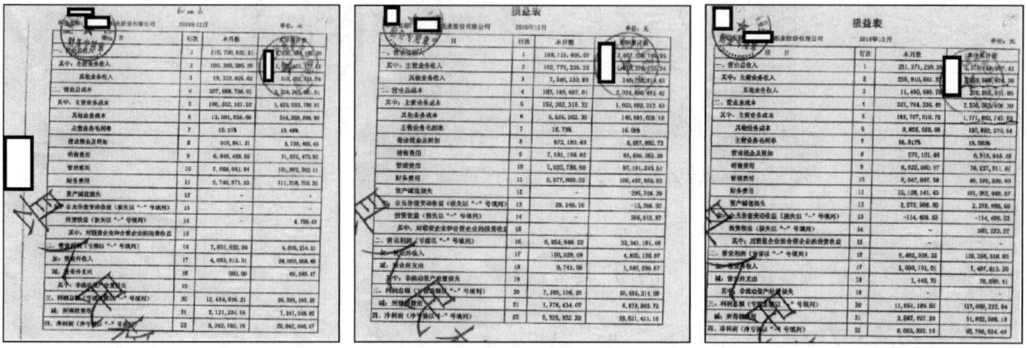

图6-31　鉴定人计算三年“平均主营业务毛利率”用到的JH纸业公司2014—2016年度的损益表

（六）WZ县人民检察院出具的变更起诉决定书

在“有专门知识的人（专家辅助人）”出庭质证了SJ会计师事务所出具的《司法鉴定意见书》之后，WZ县公安局又委托ZCDP会计师事务所做了重新鉴定，出具了本案的第二份司法会计鉴定意见。随即，WZ县人民检察院发出“变更起诉决定书”。该决定书将认定的事实变更为：“经鉴定，SJ纸业股份有限公司损失额为822 868.19元”。图6-32是WZ县人民检察院发出的“变更起诉决定书”的影印件。

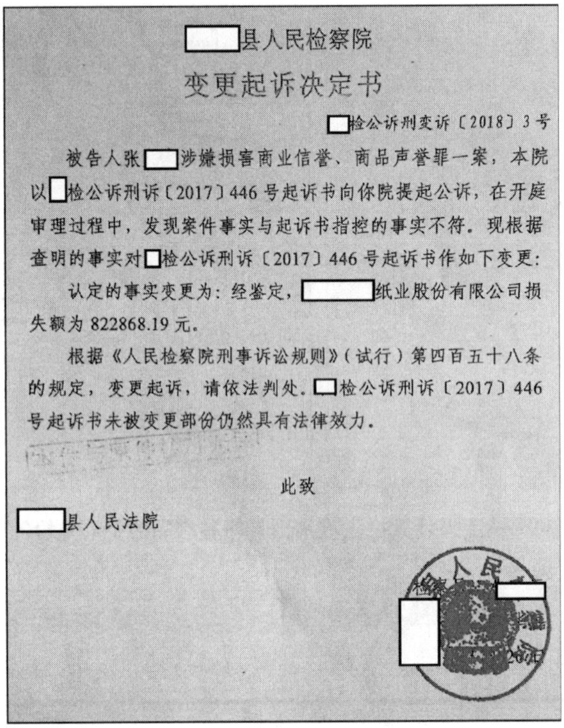

[redacted]县人民检察院

变更起诉决定书

[redacted]检公诉刑变诉〔2018〕3号

被告人张[redacted]涉嫌损害商业信誉、商品声誉罪一案，本院以[redacted]检公诉刑诉〔2017〕446号起诉书向你院提起公诉，在开庭审理过程中，发现案件事实与起诉书指控的事实不符。现根据查明的事实对[redacted]检公诉刑诉〔2017〕446号起诉书作如下变更：

认定的事实变更为：经鉴定，[redacted]纸业股份有限公司损失额为822868.19元。

根据《人民检察院刑事诉讼规则》（试行）第四百五十八条的规定，变更起诉，请依法判处。[redacted]检公诉刑诉〔2017〕446号起诉书未被变更部份仍然具有法律效力。

此致

[redacted]县人民法院

图 6-32　WZ 县人民检察院的"变更起诉决定书"影印件

(七)ZCDP 会计师事务所出具的《鉴定意见书》

图 6-33 为 ZCDP 会计师事务所出具的《鉴定意见书》的影印件。

(八)"有专门知识的人(专家辅助人)"第二次出庭质证意见

1. 关于《鉴定意见书》形式要件方面存在的问题。《鉴定意见书》在形式要件方面存在以下问题:

(1)《鉴定意见书》封二的"声明"与司法部 2016 年 11 月发布的现行的《司法鉴定文书格式》所要求的"声明"内容完全不同。本案鉴定人使用了 2017 年 3 月 1 日已经被司法部废止了的《司法鉴定文书规范》中司法鉴定意见书的"声明"。这样的错误说明本案鉴定人无视我国司法鉴定领域最新的法律法规变化,依法鉴定的观念薄弱。

(2)《鉴定意见书》正文的标题不符合司法部《司法鉴定文书规范》的要求,鉴定人

[redacted]会计师事务所有限公司

鉴定意见书

司法鉴定许可证号：[redacted]106

关于[redacted]纸业股份有限公司
被损害商业信誉的经济损失
鉴定意见书

[redacted]鉴字（2018）第010号

一、基本情况

（一）委托人：[redacted]县公安局

（二）委托鉴定事项：根据案情需要，委托人为查明[redacted]纸业股份有限公司（以下简称"[redacted]纸业公司"）被损害商业信誉案，委托我所对[redacted]纸业公司的经济损失相关金额进行会计鉴定。

（三）委托日期：2018年03月08日

（四）鉴定材料：

1、[redacted]纸业股份有限公司提供的财务资料；

2、[redacted]纸业有限公司与[redacted]纸业股份有限公司签订的购销合同；

3、[redacted]人民印刷厂与[redacted]纸业股份有限公司签订的购销合同；

4、[redacted]纸业股份有限公司提供的订单证明；

（五）鉴定期间：2018年03月08日至2018年3月14日

（六）鉴定地点：[redacted]会计师事务所有限公司

（七）在场人员：[redacted]会计师事务所有限公司工作人员、[redacted]县公安局工作人员；

二、检案摘要

[redacted]纸业股份有限公司2015年5月15日与[redacted]人民印刷厂签订货物购销合同、2015年6月1日与[redacted]纸业有限公司签订货物购销合同，后因[redacted]人民印刷厂、[redacted]纸业有限公司听说[redacted]纸业因环保问题被人举报并张贴小字报和照片等消息，分别暂缓与江河纸业的合作。[redacted]县公安局委托我所对[redacted]纸业公司因被损害

[redacted] 第1页共3页

商业信誉造成的经济损失进行会计鉴定。

三、鉴定过程

1、审计人员阅读了委托人移交的鉴定材料；

2、审计人员对整个案件的过程及鉴定材料进行综合分析、判断。

四、鉴定分析

本所接受委托后，即委派有关的会计鉴定工作人员认真听取送检人员对案件情况的介绍，仔细审验送检资料，询问相关人员有关公司的情况，对案件的基本情况进行仔细分析，根据[redacted]县公安局提供的鉴定资料，鉴定人员实施了检查、核对、分析等司法检验鉴定程序，对委托鉴定事项进行鉴定。

我们的鉴定是依据《司法鉴定程序通则》、《[redacted]省司法鉴定管理条例》及相关法律法规进行的。

在鉴定过程中，我们根据该案件实际情况，按照鉴定程序，依据相关的法律法规文件及[redacted]县公安局提供的有关资料，进行了逐笔审核等会计鉴定工作。

根据[redacted]县公安局提供的[redacted]纸业公司的财务资料、购销合同、订货单及相关证明，计算出[redacted]纸业公司的经济损失的相关金额。

五、鉴定意见

根据送检要求，会计鉴定人员认真听取相关人员对案件情况的介绍，对送检材料进行审核和分析得出以下结论：

1、[redacted]纸业有限公司2015年6月1日与[redacted]纸业股份有限公司签订购销合同，并根据[redacted]纸业公司提供的证明资料显示增订双胶纸440吨（规格765/870），货物的销售均价为5100元/吨，合同金额为2,244,000.00元。2015年5月15日[redacted]纸业股份有限公司发函因江河纸业公司被张贴小字报等消息暂缓订单。

2、[redacted]印刷厂2015年5月15日与与[redacted]纸业股份有限公司签订购销合同，并根据[redacted]纸业公司提供的证明资料显示订购

[redacted] 第2页共3页

彩纤纸178吨。货物的销售均价11350元/吨，合同金额为2,020,300.00元。2015年5月16日[redacted]人民印刷厂发通知因[redacted]纸业公司被张贴小字报等消息暂缓订单。

3、根据[redacted]纸业公司提供的财务资料：[redacted]纸业公司与[redacted]纸业有限公司、[redacted]人民印刷厂停止合作的订单年限2015年当年[redacted]纸业公司双胶纸品种的毛利率为-1.55%，该产品处于宣传拓展期，企业制定的销售价格低于成本价格导致该品种毛利率为负，此次暂不计算经济损失；彩纤品种的毛利率为40.73%。

4、综合上述资料，[redacted]纸业股份有限公司购销合同损失的金额（合同金额*毛利率）2,020,300.00*40.73%=822,868.19元。

《司法鉴定人执业证》证号：[redacted]6002

《司法鉴定人执业证》证号：[redacted]6003

[redacted]会计[redacted]务所有限公司

[redacted]03月14日

[redacted] 第3页共3页

图6-33 ZCDP会计师事务所出具的《鉴定意见书》影印件

涉嫌在标题中越权为当事人定罪。《鉴定意见书》正文的标题是这样的:"关于JH纸业股份有限公司被损害商业信誉的经济损失鉴定意见书"。该标题出现了法律定性的文字"损害商业信誉",这是犯了司法鉴定的大忌。稍有司法鉴定常识的人都知道,司法鉴定人只有鉴定权,不具有审判权,鉴定人是无权替法官对案件的性质作出法律定性。

(3)按照司法部《司法鉴定程序通则》和《司法鉴定文书规范》对鉴定意见书的要求,司法鉴定意见书各页之间应当加盖司法鉴定专用章红印作为骑缝章,司法鉴定意见书应当加盖司法鉴定机构的司法鉴定专用章。而本案《鉴定意见书》未见加盖司法鉴定专用章红印作为骑缝章,落款处加盖的是鉴定机构的公章,非鉴定机构的司法鉴定专用章。

(4)司法部《司法鉴定程序通则》第三十六条规定:司法鉴定机构和司法鉴定人应当按照统一规定的文本格式制作司法鉴定意见书。司法部《司法鉴定文书规范》要求鉴定意见的格式应该由基本情况、基本案情、资料摘要、鉴定过程、分析说明、鉴定意见和附件七个部分构成。而本案《鉴定意见书》只有基本情况、检案摘要、鉴定过程、鉴定分析、鉴定意见五个部分,少了"资料摘要"和"附件"两个部分的内容,而且鉴定人将本该在"鉴定分析"部分阐述的内容错误地放在"鉴定意见"部分。

鉴于上述意见,我认为从形式要件的角度看,《鉴定意见书》存在多处明显缺陷,应该判为是一份"不合格的《鉴定意见书》"。鉴定意见书的形式要件关乎鉴定意见本身的合法性。鉴于本案鉴定人连《鉴定意见书》的形式要件这样简单的问题都无法做到合法合规,我们有理由对本案的二位司法鉴定人的职业素养与业务能力表示质疑,对本案《鉴定意见书》的合法性表示怀疑。

2. 关于"鉴定材料"的问题。按照司法部《司法鉴定程序通则》第十一条和第十二条的规定:司法鉴定机构应当统一受理办案机关的司法鉴定委托。委托人委托鉴定的,应当向司法鉴定机构提供真实、完整、充分的鉴定材料,并对鉴定材料的真实性、合法性负责。显然,《司法鉴定程序通则》规定了鉴定材料必须由作为委托人的办案机关提供,办案机关要对鉴定材料的真实性、合法性负责,被鉴定对象是不能直接向鉴定人提供鉴定材料的。

但是我们注意到,鉴定人在《鉴定意见书》"鉴定材料"部分是这样表述的:①H省JH纸业有限公司提供的财务资料;②原阳县江森纸业有限公司与河南JH纸业有限公司签订的购销合同;③南京人民印刷厂与河南JH纸业有限公司签订的购销合同;④河南JH纸业股份有限公司提供的订单证明。显然,第一份和第四份鉴定材料是由被鉴定对象JH纸业有限公司直接提供给鉴定人的。据此,我们有理由怀疑本案鉴定人违规直接向被鉴定人调取鉴定材料,对其获取的鉴定材料的程序的合法性存疑。

3. 关于违规"超范围鉴定"的问题。最高人民检察院《司法会计工作细则》(高检发技字〔2015〕27 号)第二十四条明确规定:鉴定意见不得超出委托要求范围。但是我们发现,《鉴定意见书》存在明显的“超范围鉴定”的问题。据《鉴定意见书》,鉴定委托人 WZ 县公安局的委托鉴定事项是“对 JH 纸业公司的经济损失相关金额进行会计鉴定”。但是我们发现,本案鉴定人最终得出的四项结论性鉴定意见中,除了第四项以外,其余三项意见均属“超范围鉴定”。

(1)在第一项所谓的鉴定结论中,鉴定人将原本应该放在“鉴定分析”部分的对 JS 纸业公司暂缓订单的合同金额的计算放在“鉴定意见”部分了。

(2)在第二项所谓的鉴定结论中,鉴定人同样将原本应该放在“鉴定分析”部分的对 NJ 人民印刷厂暂缓订单的合同金额的计算及结果放在“鉴定意见”部分了。

(3)在第三项所谓的鉴定结论中,鉴定人将 JH 纸业公司 2015 年彩纤纸品种的毛利率 40.73%在没有任何检查与验证过程的情况下,直接作为鉴定结论了。

由上述情况可以看出,本案鉴定人在鉴定过程中逻辑思维混乱,将原本应属于鉴定分析过程的中间计算过程和结果(暂缓订单的合同金额和毛利率)作为司法鉴定的结论性意见列出,造成了“超范围鉴定”的结果,使得最终形成的鉴定意见与本案委托鉴定事项的关联性受到影响。

4. 关于“暂缓或暂停订单”能否对 JH 纸业公司造成实质性经济损失的问题。由《鉴定意见书》鉴定意见的第一项、第二项和委托人为作者提供的材料:“YY 县 JS 纸业有限公司 2015 年 5 月 15 日致 JH 纸业公司的暂缓订单执行的通知书”和“NJ 人民印刷厂 2015 年 5 月 16 日致 JH 纸业公司的暂停订单执行的通知书”可知,本案中 YY 县 JS 纸业公司和 NJ 人民印刷厂都是暂缓或暂停了订单,并没有对 JH 纸业公司造成可以准确计量的直接损失,因为 JH 纸业公司完全可以在两家客户暂停或暂缓订货期间用腾出的设备产能接受其他客户的订单,而且合同双方可以在随后的月份里很快恢复订单的执行。

据《现代汉语词典》(商务印书馆 1997 年版 1568 页)对“暂停”和“暂缓”词语的解释为:暂:时间短(与“久”相对);暂停:指暂时停止,比如某些球类比赛中暂时停止比赛;暂缓:指暂且延缓。所以,从字面意思上讲,暂停或暂缓订单只是暂时停止或延缓了订单,与“取消订单”有着本质的区别。如果两家客户是取消了订单,那毫无疑问会对 JH 纸业公司带来直接的经济损失。但是本案的情形是暂停或暂缓了订单,那就意味着两家客户很快就会恢复订单,并没有对 JH 纸业公司造成可以准确计量的实际经济损失。所以,本案鉴定人在这里犯了将“暂停或暂缓了订单”等同于“取消订单”的错误。

事实上,现有的证据也能够证明两家客户并没有因为被告人的活动而终止与 JH 纸业公司的合作关系。JH 纸业公司 2017 年 2 月 23 日出具的证明显示:YY 县 JS 纸业公司 2015 年 5 月至 12 月共拉货 3 020 吨,总金额 1 540 万元;NJ 人民印刷厂 2015 年

5 月至 12 月共拉货 245 吨,总金额 278 万元。可见,YY 县 JS 纸业公司在案发后的 2015 年 5 月至 12 月期间,除了恢复了暂缓的 440 吨双胶纸的订单之外,还追加了 2 580 吨的订单;NJ 人民印刷厂在 2015 年除了恢复暂停的 178 吨的彩纤纸订单外,也追加了 67 吨的订单。

鉴于上述意见我们认为,NJ 人民印刷厂因本案被告人张某某贴小字报等消息,于 2015 年 5 月 16 日其暂缓彩纤纸 178 吨购货订单的举措并没有对 JH 纸业公司带来实质性的经济损失,鉴定人在这里犯了将"未实现损失"作为鉴定对象的错误。按照司法鉴定的基本原理,司法鉴定只能对已经发生的事实进行鉴定。如果没有损失的实际发生,就不能做损失额的司法会计鉴定。

5. 关于《鉴定意见书》缺失司法会计鉴定程序所必需的检验、分析、判断、逻辑推理与论证过程的问题。司法部《司法鉴定文书格式》对司法鉴定意见书"分析说明"段的内容有非常明确的具体要求:"关于分析说明,应当详细阐明鉴定人根据有关科学理论知识,通过对鉴定材料,检查、检验、检测结果,鉴定标准,专家意见等进行鉴别、判断、综合分析、逻辑推理,得出鉴定意见的过程。要求有良好的科学性、逻辑性。"从本案《司法鉴定意见书》的所谓"鉴定说明"部分可以看出,鉴定人根本就没有按照司法鉴定的法定程序要求,对鉴定材料所进行的检验、分析、判断、逻辑推理与论证过程,直截了当地根据被鉴定对象提供的材料就得出了鉴定意见,使得《鉴定意见书》的阅读者无从了解最终鉴定意见的形成过程,无法排除人们对鉴定意见真实性、客观性的合理怀疑。

鉴定程序的合法性是程序正义的必然要求,也是鉴定意见合法性的重要参数。鉴于本案鉴定人在鉴定程序方面违反我国司法鉴定程序规范,我们建议审判机关将《鉴定意见书》作为非法鉴定意见予以排除。

6. 关于鉴定人错用"毛利率"计算 JH 纸业公司经济损失的问题。从《鉴定意见书》最终得出的结论性意见来看,鉴定人计算 JH 纸业公司由于其客户 NJ 人民印刷厂暂缓彩纤纸订单带来的购销合同损失金额的实际计算过程如下:

购销合同损失金额=彩纤纸暂缓订单数量×彩纤纸销售均价×彩纤品种毛利率

=178×11 350×40. 73%

=2 020 300×40. 73%

=822 868. 19(元)

我们认为这一计算过程至少存在以下三个方面的问题:

(1)鉴定人对彩纤纸销售均价直接采用了被鉴定单位 2017 年 2 月 23 日提供的"证明"中所述的平均单价(11 350 元/吨),鉴定人对此关键数字没有进行任何必要的检验与验证,未能排除人们对"销售均价"真实性与客观性的合理怀疑。

(2)鉴定人未对彩纤纸品种的毛利率(40. 73%)的来源做出任何说明,未能对该毛利率的计算过程及其结果进行必要的检验与查证，未能排除人们对“彩纤纸品种的毛利率为 40.73%”真实性与客观性的合理怀疑。

查阅相关数据可知，2014 年我国造纸行业的毛利率为 20.43%（见图 6-34）。

（3）鉴定人在此用“毛利率”计算暂停订单商品的利润损失额是错误的。稍有财务知识的人都知道，毛利率反映营业收入在减除营业成本后的获利能力，由于毛利率的计算未能扣减流转税和三大期间费用，所以并不能反映企业真实的营业利润水平。正确的计算方法是采用“营业利润率”进行相关损失额的计算。

营业利润率与毛利率的区别可以用下列计算公式反映：

毛利率 =（毛利润 / 营业收入）×100%

=［（营业收入-营业成本）/ 营业收入］×100%

营业利润率 =（营业利润/ 营业收入）×100%

=［（毛利润 - 税金及附加 - 销售费用 - 管理费用 - 财务费用）/营业收入］×100%

公式中：

“税金及附加”是指企业在销售产品或提供劳务过程中发生的消费税、城市维护建设税、资源税、土地增值税和教育费附加。

“销售费用”是指企业在销售产品和提供劳务等经营过程中发生的各项营销的费用。

“管理费用”是指企业为组织和管理生产经营活动而发生的各项费用。

“财务费用”是指反映企业在筹资过程中发生的各项费用。

营业利润率在计算过程中全面扣除了企业在经营活动中必定要发生的营业成本、税金及附加、销售费用、管理费用和财务费用，因而能够恰当地反映企业销售商品、提供劳务等营业活动的盈利水平。

毛利率由于没有扣减企业日常必需发生的流转税和销售费用、管理费用和财务费用，故不能客观地反映销售产品真实的获利水平。毛利率的数额一般都要高于营业利润率。

7. 专家意见的结论：

（1）本案《鉴定意见书》在形式要件方面存在诸多问题。鉴定人在其出具的《鉴定意见书》中封二的声明内容、正文标题的书写、格式内容的安排、落款的盖章等方面存在不合法、不合规的情况。我们有理由对本案二位司法鉴定人的职业素养与专业态度表示质疑，对本案《鉴定意见书》的合法性表示怀疑。

（2）本案鉴定人涉嫌违规直接向被鉴定单位调取鉴定材料，鉴定人无法保证其获取的鉴定材料的真实性与合法性，其依据此鉴定材料做出的鉴定意见的合法性令人怀疑。

4 造纸行业毛利率略低平均水平

销售毛利率指标主要根据企业的利润表项目计算得出，投资者、审计人员或公司经理等报表使用者可从中分析得出自己所需要的企业信息。2014年，28家纸业上市公司共实现营业收入1593.80亿元，营业成本1268.20亿元，实现毛利润325.60亿元，行业整体

表5　上市公司毛利率排名

企业名称	营业收入/元	营业成本/元	毛利润/元	毛利率/%
恒安国际	19055090088.80	10269104479.20	8785985609.60	46.11
维达国际	6384983754.28	4458976370.91	1926007383.37	30.16
中顺洁柔	2521780170.53	1764205070.36	757575100.17	30.04
凯恩股份	932756582.38	671718953.78	261037628.60	27.99
恒丰纸业	1497278939.95	1107501406.62	389777533.33	26.03
冠豪高新	962632311.25	721676910.08	240955401.17	25.03
齐峰新材	2537977084.05	1919567501.60	618409582.45	24.37
太阳纸业	10457882049.10	8360893329.20	2096988719.90	20.05
晨鸣纸业	19101677077.69	15323102779.20	3778574298.49	19.78
阳光纸业	3447617000.00	2791568000.00	656049000.00	19.03
理文造纸	13672467546.40	11216414587.20	2456052959.20	17.96
正业国际	1714190000.00	1422291000.00	291899000.00	17.03
山鹰纸业	7735387986.81	6438350795.65	1297037191.16	16.77
民丰特纸	1373114052.11	1152330769.71	220783282.40	16.08
玖龙纸业	29901399000.00	25349519000.00	4551880000.00	15.22
华泰股份	9261782279.12	7989370726.93	1272411552.19	13.74
岳阳林纸	6582527007.96	5690954588.86	891572419.10	13.54
博汇纸业	6981163657.47	6058060957.13	923102700.34	13.22
景兴纸业	2888214410.85	2528086643.04	360127767.81	12.47
石岘纸业	289326877.50	254827852.63	34499024.87	11.92
贵糖股份	1054720598.66	938178205.38	116542393.28	11.05
安妮股份	449624516.49	401734201.01	47890315.48	10.65
森信纸业集团	3973305953.20	3612253769.60	361052183.60	9.09
青山纸业	1895488545.43	1735096318.34	160392227.09	8.46
*ST银鸽	3005242677.17	2844643238.27	160599438.90	5.34
ST宜纸	10625808.97	10320374.25	305434.72	2.87
*ST美利	622013445.02	640540221.02	−18526776.00	−2.98
*ST南纸	1070403005.32	1149102849.77	−78699844.45	−7.35
合计	159380672426.51	126820390899.74	32560281526.77	20.43

图 6-34　2014 年我国造纸行业毛利率影印件

(3)本案鉴定人涉嫌超范围鉴定，在《鉴定意见书》的“鉴定意见”部分将委托人未要求其鉴定的“暂缓订单的合同金额”和“毛利率”也作为鉴定意见列出，说明本案鉴定人缺乏司法会计鉴定的基本常识，逻辑思维混乱，也使其出具的《鉴定意见书》的相关性大打折扣。

(4)本案鉴定人将JH纸业公司客户“暂缓订单”等同于“取消订单”，鉴定人在这里犯了将“未实现损失”作为鉴定对象的重大错误。此错误使得鉴定人出具的《鉴定意见书》不具有作为法定证据的真实性特征。

(5)《鉴定意见书》在鉴定程序方面存在重大缺陷。本案鉴定过程缺失司法会计鉴定所必需的检验、分析、判断、逻辑推理与论证过程，使得鉴定意见的使用者无从了解最终鉴定意见的形成过程，无法排除人们对鉴定意见真实性、客观性的合理怀疑。

(6)本案鉴定人未对形成鉴定意见的关键数字“彩纤纸的销售均价11 350元/吨”和“彩纤纸品种的毛利率40.7%”的来源及其真实性做必要的检验与验证，未能排除人们对这两个关键数字的真实性与客观性的合理怀疑。

(7)本案鉴定人在计算南京人民印刷厂暂缓彩纤纸订单带来的购销合同实际损失金额的过程中，违背财务常识，错误地用“毛利率”替代“营业利润率”，导致计算出的暂停订单产品的利润损失额存在重大错误。

鉴于上述意见，我们认为《鉴定意见书》在客观性、合法性与关联性方面均存在严重的问题，建议将其作为非法鉴定意见予以排除。

以上意见仅供有关部门在处理案件时参考。

中国政法大学法务会计研究中心
专家签名：张苏彤
2018年4月13日

本章小结

本章详细介绍了我国的司法鉴定管理制度，梳理了与司法鉴定相关的全部法律法规，并就我国独特的“有专门知识的人”的出庭制度作了深入的阐述；在此基础上，重点论述了我国诉讼活动中司法会计鉴定意见存在的问题，并通过实际案例讲述了如何有效质证庭审中司法会计鉴定意见。

本章思考题

1. 如何理解司法会计与法务会计的区别与联系？

2. 谈谈你对《2.28 决定》的看法。如果要修改该决定,你认为应该修订哪些条款?

3. 对最高人民检察院发布的《人民检察院司法会计工作细则》作出评价。如果需要根据现实情况修改该细则,你认为应该修订哪些条款?

4. 请你对司法部《关于严格准入、严格监管 提高司法鉴定质量和公信力的意见(司法〔2017〕11 号)》作出评价。

5. 评价我国诉讼法规定的"有专门知识的人"的出庭制度,该项制度应该如何进一步改进与完善?

6. 对"2014—2019 年 6 年间有 26 274 个样本案例在庭审中用到了司法会计鉴定意见,占 2008—2019 年 13 年间样本案例总数 29 231 个的 89.88%"这一调查数据进行评价。为什么会出现这种情况?

7. 对以下调查数据所反映的情况谈谈看法:我国华东地区庭审中运用司法会计鉴定意见的数量最多,占样本总数的 26.61%;我国西北地区庭审中运用司法会计鉴定意见的数量最少,占样本总数的 6.15%;华东、华中、华南三地区庭审中运用司法会计鉴定意见的数量占样本总数的 67.56%;华北、东北、西北三地区庭审中运用司法会计鉴定意见的数量占样本总数的 21.75%。

8. 调查数据表明:司法会计鉴定在"破坏社会主义市场经济秩序罪"的庭审中运用最多,占样本案例的 47.25%;其次是"贪污贿赂罪",占样本案例的 22.21%;排位第三的是"侵犯财产罪",占 20.95%。该三类经济犯罪的庭审中运用到司法会计鉴定的案例数占样本案例的 90.40%。对此你有何看法?

9. 在我国的诉讼实践中,常常可以看到司法会计鉴定人将司法会计鉴定意见书的标题写得五花八门。常见的不规范标题有"专项审计报告""司法审计报告""司法会计查证报告""司法会计审查报告"和"审计鉴证意见书"等。对此应当如何评价?

10. 我国诉讼活动中的《司法会计鉴定意见书》常常出现形式要件不规范的问题。对此有些人不以为然,认为形式要件的瑕疵不影响鉴定意见的实质内容。对此你有何看法?

参考文献

一、著作

[1][美]罗伯特·J. 鲁佛斯,等．法务会计案例解析与运用[M]．杨书怀,译．北京:北京大学出版社,2017.

[2]陈瑞华．刑事证据法学[M]．北京:北京大学出版社,2014.

[3]李学军,朱梦妮．意见证据制度研究[M]．北京:中国人民大学出版社,2018.

[4]李学军,朱梦妮．物证鉴定意见的质证路径和方法研究[M]．北京:中国人民大学出版社,2017.

[5]陈瑞华．司法体制改革导论[M]．北京:法律出版社,2018.

[6]陈瑞华．刑事辩护的艺术[M]．北京:北京大学出版社,2018.

[7]刘燕．会计法[M]．北京:北京大学出版社,2009.

[8]北京注册会计师协会．司法会计鉴定实务操作指南[M]．北京:经济科学出版社,2012.

[9]于朝．司法会计师业务与案例[M]．北京:中国检察出版社,2014.

[10]于朝．司法会计鉴定实务[M]．北京:中国检察出版社,2014.

[11]于朝．司法会计学(修订版)[M]．北京:中国检察出版社,2004.

[12]王建国．司法会计学[M]．北京:立信会计出版社,2003.

[13]何家弘,刘品新．证据法学[M]．北京:法律出版社,2004.

[14]庞建兵．司法会计原理与实务[M]．北京:中国检察出版社,2017.

[15]斯宾塞·皮科特．公司舞弊[M]．马莉,俞欣,译．大连:大连出版社,2010.

[16]黄毅,张晓朴,等．合规管理原理与实务[M]．北京:法律出版社,2010.

[17]黎仁华．法务会计概论[M]．北京:中国财政经济出版社,2005.

[18]董仁周．法务会计本土理论与应用研究[M]．长沙:湖南人民出版社,2005.

[19]史蒂文·阿尔布雷克特．舞弊检查[M]．李爽,吴溪,译．北京:中国财政经济出版社,2005.

[20]威廉姆·霍普伍德,等．法务会计[M]．张苏彤,改编．大连:东北财经大学出版社,2009.

[21]何家弘．司法鉴定导论[M]．北京:法律出版社,2000.

[22]尹平．舞弊审计[M]．北京:中国财政经济出版社,2012.

[23]卢小毛,施卫忠．经济犯罪调查[M]．北京:中国财政经济出版社,2011.
[24]张苏彤．法务会计高级教程[M]．北京:中国政法大学出版社,2006.
[25]谭立,张苏彤．法务(司法)会计前沿问题[M]．北京:中国时代经济出版社,2009.
[26] 张苏彤．法务会计的诉讼支持研究[M]．北京:中国政法大学出版社,2012.
[27]史蒂史·阿尔布雷克特．舞弊检查[M]．李爽,吴溪,等译．北京:中国财政经济出版社,2005.
[28]李荔．舞弊秘档:公司舞弊识别技巧与防范案例[M]．北京:中国时代经济出版社,2014.
[29]约瑟夫·威尔斯．舞弊秘档之知人知面不知心[M]．郑艳茹,孙坤,译．大连:大连出版社,2010.
[30]李熙．采购舞弊手段的识别与防范技巧[M]．北京:经济科学出版社,2012.
[31]叶金福．从报表看舞弊:财务报表分析与风险识别[M]．北京:机械工业出版社,2018.
[32]张莉．云时代的舞弊审计[M]．北京:清华大学出版社,2017.

二、论文

[1]盖地．适应21世纪的会计人才[J]．财会通讯,1999(5).
[2]喻景忠．法务会计理论与实践初探[J]．财会通讯,1999(5).
[3]李若山,谭菊芳,叶奕明,等．论国际法务会计的需求与供给[J]．会计研究,2001(11).
[4]冯萌,李若山,等．从安然事件看美国法务会计的诉讼支持[J]．会计研究,2003(1).
[5]张苏彤．法务会计的要素浅析[J]．财会通讯,2005(12).
[6]张苏彤．美国法务会计简介及其启示[J]．会计研究,2004(7).
[7]张苏彤．法务会计概念框架之初步研究[J]．中国审计,2007(6).
[8]张苏彤．加拿大的法务会计[J]．中国注册会计师,2004(7).
[9]张苏彤．法务会计的目标、假设与对象[J]．会计之友,2006(1).
[10]张苏彤．信息时代舞弊审计新工具:奔福德定律(Benford's Law)及其来自中国上市公司的实证[J]．审计研究,2007(3).
[11]张苏彤．会计的法律性质研究[J]．会计之友,2010(3).
[12]张苏彤．论司法会计鉴定中的鉴定人出庭制度[J]．会计之友,2011(3).
[13]张苏彤．论法务会计的法律环境[J]．南京审计学院学报,2012(3).

[14]张苏彤．谈新诉讼法的实施带给注册会计师的机遇与挑战[J]．中国注册会计师，2014（2）．
[15]张苏彤．新诉讼法的实施带给法务会计的影响[J]．会计之友，2014(15)．
[16]张苏彤．净值法及其在反腐败领域中的运用[J]．会计之友，2014(23)．
[17]张苏彤．奔福德定律与舞弊审计：基于人为造假与随机数样本的实证测试[J]．会计之友，2016(12)．